纪连海评点史记

（修订版）（下）

纪连海　著

中国出版集团　现代出版社

卷十七 《史记·外戚世家》

第一节 幸福的母亲——薄姬

【原文】

薄太后，父吴人，姓薄氏，秦时与故魏王宗家女魏媪通，生薄姬，而薄父死山阴，因葬焉。

及诸侯畔秦，魏豹立为魏王，而魏媪内其女于魏宫。媪之许负所相，相薄姬，云当生天子。是时项羽方与汉王相距荥阳，天下未有所定。豹初与汉击楚，及闻许负言，心独喜，因背汉而畔，中立，更与楚连和。汉使曹参等击虏魏王豹，以其国为郡，而薄姬输织室。豹已死，汉王入织室，见薄姬有色，诏内后宫，岁馀不得幸。始姬少时，与管夫人、赵子儿相爱，约曰："先贵无相忘。"已而管夫人、赵子儿先幸汉王。汉王坐河南宫成皋台，此两美人相与笑薄姬初时约。汉王闻之，问其故，两人具以实告汉王。汉王心惨然，怜薄姬，是日召而幸之。薄姬曰："昨暮夜妾梦苍龙据吾腹。"高帝曰："此贵征也，吾为女遂成之。"一幸生男，是为代王。其后薄姬希见高祖。

【译文】

薄太后，父亲是吴地人，姓薄氏，秦朝时与原魏王宗族的女子魏媪私通，生了薄姬，薄姬的父亲死在山阴，于是就葬在那里。

到诸侯反抗秦朝的时候，魏豹自立为魏王，魏媪就把她的女儿送入魏王宫中。魏媪到许负那里去看相，让他给薄姬相面，许负说她应当生天子。那时项羽正与汉王刘邦在荥阳相持天下，天下归谁还没有定。魏豹起初是与汉王一同攻打楚王，等到听了许负的话，心里独自高兴，便背叛汉帝，先是中立，接着又与楚王联合。汉王派曹参等进攻并俘虏了魏王豹，把他据有的圭地改为郡，把薄姬送入织造府。魏王豹死后，有一次汉王进入织造府，看到薄姬美貌，下诏把她收进后宫，一年多也没有得到宠幸。当初薄姬年少时，与管夫人、赵子儿很亲密，三人立下誓约说:“谁先富贵不要把别人忘了。”后来管夫人、赵子儿都先后得到汉王宠幸。有一次汉王坐在河南宫的成皋台上，这两位美人谈起当初与薄姬的誓约而相互嬉笑。汉王听到后，问她们缘故，两人把实情都告诉了汉王。汉王心中有些伤感，可怜薄姬，这天就召见她并与她同宿。薄姬说:“昨天夜里妾梦见苍龙盘踞在我的腹上。”高祖说:“这是显贵的征兆，我来为你成全了吧。”一次同宿就生了男孩，这就是代王。此后薄姬就很少见到高祖了。

【评点】

所谓外戚者，就是皇帝的母族、妻族，与一般百姓不同的是，皇帝的妻族还包括嫔妃，即美人的娘家人。汉高祖刘邦以后，由皇后最后成为太后的主要有：吕后—薄太后—窦太后—王太后—卫皇后，和子荣母死的钩弋夫人。

吕后已经在《吕太后本纪》讲过，这章从薄皇后说起。

一、薄命的女人

薄太后，名薄姬，汉高祖刘邦的嫔妃。刘邦的第四子刘恒之母。刘恒即皇位后，尊其母为太后娘娘。

薄姬是苏州人，她的父亲薄生在秦朝之时与从前魏国的宗室之女魏媪相好，未婚而生下了她。更糟的是，还没来得及结为夫妇，薄生年纪轻轻就死在了山阴，成了异乡之鬼。

不久，秦朝就陷入了乱世。在这一片混乱中，从前战国年间的诸侯遗族纷纷割据自立，想要趁此乱局浑水摸鱼，不捞个皇帝做也要恢复旧家邦。

魏国宗室魏豹就在此时自立为王。

这时薄姬已经长成亭亭玉立的少女，魏媪心怀故国，见魏豹称王，便将心爱的女儿送进了魏豹的王宫，薄姬便成了魏豹的姬妾。

当时有一位很著名的星相家、相士名叫许负，魏媪请他来给女儿薄姬相面，看她能否在魏宫中出人头地。谁知道这许负一见薄姬，顿时大惊失色，道:“何止是在小小王宫出人头地那么平常，她日后还要生下天子，成为世间第一贵妇人！”

许负先生的相术精准如神，是广为世人推崇的。这话一说出来，魏媪简直心花怒放，而魏豹听说薄姬竟然还有这等远大前途，更是喜上眉梢，算盘珠子立时打得飞快：薄姬的儿子要做天子，而她是我魏豹的小妾，她当然只能生出我的儿子来。那么，我的儿子做天子，我岂不是也当有天子之分？或者至少也可以放手一搏，为儿子打下前程吧！

魏豹说到做到，立即背弃自己和汉王刘邦所订的攻楚盟约，转而在楚汉之间中立起来，隐隐然有坐山观虎斗、想收渔人之利吞并天下的意思。

魏豹背约，令刘邦怒火中烧，这一下气得连项羽都先放在一边了，赶着就派自己的亲信将领曹参率兵，誓要先灭了两面三刀的魏豹不可。

魏国的实力怎么能是汉军的对手？于是兵败如山倒，汉高祖二年三月，魏豹天子梦未圆，自己辛苦打下的“魏国”倒先成了汉王刘邦的一个郡。

魏豹对“相面不准”的许负恨得牙根痒痒，也只得投降刘邦。

魏豹败后，魏宫中的女人们全部被俘。由于是“罪妇”，薄姬等人没有资格充当刘邦的姬妾，只能去做宫中役使的婢女，于是她们都被送进了“织室”。

事情到了这一步，薄姬真是只能自叹命薄，一句“当生天子”，居然使她到了这等处境，变成皇宫中最下贱的仆妇，去哪里生天子呢？

二、命运的转机

薄姬被召入汉宫，但入宫一年多，连刘邦的面都没有见过。

不过，世间总是意外多。

当初在魏宫中，年少的薄姬有两个最要好的女友，一个叫管夫人，一个叫赵子儿。薄姬视二人如同姐妹，知心贴意，还和她们立下了盟誓：“假如三人中有谁先得富贵的话，一定不会忘记另两人，要共享富贵和机遇。”

想当初薄姬在魏宫中时，可是不折不扣地履行了自己的誓言，然而到了汉宫，管夫人和赵子儿却将薄姬的盟誓当成了一场笑话。也许是她们仍然忌妒薄姬昔日在魏宫中超过她们的实际地位，也许只是根本就将这位姐妹视作过眼烟云。

汉高祖四年，刘邦来到了河南成皋灵台。这时陪伴他的姬妾，正是管夫人和赵子儿。这两个女人一时间十分受宠，得意非凡，闲聊的时候提起了当初和薄姬立下的誓言，觉得薄姬十分可笑，于是嬉笑不止。

刘邦无意间听到了一点话头，见两人笑得有缘故，便开口询问。

管夫人和赵子儿只得一五一十地将底细都说了出来。

刘邦对这两个没有良心的女人十分反感，转而心生凄凉之意，对单纯的薄姬同情起来。

因为好友的背叛，薄姬反而得到了刘邦召见的机会，真是不可揣测的命运。

就在头一天晚上，薄姬做了一个怪梦，梦中飞来一条龙，盘踞在她的身上。梦醒后正在诧异之中，却忽然得到了为刘邦侍寝的机会，于是便将这个梦境告诉了刘邦。

刘邦一听，十分高兴，认为此事乃是天缘，对薄姬说："这是你将要富贵的征兆，我成全你。"

就这么一次偶然的机会，薄姬居然就怀上了身孕，当年便生下了一个儿子，取名刘恒。

但是，刘邦并没有喜欢上薄姬，所以很快也就把她抛到了九霄云外，特别是她怀孕生产之后，更是连面都不见她一次。薄姬虽然为刘邦生下了儿子，却还是长年苦守孤灯，纯粹守活寡。

孤寂的薄姬在长达八年的时间里，默默无闻地僻处掖庭一角，抚养着刘恒。由于极其不受宠爱，偏偏又生了儿子为诸宠姬所妒，薄姬的处境可想而知。渐渐地，她养成了谨小慎微、凡事忍让的态度。

这样的处境，当然是苦恼的，但是世事就是那么翻云覆雨，难以预料。

刘恒八岁这年，是汉高祖十二年，就在四月甲辰，他那高高在上、几乎不曾多看他一眼的父亲刘邦去世了。大权独握的太后吕雉虽然对戚夫人进行了残忍的报复，对薄姬的态度却非常公正。这当然是因为薄姬为人小心谨慎，更是因为薄姬和她一样，没有得到丈夫刘邦应该给予的善待，除了人生经历和身份头衔略有差距，在被丈夫冷落这方面，吕雉觉得自己与薄姬多少有点同病相怜。

正因此，薄姬意外地得到了吕雉特别的恩遇：薄姬被吕雉送往儿子刘恒的封地，不但让她们母子团圆，更给予她"代王太后"的称号，使她成为大汉王朝仅次于吕雉的贵妇人。

三、幸福的母亲

薄姬终于离开长安皇宫，来到了儿子的封地代国——晋阳，今山西。

随着薄姬一起来到代国的，还有她的弟弟薄昭和她的母亲魏媪。

晋阳，是一座风景秀丽依山傍水的城市，薄姬多年来守完死寡守活寡，早已习惯了没有丈夫的日子，如今虽然依旧寡居，但是所有的家人都能够最终团聚，并且在儿子的封国上享受富贵，薄姬已是喜出望外。

吕后死后，诸吕为乱，周勃、陈平等人杀掉诸吕，请代王刘恒继承帝位。

皇帝的龙袍，就如同一块大馅饼，向远在晋阳与世无争的代王刘恒头上砸来。公元前 189 年闰九月，迎接刘恒进京为帝的使者来到了代国。

这时的刘恒，已经做了十七年的亲王，时年二十四岁。他简直不能相信，世上有这样的好事，他和他的臣属们（除了一个叫宋昌的）都认为这是一个阴谋，万万不能相信。

然而他的母亲薄姬却觉得这是天意。为了稳妥起见，薄姬让刘恒采用自己深信的卜筮之术，以占卜星象决定。

占卜的结果是上上大吉。

于是刘恒放了一半心，让舅父薄昭随使者进京，直到得到舅父的肯定答复，他才轻车简从向长安进发。

这时刘恒的心还没有完全放下，来到长安城外五十里处，他再次派人打探消息，确信无疑后，才前往渭桥与迎接的大臣相会。

当人群将他前呼后拥送进未央宫后，他成为大汉王朝的第四任皇帝。刘恒即位后，封自己的母亲薄姬为皇太后。

薄氏家族也受到尊崇，不过可惜魏媪没能活着看到女儿实现预言的那一天就死在了代国，下葬栎阳，未能与丈夫合葬。

薄太后的弟弟薄昭被封为轵侯，早死的父亲薄生被追封灵文侯，母亲被追封为灵文夫人，分别享受祭祀。除此之外，刘恒还重赏了魏氏家族的每一个人，并且让魏氏家族中的人也得到封侯。

薄太后一生坎坷，然而她却生了一个世上数一数二的孝顺儿子。

没错，在中国历史上影响深远的二十四孝故事里，汉文帝刘恒排第二，仅次于舜帝姚重华。

文帝在位二十三年，一直都对母亲尽为子之道。

据说，薄氏成为皇太后之后，汉文帝以皇帝之尊，仍然对母亲孝顺如初。薄太后曾经生了一场重病，迁延不愈达三年之久。俗话说，久病床前无孝子。然而刘恒却打破了这句话，在三年之中，他每天都要看望母亲，常常衣不解带不眠不休地陪伴在旁边，凡是御医送来的汤药，刘恒都要亲口尝过，确认无误之后，才放心给母亲喂下。

公元前 157 年，文帝先于薄太后离开人世。临终时，他对于让母亲“白发人送黑发人”的“不孝”深为抱憾，反复嘱咐妻子窦皇后和儿女们一定要对薄太后尽孝。为了弥补这个缺憾，刘恒要求将自己的陵墓照“顶妻背母”的方式安置方位。

两年后，薄太皇太后去世，窦太后谨遵丈夫的心愿，将婆婆落葬在刘恒霸陵的南方，仿佛刘恒背着母亲的样子。

按规矩，皇太后死去之后，是要和先帝葬在一起的，但是最后与刘邦共同长眠于长陵的还是吕后。薄姬不但没有在权倾天下之后，将吕雉的棺椁从刘邦陵中迁出，更没有将自己以“文帝生母”的身份挤进刘邦陵。她始终认为，吕雉才是刘邦真正的妻子。

薄姬“特自起陵”，与早她两年去世的儿子汉文帝更近一些。守护在儿子刘恒的身边，隔河远望丈夫刘邦和吕雉的合葬陵。

回望薄姬的人生，她似乎完全是为了“生天子”而来到这个人世的，上苍赋予她的人生使命，仅仅是做一个母亲。

然而她是世间最幸福的母亲。

第二节　大汉天娇——窦太后

【原文】

窦太后，赵之清河观津人也。吕太后时，窦姬以良家子入宫侍太后。太后出宫人以赐诸王，各五人，窦姬与在行中。窦姬家在清河，欲如赵近家，请其主遣宦者吏：“必置我籍赵之伍中。”宦者忘之，误置其籍代伍中。籍奏，诏可，当行。窦姬涕泣，怨其宦者，不欲往，相强，乃肯行。至代，代王独幸窦姬，生女嫖，后生两男。而代王王后生四男。先代王未入立为帝而王后卒。及代王立为帝，而王后所生四男更病死。孝文帝立数月，公卿请立太子，而窦姬长男最长，立为太子。立窦姬为皇后，女嫖为长公主。其明年，立少子武为代王，已而又徙梁，是为梁孝王。

窦皇后亲蚤卒，葬观津。于是薄太后乃诏有司，追尊窦后父为安成侯，母曰安成夫人。令清河置园邑二百家，长丞奉守，比灵文园法。

窦皇后兄窦长君，弟曰窦广国，字少君。少君年四五岁时，家贫，为人所略卖，其家不知其处。传十馀家，至宜阳，为其主入山作炭，暮卧岸下百馀人，岸崩，尽压杀卧者，少君独得脱，不死。自卜数日当为侯，从其家之长安。闻窦皇后新立，家在观津，姓窦氏。广国去时虽小，识其县名及姓，又常与其姊采桑堕，用为符信，上书自陈。窦皇后言之于文帝，召见，问之，具言其故，果是。又复问他何以为验？对曰：“姊去我西时，与我决于传舍中，丐沐沐我，请食饭我，乃去。”于是窦后持之而泣，泣涕交横下。侍御左右皆伏地泣，助皇后悲哀。乃厚赐田宅金钱，封公昆弟，家于长安。

【译文】

窦太后，赵国清河观津人。吕太后的时候窦姬由良家女子选入宫中服侍太后。后来太后把一批宫女遣送出宫赐给各诸侯王，每王五人，窦姬就在这批宫女之中。窦姬家在清河，想到赵国离家较近，就请求主管遣送的宦官："一定把我的名册放在去赵国的队伍里。"宦官把这件事忘了，错把她的名册放到去代国的队伍中了。名册上奏，诏令说可以，应该启程了。窦姬痛哭流涕，埋怨那个宦官，不想去，强制她走，她才肯动身。到了代国，代王偏偏只宠爱窦姬，生下女儿叫嫖，后来又生了两个男孩。代王王后生了四个男孩子。在代王尚未入朝立为皇帝之前王后就死了，等到代王立为皇帝，王后所生的四个男孩子也接连病死。孝文帝即位几个月之后，公卿大臣请求立太子，窦姬的长子年龄最大，被立为太子。窦姬也被立为皇后，女儿刘嫖为长公主。第二年，立小儿子刘武为代王，不久又迁徙到梁国，这就是梁孝王。

窦皇后的双亲早已去世，葬在观津。这时薄太后就下诏有关官员，追尊窦皇后父亲为安成侯，母亲为安成夫人。下令清河设置二百户的园邑，由长丞侍奉看守，一切都按灵文园的做法。

窦皇后的哥哥窦长君，弟弟叫窦广国，字少君。少君四五岁的时候，家境贫穷，被人掠去后出卖，他家中不知他被卖在何处。又转卖了十几家，卖到宜阳。他为主人进山烧炭，晚上一百多人躺在山崖下睡觉，山崖崩塌，把睡在下边的人全都压死了，只有少君脱险，没有被压死。他自己算了一卦，断定他几天之内要被封侯，于是就从主人家去了长安。听说窦皇后是刚被封立的，她的家乡在观津，姓窦氏。广国离家时年龄虽小，也还知道县名和自家的姓，又曾和姐姐一起采桑，从树上掉下来，把这些事作为证据，上书陈述自己的经历。窦皇后把这件事告诉文帝，广国即被召见，问他，他详细说明了情况，果然不错。又问他还能用什么来验证，他回答说："姐姐离开我西去的时候，和我在驿站宿舍里诀别，姐姐讨来米汤给我洗头，又要来食物给我吃，然后才离去。"于是窦后就拉住弟弟痛哭起来，涕泪纵横流下。左右侍从也都趴伏在地上哭泣，一起为皇后助哀。于是赏赐他很多田地、房屋和金钱，又分封与皇后同祖的窦氏兄弟，让他们迁居到长安。

【评点】

曾经有这样一个女人，她影响了整整三代帝王；同样是这个女人，伴随皇室度过了两场叛乱，并保住了皇权；还是这个女人，或者说是因为她的喜好，或者说是因为她的卓识，推行了“生息”的政策，奠定了一个王朝雄极一时的基础。这个女人，就是西汉窦太后窦漪房。

一、阴错阳差，一步登天

文帝的妻子窦皇后，闺名漪房，她是赵国清河观津（今河北武邑）人。她出身平民良家，在高祖刘邦去世、吕雉太后掌权之前，还是一个天真少女的窦姬被选美的官员挑中，送进长安皇宫为宫女。

窦姬父母早逝，家境贫苦，在秦末汉初战乱频仍的年代，窦家经常上顿不接下顿。为了寻找食物果腹，窦姬的父亲迫不得已前往观津城外的深潭边钓鱼，结果滑入深潭，葬身鱼腹。窦母在困苦中遭此打击，不久也弃世而去，留下了窦姬三兄妹在人世苦苦挣扎。

然而痛苦贫穷的日子，仍然没有磨灭窦姬天生的丽质，她长成了一个风姿绰约的少女。这个时候，窦姬被选美的官员挑中，送进长安皇宫为宫女。

由于窦姬品性温良，她成为吕雉宫中的小侍女。

不久，刘邦病逝。成为太后的吕雉送刘邦诸庶子就国，同时赐给他们每人五名宫女。

窦姬在入选的三十五名宫女之中。

窦姬听说高祖有个名叫如意的儿子被封为赵王，正是自己的家乡。她从来就没有梦想过自己能够成为什么王爷的宠姬，她只是想离家乡近一点好打听久别的兄弟的消息。

她是个有主见的女孩儿，一旦有了这个心思，就私下拉关系找到了主管遣送的宦官，恳求那位宦官将她分配到赵国去。

也许太监头儿贵人事多，竟把窦漪房托付的事儿忘了个一干二净。当名单最后被皇帝批准实施的时候，窦姬才知道自己居然被送给了代王。

该启程了，名单公布，窦漪房大惊失色，少女这一点渺小的期望被击了个粉碎。事情到了这个地步，窦姬几乎绝望了，忍不住泪下如雨，怨恨那个随意安排生死的太监，不肯踏上远行的宫车。太监强行将哭得死去活来的窦姬扔进了宫车，一路严加看管，送到了代国。

然而谁也没有想到，事情却在代王刘恒见到五位宫女的时候，发生了戏剧性的转变。皇宫里精心挑选出来的宫女，不用想也是个个姿色出众的，而窦姬虽然美貌，这一路以泪洗面，想来是不可能如另四位那样状态奇佳美艳动人的。然而各花入各眼，在五位宫女中，代王刘恒愣没看上那四位争奇斗艳的，偏偏就喜欢上了神情落寞的窦姬。

于是命运之神开始展现了第一个奇迹：同时入代王宫的五位宫女，四位仍旧是宫女，窦姬却成了代王的宠妾——亲王妃。并且一连生下了三个孩子：长女刘嫖、长子刘启、次子刘武。

当然，代王刘恒的后宫并不简单，他的母亲薄王太后是后宫的主人，他还有王后，这位王后比窦姬的身份地位都高，而且还前后生了四位王子。

不过代王宫虽然复杂，对窦姬来说，已是天堂，她对自己竟能得宠于亲王并生儿育女非常知足，对薄王太后和王后甚至于嫡出的王子们，都十分恭敬，安分守己地过着亲王姬妾的生活。

汉文帝即位几个月之后，公卿大臣请求立太子。因为在汉文帝的诸子中，窦姬的长子年龄最大，于是被立为太子。母以子贵，窦姬窦漪房也被立为皇后，女儿刘嫖自然也就成为公主。第二年，窦漪房窦皇后的小儿子刘武被立为代王，不久又迁徙到梁国，这就是梁孝王。

就这样，窦漪房的两个儿子一个成为太子，一个成为梁王，女儿也成了公主，她本人呢，也成为万众瞩目的皇后，母仪天下。

二、手足情深，终于团圆

如同做梦一样，窦漪房成了窦皇后。很快久违的亲情就将她包围。

皇后有个弟弟叫窦少君。少君四五岁的时候，家境贫穷，被人掠去后出卖，家里不知他被卖到了何处。又转卖了十几家，卖到宜阳。他为主人进山烧炭，晚上一百多人躺在山崖下睡觉，山崖崩塌，把睡在下边的人全都压死了，只有少君脱险，没有被压死。于是他就辗转来到长安谋生，刚到首都，就听说刚被册封的皇后姓窦，祖籍清河，禁不住勾起了他酸楚的往事。记忆中他曾和姐姐一起采桑叶，那次从树上掉下来的疼痛似乎刻在了脑海中，他把这些事作为证据，上书自陈身世。窦少君很快就被召见，他详细说明了情况，果然丝毫不差。皇后又问他还能用什么来验证，他说："姐姐离开我西去的时候，和我在驿站宿舍里诀别，姐姐讨来米汤给我洗头，又要来食物给我吃，然后才离去。"

窦皇后听完，控制不住情绪，不顾身份地一把将弟弟紧紧地搂住，泪如雨下。左右侍女宦官，于是也纷纷伏地，哭泣出声，以衬托皇后的哀伤。

文帝对妻子能够与兄弟团聚，也颇为感慨，于是赏赐了窦氏兄弟田地宅院，还有大笔金钱，让他们就近住在长安。

窦皇后自进入代王宫后就非常注意维护和代王母亲薄太后的关系，很得薄太后喜爱。窦氏成为皇后，薄太后随即下诏追尊窦氏的父亲窦涓为安成侯，母亲为安成夫人，还把窦涓坠渊的地方填成大坟，在上面种满松柏树，一年四季常青不衰，民间称为“窦氏青山”。

原本孤苦无依的窦皇后忽然平地里冒出了两个正当壮年的兄弟，颇令吃够了吕氏外戚苦头的文臣武将们起鸡皮疙瘩，唯恐大汉朝冒出一家暴发户外戚，比吕家更不如。

于是他们先下手为强，由绛侯、灌将军等出面向文帝进谏，说窦氏兄弟出身寒微，不懂礼仪也没有学问，所以不宜封授官职，只好做富贵闲人，而且还要选择一些有操行道德和学问的长者与他们比邻而居，每天监督教导他们才行。

文帝采纳了这项意见。于是窦长君、窦少君就此被教育成了谦谦君子，时间长了，他们非但不曾参与政事，就连国舅爷的尊贵身份都自觉地忽略不计了。

于是，满朝文武，都忍不住在无人处弹冠相庆。

三、宽厚仁德，惠己及人

自古福无双至祸不单行，正该享受幸福生活的窦皇后却在一次重病后双眼失明，文帝之后也渐渐失去了对她的宠爱。所幸的是，文帝移情的对象尹姬、慎夫人都没有生下子嗣，她们也就失去了对窦皇后地位的威胁。

公元前 155 年文帝去世，刘启顺利地继承了大统，成为历史上的汉景帝，窦氏也升格为皇太后，多年的媳妇终于熬成婆婆了。

在景帝统治时代，窦氏宗族势力得到空前的提升，景帝封自己的舅舅长君为章武侯，食邑一万一千多户，长君的儿子彭祖为南皮侯，食邑六千四百多户，加上在平定吴楚七国之乱时涌现出的窦婴积功，被封为魏其侯，此时的窦氏已是一门三侯了。

窦太后在孙子汉武帝六年（公元前 135 年）因病去世，她当皇后、皇太后、太皇太后共有四十五年，活了七十多岁，死后与丈夫文帝合葬于霸陵，她的离世也使窦氏宗族陷入没落之中。

窦太后的一生都笃信并倡导“清静无为”的黄老学说，并将这种爱好加以发挥，让当时景帝及太子等皇族都要读这些文章，研习学说。在朝中官员的人事任免上，只选用学习黄老学说的人，对儒生一概不予录用。

窦太后作为汉文帝的妻子，大汉的皇后，兢兢业业，相夫教子，在眼睛失明后丈夫宠幸其他嫔妃时，也没有见到史书记载她有如吕后般的嫉妒和事后报复，可见她的气度和胸襟。作为汉景帝的母亲、大汉的太后，她清楚地认识到现阶段汉朝面临的经济危机和社会矛盾，教导儿子及皇族贯彻既定国策，休养生息，继续了汉文帝功绩，最终成就了“文景之治”的丰功伟绩，也为大汉王朝即将迈入的辉煌奠定了坚实的基础。

她的一生是极其幸运的，从秀女到宠姬再到皇后、皇太后、太皇太后，基本上没有经历什么风浪，这与她谦让律己、宽容豁达是分不开的。

第三节　诡计多端——王皇后

【原文】

王太后，槐里人，母曰臧儿。臧儿者，故燕王臧荼孙也。臧儿嫁为槐里王仲妻，生男曰信，与两女。而仲死，臧儿更嫁长陵田氏，生男蚡、胜。臧儿长女嫁为金王孙妇，生一女矣，而臧儿卜筮之，曰两女皆当贵。因欲奇两女，乃夺金氏。金氏怒，不肯予决，乃内之太子宫。太子幸爱之，生三女一男。男方在身时，王美人梦日入其怀。以告太子，太子曰：“此贵征也。”未生而孝文帝崩，孝景帝即位，王夫人生男。

先是臧儿又入其少女兒姁，兒姁生四男。

景帝为太子时，薄太后以薄氏女为妃。及景帝立，立妃曰薄皇后。皇后毋子，毋宠。薄太后崩，废薄皇后。

景帝长男荣，其母栗姬。栗姬，齐人也。立荣为太子。长公主嫖有女，欲予为妃。栗姬妒，而景帝诸美人皆因长公主见景帝，得贵幸，皆过栗姬，栗姬日怨怒，谢长公主，不许。长公主欲予王夫人，王夫人许之。长公主怒，而日谗栗姬短于景帝曰：“栗姬与诸贵夫人幸姬会，常使侍者祝唾其背，挟邪媚道。”景帝以故望之。

【译文】

王太后，槐里人，母亲叫臧儿。臧儿是原来的燕王臧荼的孙女。臧儿先嫁给槐里王仲为妻，生个儿子名叫信，还有两个女儿。后来王仲死了，臧儿又改嫁给长陵田氏，生了儿子田蚡（fén）、田胜。臧儿的长女嫁给金王孙为妻，生了一个女儿。

臧儿为子女算卦，结果说她的两个女儿都该是贵人。因为她想要倚仗两个女儿，就把女儿从金氏家中强行接回。金氏很愤怒，不肯和妻子断绝，臧儿就把女儿送进太子宫中。太子很宠爱她，生了三女一男。当男孩还在胎孕的时候，王美人梦见太阳投入她的怀中。她把这个梦告诉太子，太子说："这是大贵的征兆。"还没降生时孝文帝就去世了，孝景帝即位后，王夫人生下这个男孩。

先前臧儿又把她的小女儿儿姁送进宫中，儿姁生了四个男孩。

景帝做太子的时候，薄太后选了一个薄氏的女儿做他的妃子。到景帝即位，这个妃子就被立为薄皇后。皇后没有生子，不受宠爱。薄太后一去世，薄皇后就被废了。

景帝的长子刘荣，他的母亲是栗姬。栗姬是齐人。刘荣被立为太子。长公主刘嫖有个女儿，想给太子做妃子。栗姬好忌妒，景帝的几位美人都是靠长公主而见到景帝的，她们得到的尊贵和宠爱都超过了栗姬，栗姬天天怨怒，为此就谢绝了长公主的要求，不应允亲事。长公主想把女儿给王夫人的儿子，王夫人就答应了。长公主为这件事生气，就常常在景帝面前讲栗姬的坏话说："栗姬和各位贵夫人及宠姬聚会，常常让侍从在她们背后吐口水诅咒，施用妖邪惑人的道术。"景帝因此恼恨栗姬。

【评点】

王娡，汉景帝刘启的第二任皇后。这个女人是影响汉武帝走上皇帝之位的一个非常关键的女人，她的身上有三个显著的特点：冷酷、有野心和敢于冒险。也正是这三点让她得以蒙混过关，由一个二手女人成为大汉帝国的皇后。

一、抛夫别女，再嫁入宫

我们要讲王娡，首先要从王娡的老妈说起。王娡的母亲叫臧儿，是原来的燕王臧荼的孙女。

燕王臧荼是秦末汉初，群雄并起时项羽册封的诸侯王，后被汉高祖刘邦击败杀死。

燕王臧荼家自此败落，孙女臧儿在民间先嫁给槐里的王仲为妻，生一子名叫王信，还有两个女儿，长女王娡，次女王儿姁。后来王仲死了，臧儿又改嫁给长陵田氏，生两子田蚡、田胜。

王娡早年在她母亲的主持之下，出嫁了，嫁到哪儿呢，嫁到一个姓金的金王孙家里了，而且已经生了一个女儿。

当王娡生了一个女儿以后，她的母亲算了一卦，这个算卦的人告诉臧儿，说了四个字：两女当贵，即你的两个女儿将来都能够大富大贵。

臧儿非常信这一卦，她信到什么程度呢，她的小女儿还没有出嫁，她的大女儿已经出嫁而且有了孩子了，臧儿决定把王娡从金王孙家里夺过来，而且这个事情，史书没有记载她是怎么办成的，我觉得这个事情办起来很难。她这个难在什么地方呢，因为她这个女儿已经出嫁了，大家都知道人都有一种惯性，特别是女孩子，为人妻，为人母，已经出嫁有了孩子，她有一个生活的惯性，你要她脱离它重新出来，这个是很难的。当时臧儿就根据这一卦做了一个决定，叫王娡出来，然后是生生地把王娡给夺过来了。并且这个金王孙是不同意啊，金王孙闹了很长时间，这个事情最后强扭不行，最后还是出来了。

臧儿不但把她的女儿从金王孙家里夺出来，而且把她的女儿送到太子（汉景帝）的宫中，这个在我们今天想起来是不可思议的。把一个已婚的而且已经有了一个孩子的女子送入宫中，我想她绝对不敢暴露她前面的婚史，她绝对不会讲，如果她已经结过婚，有了一个孩子，再往太子宫中送，我想太子（汉景帝）不会接受。她们肯定是把这一段婚史给隐瞒了，然后送到太子宫中，而且非常意外地送成功了。

在混入宫中的整个过程中，王娡的冷酷表现得淋漓尽致。作为一个母亲，她能够斩断母女之情，毅然决然地出来。她出来的时候，并没有肯定她一定能进入太子宫中，她面临很多变数。第一，她能不能进入太子宫。第二，那个算卦的那一卦到底灵不灵，这都是未知数啊。送到太子宫中，能不能得到太子的宠幸，这些都不可知道。就这，听她老妈这么一说，这个王娡就毅然决然地出来了，这个女人不是非常冷酷又是什么？

二、自我造势，神化其子

王娡入宫以后很快就怀了孕，在怀孕期间，王娡告诉太子说她做了一个梦，这个梦是什么呢？叫日入其怀，就是她梦见一个太阳落到自己的肚子里边了，这个梦非常奇特啊。

在中国古代，像世界其他民族一样，我们这的先民历来都有太阳崇拜。我们到今天，还用太阳来比喻帝王，所以她把“日入其怀”这个梦告诉太子，太子当时就说，“这是个非常显贵的征兆”。

不过“日入其怀”这个梦，我觉得它有这三种可能：一个是王娡自神其子。我们现在社会中很少碰到哪个怀孕的人梦到太阳落到自己的肚子里边去了，因为现在没有做帝王这么一说，大家不去梦这个太阳了。所以她这个梦太阳我觉得很可能是王娡她自神其子，她自己要神化她的儿子。再一个，有可能是后人神化刘彻。因为后来她的儿子做了皇帝了，后人就附会她说她日入其怀。再一个，这两种可能都有。既有王娡的神化，也有后人的神化。前面讲项羽和吕后的时候，我没有提到过野史。有关汉武帝的记载有两部野史：一部叫《汉武故事》，一部叫《汉武帝内传》。这个《汉武帝内传》就说得更神乎其神了，说的是什么呢，说汉景帝他做了一个梦，梦见一个神女拿了一个太阳送给王娡，王美人就把这个太阳吞了。吞下太阳以后怀孕怀了十四个月，生下一个孩子。当然《汉武帝内传》这个说法不可靠，倒是“日入其怀”这个在《史记》跟《汉书》的《外戚传》中间都有记载，这个是真的。不过我觉得这个真的跟王娡自己的造势有关系。从中我们也可以看出，王娡是个很有野心的人，她并不满足于自己生个皇子，将来封王之后可以母以子贵，享享清福，她真正想要的是把儿子推上皇帝宝座。

三、暗施诡计，问鼎皇后

从抛夫弃女进宫那一天起，平心而论，王娡一路走来，千辛万苦披荆斩棘，委实不易。她没有前途，没有靠山，也更加不清楚自己的命运，她唯一已知的是自己的处境，昨天回不去，明天不确定，只有靠一颗坚强到冷酷的心，赌下去，为自己，也为儿子，哪怕是丧心病狂，哪怕是蛇蝎心肠，也要坚持赌下去。

她这么想，老天爷也帮她。汉景帝做太子的时候，祖母薄太后选了一个薄氏的女儿做他的妃子。到景帝即位，这个妃子就被立为薄皇后。但皇后没有生子，也不受宠爱。薄太后一去世，薄皇后就被废了。

汉景帝有一位妃子，称为栗姬，她生下了长子刘荣，起初被立为太子。由于景帝的几位夫人都是靠长公主刘嫖才见到皇帝的，栗姬觉得自己的宠爱被瓜分，因此不高兴。刘嫖有个女儿叫陈阿娇，她想把女儿嫁给刘荣做太子妃。栗姬由于忌恨长公主，所以不肯答应。后来王娡愿意联姻，因此陈阿娇后来嫁与了刘彻。

刘嫖因为栗姬拒绝她而生气，因此就在汉景帝面前说栗姬的坏话，栗姬与景帝间逐渐出现了嫌隙。刘嫖还不停地称赞刘彻，景帝也认为他德才兼备，而且又有从前他母亲梦日入怀的祥兆，所以对他格外上心，但并未将其立为太子。

景帝有一次身体不适，将封王的儿子都交给栗姬，并请她在自己死后好好照顾这些孩子，栗姬因为生气不肯答应，而且出言不逊。景帝很生气，但并没有发作。

王美人知道景帝怨恨栗姬，趁他怒气未消，暗中派人催促大臣奏请立栗姬为皇后。一次朝会大行官奏事完了，奏道“子以母贵，母以子贵”，请封太子母亲为皇后。

景帝非常生气，竟论罪处死了大行官，并废了太子，改封他为临江王。在王美人的运作之下，栗姬自此完全失宠，幽居冷宫，不久忧愤而死。

于是得宠的王娡顺理成章被立为皇后，她的儿子刘彻被立为太子，就是后来的汉武帝。

汉武帝即位后，又封田蚡为武安侯、田胜为周阳侯，尊皇太后王娡的母亲臧儿为平原君。王仲早死，葬在槐里，追尊为共侯，设置了二百户的园邑。等到平原君臧儿去世，跟田氏一起葬在长陵，设置的陵园同共侯陵园一样。

在稳稳当当地做了十五年皇太后之后，元朔三年（公元前126年）六月庚午日，王娡崩于长乐宫，享年七十余岁。

王娡的一生充满了冒险，先是冒着杀头的危险，毅然隐瞒婚史入宫，其次联合馆陶公主整垮栗姬，这一连串的阴谋骗术居然能够成功，不能不说王娡是个女强人。

套用一句戏文作结：这个女人不寻常！

第四节　长歌当哭——卫子夫

【原文】

卫皇后字子夫，生微矣。盖其家号曰卫氏，出平阳侯邑。子夫为平阳主讴者。武帝初即位，数岁无子。平阳主求诸良家子女十余人，饰置家。武帝祓霸上还，因过平阳主。主见所侍美人，上弗说。既饮，讴者进，上望见，独说卫子夫。是日，武帝起更衣，子夫侍尚衣轩中，得幸。上还坐，欢甚，赐平阳主金千斤。主因奏子夫奉送入宫。子夫上车，平阳主拊其背曰：“行矣，强饭，勉之！即贵，无相忘。”入宫岁馀，竟不复幸。武帝择宫人不中用者，斥出归之。卫子夫得见，涕泣请出。上怜之，复幸，遂有身，尊宠日隆。召其兄卫长君、弟青为侍中。而子夫后大幸，有宠，凡生三女一男。男名据。

初，上为太子时，娶长公主女为妃。立为帝，妃立为皇后，姓陈氏，无子。上之得为嗣，大长公主有力焉，以故陈皇后骄贵。闻卫子夫大幸，恚，几死者数矣。上愈怒。陈皇后挟妇人媚道，其事颇觉，于是废陈皇后，而立卫子夫为皇后。

陈皇后母大长公主，景帝姊也，数让武帝姊平阳公主曰：“帝非我不得立，已而弃捐吾女，壹何不自喜而倍本乎！”平阳公主曰：“用无子故废耳。”陈皇后求子，与医钱凡九千万，然竟无子。

卫子夫已立为皇后，先是卫长君死，乃以卫青为将军，击胡有功，封为长平侯。青三子在襁褓中，皆封为列侯。及卫皇后所谓姊卫少儿，少儿生子霍去病，以军功封冠军侯，号骠骑将军。青号大将军。立卫皇后子据为太子。卫氏枝属以军功起家，五人为侯。

【译文】

卫皇后字子夫，生在微贱之家。大概她家号称卫氏，在平阳侯封地以内。子夫是平阳公主的歌姬。武帝新即位，几年没有儿子。平阳公主挑选了十几个良家女子，装饰起来留在家里。武帝在灞上参加除灾求福的礼仪回来，顺便到平阳公主家。公主让侍奉的美人都出来见武帝，武帝都不喜欢。饮酒之后，歌姬进来，武帝看见后，唯独喜欢卫子夫。这天，武帝起身换衣服，子夫在皇帝的衣车中侍奉，得到亲幸。武帝回到座位上，特别高兴，赐给平阳公主黄金千斤。公主趁机奏请把卫子夫奉送入宫。子夫上车后，平阳公主抚着她的背说：“走吧，好好吃饭，努力吧！如果尊贵了，别把我忘了。”子夫入宫一年多，竟然没有再得亲幸。武帝把不中用的宫人挑出来，让她们出宫回家。卫子夫因而得见武帝，她哭泣着请求出宫。皇上怜爱她，再次亲幸，于是有了身孕，一天比一天更受尊宠。武帝召见她的哥哥卫长君和弟弟卫青任侍中。子夫后来大得亲幸，备受宠爱，共生了三个女儿、一个儿子，儿子名叫据。

当初，皇上做太子的时候，娶了长公主的女儿做妃子，他即位为皇帝，妃子就立为皇后，姓陈氏，没有生子。皇上能够继承帝位，大长公主出力不小，因此陈皇后骄横高傲。听说卫子夫大受亲幸，非常气愤，好几次几乎要死。皇上也更加生气。陈皇后施用妇人惑人的邪术，武帝对此事颇有觉察，于是就废了陈皇后，立卫子夫为皇后。

陈皇后的母亲大长公主是景帝的姐姐，多次责备武帝的姐姐平阳公主说：“皇帝没有我就不能即位，过后竟抛弃了我的女儿，怎么这样不自爱而忘了呢！”平阳公主说道：“是没有儿子的缘故才废的。”陈皇后渴求得子，求医生花费的钱有九千万之多，然而终于未能生子。

卫子夫立为皇后的时候，卫长君已先死了，就让卫青为将军，因抗击胡人有功，封他为长平侯。卫青的三个儿子还在襁褓之中，也都被封为列侯。至于卫皇后所说的妹妹卫少儿，她生的儿子霍去病，因有战功被封为冠军侯，号称骠骑将军。卫青号称大将军。卫皇后的儿子刘据被立为太子。卫氏的亲族以军功起家，有五人被封侯。

【评点】

“生男不必太欢喜，生女不必心悲煞，试看卫子夫，一家霸天下。”这是汉武帝时期广为流传的歌谣。中国历来都是男尊女卑、重男轻女，生了个儿子就哈哈大笑，生个女儿就成了苦瓜脸，然而卫子夫“一家霸天下”的事迹，告诉后人，生女不必“心悲煞”，足见卫子夫在当时有多受宠爱。

一、两度临幸

卫子夫其实是汉武帝的姐姐平阳公主家的一个唱歌的奴婢。平阳公主喜欢歌舞，家里蓄养了十几个长相漂亮的歌女，卫子夫就是其中一位。建元二年（公元前139 年）三月上巳，汉武帝去灞上祭奠鬼神，回宫路上路过平阳公主家。平阳公主大摆宴席，上歌舞招待自己这位皇帝弟弟，一排歌女上场，卫子夫就以光艳夺人之势照亮了汉武帝的眼睛。卫子夫也在边歌边舞之间回给汉武帝以媚眼，平阳公主看得明白，让卫子夫独自为汉武帝歌舞。

舞后，汉武帝以更衣为名，临幸卫子夫，随后平阳公主高兴地把卫子夫送给汉武帝。

汉武帝带着卫子夫进宫走时，平阳公主叮嘱卫子夫说，这一去就要受到皇帝的宠爱，你要好好保重身体，将来尊贵了别忘记我。

然而好事多磨，进宫后的卫子夫首先遇到了皇后陈阿娇的打击，卫子夫被冷落到后宫不得汉武帝宠幸。

一年后，因宫女过多，大约有一万多人，汉武帝决定放回一批宫女到民间，卫子夫请求出宫。宫女出宫时，一一觐见汉武帝，卫子夫一见到汉武帝，想起去年备受汉武帝恩爱的情景，人是情非，不禁泪如雨下，引起汉武帝疑虑和回忆，当即留下了卫子夫，汉武帝亦是情深意浓，对卫子夫宠爱有加。不久卫子夫就有了身孕，当时汉武帝没有子嗣，对卫子夫的尊宠日隆，元朔元年（公元前 128 年）卫子夫生了一个男孩，起名刘据，是汉武帝的长子。

二、母以子贵

除了美色之外，卫子夫还有着另一有力的政治武器——太子刘据，卫子夫之所以能加冕成为皇后，这与她的生育能力是有很大的关系。古代“母以子贵”在皇宫中体现得更明显，有多少人家的父母想尽办法把自己的女儿送进宫，而进入宫中的宫女又有多少怀着父母、家族的期盼希望能够被皇帝宠幸，成为母仪天下的皇后，纵使成为皇后如果不生子也会被废，陈阿娇就是其一。

在卫子夫进宫之前，汉武帝已经有一个皇后，那就是汉武帝亲姑姑的女儿陈阿娇，陈阿娇的母亲刘嫖即馆陶公主，是汉景帝胞姐。因为与汉景帝同父同母所生，又是汉景帝唯一的亲姐姐，两人姐弟情深，所以馆陶公主刘嫖在皇室中的地位非常尊贵。

汉武帝四岁的时候，馆陶公主想把自己的女儿阿娇许配给他。一次，馆陶公主问刘彻说：“你想娶个好媳妇吗？”刘彻答：“当然想娶了。”馆陶公主用手指着当时站在左右的一百多个侍女问刘彻，你喜欢哪个，刘彻说都不喜欢。馆陶公主又指着她的女儿阿娇问刘彻说：“阿娇好吗？”结果刘彻高兴得拍着手回答：“太喜欢了！如果能够娶阿娇为妻，我就筑金屋让阿娇住。”馆陶公主听了刘彻的话，自然欢喜，于是把女儿许给了刘彻，这就是“金屋藏娇”的故事。

公元前 141 年，汉武帝继位，信守承诺娶过陈阿娇，立为皇后。然而，不幸的是陈阿娇一直不能生育，皇后无子，国家就没有继承人，这是一个非常严重的问题，陈阿娇的皇后位置也岌岌可危，汉武帝也开始对陈阿娇的宠幸日衰。

陈阿娇焦急中求医看病花钱达九千万之多，结果还是无法生育。这对陈阿娇是一个沉重的打击，而汉武帝又移情别处更让陈阿娇气上加气，于是她糊涂之中乞求巫术。

陈阿娇请一楚服的巫婆在后宫摆坛请神，作法令咒，乞求神赐给她儿子，并企求汉武帝对她回心转意。此巫术传到汉武帝耳朵后，汉武帝大发雷霆，下令立即查办，处死行巫术之人三百多人，废除陈阿娇皇后之位，贬入长门宫。

陈皇后之废对于卫子夫就是立，一废一立全系在生子上，皇宫斗争残酷无情，但也目的明确，生一个儿子就决定了卫子夫的命运：皇后之路。

元朔元年（公元前 128 年），汉武帝正式立长子刘据为太子，立其生母卫子夫为皇后。

三、鸡犬齐鸣

“一人得道，鸡犬升天。”卫子夫当了皇后以后，卫氏家族亦受到汉武帝特别的宠幸。

卫子夫的姐夫公孙贺被封为侯爵，担任太仆，相当于交通部部长，后升为朝中宰相；卫子夫的妹夫担任太子宫总管，妹妹的儿子霍去病，担任骠骑大将军；卫子夫的弟弟卫青，担任大将军，相当于武装部总司令，正值汉武帝的姐姐平阳公主新寡，卫青又娶了平阳公主，卫青的三个儿子还在襁褓之中，就都被封为列侯。

卫氏家族的富贵荣华，在卫青迎娶平阳公主时达到了最高潮，可以说是威震天下。从前的主人成了卫家的媳妇，这场浩大而豪华的婚礼标志着卫家的出身从卑贱的奴婢发展到了高贵的皇亲国戚，史家对此深为感慨，道："丈夫当时富贵，百恶灭除，光耀荣华，贫贱之时何足累之哉！"

事实上，卫子夫是私生子，连她母亲也弄不清她的生父是谁，包括卫青、霍去病，出身都不太明白，以此微贱的出身，家势却变得如此富贵，卫子夫功不可没。

至此，卫氏显贵，势倾朝右，显赫绝伦。然时人总以卫氏显贵，全仗子夫一人，编成歌曰："生男无喜，生女无怒，独不见卫子夫，霸天下！"

四、巫蛊大祸

卫子夫的儿子刘据，是汉武帝的长子，汉武帝二十九岁才有儿子，一开始非常喜欢刘据，但是等到刘据长大以后，汉武帝嫌他性格太仁厚软弱，能力也一般，所以逐渐冷淡了他。在汉武帝晚年，卫子夫和太子因为汉武帝的宠幸渐渐少了，常常感到不安，甚至有性命之忧。

常言说得好：树大招风。正是因为卫氏家族的富贵，所以遭到一些人的忌妒和陷害。征和二年（公元前 91 年）六月至八月之间，汉武帝非常信任的一个名叫江充的酷吏，以"巫蛊"之罪，陷害卫子夫和太子刘据等人，致使卫氏家族从兴盛走向灭亡。

汉朝人很相信巫术，汉武帝期间发生多次"巫蛊"事件，对当时的政治、社会都产生了巨大影响。所谓"巫蛊"就是巫师利用人们的迷信，将象征真人的木制偶人埋到地下，通过巫师祈求神鬼，帮助施行巫蛊者加害所要憎恶诅咒的人。

汉武帝最忌讳"巫蛊"，汉武帝一朝因为"巫蛊"事件而多次构成大狱，许多人受牵连而死。前面说的陈皇后就是因为"巫蛊"事件引火烧身，还使得卫子夫因祸得福。

太子刘据为人忠厚，平时遇有冤狱，往往代为平反，颇得民心。而江充等汉武帝时代的酷吏，处事方式与太子不同，对太子早就心怀不轨。有一次，江充随从汉武帝去甘泉宫，太子家的人乘车马行驶在驰道中，违反了汉代的法律规定，被江充令人没收了。太子知道后，派人向江充致歉说："非爱车马，诚不欲令上闻之，以教敕亡素者。惟江君宽之！"恳请江充法外施恩，但是江充并不接受太子的致歉，还把这事告诉了汉武帝，武帝高兴地说："人臣当如是矣。"于是，太子与江充就有明显的嫌隙。江充害怕武帝死去，太子继位，会对自己不利，你让鱼死，我就先让网破，于是想先下手为强，除掉太子，免贻后患。

汉武帝在甘泉宫患病，江充就向汉武帝说，汉武帝的疾病是因为"巫蛊"的原因。汉武帝就派江充审理，又派按道侯韩说、御史章赣、宦官苏文等协助江充。江充先惩治后宫嫔妃，然后开始对皇后和太子下手。江充故意在太子宫中掘地三尺，太子、卫后的宫殿被挖得连放张床的地方都没有，最后江充把早就准备好的木偶人，一本正经地从太子的宫殿挖出来，并向汉武帝禀报情况。

太子知道是江充陷害自己，就按照自己老师石德的意见，发兵抓了江充，并亲手杀了他。宦官苏文逃到甘泉宫，向汉武帝报告说太子造反。汉武帝一开始不相信，派人去召太子，但是派出的使者不敢去，就回报汉武帝说，太子真的造反了。汉武帝大怒，派丞相刘屈发兵讨伐太子，双方在长安城中苦战五天五夜，血流成河，最后太子兵败，逃出长安自杀身亡。

汉武帝收走卫子夫皇后御玺，卫子夫知道儿子自杀后也悬梁自尽，一生温柔敦厚的卫子夫走完了她三十八年的皇后之路。而盛怒之下的汉武帝大开杀戒，屠灭卫家三族和帮助卫家的宫人达十万之多。

第五节　子贵母死——钩弋夫人

【原文】

钩弋夫人姓赵氏，河间人也。得幸武帝，生子一人，昭帝是也。武帝年七十，乃生昭帝。昭帝立时，年五岁耳。

卫太子废后，未复立太子。而燕王旦上书，愿归国入宿卫。武帝怒，立斩其使者于北阙。

上居甘泉宫，召画工图画周公负成王也。于是左右群臣知武帝意欲立少子也。后数日，帝谴责钩弋夫人。夫人脱簪珥叩头。帝曰："引持去，送掖庭狱！"夫人还顾，帝曰："趣行，女不得活！"夫人死云阳宫。时暴风扬尘，百姓感伤。使者夜持棺往葬之，封识其处。

【译文】

钩弋夫人，姓赵氏，河间人。得到武帝宠幸，生了一个儿子，就是昭帝。武帝七十岁的时候才生昭帝。昭帝即位时刚刚五岁。

太子被废以后，没有重新立太子。而燕王刘旦上书，愿意回到京城入宫任警卫之职。武帝生气，立刻在北阙把燕王使者问斩。

皇上住在甘泉宫，召画工画了一幅周公背负成王的画图。于是左右群臣知道武帝想要立小儿子为太子。过了几天，武帝谴责钩弋夫人。夫人摘下民簪耳饰等叩头请罪。武帝说："把她拉走，送到掖庭狱！"夫人回过头来看着，武帝说："快走，你活不成了！"夫人死在云阳宫。死的时候暴风刮得尘土飞扬，百姓也都很悲伤。使者夜里拉着棺材去埋葬，在埋葬的地方做了标志。

【评点】

赵钩弋，即钩弋夫人、拳夫人。西汉河间（今河北献县东南）人。武帝巡狩过河间时得幸，进为婕妤，居钩弋宫。太始三年（公元前 94 年）生子弗陵。后元元年（公元前 88 年）武帝欲立弗陵为嗣，恐她日后擅权，遂借故赐死。

一、一钩之幸

钩弋夫人，本为河间人氏，赵姓。

赵夫人很奇怪，首先是她的身世很奇怪。她从出生时两手就蜷曲不开。有人告知武帝，武帝亲自去验看，果然如此，于是命从人试图解开赵钩弋紧握的双手，却没有一个人可以扳开。待武帝亲自去解，赵钩弋那紧握的柔荑却慢慢展开，手中握着一个碧绿的玉钩。武帝大为惊异。

既然相逢了，刘彻就不愿让赵氏从自己的生命轨迹中滑过，他立即将赵氏纳入后宫，称作"拳夫人"，大受武帝宠爱。

第二个奇怪的地方是她入宫不久就怀孕了。当时赵氏只有十六七岁，而刘彻已经六十三四岁了。刘彻的惊喜之情可以想象。更让刘彻惊喜的是，赵氏怀孕了十四个月才生下一个男孩！传说上古明君尧也是母亲怀胎十四个月降生的，小皇子竟然和尧帝的诞生情况相似，是否预示着什么呢？大喜过望的刘彻给这个太始三年诞生的最小的儿子取名为刘弗陵，将赵氏生子之处的宫门改名为"尧母门"，并晋封赵氏为婕妤，号“钩弋夫人”。

刘弗陵出生之初，刘彻对太子刘据非常失望，经常感叹太子和自己不像。年老的刘彻很自然地把感情倾注在刘弗陵身上，关心刘弗陵的生活起居，更关心刘弗陵的性情秉性。确切地说，他希望刘弗陵能够按照自己的规划和标准成长。好在一个六七岁的小孩子也显露不出个性来，往往在各方面都能让刘彻找到满意的地方。加上刘弗陵长得虎头虎脑、聪明伶俐，更讨刘彻欢心了。刘彻常对人夸耀：“弗陵类我。”

征和二年（公元前 91 年），“巫蛊”事变起，太子刘据自杀，卫子夫被赐死。刘彻沉浸在悲伤之中，带上钩弋夫人移居甘泉宫。

在甘泉宫，刘彻周密盘算起了身后事。他召来画工，画了《周公辅成王图》。周公是西周初年著名的辅政大臣，大公无私，辅助年幼即位的周成王，为西周百年事业奠定了基础。汉武帝把这幅画交给了大臣霍光（霍去病同父异母的弟弟），向群臣明确表明了要立刘弗陵为太子的意图。

人们多羡慕年轻的钩弋夫人啊！她和她的家族即将得到众人梦寐以求的权势与富贵。

二、子贵母死

伴君如伴虎，帝心难测。

正当钩弋夫人沉浸在美好生活的幻想中时，不料，事情急转直下。

一天武帝在甘泉宫，借故找碴儿，厉声责骂钩弋夫人，钩弋夫人吓得脸色惨白，慌忙脱下簪珥，叩头谢罪。

谁知汉武帝毫不留情地说：“快把她抓出去，送到掖庭，关进监狱！”钩弋夫人就这样莫名其妙地被人拉走了。

钩弋夫人入宫以后，从未经受这样的委屈，此时好似晴天霹雳，出人意料，不由得珠泪盈眶，想要开言问个明白，只是喉中哽咽，连一句话都说不出，她频频回顾，向刘彻投去不解、委屈、祈求和恩爱的目光。刘彻没有被这目光打动，而是强硬地说：“快去、快去！你不能活了！”

钩弋夫人还想再说什么，却已被侍女牵出，送交狱中。当天晚上被下诏赐死。这天大风扬起漫天灰尘，听到这件事的人都很伤感。后来武帝病死，弗陵即位，追封其母赵钩弋为皇太后。

《史记》载，武帝赐死钩弋夫人时，曾问左右：“外人对钩弋夫人之死怎么看啊？”有一个侍从很诚实地回答：“外人都不明白既然要立小皇子为太子，为什么要杀死他母亲呢？”刘彻说：“正是如此，钩弋夫人才必须死。普通人怎么能知道呢！往常国家之所以起乱子，大多由于主少母壮。女主独居骄横，淫乱自恣，幼主和大臣们难以遏制她。你们难道不知道本朝吕后的事情吗？”左右听了，才知武帝的用意。

都说“最毒妇人心”，其实还忘了一句“无毒不丈夫”。武帝建立的立子杀母制，被北魏所仿效，且一直延续了下去。

钩弋夫人被杀的第二年（公元前 87 年），71 岁的刘彻卧病不起，临终前将 7 岁的刘弗陵托孤给了霍光。刘弗陵即位，是为汉昭帝。

汉昭帝追封生母钩弋夫人为皇太后，修建陵墓重葬，拨三千户居民守护陵墓。钩弋夫人成了汉武帝的第四位皇后，她的同族兄弟都得到了赏赐，但赵家只有钩弋夫人的生父得到追封，并没有出现刘彻担心的外戚干政情况。

卷十八 《史记·伍子胥列传》

第一节 世代忠良，被谗灭门

【原文】

伍子胥者，楚人也，名员。员父曰伍奢。员兄曰伍尚。其先曰伍举，以直谏事楚庄王，有显，故其后世有名于楚。

楚平王有太子名曰建，使伍奢为太傅，费无忌为少傅。无忌不忠于太子建。平王使无忌为太子取妇于秦，秦女好，无忌驰归报平王曰：“秦女绝美，王可自取，而更为太子取妇。”平王遂自取秦女而绝爱幸之，生子轸。更为太子取妇。

无忌既以秦女自媚于平王，因去太子而事平王。恐一旦平王卒而太子立，杀己，乃因谗太子建。建母，蔡女也，无宠于平王。平王稍益疏建，使建守城父，备边兵。

顷之，无忌又日夜言太子短于王曰：“太子以秦女之故，不能无怨望，愿王少自备也。自太子居城父，将兵，外交诸侯，且欲入为乱矣。”平王乃召其太傅伍奢考问之。伍奢知无忌谗太子于平王，因曰：“王独奈何以谗贼小臣疏骨肉之亲乎？”无忌曰：“王今不制，其事成矣。王且见禽。”于是平王怒，囚伍奢，而使城父司马奋扬往杀太子。行未至，奋扬使人先告太子：“太子急去，不然将诛。”太子建亡奔宋。

无忌言于平王曰：“伍奢有二子，皆贤，不诛且为楚忧。可以其父质而召之，不然且为楚患。”王使使谓伍奢曰：“能致汝二子则生，不能则死。”伍奢曰：“尚为人仁，呼必来。员为人刚戾忍訽，能成大事，彼见来之并禽，其势必不来。”王不听，使人召二子曰：“来，吾生汝父；不来，今杀奢也。”伍尚欲往，员曰：“楚之召我兄弟，非欲以生我父也，恐有脱者后生患，故以父为质，诈召二子。二子到，则父子俱死。何益父之死？往而令雠不得报耳。不如奔他国，借力以雪父之耻，俱灭，无为也。”伍尚曰：“我知往终不能全父命。然恨父召我以求生而不往，后不能雪耻，终为天下笑耳。”谓员：“可去矣！汝能报杀父之雠，我将归死。”尚既就执，使者捕伍胥。伍胥贯弓执矢向使者，使者不敢进，伍胥遂亡。闻太子建之在宋，往从之。奢闻子胥之亡也，曰：“楚国君臣且苦兵矣。”伍尚至楚，楚并杀奢与尚也。

【译文】

伍子胥，是楚国人，名员。伍员的父亲叫伍奢，伍员的哥哥叫伍尚。他的祖先叫伍举，因为侍奉楚庄王时刚直谏诤而显贵，所以他的后代子孙在楚国很有名气。

楚平王有个太子叫建，楚平王派伍奢做他的太傅，费无忌做他的少傅。费无忌对太子建不忠心。平王派无忌到秦国为太子建娶亲。因为秦女长得姣美，无忌就急忙赶回来报告平王说：“这是个绝代美女，大王可以自己娶了他，再给太子另外娶个媳妇。”平王就自己娶了秦女，极度地宠爱她，生了个儿子叫轸，另外给太子建娶了媳妇。

费无忌用秦国美女向楚平王献媚以后，就趁机离开了太子去侍奉平王。又担心有一天平王死了，太子建继位杀了自己，竟因此诋毁太子建。太子建的母亲，是蔡国人，楚平王不宠爱她。平王也越来越疏远太子建，派太子建驻守城父，防守边疆。

不久，无忌又没日没夜地在平王面前说太子建的坏话，他说：“太子因为秦女的原因，不会没有怨恨情绪，希望大王自己稍微防备着点。自从太子驻守城父以后，统率着军队，对外和诸侯交往，将要进入都城作乱了。”楚平王就把他的太傅伍奢召回来审问。伍奢知道无忌在平王面前说了太子的坏话，因此说：“大王怎么能仅仅凭搬弄是非的小人之臣的坏话，就疏远骨肉至亲呢？”无忌说：“大王现在不制止，他们的阴谋就要得逞，大王将要被逮捕了！”于是平王发怒，把伍奢囚禁起来，同时命令城父司马奋扬去杀太子建。还没走到，奋扬派人提前告诉太子：“太子赶快离开，要不然，将被杀死。”于是太子建逃到宋国去了。

无忌对平王说：“伍奢有两个儿子，都很贤能，不杀掉他们，将成为楚国的祸害。可以用他父亲做人质，把他们召来，不这样将成为楚国的后患。”平王就派使臣对伍奢说：“能把你两个儿子叫来，就能活命，不叫来，就处死。”伍奢说：“伍尚为人宽厚仁慈，叫他，一定能来；伍员为人桀骜不驯，忍辱负重，能成就大事，他知道来了一块被擒，势必不来。”平王不听，派人召伍奢两个儿子，说：“来，我使你父亲活命；不来，现在就杀死伍奢。”伍尚打算前往，伍员说：“楚王召我们兄弟，并不打算让我们父亲活命，担心我们逃跑，产生后患，所以，用父亲做人质，欺骗我们。我们一到，就要和父亲一块处死。对父亲的死有什么好处呢？去了，就叫我们报不成仇了。不如逃到别的国家去，借助别国的力量洗雪父亲的耻辱。一块去死，没有意义呀。”伍尚说：“我知道去了最后也不能保全父亲的性命。可是只恨父亲召我们是为了求得生存，要不去，以后又不能洗雪耻辱，终会被天下人耻笑。”对伍员说：“你可以逃走，你能报杀父之仇，我将要就身去死。”伍尚接受逮捕后，使臣又要逮捕伍子胥，伍子胥拉满了弓，箭对准使者，使者不敢上前，伍子胥就逃跑了。他听说太子建在宋国，就前去追随他。伍奢听说子胥逃跑了，说：“楚国君臣将要苦于战火了。”伍尚来到楚都，楚平王就把伍尚和伍奢一块杀害了。

【评点】

伍子胥其人其事，可谓家喻户晓。大家都知道，他是个英雄。从落难公子到亡命天涯的乞丐，从楚国的叛逆到吴国的宰相，他的一生可谓命运多舛。他曾和伟大的军事家孙武一起，帮助吴王阖闾成为春秋五霸之一。然而，当阖闾的儿子夫差成为吴王之后，这位吴国的栋梁因了奸人的谗言而被夫差赐死。伍子胥的故事，可谓大曲折大悲壮，撼人心魄。

他到底是个怎样的人呢？

一、世代忠良，名门之后

伍子胥（公元前559—公元前484年），名员，字子胥，楚国监利（今湖北监利）人。

按照《东周列国志》的夸张说法，此人“生得身长一丈，腰大十围，眉广一尺，目光如电”。此乃小说家言，不足为信，但是伍子胥长得威武雄壮，异于常人，那是肯定的。

伍员的出身，可不是什么贫下中农或者草莽英雄，其祖辈、父辈都是以敢于犯颜直谏受到重用的大臣，他家也因此在楚国有很高的地位和名气。

他们家是正经八百的贵族，往上数三代，曾祖伍参、祖父伍举、父亲伍奢，都是楚国的大夫，绝对“根正苗红”，血统高贵。伍参在楚国供职时，正赶上晋楚在中原争霸。楚国出兵伐郑，晋国赶来增援。晋军势大，楚军上下人心惶惶。这时伍参力排众议，出谋划策，极力主战，最终击败晋军，立下大功。

伍举的故事更有意思，据记载，楚庄王继位之初，迷恋酒色，三年不理朝政，伍举冒死进谏，给楚庄王猜一谜语：“咱们楚国国都的朝堂上，来了一只大鸟，三年不鸣，一鸣惊人；三年不飞，一飞冲天。”从而把庄王从女人和美酒的温柔乡中挽救出来，又帮助楚庄王南征北战，成就了楚国的霸业。

祖上有光，泽被后代。从此，伍家子孙们的简历表上，多出了闪亮的一笔。帝王们看见是伍举的子孙，便以为此人的侍奉能力一定不错。一直到伍奢，也就是子胥的父亲，都还是楚国的重臣。楚平王很信任他，命他做太子建的老师，和太子一起驻守城父。

因为伍子胥出生于这样的贵族家庭，所以从小受到良好教育，史书称他“少好于文，长习于武”，有“文治邦国，武定天下”之才。他性格刚强，青少年时，即好文习武，勇而多谋，靠自己的能力被封于申地，故又称申胥。

本来，沿着伍家先人的足迹，伍氏父子依然可以在服务君王的同时获得荣华富贵，然而，峰回路转总有时，由于小人谗害，父亲、哥哥被杀。伍子胥一反忠臣形象，走向了反叛的极端。他后来带领着吴国军队攻打自己的祖国，并且掘出楚平王的尸体，鞭打了三百下。就连他的好朋友申包胥都说他丧尽天良。但是，为什么司马迁对他的评价却如此之高，称他为“烈丈夫”，“弃小义，雪大耻，名垂于后世”呢?

这一切，都源于那个荒唐至极的婚姻，源于小人的构陷。

二、平王好色，小人得志

当时，和伍奢一起侍奉太子建的还有一个叫费无忌的人，做太子的少傅，这是一个地道的奸佞小人。

太子建对他的少傅并不感兴趣，并与其一向不和，而对太傅伍奢崇敬有加。费无忌心生妒忌，又恐日后太子建被拥立为王后对自己不利，于是便常在楚平王面前诬陷太子，想方设法来离间其父子，但总未奏效。

但机会终于还是来了。

太子建到了该结婚的年龄，楚平王对费无忌说：“我看周遭的国家，也就算秦国比较有前途。咱们不如趁这个机会跟他们联姻，把秦国主公的妹子孟嬴娶回来给建做媳妇，你就帮我去走一趟吧。”

楚国人来迎亲，秦国君主秦哀公自然不敢怠慢，立即把自己的心爱小妹孟嬴许配给太子建，双方结成“秦楚之好”。

这本是一件大好事儿，偏偏费无忌这小子不厚道，使了个阴谋诡计，将这件大好事儿引上了一条诡异的道路，南中国的大地从此陷入纷飞的战火之中，楚国的命运开始朝变态的方向发展。

原来，孟嬴是个大美女，事情糟就糟在她太美了；更糟的是，迎亲的大臣费无忌是个正宗的小人。

美女再加上小人，想想也会出事。

于是，费无忌打秦国迎亲一回来，马上就找到楚平王说："秦女是个绝代美女，大王您为什么不自己娶了她？再为太子娶个媳妇就可以了。"

本来好色的楚平王于是娶了自己儿子的媳妇孟嬴，不久这媳妇就为太子建生了小弟弟，名字叫"轸"，平王又另外给太子娶了一个妻子。

三、小人谗言，伍家遭难

费无忌既然用那位秦国的女子向平王献媚讨好，因此就离开了太子而去侍奉平王。他担心有朝一日平王死了而太子继位为王，会杀掉自己，所以就极力诋毁太子建。太子建的母亲是蔡国人，平王本来就不喜欢她。渐渐地，平王越来越疏远太子建，将他派去驻守城父，守卫边疆。

不久，费无忌又一天到晚地在平王面前讲太子的坏话。他说："太子建由于那秦国女子的缘故，不能没有怨恨，希望大王多少要自己防备着一点。自从太子到了城父，统领着军队，对外又与诸侯各国结交往来，他是准备着将要回都城来作乱呢！"

平王就召来太子太傅伍奢审问，伍奢知道是费无忌在平王面前说了太子的坏话，因此便说："大王为什么竟要相信那心黑口毒、搬弄是非的小臣，疏远了至亲的骨肉之情呢？"费无忌说："大王如果现在不制裁他们，他们的阴谋就要成功了，大王将很快被他们捉起来的。"于是，平王大为恼怒，把伍奢关进了监牢，又派城父司马奋扬去杀太子。奋扬在还没有到城父之前，就派人先去告诉太子，说："太子赶快走，不然将被杀。"太子建便逃到宋国去了。

过了一段时间，费无忌又开始进谗言："大王您可别忘了，老伍可还有两个儿子呀，那可都不是一般的人，如果不把他们杀掉，将来他们肯定要找您的麻烦。大王可以拿他们的父亲做人质，召他们回来斩草除根。"

楚平王便派人去召伍子胥和他的哥哥伍尚，说只要他们回来就放了伍奢。

伍尚得知父亲被抓起来了，想立即赶回去。伍子胥说："哥呀，楚平王叫我们回去，并不是真的要让父亲活命，只不过是怕我们逃跑了，以后找他的麻烦，因此用父亲做人质骗我们回去。只要我们哥俩一到都城，就会一起被杀，连个报仇的机会都没有了。我们不如一起投奔到别的国家，借助他们的力量为父亲报仇。"

伍尚说："我也知道回去救不了父亲，但我怕今天父亲叫我回去我没有回去，以后也没能力为父亲报仇，那会被人笑话的。"

伍尚临走前对弟弟伍子胥说："我的才能远不及你，你可以逃走，日后可以替父亲报仇，以尽孝心。”伍尚说完就从容被捕。

当使臣前来逮捕伍子胥时，伍子胥张弓搭箭对准使者说：“不要命的就上来吧！”使者一看这阵势吓得不敢上前，伍子胥便乘机逃跑了。

就这样，伍尚走了，他选择舍生取义；伍子胥逃了，他选择忍辱偷生。

伍子胥的父亲伍奢听说自己的儿子子胥已逃离了楚国，便叹息道：“楚国君臣将要苦于战火了。”不久，楚平王便把伍奢和伍尚给杀了。

楚平王见伍子胥逃跑，就派武城黑率精兵追杀。自此，伍子胥便开始了他一生传奇而又悲惨的逃难历程。

第二节　颠沛流离，九死一生

【原文】

伍胥既至宋，宋有华氏之乱，乃与太子建俱奔于郑。郑人甚善之。太子建又适晋，晋顷公曰：“太子既善郑，郑信太子。太子能为我内应，而我攻其外，灭郑必矣。灭郑而封太子。”太子乃还郑。事未会，会自私欲杀其从者，从者知其谋，乃告之于郑。郑定公与子产诛杀太子建。建有子名胜。伍胥惧，乃与胜俱奔吴。到昭关，昭关欲执之。伍胥遂与胜独身步走，几不得脱。追者在后。至江，江上有一渔父乘船，知伍胥之急，乃渡伍胥。伍胥既渡，解其剑曰：“此剑直百金，以与父。”父曰：“楚国之法，得伍胥者赐粟五万石，爵执珪，岂徒百金邪！”不受。伍胥未至吴而疾，止中道，乞食。至于吴，吴王僚方用事，公子光为将。伍胥乃因公子光以求见吴王。

【译文】

伍子胥到宋国以后，正好遇上宋国华氏作乱，就和太子建一同逃到郑国去。郑国君臣对他们很友好。太子建又前往晋国，晋顷公说：“太子既然跟郑国的关系友好，郑国信任太子，太子要能给我们做内应，我们从外面进攻，一定能灭掉郑国，灭掉郑国，就把它分封给太子。”于是太子回到郑国。举事的时机还没成熟，正赶上太子因为个人私事打算杀掉一个跟随他的人，这个人知道太子的计划，就把它告诉郑国。郑定公和子产杀死了太子建。建有个儿子叫胜。伍子胥害怕了，就和胜一同逃奔吴国。到了昭关，昭关的官兵要捉拿他们，于是，伍子胥和胜各自只身徒步逃跑，差一点不能脱身。追兵在后。到江边，江上有一个渔翁乘着船，知伍子胥很危急，就渡伍子胥过江。伍子胥过江后，解下随身带的宝剑说："这把剑价值百金，把它送给你老人家。"渔翁说："按照楚国的法令，抓到伍子胥的人，赏给粮食五万石，封给执珪的爵位，难道是仅仅值百金的宝剑吗？"不肯接受。伍子胥还没逃到吴国京城，就得了病，在中途停下来，讨饭吃。到达吴都，吴王僚刚刚当权执政，公子光做将军。伍子胥就通过公子光的关系求见吴王。

【评点】

伍子胥忍辱逃命，不明就里的人纷纷指责伍子胥的人品有问题，连父兄的死活都可以不顾。子胥肚里咕咕咕泛着苦水，为了报仇，他只能背负着巨大的精神包袱，开始了流亡生涯。

在这个世间，许多人凭着他们的无知，对人事妄加评论。要是在意他们说的，就不要活了。伍子胥果然是个刚强的男人，心理承受能力极好。此处不留爷，自有留爷处。于是，他逃到了宋国，投奔太子去了。然而，此行是否如一首歌里所唱："外面的世界特别慷慨，闯出去我就可以活过来"？

一、英雄丧家，亡命天涯

伍子胥生性刚强，青少年时，即好文习武，勇而多谋。

当得知楚平王派兵来捕，便知父兄终不能幸免。如何是好？还是尽快逃命。但逃跑免不了要拖家带口，可如此将拖累行程，不利于逃脱；如若不带，自己的妻子家人定会惨遭楚兵毒手，奈何？

伍子胥的烦恼被妻子识破："大丈夫含父兄之怨，如割肺肝，何暇为妇人计耶？子可速行，勿以妾为念！"妻子说罢竟进里屋自缢而死。

妻子的刚烈大义让伍子胥感激涕零，他大哭一场，把妻子草草掩埋，收拾好行李就匆匆离去。

而当伍奢父子在楚国引颈受戮的时候，伍子胥已经逃到了长江边上。他将所穿白袍挂在路旁的树上，引开追兵，孤身逃入了茫茫的大山之中。（聪明！）

追兵扑了个空，只好垂头丧气地跑回去复命，楚平王大怒，命令全国通缉伍子胥，画影图形，重赏报信者。

与此同时，伍子胥得知了父兄的死讯，他痛哭着奔跑在莽荡山间，悲愤逆流成河。

伍子胥听说太子建逃至宋国就奔宋而去，并找到了太子建。

伍子胥刚到宋国，宋国就发生了内战，局势十分不稳定。伍子胥和太子建待在那儿不是个滋味，就一起离开了。他们的下一站将会是哪里呢？春秋战乱，要找个幸福的终点站还真不容易！他们后来到了郑国。虽然郑国人民很友好地接待了他们，但是迫于楚国的压力，郑国并不敢久留他们。

于是他们又辗转到了晋国，而晋国才不会白留他们呢。那晋顷公倒是很会打算盘，他对太子建说："听说你跟郑国的关系不错。我看这样吧，不如你回到郑国去，做我们的内应。等到我们一举把郑国打败了，我们就把它分封给你，怎么样？"太子建正愁失去了原本高贵的地位，很想弄个王来做做，这下正合他的心意。于是，他回到了郑国，郑国也来者不拒。

太子建便在郑国当起了间谍。这郑国还真够冤大头的，被人卖了还帮人数钱，好在后来事情败露。正所谓："天作孽，犹可违；自作孽，不可活。"太子建正在火热地筹划如何与晋国内应外合，攻下郑国，却因为一点个人的私事跟底下的随从闹翻。太子建的脾气也真够躁的，动不动就说要杀了那随从。随从产生了背离之心，便向郑国国公告发了太子建这次回来的真正原因。郑定公听了很气愤，便与子产一起将太子建杀了。从这件事也可以看出，太子建就算能活下去，也不是能成就大事的人。相比较而言，倒是伍子胥更沉得住气。

太子死后，子胥感叹建的轻率，无奈之下，只能带着太子的儿子熊胜，往吴国的方向出逃。

二、昭关白发，天不绝人

伍子胥带着公子胜逃出郑国后，白天躲藏，晚上赶路，来到吴楚两国交界的昭关（今安徽含山县北）。楚平王早就下令悬赏捉拿伍子胥，令人画了伍子胥的像，张贴在楚国各地的城门口，嘱咐各地官吏盘查。

面对眼前高高耸峙的昭关，伍子胥他们只能在破晓的丛林中逡巡，踟蹰，像游魂一样飘荡。伍子胥长得高大威猛，好认至极，如何能躲得过如此严苛的盘查呢？

危急时刻，伍子胥碰上了生命中的第一个贵人：东皋公。

东皋公非常同情伍子胥，便把伍子胥等人接到自己家里。东皋公有一好友皇甫讷长相酷似子胥，他想让此人来冒充伍子胥过关。可皇甫讷那时并不在家中，他们足足等了六日还不见皇甫讷回来。

伍子胥心急如焚，到了第七天夜里，伍子胥实在受不了了，整整一夜，寝不能寐，辗转寻思，反侧不安。到了第七日早晨，恰逢东皋公来告知其好友皇甫讷已回，却见伍子胥须发全白，便告知于他。伍子胥起初不信，拿镜子一照，痛哭流涕，将镜子摔至地上，叹曰："一事无成，双鬓已斑，天乎，天乎！"可东皋公却认为这恰是好事，因为这样守关楚兵更不好辨识，正好能助其顺利过关。

"伍子胥过昭关，一夜愁白了头"，就出自于此。

在东皋公帮助下，经过一番仔细装扮，伍子胥等四人便一起朝昭关方向进发，并于第二日黎明时分赶到昭关。当时正值开关时间，守关楚兵果然把守严密，皇甫讷很快被楚兵发现，并立即被抓获，而白头发的真伍子胥趁机混出关去，神不知鬼不觉地带着村家小儿状打扮的公子胜，趁混乱之际顺利通过昭关。

伍子胥的确命大，若不是如此，历史上也许就不会有他伍子胥的威名了。

三、渔父救助，终至吴国

伍子胥出了昭关，怕有追兵赶来，急忙往前奔跑，但遇到一条大江拦住了去路。

重获新生的伍子胥但见滔滔江水，茫茫浩浩，波涛万顷，竟无一舟踪影。伍子胥前阻大水，后虑追兵，急得直跳脚：老天爷，难道真要我的命吗？

恰在这时，伍子胥又碰上了生命中的第二个贵人：渔丈人，一个打鱼的老头。

伍子胥搭上了他的船，过到了江对岸。子胥十分感激，便摘下随身佩带的宝剑，交给老渔人，说："这把剑是楚王赐给我祖父的，一直留传了下来，和传家之宝无异。虽然不值什么，但也有一百两金子。我现在送给你，好歹表表我的心意。"

老渔夫回答说："楚王为了追捕你，出了五万石的米粮作为赏金，还答应封告发者为大夫的爵位。我不贪图赏金、爵位，怎么还会贪图你的宝剑呢？"伍子胥连忙向老渔人致歉，收了宝剑，告别而去。

他的目标是吴国，可是还没到吴国，他就生了病，不得不停下来。这样的话，路上的费用就得增加。他实在是没有什么经济来源，只能靠乞讨为生，终于到达了吴都。

来到吴国后，伍子胥通过公子光的关系，拜见了吴王僚，可是并未得到重用。

有一次，在楚国与吴国的交界处，两国养蚕的女子因为争夺桑叶而发生了争执。两国为此出动军队，大动干戈。吴国把楚国打败了，并夺了几座城邑回去。子胥可高兴了，想要劝吴王僚趁热打铁，把楚国整个都灭了。公子光知道子胥恨楚国，便疑心他是公报私仇，于是对吴王说："您不要听他的，楚国也没那么容易被打败。"吴王僚便没有动兵。

伍子胥看出这公子光不是真心为吴王僚着想，他有篡位的野心，想杀死吴王僚而自立为君，不可以用对外的军事行动劝说他，就向公子光推荐了专诸。然后，伍子胥离开吴国朝廷，和太子建的儿子胜到乡下种地去了。

伍子胥的逃难历程可谓艰辛、离奇，如果没有妻子的大义而死，以及路人的相助，他是根本逃不出楚国的。假如我们把伍子胥放到其他任何一个朝代，历史将难以展现出一个这样的伍子胥，伍子胥只属于那样的时代。

第三节　鞭尸楚王，报仇雪恨

【原文】

始伍员与申包胥为交，员之亡也，谓包胥曰：“我必覆楚。”包胥曰：“我必存之。”及吴兵入郢，伍子胥求昭王。既不得，乃掘楚平王墓，出其尸，鞭之三百，然后已。申包胥亡于山中，使人谓子胥曰：“子之报雠，其以甚乎！吾闻之，人众者胜天，天定亦能破人。今子故平王之臣，亲北面而事之，今至于僇死人，此岂其无天道之极乎！”伍子胥曰：“为我谢申包胥曰，吾日莫途远，吾故倒行而逆施之。”于是申包胥走秦告急，求救于秦。秦不许。包胥立于秦廷，昼夜哭，七日七夜不绝其声。秦哀公怜之，曰：“楚虽无道，有臣若是，可无存乎！”乃遣车五百乘救楚击吴。六月，败吴兵于稷。会吴王久留楚求昭王，而阖闾弟夫概乃亡归，自立为王。阖闾闻之，乃释楚而归，击其弟夫概。夫概败走，遂奔楚。楚昭王见吴有内乱，乃复入郢。封夫概于堂溪，为堂溪氏。楚复与吴战，败吴，吴王乃归。

【译文】

当初，伍员与申包胥是好朋友，伍员从楚国出逃的时候对申包胥说：“我一定要颠覆楚国。”申包胥说：“我必定能使楚国存在下去。”等到吴国大军入郢，伍子胥到处搜寻昭王，没有找到，他就掘开楚平王的墓，拖出尸骨，抽打了三百鞭，方才住手。申包胥这时也逃出郢都，躲在山中，派人对伍子胥说：“你这样报仇，未免也太过分了吧！我听说，虽然人多势众，一时或许能胜过天理，但天理最终还是要获胜的。你从前是平王的臣子，曾经面朝北亲自侍奉过他，现在竟然鞭打死人，这岂不是不讲天理到极点了吗！”伍子胥对来人说：“替我向申包胥致歉吧，就说我因为年事已高，而报仇心切，就像眼看要日落西山，却仍路途遥遥，所以才做出这种倒行逆施的事情来。”于是，申包胥就跑到秦国去告急，请求秦国发兵救楚。

秦国不肯出兵。申包胥站在秦国的宫廷中日夜不停地痛哭，哭了七天七夜，哭声始终没有中断。秦哀公很受感动，说："楚王虽然无道，但是有这样的臣子，怎么能不保全楚国呢！"他就派遣了五百辆兵车援救楚国，抗击吴国。六月，在稷打败了吴军。这时，由于吴王阖闾到处搜寻楚昭王，在楚国停留已经很久，阖闾的弟弟夫概乘机偷偷回到吴国，自立为王。阖闾听到这个消息，便丢下楚国赶回国内，攻打他的弟弟夫概。夫概兵败逃走，就投奔了楚国。楚昭王看到吴国发生内乱，又重返郢都。他将夫概封在堂溪，夫概就叫作堂溪氏。楚国继续与吴国作战，打败了吴军，吴王便撤军回到国内。

【评点】

伍子胥入吴后，隐居种地，一过就是五年。而这时，楚国也发生了许多变化，楚平王死去。楚平王死后，是谁继承了王位呢？就是楚平王夺的太子建之妇、秦国嬴氏生的儿子轸。轸即位，这就是楚昭王，我们一时很难判断这是不是小人费无忌的手笔，但我们可以负责地说，楚国的天空战云密布，伍子胥那种复仇的火焰在东边与太阳一同升起了。

一、阖闾即位，子胥辅佐

吴王僚十一年（公元前 516 年），楚平王熊居病死，昭王熊轸即位。伍子胥得知后，非常悲愤，平王已死，父兄之仇未报，这可怎么办？由于伍子胥报仇心切，竟然一连三天未曾进食。

后来他想出一计，对公子光说："你现在可以劝吴王趁楚君新丧攻楚，并让其用掩余、烛庸、公子庆忌为主将，而你在行军途中可假装摔伤而要求返回，这是你除掉吴王僚之绝佳时机。"

公子光依计行使。

待吴师伐楚出征之后，他邀请吴王僚去家中做客，品尝在太湖请到的一位名厨做的炙鱼。这位名厨不是别人，正是专诸，他去学烤鱼，正是投吴王僚之所好，以寻机刺杀吴王僚。吴王僚果然上当，最终被专诸刺死。而此时在外的掩余、烛庸、公子庆忌闻讯后只得逃往他国。

此后，公子光即位，即吴王阖闾。阖闾任命伍子胥为"行人"（掌管朝觐聘问之官），"以客礼事之，而与谋国政"，并命他主持修筑国都城池，修建仓库，铸造兵器，编练军队，训练士卒练习骑射及驾驭战车、战船等，准备称霸中原。

伍子胥又举荐深通兵学的孙武为将，选练兵士，整军经武，使吴成为东南地区一大强国。根据吴与周边各国的强弱形势及利害关系，伍子胥与孙武统观全局，为阖闾制定了“西破强楚，北威齐晋，南服越人”的争霸方略，

就在这时，伯嚭来吴投奔伍子胥。伯嚭本是楚国名臣伯州犁之孙。他的父亲伯郄宛是楚王左尹（令尹的助手），为人耿直，贤明有才能，深受百姓爱戴，因此受到了少傅费无忌的忌恨进谗，被贪得无厌的楚令尹（国相）囊瓦所杀，并株连全族。伯嚭侥幸逃出，听说伍子胥在吴国混得不错，就跑来投奔子胥。同病相怜，而且有着同样的仇恨和仇人，伍子胥自然非常热情，俩人一见如故。于是，伍子胥就把伯嚭推荐给吴王阖闾以求重用，而这也为伍子胥后来的悲惨命运埋下了伏笔。

在伍子胥、孙武等的辅佐下，吴国一天天强大起来，一跃成为东南地区的强国。

二、鞭尸楚王，报仇雪恨

攻打楚国时，孙武、伍子胥建议吴王一定要瓦解楚国的附庸国——蔡国和唐国。蔡、唐两国受足了楚国的气，很快与吴联合，经过几次有利的战役，终于打进郢都。楚国建国以来，第一次都城被破。

郢都有三城（即麦城、纪南城、郢城），阖闾采用了伍子胥的策略，派伍子胥攻打麦城，孙武攻纪南城。伍子胥用计在麦城附近又筑二城，东曰“驴城”，西曰“磨城”，东驴西磨智破麦城。孙武则引漳水，水淹纪南城，连同郢城都给淹了。见此情形楚昭王熊轸只得仓皇出逃。郢都没有了楚王，自然就不攻自破。攻入郢都后，吴国君臣洗劫楚国国库，淫乱楚国后宫。

接着吴王阖闾又按照伍子胥之言，将楚国宗庙尽行拆毁，虽然孙武极力劝阻，但吴王根本不听。其实，如果吴王采用孙武之计，善待楚民，让公子胜入主郢都，则楚国定会俯首于吴国，对吴国的称霸之计有利而无弊。可伍子胥不愿善罢甘休，他请求吴王准许自己掘楚平王墓以解心头之恨，吴王自然同意。伍子胥怀有报仇之心，有如此想法和行为，还算可以谅解。而吴王阖闾，应该算得上是一位了不得的政治家，竟不做长久打算，不用孙武之策，只图一时之快，真是令后人为其感到悲哀。

找到平王的尸骨后，伍子胥“手持九节铜鞭，鞭之三百，肉烂骨折”。此后更是“左足践其腹，右手抉其目”，并骂曰：“汝生时枉有目珠，不辨忠佞，听信谗言，杀吾父兄，岂不冤哉！”可伍子胥还不解恨，又割下了平王的头，并把衣物棺木全都销毁，连同尸骨弃于荒野。

伍子胥总算报了仇，十七年的担子终于卸了下来。

然而申包胥又让他倒吸了一口凉气。

三、长哭七日，秦兵救楚

伍子胥当初出逃楚国时，对其至交好友申包胥咬牙切齿地说：“有一天，我一定要颠覆楚国。”

申包胥则回应：“我必定能使楚国存在下去。”

两位名不见经传的小人物，也许是一时气话，也许是一句戏言，但现在，他们却要真的共同面对这样的局面了。

听说伍子胥鞭尸的残暴变态之举，已逃入山里的申包胥让人告诉伍子胥：“你的报仇未免太过分了！我听人说，人多可以胜天，但天道也能破人谋计，你从前是平王臣子，现在却污辱他，难道不是丧尽天良吗？”

伍子胥却不以为然地说：“替我跟申包胥说，我像快下山的太阳已无路可走，所以我违背天理不择手段行事。”日暮途穷、倒行逆施这两个成语就是从他这儿来的。

于是申包胥跑到秦国去报告危急情况，向秦国求救。楚国无道有目共睹，尽人皆知，所以秦国不想蹚这浑水。秦哀公推托道：“您先去驿馆歇息，我们商量商量再说！”申包胥说：“我们的国君正在远方逃难，尚无安身之所。我们做臣下的，怎么敢贪图安逸呢？”说完，站在秦国的朝堂之外，放声痛哭。

秦国不答应，申包胥就站在秦国的朝廷上，日夜不停地痛哭，史书上说，申包胥整整哭了七天七夜，其间水米未进。开始时流泪，继而流出的是血。正是抱着这颗必死之心，反而让申包胥爆发出了无穷的求生力量，让他坚持，并一直坚持到了最后一刻。

秦哀公大为感动，说：“楚国虽然无道，但有这样的臣子，难道还不应该复国吗？”说完，立即答应派兵。

申包胥哭秦廷，借来了五百辆战车拯救楚国，攻打吴国。六月间，在稷地打败吴国的军队。正赶上吴王长时间地留在楚国寻找楚昭王，阖闾的弟弟夫概逃回国内，自立为王。阖闾听到这个消息，就弃楚国赶回去，攻打他的弟弟夫概。夫概兵败，跑到楚国。楚昭王见吴国内部发生变乱，又打回郢都，把堂溪封给夫概，叫作堂溪氏。楚国再次和吴军作战，打败吴军，吴王就回国了。

清代王永彬的《围炉夜话》上说：“伍子胥报父兄之仇而郢都灭，申包胥救君上之难而楚国存，可知人心足恃也。”有时候，精神力量真的可以超越人类的生理极限，强大到让所有人都无法相信的地步。

这正是：

君虽无道，臣有死节，秦庭七日泪化血；

人固有情，士无虚义，豪杰一誓铁成金！

第四节　身死吴亡，永不瞑目

【原文】

吴太宰嚭既与子胥有隙，因谗曰："子胥为人刚暴，少恩，猜贼，其怨望恐为深祸也。前日王欲伐齐，子胥以为不可，王卒伐之而有大功。子胥耻其计谋不用，乃反怨望。而今王又复伐齐，子胥专愎强谏，沮毁用事，徒幸吴之败以自胜其计谋耳。今王自行，悉国中武力以伐齐，而子胥谏不用，因辍谢，详病不行。王不可不备，此起祸不难。且嚭使人微伺之，其使于齐也，乃属其子于齐之鲍氏。夫为人臣，内不得意，外倚诸侯，自以为先王之谋臣，今不见用，常鞅鞅怨望。愿王早图之。"吴王曰："微子之言，吾亦疑之。"乃使使赐伍子胥属镂之剑，曰："子以此死。"伍子胥仰天叹曰："嗟乎！谗臣嚭为乱矣，王乃反诛我。我令若父霸。自若未立时，诸公子争立，我以死争之于先王，几不得立。若既得立，欲分吴国予我，我顾不敢望也。然今若听谀臣言以杀长者。"乃告其舍人曰："必树吾墓上以梓，令可以为器；而抉吾眼悬吴东门之上，以观越寇之入灭吴也。"乃自刭死。吴王闻之大怒，乃取子胥尸盛以鸱夷革，浮之江中。吴人怜之，为立祠于江上，因命曰胥山。

【译文】

吴太宰嚭早就与伍子胥有嫌隙，因而毁谤子胥说："伍子胥为人生硬凶暴，没有感情，好猜疑，爱嫉恨，他对大王的怨恨不满恐怕早晚要成为大祸害的。前次大王准备伐齐的时候，伍子胥就认为不能伐，但大王终于出兵向齐国发动了进攻，结果大获成功。伍子胥对自己的计谋未被采纳感到羞辱，反而因此怨恨大王。现在大王准备再次伐齐，伍子胥刚愎自用，强词夺理地进行拦阻，不惜诋毁和诽谤大王，一意孤行，他只不过是在幸灾乐祸地希望以吴国的失败来证实自己的计谋的高明。如今大王亲自率领大军，出动国内全部军队去伐齐，而伍子胥由于谏议未被采用，便不再来上朝，他假装生病而不跟大王一道北上，大王不可不防备呀！这个时候他要惹祸闹事可太容易了。况且我派人暗中注意着伍子胥，他出使齐国的时候，已经把他的儿子托付给了齐国的鲍氏了。伍子胥身为臣子，在国内不得意，便到国外去投靠诸侯，他自以为是先王的谋臣，如今不被重用，就常常心怀不满地怨恨大王。希望大王及早采取措施。”吴王说：“你不说这些话，我也早就在怀疑他了。”于是，吴王派人给伍子胥送去一把“属镂”宝剑，说：“你拿它去死！”伍子胥仰天长叹道：“啊！奸臣伯嚭在作乱了，大王却反而要杀掉我。是我曾经使你的父亲成为称雄诸侯的霸主；当你还没有被立为太子的时候，各公子争抢着要当太子，又是我用生命在先王面前为你争取，差一点就不能把你立为太子。你做了国王之后，要把吴国分一部分给我，我倒也并不指望着那样。然而，你今天竟然听信奸臣的恶语中伤要杀害你的长辈。”伍子胥便告诉他的舍人说：“我死了以后，一定要在我的墓上种上梓树，让它长成之后可以派用场，把我的眼睛摘下来悬挂在都城东门之上，我要亲眼看到越寇的入侵、吴国的灭亡。”说罢便自刭而死。吴王听说了伍子胥的话后，大为愤怒，将伍子胥的尸体装在用皮革做的袋子里，让它在长江中漂浮。吴国的百姓敬重伍子胥，为他在长江边上建立了祠堂，这个地方因此就叫作胥山。

【评点】

吴王回国之后，论功行赏，立伍子胥为相国、伯嚭为太宰。吴军撤退后，楚即复国，但因其在战争中国力损失惨重，暂时无力对吴造成重大威胁，于是伍子胥便劝吴王将战略攻击目标转至越国。

伍子胥报了杀父兄之仇，了却了一生中最大的心愿，之后就一心一意地辅佐吴王阖闾，吴国的国力逐渐壮大起来，雄霸一方。此后便进入了吴越争霸的时代。

一、夫差复仇，越国求和

吴王阖闾十九年，越王允常病死，其子勾践即位。阖闾不听伍子胥的劝说，率伯嚭等趁越君新立之际，发兵攻越。双方在槜李（今浙江嘉兴西南）交战，结果吴军失败，阖闾也负伤身亡。其子夫差，在伍子胥的拥戴下即位为王。

夫差为报父仇，命伍子胥积极备战，企图一举消灭越国。正当吴军准备完毕即将攻越之时，越王勾践先发制人，于吴王夫差二年（公元前494年）发兵攻吴，双方水军大战于夫椒（今江苏苏州境内）附近水上。结果越军大败，退回本国。吴军乘胜追击，攻占越都会稽（今浙江绍兴）。勾践留范蠡坚守，自率残兵五千人逃至会稽山（今绍兴东南）。吴军把会稽团团围住，伍子胥领兵在左，伯嚭在右。

会稽告急，越将文种献计说：“现在的形势比较紧张，我们只有暂时投降才能保全自己。”原来文种早有一计在心，他素闻伯嚭贪财好色，又知伍子胥与伯嚭志趣不投，而现今吴王夫差更加亲近伯嚭。于是，勾践派文种带美女珠宝前去贿通伯嚭。

伯嚭得到文种送来的礼品后，就去拜见夫差，与夫差说了文种代表越王请降之意。

夫差大怒，说自己与越人有不共戴天之仇，恨不得手刃越王，怎么能和他议和？

而伯嚭却说："难道你不记得孙武说的话了？'兵，凶器，可暂用而不久也'，越国虽然得罪了我们吴国，可越国已经答应了做我们的臣民，而现在，越国所有即吴王之所有，这与占领了越国是一样的。既然这样，我们何必再去兴师动武？如果逼人太甚了，对我们也没有好处。"

伯嚭说的这些话听起来确实很有道理，奸佞之人向来如此，这可是他们的拿手本领。夫差听后，竟也认为越国已衰微，不足以成为吴国威胁，再加上他急于北上攻齐，争霸中原，遂准备应允越国求和。

于是夫差召见文种，并答应了他的议和请求。

当时早有人报知伍子胥，伍子胥急奔去见吴王，得知夫差已经答应，伍子胥怒气盈面连说不可，并进言吴王："勾践能亲而务施，施不失人，亲不弃劳，与我同壤，而世为仇雠。于是乎克而弗取，将又存之，违天而长寇仇，后虽悔之，不可食已。"（《左传·哀公元年》）又进一步从地理条件上深入劝说吴王："员闻之，陆人居陆，水人居水。夫上党之国，我攻而胜之，吾不能居其地，不能乘其车。夫越国，吾攻而胜之，吾能居其地，吾能乘其舟，此其利也，不可失也已，君必灭之。"

夫差不听伍子胥之言，还是允许越国求和，并下令撤军。伍子胥对此极为悲愤，气得面如土色。自此，伍子胥与伯嚭的关系到了剑拔弩张的地步。

于是，便有了后来众所周知的勾践卧薪尝胆的故事。

二、伯嚭谗言，被赐自杀

在对待越王勾践和越国的问题上，吴王夫差和伍子胥的看法越来越远，双方谁也说服不了谁。夫差对伍子胥的态度由不满逐渐发展到疏远冷落，并有了加害伍子胥之心。在准备再次大举攻齐前，夫差派伍子胥使齐下挑战书，以激怒齐国，达到借齐国手而杀掉伍子胥的目的。

伍子胥见吴王如此，料知吴国终将会被越国所灭，便趁为使去齐之际，把自己的儿子寄托给齐国鲍氏，改姓王孙氏。

吴国太宰嚭和伍子胥在感情上产生裂痕以后，就趁机在吴王面前说他的坏说："子胥为人强硬凶恶，没有情义，猜忌狠毒，他的怨恨恐怕要酿成深重的灾难。前次大王要攻打齐国，子胥认为不可以，大王终于发兵并且取得了重大的胜利，子胥因自己计谋没被采用感到羞耻，反而产生了怨恨情绪。如今大王又要再次攻打齐国，伍子胥又独断固执，强行谏阻，败坏、诋毁大王的事业，只希望吴国战败来证明自己的计谋高明。现在大王亲自出征，出动全国的武装力量攻打齐国，而伍子胥的劝谏不被采纳，因此就中止上朝，假装有病不随大王出征。大王不可不戒备，这是很容易引起祸端的。况且我派人暗中探察，他出使齐国，就把他的儿子托付给齐国的鲍氏。做人臣子，在国内不得意，就在外依靠诸侯，自己认为是先王的谋臣，现在不被信用，时常郁郁不乐，产生怨恨情绪。希望大王对这件事早日想办法。”

吴王说：“没有你这番话，我也怀疑他了。”

吴王就派使臣把“属镂”宝剑赐给伍子胥，说：“你用这把宝剑自杀吧。”

伍子胥仰望天空叹息说：“唉！谗言小人伯嚭要作乱，大王反来杀我。我使你父亲称霸。你还没确定为王位继承人时，公子们争着立为太子，我在先王面前冒死相争，你几乎不能得到太子的位置。你被立为太子后，还答应把吴国分一部分给我，我却没有希望你报答，可现在你竟听信谄媚小人的坏话来杀害长辈。”

英才伍子胥再次重复了父亲伍奢所走过的路。临死，他向家人发毒誓般地留下了遗言：“把我的眼珠挖出来，悬挂到东门之上。我要眼看着越人来灭吴！”

吴王听到这番话，大发雷霆，就把伍子胥的尸体装进皮革袋子里，漂浮在江中。吴国人同情他，在江边给他修建了祠堂，因此，把这个地方命名叫胥山。

伍子胥的预言不折不扣地得到了实现，含辱忍垢的越王勾践在文种和范蠡的帮助下，势如破竹地攻破了吴国的都城。

夫差死到临头才幡然悔悟，自觉没有颜面去见伍子胥，便拿了一块手帕遮住脸，然后自杀。

嚭也没有得到什么好下场。勾践虽利用过他，但还是觉得他是无德之人很不靠谱，便把他给杀了。

纵观伍子胥的一生，波澜壮阔，大起大落。在中国历史上，类似伍子胥遭际的不乏其人，但伍子胥却只有一个。鞭尸、淫乱祖国、挖去自己的双目，这既是猛壮士伍子胥的光荣，也是偏执狂伍子胥的耻辱；既是几万里中华国土上的一曲浩歌，也是五千年被侮辱被损害的中国人的悲哀。

伍子胥，是英雄，更是悲剧！

卷十九 《史记·孟尝君列传》

第一节 从弃儿到王子

【原文】

初，田婴有子四十馀人，其贱妾有子名文，文以五月五日生。婴告其母曰：“勿举也。”其母窃举生之。及长，其母因兄弟而见其子文于田婴。田婴怒其母曰：“吾令若去此子，而敢生之，何也？”文顿首，因曰：“君所以不举五月子者，何故？”婴曰：“五月子者，长与户齐，将不利其父母。”文曰：“人生受命于天乎？将受命于户邪？”婴默然。文曰：“必受命于天，君何忧焉。必受命于户，则可高其户耳，谁能至者！”婴曰：“子休矣。”

久之，文承间问其父婴曰：“子之子为何？”曰：“为孙。”“孙之孙为何？”曰：“为玄孙。”“玄孙之孙为何？”曰：“不能知也。”文曰：“君用事相齐，至今三王矣，齐不加广而君私家富累万金，门下不见一贤者。文闻将门必有将，相门必有相。今君后宫蹈绮縠而士不得裋褐，仆妾馀粱肉而士不厌糟糠。今君又尚厚积馀藏，欲以遗所不知何人，而忘公家之事日损，文窃怪之。”于是婴乃礼文，使主家待宾客。宾客日进，名声闻于诸侯。诸侯皆使人请薛公田婴以文为太子，婴许之。婴卒，谥为靖郭君。而文果代立于薛，是为孟尝君。

【译文】

当初，田婴有四十多个儿子，他的小妾生了个儿子叫文，田文是五月五日出生的。田婴告诉田文的母亲说：“不要养活他。”可是田文的母亲还是偷偷把他养活了。等他长大后，他的母亲便通过田文的兄弟把田文引见给田婴。田婴见了这个孩子，愤怒地对他母亲说：“我让你把这个孩子扔了，你竟敢把他养活了，这是为什么？”田文的母亲还没回答，田文立即叩头大拜，接着反问田婴说：“您不让养育五月生的孩子，是什么缘故？”田婴回答说：“五月出生的孩子，长大了身长跟门户一样高，会害父害母的。”田文说：“人的命运是由上天授予呢，还是由门户授予呢？”田婴不知怎么回答好，便沉默不语。田文接着说：“如果是由上天授予的，您何必忧虑呢？如果是由门户授予的，那么只要加高门户就可以了，谁还能长到那么高呢！”田婴无言以对，便斥责道：“你不要说了！”

过了一些时候，田文趁空问他父亲说：“儿子的儿子叫什么？”田婴答道：“叫孙子。”田文接着问：“孙子的孙子叫什么？”田婴答道：“叫玄孙。”田文又问：“玄孙的孙子叫什么？”田婴说：“我不知道了。”田文说：“您执掌大权担任齐国宰相，到如今已经历三代君王了，可是齐国的领土没有增广，您的私家却积贮了万金的财富，门下也看不到一位贤能之士。我听说，将军的门庭必出将军，宰相的门庭必有宰相。现在您的姬妾可以践踏绫罗绸缎，而贤士却穿不上粗布短衣；您的男仆女奴有剩余的饭食肉羹，而贤士却连糠菜也吃不饱。现在您还一个劲地加多积贮，想留给那些连称呼都叫不上来的人，却忘记国家在诸侯中一天天失势。我私下是很奇怪的。”从此以后，田婴改变了对田文的态度，器重他，让他主持家政，接待宾客。宾客来往不断，日益增多，田文的名声随之传播到各诸侯国中。各诸侯国都派人来请求田婴立田文为太子，田婴答应下来。田婴去世后，追谥靖郭君。田文果然在薛邑继承了田婴的爵位。这就是孟尝君。

【评点】

公元前 476 年，历史迎来了一个全新时代——“战国”，这个名称的由来，是因为连年不断的征伐战乱。

用现代的目光来看待这段历史，它是如此异彩纷呈。政客们今日谈合纵，明日又言连横；兵戈伴诡谲而纵横，猛士怀道义而任侠，更有诸子百家各持其说，刺客往来于各国间。这其中，最为人们称道的，当属“战国四公子”。

名列“战国四公子”之一的孟尝君，他的一生极富传奇色彩。因生于五月五日，其父靖郭君田婴叫他的母亲弃之不养，但其母亲偷偷地把他养大了。本来，田文长大后能平稳过一生就算不错了，而出人意料的是，这个差点连生存的权利也被剥夺的“弃儿”后来不仅继承了田婴的爵位和财产，还以养士数千闻名遐迩，先后任齐、秦、韩三国的宰相，成为战国时代举足轻重的人物。这是为什么呢？

一、聪明机敏，智争生存

孟尝君姓田，单字名文。他的父亲田婴是齐宣王庶弟，在齐国担任十一年相国之职，封地在薛。死后谥号“靖郭君”。

田婴，在军事、外交上颇有建树，他曾经与田忌和孙膑一起组织策划了桂陵、马陵之战，俘虏魏太子申，杀死魏将庞涓，使齐国声威大振;还曾出使韩国和魏国，使他们臣服于齐国，并且还代表齐国与韩昭侯、魏惠王举行了东阿会盟和甄会盟，使齐国在外交上获得了重大胜利。因为战功显赫，威王三十五年（公元前 322 年），田婴被封于薛（今山东省滕州市南）。他任相国期间，经过君臣的励精图治，齐国的国力达到了鼎盛，在列国诸侯中，齐国国力最强，称雄天下。

但受封后的田婴则受私利的驱使，不闻国事，致力于经营自己的封地薛与财富的积累，有时候竟野心膨胀，妄想自立门户，把薛地搞成了独立王国。

田婴的子女有四十几人之多，孟尝君生母不过是一名贱妾。孟尝君又生于五月初五，因五月初五为春夏之交，此时百害杂生，按古时习俗，百姓门户上都要挂艾草以避邪气。又民间传说，此日生的孩子对父母大不利。故此，孟尝君的出生招致了父亲的极大厌恶，田婴命令其母“勿举也”，意思是将孟尝君杀死。

这样的事情于现代人听来太过残忍，虎毒尚不食子，何况人乎？但在古代这种现象却是司空见惯，溺杀、扼杀、饿杀、弃杀等手段无不令人发指。

田婴的命令虽然一言九鼎，可怎奈母爱天性无私，孟尝君的生母是一个身份低贱的女子，但同时也是一个伟大的母亲。她没有杀死孟尝君，而是偷偷将他养大。及至日后父亲田婴发现孟尝君还活着，便大发雷霆，当面怒问其生母为何没有杀死田文。此时孟尝君已经懂事，因问他父亲缘故。

田婴道:“五月子，长到门一样高的时候，就会克死父母。”

孟尝君反问:“人生是受命于天，还是受命于门户？”

田婴默然不答。

孟尝君于是又道:“如果是受命于天，非人力所能改，那您又何必忧虑呢？如果是受命于门户，那只要加高门户，谁又能长那么高呢？”

孟尝君一席话问得父亲田婴哑口无言，田婴慢慢地冷静下来，暗暗一想，这孩子虽然年纪不大，但话说得十分在理，看样子也是一个聪明的孩子。田婴心里虽然还不痛快，可是也不再坚持要杀孟尝君了。

二、劝父养士，直谏取宠

田文看到父亲在齐国当宰相只顾积累财富，不为国家打算，不为将来着想，觉得继续这样下去对国家对家族都不利，便找个机会提醒田婴散财养士，厚待宾客，把国家大事放在首位。

有一次，田文问父亲："儿子的儿子叫什么？"

田婴随口答道："孙子。"

田文又问："孙子的孙子叫什么？"

"玄孙。"田婴回答。

田文紧接着又问："玄孙的孙子叫什么？"

"不知道。"田婴回答不上来了，于是不耐烦地反问儿子，"你问这些干什么？"

田文方才道出自己的真意，他说："您已经担任了三代君王的丞相。这么多年来，我们家的财富虽然增加了很多，却没有一个德才兼备的人愿意投奔我们。我们家里的姨太太们天天穿着绫罗绸缎，而天下许多贤士却连粗布旧衣也穿不上。即便如此，您还嫌家财不够，想方设法积累财富，还准备把这些财富留给那些连怎么称呼都不知道的后代！"

田婴听了儿子的话，又惊又喜，认为田文目光远大。

田婴并不是一位只贪图钱财的昏官，更何况孟尝君的这番话，说得极有道理，田婴内心受到极大的震动。从此对这个儿子另眼相看，让他主持家政，接待往来的客人。孟尝君也努力地去做，不管对谁都谦恭有礼，还随时帮助有困难的人。

从此以后，田婴家里"宾客日进"，田家好客的名声"闻于诸侯"。各国的诸侯都派人来请田婴立田文为太子，田婴很高兴地解决了立嗣的问题。

田婴死后，田文在田婴的封地薛县继承了父亲的爵位，这就是孟尝君。

第二节　善养士，得自保

【原文】

秦昭王闻其贤，乃先使泾阳君为质于齐，以求见孟尝君。孟尝君将入秦，宾客莫欲其行，谏，不听。苏代谓曰："今旦代从外来，见木禺人与土禺人相与语。

木禺人曰：‘天雨，子将败矣。’土禺人曰：‘我生于土，败则归土。今天雨，流子而行，未知所止息也。’今秦，虎狼之国也，而君欲往，如有不得还，君得无为土禺人所笑乎？”孟尝君乃止。

齐湣王二十五年，复卒使孟尝君入秦，昭王即以孟尝君为秦相。人或说秦昭王曰：“孟尝君贤，而又齐族也，今相秦，必先齐而后秦，秦其危矣。”于是秦昭王乃止。囚孟尝君，谋欲杀之。孟尝君使人抵昭王幸姬求解。幸姬曰：“妾愿得君狐白裘。”此时孟尝君有一狐白裘，直千金，天下无双，入秦献之昭王，更无他裘。孟尝君患之，遍问客，莫能对。最下坐有能为狗盗者，曰：“臣能得狐白裘。”乃夜为狗，以入秦宫臧中，取所献狐白裘至，以献秦王幸姬。幸姬为言昭王，昭王释孟尝君。孟尝君得出，即驰去，更封传，变名姓以出关。夜半至函谷关。秦昭王后悔出孟尝君，求之已去，即使人驰传逐之。孟尝君至关，关法鸡鸣而出客，孟尝君恐追至，客之居下坐者有能为鸡鸣，而鸡齐鸣，遂发传出。出如食顷，秦追果至关，已后孟尝君出，乃还。始孟尝君列此二人于宾客，宾客尽羞之，及孟尝君有秦难，卒此二人拔之。自是之后，客皆服。

【译文】

秦昭王听说孟尝君贤能，就先派泾阳君到齐国做人质，并请求见到孟尝君。孟尝君准备去秦国，而宾客都不赞成他出行，规劝他，他不听，执意前往。这时有个宾客苏代对他说：“今天早上我从外面来，见到一个木偶人与一个土偶人正在交谈。木偶人说：‘天一下雨，你就要坍毁了。’土偶人说：‘我是由泥土生成的，即使坍毁，也要归回到泥土里。若天真下起雨来，水流冲着你跑，可不知把你冲到哪里去了。’当今的秦国，是个如虎似狼的国家，而您执意前往，如果一旦回不来，您能不被土偶人嘲笑吗？”孟尝君听后，悟出了个中道理，才停止了出行的准备。

齐湣王二十五年（公元前 299 年），终于又派孟尝君到了秦国，秦昭王立即让孟尝君担任秦国宰相。臣僚中有人劝说秦王道：“孟尝君的确贤能，可他又是齐王的同宗，现在任秦国宰相，谋划事情必定是先替齐国打算，而后才考虑秦国，秦国可要危险了。”于是秦昭王就罢免了孟尝君的宰相职务。他把孟尝君囚禁起来，图谋杀掉孟尝君。孟尝君知道情况危急，就派人冒昧地去见昭王的宠妾请求解救。那个宠妾提出条件说：“我希望得到孟尝君的白色狐皮裘。”孟尝君来的时候，带有一件白色狐皮裘，价值千金，天下没有第二件，到秦国后献给了昭王，再也没有别的皮裘了。孟尝君为这件事发愁，问遍了宾客，谁也想不出办法。有一位能力差但会披狗皮盗东西的人，说：“我能拿到那件白色狐皮裘。”于是当夜化装成狗，钻入了秦宫中的仓库，取出献给昭王的那件白狐皮裘，拿回来献给了昭王的宠妾。宠妾得到后，替孟尝君向昭王说情，昭王便释放了孟尝君。孟尝君获释后，立即乘快车逃离，更换了出境证件，改了姓名逃出城关。夜半时分到了函谷关。昭王后悔放出了孟尝君，再寻找他，他已经逃走了，就立即派人驾上传车飞奔而去追捕他。孟尝君一行到了函谷关，按照关法规定鸡叫时才能放来往客人出关，孟尝君恐怕追兵赶到，万分着急，宾客中有个能力较差的人会学鸡叫，他一学鸡叫，附近的鸡随着一齐叫了起来，便立即出示了证件逃出函谷关。出关后约莫一顿饭的工夫，秦国追兵果然到了函谷关，但已落在孟尝君的后面，就只好回去了。当初，孟尝君把这两个人安排在宾客中的时候，宾客无不感到羞耻，觉得脸上无光，等孟尝君在秦国遭到劫难，终于靠着这两个人解救了他。自此以后，宾客们都佩服孟尝君广招宾客不分人等的做法。

【评点】

孟尝君以“好客养士”而闻名天下。他善于用人，广招天下贤士，宁肯毁家产也要厚待宾客。因此，各地志士贤人纷纷前来相投，门下食客多达三千余人。孟尝君对门客不分出身贵贱，不厚此薄彼，一视同仁，门客均感恩戴德，忠于职守。因此不少历史典故至今广为传诵。

一、一视同仁，待客以诚

孟尝君对待四方前来投奔他的人，来者不拒，一概接纳为客，其中不少人也说不出自己有什么特长，住在客房好久也不见他们有什么作为，无非天明了起床，饭熟了吃饭，天黑了再睡觉。孟尝君并不觉得有什么不好，倒是一些有些能耐的客人，对那些混饭吃的客人有些看不起，以语言讥讽他们几句的事情也常常发生，甚至也为此发生过争斗。但是孟尝君却对这些人一视同仁，没有厚薄。

孟尝君为了更多地和宾客们在一起，以从他们那里获得更多的教益，只要不出门，就坚持每天跟他们一起吃饭，并吃一样的饭。

大家都习惯了田文的脾气，和他在一起，想说什么说什么，想干什么干什么，都很放得开，来投靠他的士人越来越多。

一天晚上，孟尝君没有出门，晚饭的时候，又过来和客人们一起吃饭。松明火把整个大厅照得如同白昼，人们大碗喝着酒，大块吃着肉，兴奋之余，且歌且舞，场面很是热闹。有人在孟尝君面前手舞足蹈，不小心把脚上沾着的一些草木掉进了孟尝君面前的碗里，后面的家人看见了，赶紧回到厨房又给他端了新的一份饭菜过来。孟尝君也没有在意。

突然，另一个角落人声喧哗起来，歌舞着的人们停了下来，注意力都被吸引到了那个角落里。

原来，有一个新来的客人，在那边看见有人给孟尝君新上了一份饭菜，误以为主客之间食物有差别，就认为外面传说的孟尝君和客人平起平坐、吃一样的饭是假的，压不住心里的火，愤然离去。

孟尝君疾追，把自己的饭菜给对方看，竟一样粗淡。

众人都不说话，大家你看看我我看看你，最后目光都落在那位新来的客人身上。那个门客羞愧难当，拔剑自刎而谢罪。

孟尝君的面色骤然冷了下去。

第二天，孟尝君为那人举行了隆重的葬礼。因为这件事，孟尝君好士的名声更加远扬，他的门客更死心塌地为他卖命。

二、苏代巧喻，田文拒秦

随着孟尝君的贤名远播，一些心有雄图大略的君王瞄准了他。秦昭王最是雷厉风行，把自己的兄弟泾阳君安排到齐国做人质，要交换孟尝君到秦国。孟尝君深知到秦国的风险，但他更希望能够以自己的才华辅佐像秦昭王那样的有为之君。

听说他要赴秦，门客们规劝他不要去自投罗网，他都执意不听。

他除了对命的相信外，就是对立世成就大业的渴望，好像去意已决。

门客苏代便先委婉地给他讲了一个土偶木偶的隐语。

一个木偶人与一个土偶人正在交谈，木偶人说：“天一下雨，你就要坍毁了。”土偶人说：“我是由泥土生成的，即使坍毁，也要归回到泥土里。若天真下起雨来，水流冲着你跑，可不知把你冲到哪里去了。”

在这个隐语里，苏代将齐湣王喻作天，将齐湣王的猜忌比作天下大雨，将孟尝君比作木偶，将那些虽遭猜忌但忠心为国的人比作土偶，将齐国和薛地比作大地。指出天下大雨，土偶尽管不能与自己原来的一样，但可以化为泥土与大地融为一体，而木偶则会流离失所，离开自己赖以生存的环境；暗示孟尝君要做土偶，即使不能为齐湣王所容，还可以返归薛地以求自保，不会离开齐国这块大地；而如果做木偶，那就会四处漂泊，远离故国，不但走上背叛祖国的道路，为齐国人耻笑，而且还会身陷秦国这个虎狼之地，有生命之危。

孟尝君听后，悟出了个中道理，明智地停止了出行秦国的准备。

三、鸡鸣狗盗，虎口脱险

齐滑王二十五年，禁不住秦昭王的一再要求，权衡再三后，齐湣王还是让孟尝君出使秦国。

秦昭王果然爱才，当即封孟尝君做了秦相。孟尝君以为自己假秦国这一方大舞台，有所作为的时机真的来了。面见昭王的时候，孟尝君献上了自己带来的许多贵重礼品，其中包括他本人最为珍贵、价值连城的狐皮裘，还当庭向秦昭王献计，使得秦昭王也很兴奋。但是，这引起了当庭的秦国官员的妒忌。

孟尝君并没有注意到秦昭王之外的其他人的表情。回到驿站里，他仍然十分兴奋，与随行的门客们彻夜长谈，通宵达旦。

孟尝君离开秦宫，马上就有人向秦昭王进言，说："孟尝君确实是个贤士，但他又是齐国人。他现在虽然做了秦相，但是他做起事来，一定会向着齐国，如果秦、齐两国有什么矛盾，由他来主持事务，那不是很危险的事情吗？"

秦昭王本来就对用孟尝君留有余地，只不过是手下确实没有孟尝君这样的贤能之人，不得已而为之，听了手下人这么一说，他越想越害怕，于是就下令把孟尝君一行软禁起来，打算找个理由杀了他们。

天明时分，孟尝君从梦中醒来，立刻就感觉到了自己面临的危险。他的一个随从告诉他，驿站已经被秦兵包围了。

孟尝君十分着急，他召集所有的跟从商讨对策。一个门客说："我听说秦王身边有个宠爱的妃子，可托人向她求救。"

那位妃子果然如谋士所言，并不拒绝，她叫人传话说："我跟大王说句话并不难，我只要一件银狐皮袍。"

孟尝君和手下的门客商量，说："我就这么一件，已经送给秦王了，哪里还能要得回来呢？"

其中一个门客说："我有办法。"

孟尝君仔细地看看他，却并不认识。孟尝君的门客中，这样的人并不少，大多是一些没有什么出奇特长的人，或者是一些在外犯了大罪的人，孟尝君没有把他们列为重点门客。孟尝君不太放心，问他有什么办法。

那人说："银狐皮袍只有一件，已经被大人送给了秦王。如今没有好办法，只有让小人今天晚上扮装成一条狗，潜入秦宫，将那银狐皮袍偷出来，再献给那女人。"

孟尝君想了一想，实在没别的办法，就点头同意了。

到了晚上，那人果然装扮成一条狗，钻入秦宫，把那件银狐皮袍偷了出来。然后，孟尝君托人把它交给那位秦王的爱妃。那位爱妃得了银狐皮袍，果然没有食言，找秦王为孟尝君说尽了好话。秦昭王耳根子一软，就答应了。

驿站外的看守兵一撤，孟尝君立刻听从随从们的劝告，把过关文书上自己的名字改了，连夜离开了秦都。午夜时分，一行人才来到函谷关。

那时，秦国有这么一个规矩：所有关口，每天以鸡鸣为号，只要鸡叫了，士兵就打开关门放客。

孟尝君他们知道秦国这个规矩，正着急呢，不料随行者中有一个同样是手脚不干净做过盗者的人，会模仿公鸡的叫声。他先学着鸡叫了几声，果然引起了周围公鸡的齐鸣。守关的士兵以为天将明，就晕晕乎乎地把关门打开了，孟尝君一行顺利出关。

再说秦王等那爱妃离开，马上又后悔放了孟尝君。让人到驿站看了，果然说孟尝君已经逃走，就知道自己是放虎归山了，立即安排兵士快马去追。等秦王追兵赶到的时候，孟尝君他们已经远去，没了踪影。

孟尝君回到薛地，大摆庆功宴，为帮助他从秦逃回的有功之人庆功。那两个做狗学鸡的人被他敬若上宾。过去那些以与孟尝君收留的鸡鸣狗盗之徒为伍感到耻辱的人，这时对孟尝君打心眼里佩服。

呜呼！秦王忌惮孟尝君之能，欲杀之而后快，惜哉，因一女子而放虎归山，可谓坐失良机矣。以秦王宠姬之愚钝，孟尝君方得活。此姬既然能在秦王面前如此魅惑，为何不直向秦王索要白裘，又何愁秦王不赏呢？此乃秦王失计之根本。而孟尝君门客各尽其能，是保他全身而退的利害所在。

第三节　冯谖客孟尝君

【原文】

初，冯驩闻孟尝君好客，蹑屩而见之。孟尝君曰；“先生远辱，何以教文也？”冯驩曰：“闻君好士，以贫身归于君。”孟尝君置传舍十日，孟尝君问传舍长曰：“客何所为？”答曰：“冯先生甚贫，犹有一剑耳，又蒯缑。弹其剑而歌曰‘长铗归来乎，食无鱼’。”孟尝君迁之幸舍，食有鱼矣。五日，又问传舍长。答曰：“客复弹剑而歌曰‘长铗归来乎，出无舆’。”孟尝君迁之代舍，出入乘舆车矣。五日，孟尝君复问传舍长。舍长答曰："先生又尝弹剑而歌曰'长铗归来乎，无以为家'。"孟尝君不悦。

居期年，冯驩无所言。孟尝君时相齐，封万户于薛。其食客三千人，邑入不足以奉客，使人出钱于薛。岁馀不入，贷钱者多不能与其息，客奉将不给。孟尝君忧之，问左右："何人可使收债于薛者？"传舍长曰："代舍客冯公形容状貌甚辩，长者，无他伎能，宜可令收债。"孟尝君乃进冯驩而请之曰："宾客不知文不肖，幸临文者三千馀人，邑入不足以奉宾客，故出息钱于薛。薛岁不入，民颇不与其息。今客食恐不给，愿先生责之。"冯驩曰："诺。"辞行，至薛，召取孟尝君钱者皆会，得息钱十万。乃多酿酒，买肥牛，召诸取钱者，能与息者皆来，不能与息者亦来，皆持取钱之券书合之。齐为会，日杀牛置酒。酒酣，乃持券如前合之，能与息者，与为期；贫不能与息者，取其券而烧之。曰："孟尝君所以贷钱者，为民之无者以为本业也；所以求息者，为无以奉客也。今富给者以要期，贫穷者燔券书以捐之。诸君强饮食。有君如此，岂可负哉！"坐者皆起，再拜。

【译文】

当初，冯谖听说孟尝君乐于招揽宾客，便穿着草鞋远道而来见他。孟尝君说："承蒙先生远道光临，有什么指教我的？"冯谖回答说："听说您乐于养士，我只是因为贫穷想归附您谋口饭吃。"孟尝君没再说什么，便把他安置在下等食客的住所里，十天后孟尝君询问住所的负责人说："客人近来做什么了？"负责人回答说："冯先生太穷了，只有一把剑，还是草绳缠着剑把。他时而弹着那把剑唱道'长剑啊，咱们回家吧！吃饭没有鱼'。"孟尝君听后让冯谖搬到中等食客的住所里，吃饭有鱼了。过了五天，孟尝君又向那位负责人询问冯谖的情况，负责人回答说："客人又弹着剑唱道'长剑啊，咱们回去吧！出门没有车'。"于是孟尝君又把冯谖迁到上等食客的住所里，进出都有车子坐。又过了五天，孟尝君再次询问那位负责人。负责人回答说："这位先生又曾弹着剑唱道'长剑啊，咱们回家吧！没有办法养活家'。"孟尝君听了很不高兴。

过了整一年，冯谖没再说什么。孟尝君当时正任齐国宰相，受封万户于薛邑。他的食客有三千人之多，食邑的赋税收入不够供养这么多食客，就派人到薛邑贷款放债。由于年景一年到头都不好，没有收成，借债的人多数不能付给利息，食客的需用将无法供给。对于这种情况，孟尝君焦虑不安，就问左右侍从："谁可以派往薛邑去收债？"那个住所负责人说："上等食客住所里的冯老先生从外貌长相看，很是精明，又是个长者，一定稳重，派他去收债该是合适的。"孟尝君便迎进冯谖向他请求说："宾客们不知道我无能，光临我的门下有三千多人，如今食邑的收入不能够供养宾客，所以在薛邑放了些债。可是薛邑年景不好，没有收成，百姓多数不能付给利息。宾客吃饭恐怕都成问题了，希望先生替我去索取欠债。"冯谖说："好吧。"便告别了孟尝君，到了薛邑，他把凡是借了孟尝君钱的人都集合起来，索要欠债得到利息十万钱。这笔款项他没送回去，却酿了许多酒，买了肥壮的牛，然后召集借钱的人，能付给利息的都来，不能付给利息的也来，要求一律带着借钱的契据以便核对。随即让大家一起参加宴会，当日杀牛炖肉，置办酒席。宴会上正当大家饮酒尽兴时，冯谖就拿着契据走到席前一一核对，能够付给利息的，给他定下期限；穷得不能付息的，取回他们的契据当众把它烧毁。接着对大家说："孟尝君之所以向大家贷款，就是给没有资金的人提供资金来从事行业生产；他之所以向大家索债，是因为没有钱财供养宾客。如今富裕有钱还债的约定日期还债，贫穷无力还债的烧掉契据把债务全部废除。请各位开怀畅饮吧。有这样的封邑主人，日后怎么能背弃他呢！"在座的人都站了起来，连续两次行跪拜大礼。

【评点】

孟尝君门下食客三千余人，冯谖是其中的佼佼者。他以怪人面目出现，起初为了试探孟尝君的胸怀和眼光，曾三番五次地向孟尝君提出近乎苛刻的要求，但孟尝君无一例外地都满足了他而从未嫌弃。冯谖发现孟尝君是一个不势利、非常大度、值得为他出谋划策的领袖时，毅然决定竭尽全力以事孟尝君。冯谖为孟尝君立下了汗马功劳，使其政治事业久盛不衰。有人说，孟尝君能安稳为相十几年，全靠冯谖谋划得当。

一、观望试探，弹铗而歌

话说齐湣王遣孟尝君往秦后，如失左右手，恐其为秦用，深以为忧。听说孟尝君从秦逃归返国，大喜，仍用为相国。

孟尝君威望大增，信心十足，终于找回了原来的感觉。

再加上，身为大国总理，位高权重，四方人等汇聚而来，门客陡然增多，凭他高入云端的地位和名声，他不能对任何来者表示拒绝。但这么多的门客，熙熙攘攘，参差不齐，鱼龙混杂，坐吃山空。需要加强管理，纪律约束。

孟尝君遂把门客分为上、中、下三等，上等曰：代舍。中等曰：幸舍。下等曰：传舍。

孟尝君把他们的职责也进行规定：代舍者，直接可以代替自己处理事务，上客居之，有肉吃，有车坐；幸舍者，可以听取任用他的意见建议，中客居之，有肉吃，没车坐；传舍者，供给粗茶淡饭，保证吃饱不饿着，下客居之，去来听便。

这时，那个叫冯谖的就从历史的夹缝间挤进来，站在了孟尝君的面前，孟尝君对这又一不速之客上下打量一番，极力掩饰着目光中的惊讶和鄙夷。

要说这个冯谖让人看不起，这也怨不得孟尝君，你一身寒酸破旧趿拉着草鞋也就罢了，腰里还像煞有介事佩带着一把剑；你剑把已经损坏也就算了，还煞有介事七绕八缠用草绳捆着。孟尝君问能做什么，冯谖回答不做什么；孟尝君问那来干什么，冯谖回答混口饭吃。于是孟尝君安排他去了传舍，下客居之。

那天孟尝君在室内休息，听得外面有人唱歌，唤人来问，说是冯谖在弹铗而歌。其铗，就是他那把破剑。问唱的什么，别人回答说，他在唱："长剑啊，我们还是回去吧，这里吃饭没有鱼啊。"

孟尝君笑了，这个冯谖，嫌我的伙食差了，给他鱼吃，迁到幸舍。

二日孟尝君在室内休息，听得外面有人唱歌，唤人来问，说是冯谖又在弹铗而歌。问唱的什么，答说他在唱："长剑啊，我们还是回去吧，这里出门没车坐啊。"

孟尝君笑了，这个冯谖，嫌他的地位低了，给他车坐，迁到代舍。

三日孟尝君在室内休息，听得外面有人唱歌，唤人来问，说是冯谖还在弹铗而歌。问唱的什么，答说他在唱："长剑啊，我们还是回去吧，这里没钱养活家啊。"

孟尝君笑了，这个冯谖，嫌他的待遇低了，给他加资，看他怎说！

冯谖从此不再歌。

二、焚烧债券，薛地市义

过了一年的时间，孟尝君拿着账簿，询问门下众多门客："哪位通晓财务，替我到薛地去收租清债？"

可是数千门客竟然没有一人出头，孟尝君顿觉尴尬。

这时冯谖站了出来："某虽不才，愿意替主子效劳。"

临行前冯谖问："主子，租债收完后，买些什么东西回来呢？"

"你看家里缺什么，就买什么吧。"

冯谖来到薛地，他把凡是借了孟尝君钱的人都集合起来，索要欠债，得到利息十万钱。这笔款项他没送回去，却酿了许多酒，买了肥壮的牛，然后召集借钱的人，能付给利息的都来，不能付给利息的也来，要求一律带着借钱的契据以便核对。随即让大家一起参加宴会，当日杀牛炖肉，置办酒席。宴会上正当大家饮酒尽兴时，冯谖就拿着契据走到席前一一核对，能够付给利息的，给他定下期限；穷得不能付息的，取回他们的契据当众把它烧毁。

接着对大家说："孟尝君之所以向大家贷款，就是给没有资金的人提供资金来从事行业生产；他之所以向大家索债，是因为没有钱财供养宾客。如今富裕有钱还债的约定日期还债，贫穷无力还债的烧掉契据把债务全部废除。请各位开怀畅饮吧。有这样的封邑主人，日后怎么能背弃他呢！"在座的人都站了起来，连续两次行跪拜大礼。

第二天清晨，冯谖就赶回来向孟尝君汇报。

孟尝君又吃了一惊："怎么这么快？都办完了吗？！"

"全都办好了。"

"你用债款买了什么回来？"

"我看主子家里，粮食瓜果满仓，金玉珠宝满屋，骏马猎犬满厩，美女侍者满堂，什么也不缺，只是没有义，我便自作主张用债款买了义。"

"买义？这是怎么回事？"

"薛是主子的封地，栖身护命之所。可是主子长期来，不抚慰、不爱护那里的百姓，不把他们看作自己的子女、亲人，只知道一味追租索债，用商人的手段去对付自己的子民。今年大旱，没有多少收成，如果再逼债租，百姓还有活路吗？所以我用主子的名义，免除了百姓的租金债务。他们因此而把主子看作再生父母、救世的神仙，呼喊万岁，这就是我替主子买的义！"

孟尝君听了心里很不高兴，淡淡地叹了口气："嗯，知道了。"

又过了一年，也就是公元前298年，齐湣王因孟尝君功高震主，担心他势力太大，对他说："寡人不敢把先王的臣子，当作自己的臣下来指使。"于是罢免了孟尝君，让他变成一个普通老百姓。

孟尝君门下众多门客见他被废，一下子都走光了。只有冯谖没有走，陪他来到薛地。离薛地还有一百里地，薛地的百姓们扶老携幼，带着精美的饮食，已经跪在路边，迎候孟尝君的大驾了。

孟尝君看到这动人的场面，十分感慨又感激地对冯谖说："此时此刻，我终于见到先生为我买的义了！"

三、苦心智掘，狡兔三窟

看到扶老携幼走出数十里路夹道欢迎自己的薛地百姓，孟尝君此时才恍然大悟，真切感受到冯谖为他买的仁义价值所在，连连感谢冯谖。

冯谖冷静地说："这不算什么。我曾经听猎人说过，狡猾的野兔有三个窝，也不过仅仅是免死而已。现在主子只有薛地这一个窝，只能暂时安身，危险并没有消除，高枕无忧是不行的。请主子派我出使秦国，让我为您掘那两个窝吧。"

孟尝君将自己的私人印信授予冯谖，调用五十辆车，载着五百斤黄金，送他出发。

见到秦昭襄王，冯谖说："天下有才能的人，到了秦，秦就强大；到了齐，齐就强大。因为齐秦势不两立，都有可能统一中原，就看谁能重用天下贤才了！"

秦昭襄王虚心地求教："寡人应该怎么办？"

冯谖说："孟尝君被废，大王知道了吗？"

秦王说："听说了。"

"齐国能强大，全是孟尝君的功劳，却被罢免，孟尝君正心怀不满。大王若是礼遇孟尝君，称雄天下者，除了大王，还能有谁？"

秦昭襄王很高兴，立即派出使者，驾着百辆车，载着百镒黄金去迎聘孟尝君。

冯谖辞别秦昭襄王，又去见齐滑王说："听说秦王遣使，带着黄金来齐国迎聘孟尝君。"

齐滑王说："寡人也听说了。"

"孟尝君入秦，一旦被秦王重用，齐国就危险了！"冯谖继续说。

"那怎么办？"齐滑王着急地问。

"不如趁秦使还未到，大王立即恢复孟尝君的职务，秦使也就毫无办法了。"

于是齐滑王火速派出使者赶到薛地，册封孟尝君重掌相印，除了原有的封地，又加封了一千户。孟尝君听从了冯谖的计谋，趁机要挟齐王把祭祀的礼器置于薛地，要使王庭永远不能削弱自己的权位，齐王立即就答应了。

后来，秦王的使者确认了这个消息，遂打道回府了。

冯谖回来对孟尝君说："侍臣已经为主子安顿好三个窝。主子今后可以高枕无忧，高高兴兴，快快乐乐，随心所欲地过安稳日子了！"

这一来，孟尝君在齐国执掌相位，再也没有后顾之虑了。直到他老死，齐王对他都非常尊重。

冯谖的高明在于注重争得民心而不是注重眼前利益，并善于利用复杂的外交关系，提高孟尝君的地位和价值，特别是在当时，能利用传统宗庙的礼教权威，实为高明的一招。

封地的民心民意，齐国的潜在的权势，宗庙的礼教权威，这可不是简单的"三窟"啊。

四、耐心劝诫，宽容待人

孟尝君恢复相位后，从前散去的门客又回来了。下面这段对话，堪称经典。

孟尝君对冯谖说：“我素常喜好宾客，乐于养士，接待宾客从不敢有任何失礼之处，有食客三千多人，这是先生您所了解的。宾客们看到我一旦被罢官，都背离我而去，没有一个顾念我的。如今靠着先生得以恢复我的相位，那些离去的宾客还有什么脸面再见我呢？如果有再见我的，我一定唾他的脸，狠狠地羞辱他。”

听了这番话后，冯谖收住缰绳，下车而行拜礼。孟尝君也立即下车还礼，说：“先生是替那些宾客道歉吗？”

冯谖说：“并不是替宾客道歉，是因为您的话说错了。说来，万物都有其必然的终结，世事都有其常规常理，您明白这句话的意思吗？”

孟尝君说：“我不明白说的是什么意思。”

冯谖说：“活物一定有死亡的时候，这是活物的必然归结；富贵的人多宾客，贫贱的人少朋友，事情本来就是如此。您难道没看到人们奔向市集吗？天刚亮，人们向市集里拥挤，侧着肩膀争夺入口；日落之后，经过市集的人甩着手臂连头也不回。不是人们喜欢早晨而厌恶傍晚，而是由于所期望得到的东西市中已经没有了。您失去了官位，宾客都离去，不能因此怨恨宾客而平白截断他们奔向您的通路，希望您对待宾客像过去一样。”

孟尝君连续两次下拜说：“听先生的话，敢不恭敬地接受教导吗？”

从此孟尝君在齐国担任相国几十年，没有一丝一毫的祸患与危险，这都是因为冯谖外交的成效和功劳啊！

第四节　三任齐相，声名远扬

【原文】

齐湣王不自得，以其遣孟尝君。孟尝君至，则以为齐相，任政。

孟尝君怨秦，将以齐为韩、魏攻楚，因与韩、魏攻秦，而借兵食于西周。苏代为西周谓曰：“君以齐为韩、魏攻楚九年，取宛、叶以北以强韩、魏，今复攻秦以益之。韩、魏南无楚忧，西无秦患，则齐危矣。韩、魏必轻齐畏秦，臣为君危之。君不如令敝邑深合于秦，而君无攻，又无借兵食。君临函谷而无攻，令敝邑以君之情谓秦昭王曰‘薛公必不破秦以强韩、魏。其攻秦也，欲王之令楚王割东国以与齐，而秦出楚怀王以为和’。君令敝邑以此惠秦，秦得无破而以东国自免也，秦必欲之。楚王得出，必德齐。齐得东国益强，而薛世世无患矣。秦不大弱，而处三晋之西，三晋必重齐。”薛公曰：“善。”因令韩、魏贺秦，使三国无攻，而不借兵食于西周矣。是时，楚怀王入秦，秦留之，故欲必出之。秦不果出楚怀王。

【译文】

齐湣王因为派遣孟尝君去秦国而感到内疚。孟尝君回到齐国后，齐王就让他做齐国宰相，执掌国政。

孟尝君怨恨秦国，准备以齐国曾帮助韩国、魏国攻打楚国为理由，来联合韩国、魏国攻打秦国，为此向西周借兵器和军粮。苏代替西周对孟尝君说：“您拿齐国的兵力帮助韩国、魏国攻打楚国达九年之久，取得了宛、叶以北的地方，结果使韩、魏两国强大起来，如今再去攻打秦国就会越加增强了韩、魏的力量。韩国、魏国南边没有楚国忧虑，北边没有秦国的祸患，那么齐国就危险了。韩、魏两国强盛起来必定轻视齐国而畏惧秦国，我实在替您对这种形势感到不安。您不如让西周与秦国深切交好，您不要进攻秦国，也不要借兵器和粮食。您把军队开临函谷关但不要进攻，让西周把您的心情告诉给秦昭王说‘薛公一定不会攻破秦国来增强韩、魏两国的势力。他要进攻秦国，不过是想要大王责成楚国把东国割给齐国，并请您把楚怀王释放出来以相媾和’。您让西周用这种做法给秦国好处，秦国能够不被攻破又拿楚国的地盘保全了自己，秦国必定情愿这么办。楚王能够获释，也一定感激齐国。齐国得到东国自然会日益强大，薛邑也就会世世代代没有忧患了。秦国并非很弱，它有一定实力，而处在韩国、魏国的西邻，韩、魏两国必定倚重齐国。”薛公听了后，立即说：“好。”于是让韩、魏向秦国祝贺，避免了一场兵灾，使齐、韩、魏三国不再发兵进攻，也不向西周借兵器和军粮了。这个时候，楚怀王已经到了秦国，秦国扣留了他，所以孟尝君还是要秦国一定放出楚怀王。但是秦国并没有这么办。

【评点】

孟尝君再次担任齐国的丞相，发挥了自己的外交才能，游走各国，在东方形成了一个比较强大的政治联盟。他不敢有丝毫的马虎，凡事都小心谨慎，即便这样，他仍然逃脱不了被猜忌的命运，好在他有着忠诚的门客，总是能够让他化险为夷。

一、记恨秦国，公报私仇

孟尝君脱离秦国虎狼之口，安全回来后，齐湣王很是内疚，便任命他做齐国的宰相。孟尝君握齐国大权。

公元前298年，孟尝君因为怨恨秦国，向西周借兵器和军粮，联合韩、魏组成三国联军进攻秦国，一直打到函谷关。

这时，苏代替西周对孟尝君说："您拿齐国的兵力帮助韩国、魏国攻打楚国达九年之久，取得了宛、叶以北的地方，结果使韩、魏两国强大起来，如今再去攻打秦国就会越加增强了韩、魏的力量。韩国、魏国南边没有楚国忧虑，北边没有秦国的祸患，那么齐国就危险了。韩、魏两国强盛起来必定轻视齐国而畏惧秦国，我实在替您对这种形势感到不安。您不如让西周与秦国深切交好，您不要进攻秦国，也不要借兵器和粮食。您把军队开临函谷关但不要进攻，让西周把您的心情告诉给秦昭王说'薛公一定不会攻破秦国来增强韩、魏两国的势力。他要进攻秦国，不过是想要大王责成楚国把东国割给齐国，并请您把楚怀王释放出来以相媾和'。您让西周用这种做法给秦国好处，秦国能够不被攻破又拿楚国的地盘保全了自己，秦国必定情愿这么办。楚王能够获释，也一定感激齐国。齐国得到东国自然会日益强大，薛邑也就会世世代代没有忧患了。秦国并非很弱，它有一定实力，而处在韩国、魏国的西邻，韩、魏两国必定倚重齐国。"

孟尝君听了后，觉得很有道理，立即说："好。"

于是让韩、魏向秦国祝贺，避免了一场兵灾，使齐、韩、魏三国不再发兵进攻，也不向西周借兵器和军粮了。

这个时候，楚怀王已经到了秦国，秦国扣留了他，所以孟尝君还是要秦国一定放出楚怀王。但是秦国并没有这么办。

苏代的劝告，避免了一场战火。

二、士以死报，冤情雪洗

有一次，孟尝君派他的家臣魏先生去薛地收取租税，来回三次都是空手而归。孟尝君很奇怪，就问他是怎么回事，他回答道："有个非常贤德的人，穷困而不能生活，我可怜他，就私自用您的名义免了他的租钱，因此空手而归。"孟尝君非常生气，严厉地斥退了魏先生。过了几年，有人在齐湣王面前造谣说："孟尝君阴谋反叛。”齐王吸取上次的教训，不肯轻易相信。可等到田甲用武力要挟他，他就怀疑是孟尝君背后指使的了，孟尝君害怕齐王追究他的责任，就悄悄地逃出了都城，齐王更是深信不疑。

没过几天，忽然有人上报齐湣王说，有个人报告可以说明孟尝君不会谋反，请求用他的生命做证，并且已经在王宫门前自己抹脖子了。齐王听罢大吃一惊，便派人去调查了解，孟尝君果然没有反叛阴谋，便又想召回孟尝君。孟尝君初闻此事，也是异常惊奇，还是那位魏先生告诉他，自杀的就是几年前那位贤德的人，孟尝君闻之惊叹不已。不过，孟尝君再也不敢去做那个齐相了，他趁机托病请求退休，回到薛邑去养老，齐湣王也想趁此摆脱孟尝君这个令他时刻不安的人，很爽快地就答应了孟尝君的请求。

三、智除吕礼，重返相位

这以后，秦国的逃亡将领吕礼担任了齐国的丞相，他与苏代有过节，就想尽办法去为难他，苏代苦无办法，不得不去找早已退隐的孟尝君。孟尝君虽说已经隐退了，但他丝毫不减政治热情，对齐国及周边国家的形势也有着密切的关注，而且也试图东山再起。苏代深知其意，便劝他进攻赵国，而跟秦国、魏国和好，召回周最，可挽回齐王的信誉，又能控制国际政局的变化，他最后说：“齐国不同秦国相互勾结，那么各国都会归向齐国，吕礼之流的地位就不会那么稳固了，到时候齐王还会靠谁来治理国家呢？”孟尝君颔首一笑，听从了苏代的建议。然而事成后，孟尝君并没有官复原位，反倒招致吕礼的嫉恨和意图加害。

孟尝君感到极度恐惧，于是派人送给秦国丞相穰侯魏冉一封信，信中写道：“齐国和秦国互相联合去对付三晋，吕礼一定会兼任齐、秦两国的丞相，那么您一定会被轻视了，这就等于您交恶齐国而加强吕礼的地位。”孟尝君在信中建议穰侯劝说秦王进攻齐国，并且许诺，一旦秦国打败了齐国，他愿意将自己的封邑送给穰侯。他最后说：“您打败齐国建立了功劳，又可倚仗三晋加强自己的地位，这么一来，秦国和三晋都会重视您，而且还可扩大自己的封邑。如果齐国不遭挫败，吕礼再被重用，您的处境一定会非常困窘。”穰侯经不起名利的诱惑，也想一试拳脚，于是向秦昭王建议进攻齐国，吕礼听说秦要进攻齐国，害怕齐湣王追究他的责任，早就逃之夭夭了。而秦也不敢对齐轻举妄动。这一次，孟尝君靠着自己的智慧又一次当上了齐国的丞相。

四、为泄私愤，攻打祖国

齐滑王好大喜功，又总觉得自己的名声不如孟尝君显赫，因此在游说家苏秦的鼓动下，他灭掉了宋国，这使他更加骄傲了，千方百计要排挤孟尝君。孟尝君很是恐惧，于是前往魏国，魏昭王用他为丞相。

齐滑王自以为灭宋是他的最大功绩，可他没有意识到灭宋就会破坏六国特别是齐秦之间的“均衡”的形势。公元前286年，齐终于把宋消灭了，因此引起五国合纵攻齐，孟尝君带领魏军，西边跟秦、赵、韩联合，协助燕国共同攻破了齐国。齐滑王逃奔到莒县，并且死在那儿。后来齐襄王登位，根基不牢，且畏惧孟尝君，就想跟他和好，重新亲近他，但是孟尝君在各国之间严守中立，不归属哪一个，而是努力经营他的封邑，过着隐逸的田园生活。

这样过了十多年，田文就去世了，谥号为孟尝君。他死后，他的儿子争着继位，弄得薛邑一片混乱，于是齐国和魏国一道灭掉了薛邑。孟尝君断绝了继承者，也没有了后代。

孟尝君身为齐国宗室嫡亲，因齐王对他的不信任和迫害，使他西游到魏，成为魏相，联合秦、赵攻齐，在我们今天看来，难免有泄私愤而忘宗祖之嫌。这也是孟尝君遭后人非议的把柄。

说实话，在那样一个纷乱的环境下，孟尝君是救不了齐国的，他不过是一个国相，又是一个始终被国君怀疑的国相，很难放开手脚有所作为。但他广罗人才，对有一技之长、一艺之精的“士”，都能待之以礼，就凭这个，从虎狼之秦脱身，并且在矛盾林立的齐国成功，也算一个英雄了。

卷二十 《史记·平原君列传》

第一节 翩翩佳公子，好客且重士

【原文】

平原君赵胜者，赵之诸公子也。诸子中胜最贤，喜宾客，宾客盖至者数千人。平原君相赵惠文王及孝成王，三去相，三复位，封于东武城。

平原君家楼临民家。民家有躄者，槃散行汲。平原君美人居楼上，临见，大笑之。明日，躄者至平原君门，请曰："臣闻君之喜士，士不远千里而至者，以君能贵士而贱妾也。臣不幸有罢癃之病，而君之后宫临而笑臣，臣愿得笑臣者头。"平原君笑应曰："诺。"躄者去，平原君笑曰："观此竖子，乃欲以一笑之故杀吾美人，不亦甚乎！"终不杀。居岁余，宾客门下舍人稍稍引去者过半。平原君怪之，曰："胜所以待诸君者未尝敢失礼，而去者何多也？"门下一人前对曰："以君之不杀笑躄者，以君为爱色而贱士，士即去耳。"于是平原君乃斩笑躄者美人头，自造门进躄者，因谢焉。其后门下乃复稍稍来。是时齐有孟尝，魏有信陵，楚有春申，故争相倾以待士。

【译文】

平原君赵胜，是赵国的一位公子。在诸多公子中赵胜最为贤德有才，好客养士，宾客投奔到他的门下有几千人。平原君担任过赵惠文王和孝成王的宰相，曾经三次离开宰相职位，又三次官复原职，封地在东武城。

平原君家有座高楼面对着下边的民宅。民宅中有个跛子，总是一瘸一拐地出外打水。平原君的一位美丽的妾住在楼上，有一天她往下看到跛子打水的样子，就哈哈大笑起来。第二天，这位跛子找上平原君的家门来，请求道："我听说您喜爱士人，士人之所以不怕路途遥远千里迢迢归附您的门下，就是因为您看重士人而卑视姬妾啊。我遭到不幸得病致残，可是您的姬妾却在高楼上耻笑我，我希望得到耻笑我的那个人的头。"平原君笑着应答说："好吧。"等那个跛子离开后，平原君又笑着说："看这小子，竟因一笑的缘故要杀我的爱妾，不也太过分了吗？"终归没杀那个人。过了一年多，宾客以及有差使的食客陆陆续续地离开了一多半。平原君对这种情况感到很奇怪，说："我赵胜对待各位先生的方方面面不曾敢有失礼的地方，可是离开我的人为什么这么多呢？"一个门客走上前去回答说："因为您不杀耻笑跛子的那个妾，大家认为您喜好美色而轻视士人，所以士人就纷纷离去了。"于是平原君就斩下耻笑跛子的那个爱妾的头，亲自登门献给跛子，并借机向他道歉。从此以后，原来门下的客人就又陆陆续续地回来。当时，齐国有孟尝君，魏国有信陵君，楚国有春申君，他们都好客养士，因此争相超过别人地礼遇士人，以便使自己招徕更多的人才。

【评点】

战国四公子，有一个被太史公赞为"翩翩浊世之佳公子"，未满二十便被封君的，这便是赵国的平原君——赵胜。他同其他三位同时代的风云人物一样，也是个喜好养食客的家伙，门下数千门客，声势浩大。

且让我们把镜头拉近平原君赵胜的生活，看看千年前的这位翩翩公子是怎样一个人。

一、王亲国戚佳公子

平原君赵胜是含着银汤勺出生的富贵公子，自小便显得有些与众不同，所谓"诸子中胜最贤"，年纪轻轻便被封为平原君，封邑东武城。同其他三位同时代的风云人物一样，平原君赵胜也是个喜好养食客的家伙，门下数千门客，声势浩大。

太史公曰："平原君，翩翩浊世佳公子也。"但遍览史书，平原君却是一位货真价实的公子哥儿：他既是赵国前任国王赵武灵王的小儿子，又是现任国王赵惠文王的亲弟弟，还是继任国王赵孝成王的亲叔叔。正因为如此，他既不用学廉颇，拼着老命去攻城野战，以换取将军的爵位；也不用学蔺相如，把生死置之度外，赌上浑身的胆略和智慧，才能博得上卿的功名；更不用像赵奢那样，去做勇斗于穴中的敢死之鼠。他同历朝历代的大多数王孙贵族一样，单凭那高贵无比的血统，就能轻而易举地获得别人奋斗到死都无法企及的地位和财富。

他因此长期垄断赵惠文王和赵孝成王两代朝政，一人之下、万人之上，尊贵达到极致，成为赵国的终身相国，独自拥有山东武城封地的全部不动产，富可敌国。

平原君一生，在赵惠文王和赵孝成王两代为相，三次被免去相位，又三次被起用，三起三落，也算是跌宕起伏，颇为惹眼了。

二、贵士贱妾杀美人

话说平原君豪宅的邻居乃是个跛脚的残疾人，即所谓的躄者，也就是现在说的瘸子。这天瘸子出门到井边打水，却不巧被站在平原君豪宅楼上看风景的一个美人看到，美人见着瘸子一颠一簸的样儿，好似看到了一件稀奇事物，忍不住大笑，笑得那叫一个花枝乱颤、声浪冲天。

下面打水的瘸子也看见了楼上的美人，他觉得自己的自尊受到了严重的伤害。

穷人兼残疾人的自尊是不能被随便践踏的，瘸子决心去平原君府上讨个说法。

第二天他找上了平原君府，对平原君道："我听说您喜好蓄养门客，许多人即使不远千里也愿意来投奔您，是因为您看重的是门客的贤才而不是女色。我呢，身有残疾，背驼腿跛，这已经很不幸了，而您的美人却因此而无端端地笑话我。我要那笑话我的人的头颅来补偿我。"

直截了当向赵胜索要一个人的项上人头，许多人都替这个瘸子捏了把汗。这要求近乎无理。赵胜却似乎没有生气，只笑答："行，行。"打发走了他。

然而转过身后，他立即换了另一副嘴脸："这个人居然因为被笑话了一下就想要我美人的头颅，不也太过分了吗？"

这样一桩事情他当然没有放在心上，以为过去就过去了，不会留什么后遗症，当然对那美人他也从没有动过杀念。

可过了一年多，赵胜突然发觉有一半多门客不辞而别，奇怪了，他问门下的宾客："我待诸位自问从来没有失礼的地方，为何却有这么多人离开呢？"

下边一个门客道出了众人离开的真正原因："上次那个躄者来过之后，您当面答应了，实际上却没有杀那个笑话躄者的美人。你爱的是色，对士，非但不爱，反贱，所以我们选择了离开。"

赵胜恍然大悟，作为相国的平原君，再也不敢沉默不语、装疯卖傻了。他家族的政治利益高于一切，哪里还肯顾惜一个仅供自己玩弄消遣的小女子的卿卿小命？那位嘲笑瘸子的美人，为她那无心的一笑，付出了人头落地的惨痛代价！

可怜美人颈上那颗美丽的头颅，在生命之花绽放得最为灿烂之际，瞬间就做了赵胜权贵祭坛上的祭祀品，勉强为这位公子挽留并招回了一些弃暗投明的士人，成全了他“喜宾客”的千古盛名。

那个笑话躄者的美人最终当了平原君挽回门客的垫脚石，一颗头颅成了平原君去躄者家中请罪的礼物。

一条人命换来了门客的归心，在平原君看来，这简直是太值了。

赵胜又恢复了人气。而这时，齐有孟尝，魏有信陵，楚有春申，战国时期著名的四君子“争相倾以待士”的局面，正在形成。

第二节　毛遂来自荐，逼楚救邯郸

【原文】

秦之围邯郸，赵使平原君求救，合从于楚，约与食客门下有勇力文武备具者二十人偕。平原君曰：“使文能取胜，则善矣。文不能取胜，则歃血于华屋之下，必得定从而还。士不外索，取于食客门下足矣。”得十九人，馀无可取者，无以满二十人。门下有毛遂者，前，自赞于平原君曰：“遂闻君将合从于楚，约与食客门下二十人偕，不外索。今少一人，愿君即以遂备员而行矣。”平原君曰：“先生处胜之门下几年于此矣？”毛遂曰：“三年于此矣。”平原君曰：“夫贤士之处世也，譬若锥之处囊中，其末立见。今先生处胜之门下三年于此矣，左右未有所称诵，胜未有所闻，是先生无所有也。先生不能，先生留。”毛遂曰：“臣乃今日请处囊中耳。使遂蚤得处囊中，乃颖脱而出，非特其末见而已。”平原君竟与毛遂偕。十九人相与目笑之而未废也。

【译文】

秦国围攻邯郸时，赵王曾派平原君去求援，当时拟推楚国为盟主，订立合纵盟约联兵抗秦，平原君约定跟门下有勇有谋文武兼备的食客二十人一同前往楚国。平原君说：“假使能通过客气的谈判取得成功，那就最好了。如果谈判不能取得成功，那么也要挟制楚王在大庭广众之下把盟约确定下来，一定要确定了合纵盟约才回国。同去的文武之士不必到外面去寻找，从我门下的食客中选取就足够了。”结果选得十九人，剩下的人没有可再挑选的了，竟没办法凑满二十人。这时门下食客中有个叫毛遂的人，径自走到前面来，向平原君自我推荐说：“我听说您要到楚国去，让楚国做盟主订下合纵盟约，并且约定与门下食客二十人一同去，人员不到外面寻找。现在还少一个人，希望您就拿我充个数一起去吧。”平原君问道：“先生寄附在我的门下到现在有几年啦？”毛遂回答道：“到现在整整三年了。”平原君说：“有才能的贤士生活在世上，就如同锥子放在口袋里，它的锋尖立即就会显露出来。如今先生寄附在我的门下到现在已三年了，我的左右近臣们从没有称赞推荐过你，我也从来没听说过你，这是先生没有什么专长啊。先生不能去，先生留下来。”毛遂说：“我就算是今天请求放在口袋里吧。假使我早就被放在口袋里，是会整个锥锋都脱露出来的，不只是露出一点锋尖就罢了的。”平原君终于同意让毛遂一同去。那十九个人互相使眼色示意，暗暗嘲笑毛遂，只是没有发出声音来。

【评点】

秦大破赵长平军后，进而兵围邯郸城。赵王不得已厚着脸皮组团求救于楚国。可在平原君的三千门客中，连二十个文武兼备的使团都组建不起来，幸亏有毛遂自荐才勉强凑够二十人成行。在与楚王的合纵谈判中，多亏这个三年默默无闻的毛遂一言九鼎，才使赵楚合纵成功。

一、毛遂自荐，脱颖而出

毛遂是战国时期的赵国人，原是平原君赵胜的门客。公元前 259 年，秦国军队包围了邯郸，形势十分吃紧。

赵孝成王为解邯郸之围，命平原君赵胜火速赴楚国说服楚王联合抗秦。

平原君说：“这次，如果能说服楚王出兵最好，如果不能，也要和楚国订立盟约，决不能空手而回。这次和我一起去的人就不在别的地方找了，在我手下的门客中选就足够了。”结果选来选去，只选出了十九个人，剩下的人中再也选不出合适的人来了。

有个叫毛遂的人，上前禀奏说：“臣听说殿下您要出使楚国商谈合纵之事，要与门下的二十个门客同往，不从其他地方找人。现在只找到了十九个合适的人选，就请殿下带我毛遂一同前往吧。”

平原君说：“先生来我门下有几年了？”

毛遂回答说：“有三年了。”

平原君又说："大凡贤士，他们无论在哪里立足，都像囊中的锥子一样，会立即冒出头来。现在，先生在我门下有三年了，左右没有称颂你的，而我也从没听说有先生这么一号人物，看来先生没有什么过人之处。既然这样，先生还是留在此地吧。"

毛遂一听就听出来了，人家不相信咱，怕咱给人家误事儿。但他没有退缩，而是接着平原君的话说了下去："臣今天才恳请处于'囊中'，如果我早一点处于'囊中'的话，那早就脱颖而出了，只是不到特殊时刻显现不出我而已。"

平原君听了，果然带毛遂一起去了。其他十九个人你看我我看你，都觉得好笑，但没说什么。

毛遂的一席话说得有理有趣，引起了平原君的注意，至少这位先生说话流利，说明他的思维敏捷，就同意把毛遂带去，其他的十九人却个个一脸鄙夷，觉得毛遂有点自吹自擂。

各位记住：成语"脱颖而出"已从毛遂和平原君的对话中出来了。

二、三寸之舌，合纵于楚

平原君凑足了二十门客，一行二十一人，突出秦军包围，跋山涉水，披星戴月，到了楚国，见到了楚考烈王。

军情紧急，平原君迫不及待地与楚王开始了联合抗秦的谈判。这天，平原君与楚王讨论合纵的利害之处，从早晨一直谈到中午也没有结果。原来这楚王一则惧怕秦军，而且在这之前还接受了秦国相互友好、互不侵犯的协约。因此谈判中他哼哼哈哈地左摇右晃，迟迟不做出正面回答。

平原君耐着性子反复把联合抗秦的利害关系从不同角度给楚王分析，希望楚王能尽快做出决断。但楚王还是"这个……""那个……"的，说不出个所以然来。

台阶下的门客见此情景，很是着急，可是谁也不知道该怎么办。有人想起毛遂在赵国说的一番豪言壮语，就悄悄地对他说："毛先生，看你的啦！"

毛遂不慌不忙，拿着宝剑，"噔噔噔"地上了台阶，高声对平原君说："合纵不合纵，三言两语就可以解决了，怎么从早晨说到现在，太阳都直了，还没说停当呢？"

楚王很不高兴，问平原君："这是什么人？"

平原君说："是我的门客毛遂。"

楚王一听是个门客，更加生气，呵斥道："放肆，还不退下！我在和你家君上说话，你算干什么的？"

毛遂按剑又往前走了几步，对楚王说：“大王之所以敢斥责我毛遂，是因为楚国是大国，人多势众。可如今，在十步之内，大王却得不到楚国众人的护佑，您的性命现在掌握在我的手里，我家君上在此，大王为何敢呵斥于我！况且，我听说商汤以区区七十多里的土地而做了天下之王，周文王仅以百里国土而使天下诸侯臣服，这难道是因为他们的士兵人数众多吗？实在是因为他们能守住他们的国土并不断发挥他们强大的实力。如今，楚国国土方圆五千余里，士兵有百万之众，这可是称霸天下的资本啊。以楚国的疆土而言，天下没有谁能与之争锋。可是，秦国的白起，不过是个无名小子，带领几万军队与楚国交战，一战就拿下了楚国的鄢、郢，再战则火烧夷陵，三战则使大王的先祖受辱。这是一百年都不能消除的仇恨，赵国都为你们感到羞愧，难道大王您对此一点憎恶之情都没有吗？我们谈论合纵，是为了楚国，而不是为了赵国！现在我家君上在此，大王为何呵斥在下？”

毛遂这一番话，真像一把锥子一样，一句句戳痛楚王的心，他不由得脸红了，接连说：“对对，先生所言极是，为了楚国的社稷，孤愿意与赵国合纵。”

毛遂问道：“大王真的决定要与我国合纵了吗？”

楚王说：“孤决定了。”

于是毛遂对楚王的侍从们说：“取鸡、狗、马的血来！”

毛遂手托着盛血的铜盘，跪走几步来到楚王近前说：“请大王与我们歃血为盟，大王先请，我家君上随后，然后是我毛遂。”

于是楚、赵两国就在大殿之上歃血为盟，约定合纵。

毛遂左手托着铜盘，右手招呼那十九个人说：“你们也来一起歃血吧，你们碌碌无为，怎么不知道因人成事啊。”

楚、赵结盟以后，楚考烈王就派春申君黄歇为大将，率领八万大军，奔赴赵国。

三、节外生枝，毛遂的结局

毛遂随平原君出使，果然不辱使命，他凭自己的机智和无人能敌的辩才说服楚王与赵结盟，共同抗秦，毛遂因此名闻天下。

平原君订立合纵约定后，回到了赵国，对毛遂说：“我再也不敢观人相士了。我平生所见所观之人，多说有上千，少说也有数百，以为天下的贤士都逃不过我的眼睛。可今日，对于先生的大才，我竟浑然不知。”

又说：“毛遂的三寸之舌，比百万大军还强呀！毛遂对楚王的一席话，大大提高了赵国的威望，使赵国重过九鼎大吕。”这就是成语“三寸不烂之舌”“一言九鼎”的来源。

我曾经想当然地认为，毛遂此后会一顺百顺，人生会因此撰写辉煌篇章的。

假若“毛遂自荐”的故事只停留在这个地方，它无疑是非常美好的，让人心生温暖，然而遗憾的是，这个故事还有我们不愿看到的另一半。

公元前256年，燕国趁赵国大战方停喘气不赢之际，派遣大将栗腹攻打赵国，派谁挂帅出征以抵强敌？赵王便想起了敢于自荐的毛遂，欲提拔毛遂为帅，统兵御燕。

毛遂听到这个消息，大吃一惊，赶忙到赵王那里去，不是去“推荐”自己，而是去“推辞”：“不是我怕死，是我德薄能低，不堪此任，我可披坚当马前卒，不能挂袍任帅印官，如是，则上可保国之江山社稷，中可保您知人之明，下可保我毛遂不为国家罪人。”

当年自荐，意气风发；此时自辞，何其乃尔？一个毛遂，判若两人，简直让人难以置信。赵王很是不解：“先生去年自荐，才情高迈，真伟丈夫；如今脱颖而出，正是建功立业之时，怎么忸怩如小女子？”

毛遂说：“寸有所长，尺有所短，骐骥一日千里，捕捉老鼠不如蛇猫。逞三寸舌我当仁不让，仗三尺剑实非我能，岂敢以家国安危来试验我之不才之处？”

按说，毛遂此话说得入情入理，在情在理，但赵王却为了展示自己求贤若渴，爱才惜才，怎么也不听毛遂之言，硬是要他挂帅迎敌。一个靠嘴巴子干活的人，哪里是人家拿枪杆子的对手？尽管毛遂身先士卒、殚精竭虑，他统领的军队还是被燕军打得落花流水。战事惨败，毛遂觉得没有脸面再见赵人，于是避开众人，到山林里拔剑自刎。

毛遂的悲剧不是他自己造成的，他没有什么政治野心，并不想获取高官厚禄；他有自知之明，即懂得“自惭”，知道自己能干什么不能干什么。真正应该对毛遂的人生悲剧负责的是赵王，具体地说，是赵王的不知“自惭”。

第三节　公子散家财，誓死保邯郸

【原文】

平原君既返赵，楚使春申君将兵赴救赵，魏信陵君亦矫夺晋鄙军往救赵，皆未至。秦急围邯郸，邯郸急，且降，平原君甚患之。邯郸传舍吏子李同说平原君曰：“君不忧赵亡邪？”平原君曰：“赵亡则胜为虏，何为不忧乎？”李同曰：“邯郸之民，炊骨易子而食，可谓急矣，而君之后宫以百数，婢妾被绮縠，余粱肉，而民褐衣不完，糟糠不厌。民困兵尽，或剡木为矛矢，而君器物钟磬自若。使秦破赵，君安得有此？使赵得全，君何患无有？今君诚能令夫人以下编于士卒之间，分功而作，家之所有尽散以飨士，士方其危苦之时，易德耳。”于是平原君从之，得敢死之士三千人。李同遂与三千人赴秦军，秦军为之却三十里。亦会楚、魏救至，秦兵遂罢，邯郸复存。李同战死，封其父为李侯。

【译文】

平原君回到赵国后，楚国派春申君带兵赶赴救援赵国，魏国的信陵君也假托君命夺了晋鄙军权带兵前去救援赵国，可是都还没有赶到。这时秦国急速地围攻邯郸，邯郸告急，将要投降，平原君极为焦虑。邯郸宾馆吏员的儿子李同劝说平原君道：“您不担忧赵国灭亡吗？”平原君说：“赵国灭亡那我就要做俘虏，为什么不担忧呢？”李同说：“邯郸的百姓，拿人骨当柴烧，交换孩子当饭吃，可以说危急至极了，可是您的后宫姬妾侍女数以百计，侍女穿着丝绸绣衣，精美饭菜吃不了，而百姓却粗布短衣难以遮体，酒渣谷皮吃不饱。百姓困乏，兵器用尽，有的人削尖木头当长矛箭矢，而您的珍宝玩器铜钟玉磬照旧无损。假使秦军攻破赵国，您怎么能有这些东西？假若赵国得以保全，您又何愁没有这些东西？现在您果真能命令夫人以下的全体成员编到士兵队伍中，分别承担守城劳役，把家里所有的东西全都分发下去供士兵享用，士兵正当危急困苦的时候，是很容易感恩戴德的。”于是平原君采纳了李同的意见，得到敢于冒死的士兵三千人。李同就加入了三千人的队伍奔赴秦军决一死战，秦军因此被击退了三十里。这时也凑巧楚、魏两国的救兵到达，秦军便撤走了，邯郸得以保存下来。李同在同秦军作战时阵亡，赐封他的父亲为李侯。

【评点】

尽管楚国已经派出了春申君领兵救赵，平原君的小舅子、魏国的信陵君也矫令夺了魏将晋鄙大军驰援而来，可两路大军还都在路上，离邯郸尚有一大段路程要赶。

秦国也知道诸侯国来救的消息，所以就加紧了对邯郸的围攻，想要在诸侯国赶到之前打下邯郸。

秦军把邯郸城团团围住，命令士兵奋死攻城，但邯郸让他们的进攻吃尽了苦头。这是很正常的事情：其一，秦军从秦国到邯郸花费三个月，精力有一定的消耗，而邯郸军民以逸待劳；其二，邯郸城坚固无比，居高临下，此所谓地利；其三，邯郸军民自长平一战，痛恨秦军，上下齐心，同仇敌忾，抱必死之心，抗战热情空前高涨，此所谓人和。

但邯郸相当危急，真实的情况是，邯郸城市内，军民无粮可吃，树木都被吃个精光，饿得实在不行了，大家一看，自己身边就只剩下人了，那就吃人吧！吃谁呢？大人还要打仗，当然是吃小孩子，自己的孩子不能吃，那就拿自己的孩子和人家的孩子交换，我吃你的孩子，你吃我的孩子——这种凄惨根本无法用言语来表达。邯郸到了生死存亡之秋。

远水救不了近火，眼见这邯郸的气氛已经开始向着投降的一方倾斜，这让平原君深感不安。

这时一个叫李同的人找上门来。

他问平原君："君上难道不担心赵国的存亡吗？"

平原君回答道："若赵国灭亡那我也将成为俘虏，又怎会不担心呢？"

李同对平原君建议："邯郸此刻可谓危机重重，旦暮将亡，您的后宫姬妾侍女数以百计，侍女穿着丝绸绣衣，精美饭菜吃不了，而百姓却粗布短衣难以遮体，酒渣谷皮吃不饱。百姓困乏，兵器用尽，有的人削尖木头当长矛箭矢，而您的珍宝玩器铜钟玉磬照旧无损。假使秦军攻破赵国，您怎么能有这些东西？假若赵国得以保全，您又何愁没有这些东西？您何不将家里所有的物品发给士兵享有，士兵就会感恩戴德。"

平原君同意了李同的意见，把所有物品发放下去，并选出了精兵三千人，决定以死搏秦，以鼓舞邯郸城的士气。

李同就率领着这三千人出城正面攻击秦军，秦军根本不会想到赵会正面进攻，以前赵军都是派小分队偷袭秦军的后方和侧翼，而像这样的进攻是秦军无论如何都料想不到的。

李同的进攻打了秦军一个措手不及，秦军为此退后三十里。

当然，三千人是不可能打垮秦军的，这三千人并无生还的希望，李同血染沙场，死而无憾。更重要的是，邯郸的战略目标成功实现：鼓舞了邯郸城内的抗战人民的士气，投降的声音绝迹，邯郸又成了铁板一块。

李同的意义不仅仅在于鼓舞了士气，这也是在为最后的大反攻吹响号角。

在这个时候，诸侯国的军队也赶到了。

平原君所为为诸侯国救兵的到来赢得了时间，为邯郸保卫战的最后胜利创造了条件。

第四节　纳谏止封赏，平安度余生

【原文】

虞卿欲以信陵君之存邯郸为平原君请封。公孙龙闻之，夜驾见平原君曰："龙闻虞卿欲以信陵君之存邯郸为君请封，有之乎？"平原君曰："然。"龙曰："此甚不可。且王举君而相赵者，非以君之智能为赵国无有也。割东武城而封君者，非以君为有功也，而以国人无勋，乃以君为亲戚故也。君受相印不辞无能，割地不言无功者，亦自以为亲戚故也。今信陵君存邯郸而请封，是亲戚受城而国人计功也。此甚不可。且虞卿操其两权，事成，操右券以责；事不成，以虚名德君。君必勿听也。"平原君遂不听虞卿。

【译文】

虞卿想要以信陵君出兵救赵保存了邯郸为理由替平原君请求增加封邑。公孙龙得知这个消息，就连夜乘车去见平原君说："我听说虞卿想要以信陵君出兵救赵保存了邯郸为理由替您请求增加封邑，有这回事吗？"平原君回答说："有的。"公孙龙说："这是很不合适的。说来国君任用您担任赵国宰相，并不是因为您的智慧才能是赵国独一无二别人没有的。划出东武城封赐给您，也不是因为您做出了有功劳的事情，只是由于您是国君近亲的缘故啊。您接受相印并不因自己无能而推辞，取得封邑也不说自己没有功劳而不接受，也是由于您自己认为是国君的近亲的缘故啊。如今信陵君出兵保存了邯郸而您要求增加封邑，这是无功时作为近亲接受了封邑，而有功时又要求按照普通人来论功行赏啊。这显然是很不合适的。况且虞卿掌握着办事成功与不成功的两头主动权。事情成功了，就要像拿着索债的契券一样来索取报偿；事情不成功，又要拿着为您争功求封的虚名来让您感激他。您一定不要听从他的主张。"平原君于是拒绝了虞卿的建议。

【评点】

平原君贵为国亲、权倾一国之相，其对国家、对社稷的拳拳忠心，更表现在面对自己利益、私人财富时的无私无畏、堂堂正气，叫时人和后人叹服。

《战国策》也有跟《史记》一样的记载，由于赵胜在解救邯郸之围的困境时，立下了功劳，当时的赵国重臣虞卿为了笼络赵胜、献媚国君，力主向赵王请示，要求给平原君增加封地以示封赏。赵王也答应了。

封地，是整个封建社会的利益基础，是一个臣子及其家族后代的基业保证和家族势力的根本，是多少人梦寐以求的人生目标和成功标志。多么大的诱惑，多么大的利益啊！所谓人为财死、鸟为食亡，比起领有封地来讲，那可就不值得一提了！

就在这时，平原君的门客叫公孙龙的，听见信息后连夜找到平原君劝阻说："我听说虞卿想要以信陵君出兵救赵保存了邯郸为理由替您请求增加封邑，有这回事吗？"

平原君回答说："有的。"

公孙龙说："这是很不合适的。说来赵王任用您担任赵国国相，并不是因为您的智慧才能是赵国独一无二的；赵王划出东武城赐封您，也不是因为您做出了有功劳的事情，只是由于您是赵王近亲的缘故啊。如今魏国的信陵君出兵保存了邯郸而您要求增加封邑，这是无功时作为近亲接受了封邑，而有功时又要求按照普通人来论功行赏啊，这显然是很不合适的。况且虞卿掌握着办事成功与不成功的两方面的主动权。事情成功了，就要像拿着索债的契券一样来索取报偿；事情未办成，又可拿着为您争功求封的虚名来让您感激他。您一定不要听从他的主张。"

政治上三起三落的平原君在这番劝说之下岂有蒙着眼睛朝圈套里跳的道理？于是婉言谢绝了虞卿的建议，"遂不听虞卿""乃不受封"。

公孙龙的劝说实质上点出了平原君的软肋：国君虽然任用平原君担任赵国宰相，并非是因为赵胜此人智慧出众、才华横溢无人能比，而是因为赵胜本人是国君的近亲。而并未察觉到这个问题存在的平原君欣欣然地接受封邑和任命，也正是因为自己和国君的近亲关系。如今虞卿的请求明是为了替平原君增加封邑，可事实上无论这个建议成与不成，平原君都将因此而欠虞卿一个人情，反而陷入一种被动当中。

这就是一个为国为君而不计个人私利的堂堂的平原君赵胜也！在战国争雄、士子谋利、诸侯谋私、浑水摸鱼的大时代背景中，平原君赵胜就是一位名副其实的忠臣公子！

赵孝成王十五年，公元前 251 年，平原君得享天年，安然去世。其后世子孙世代承袭他的封爵，直至赵国灭亡。

战国四公子，能寿终正寝者，唯有平原君赵胜。四人之中只能算是中庸之才的平原君却成了下场最好的一个，这不能不值得我们玩味。

卷二十一 《史记·魏公子列传》

第一节 魏国贤公子，生前身后名

【原文】

魏公子无忌者，魏昭王少子而魏安釐王异母弟也。昭王薨，安釐王即位，封公子为信陵君。是时范雎亡魏相秦，以怨魏齐故，秦兵围大梁，破魏华阳下军，走芒卯。魏王及公子患之。

公子为人仁而下士，士无贤不肖皆谦而礼交之，不敢以其富贵骄士。士以此方数千里争往归之，致食客三千人。当是时，诸侯以公子贤，多客，不敢加兵谋魏十余年。

【译文】

魏公子叫无忌，是魏昭王的小儿子、魏安釐王的异母弟弟。昭王去世后，安釐王即位，封公子为信陵君。当时范雎从魏国逃出到秦国任秦相，由于怨恨魏相魏齐屈打自己几乎致死的缘故，就派秦军围攻大梁，击败了魏国驻扎在华阳的部队，使魏将芒卯战败而逃。魏王和公子对这件事十分焦虑。

公子为人仁爱宽厚礼贤下士，士人无论有无才能或才能大小，他都谦恭有礼地同他们交往，从来不敢因为自己富贵而轻慢士人。因此方圆几千里的士人都争相归附于他，招徕食客三千人。当时，诸侯各国因公子贤德，宾客众多，连续十几年不敢动兵谋犯魏国。

【评点】

战国四公子都以喜士闻名于世，但唯有信陵君真正做到礼贤下士，不务虚名。

信陵君贵为公子，却不以贵胄傲慢待人，他大开侯门，礼贤下士，广泛结交天下英才。信陵君的交游，不问血缘世系，不问财富职位，看重的是个人的能力技艺，上自经邦治国，下至鸡鸣狗盗，都是有所用的一技之长。

风闻传说之下，各国有能的人士，纷纷慕名前往，争投于门下。极盛时期，信陵君门下的食客，号称有三千之众。

一、义气任侠，广招人才

魏公子无忌，是魏昭王的小儿子，安釐王同父异母的弟弟。他被封于信陵，故号信陵君。

信陵君也以养士出名。公元前 277 年，魏无忌的父亲魏昭王去世，魏无忌的哥哥魏圉继承魏国王位，是为魏安釐王。当时齐国人孟尝君田文已在魏国从政十几年，政治实力雄厚，魏安釐王为牵制田文，把其弟魏无忌封于信陵（今河南宁陵），因而称为信陵君。

公元前 273 年，秦昭王派遣白起进攻魏国，孟尝君田文举荐芒卯为主帅，率领魏国军队与秦军交战。白起在华阳大败魏军，斩获魏军十三万人，芒卯战败而逃，举荐人田文因而被魏安釐王免去丞相一职。田文失势后，他的许多门客投奔魏无忌门下，因而魏无忌逐渐在魏国取代了田文的地位，成为当时最负盛名的公子。

信陵君吸取了田文养士易聚也易散的教训，加强了对食客们的管理。信陵君的食客非常有组织，构成了一个稳定的政治集团。

但是，信陵君却并不是一个有政治野心、城府很深的人，他一生的悲剧性都源于他具有雄厚的政治资本但却义气任侠的天性。

公子无忌虽生在王府，平素却为人宽厚，尊重士人。只要是士，无论才能高低，他都会谦虚地用相当的礼节去结交他们，从不因为自己富贵而傲视士人。因此，周围几千里以内的士人都争先恐后地来投奔他，他招致的门客最高峰时曾有三千食客。所以当时的魏无忌威名远扬，各诸侯国连续十多年都不敢动兵侵犯魏国。

不难看出，魏无忌就是魏国的守护神，也即是魏安釐王的守护神。可是这魏安釐王对魏无忌呀，始终揣着个心眼。因为对他来说，虎视眈眈的秦国之流，只是远虑，自己身边的魏无忌，才是近忧。不是有那么一句话吗，卧榻之旁，岂容他人酣睡？何况这酣睡的，还是自己的弟弟。虽说这老祖宗已经明确了嫡长子继承制，而且，自己也已经继承了王位，可这个弟弟，也太得人心、太有实力了。

有一件事情，完全可以证明，魏安釐王的担心，绝不是空穴来风，杞人忧天。

有一天，魏无忌正在和魏安釐王下棋，北方边境传来警报，说赵国发兵进犯，马上就要越过边境。魏安釐王一听，这还了得，马上下令召国防部长觐见，商议对策。魏无忌很平静地说："只不过是赵王打猎罢了，没有必要大惊小怪。"继续和魏安釐王下棋。过了一会儿，又从边境传来情报："赵王田猎，不是入侵。"魏安釐王很是惊诧地问魏无忌："你是怎么知道得这么详细呢？"魏无忌回答："我的门客里有人能探听到赵王最隐秘的情报。赵王的一举一动，他都会及时报告我。"

从此以后，魏安釐王畏惧魏无忌的贤能，不敢将国事交与他处理。

魏安釐王对信陵君仍然很优待，但就是不让碰国家方面的事了。好在信陵君在政治上也无心进取，对此也没有太挂怀，兄弟间的关系也没有出现什么太大的裂痕。

二、汉高祖崇拜，太史公尊重

汉高祖刘邦有一个青春偶像，这位偶像对他影响终身。即使他蹑足九五，君临天下之后，举手投足间仍能折射出青春偶像的历史投影。

那么，这位青春偶像是谁呢？

他就是信陵君——战国末期魏国公子魏无忌。

春秋战国时期，随着旧的体制解体，"士"这个阶层剥离出来。由于这个阶层的人大多有一技之长，他们或以超人的智谋，或以过人的胆识，甚至以刺探暗杀、鸡鸣狗盗等"奇计异巧"，影响着那个时期的政治和军事。

因此，社会上兴起空前的养士之风，一些王公贵族更是广开门路，兼收并蓄。这其中最为著名的有四个人，他们是魏国公子魏无忌，史称信陵君；赵国公子赵胜，史称平原君；齐国公子田文，史称孟尝君；楚国公子黄歇，史称春申君。这就是历史上大名鼎鼎的战国四大公子，名满一时，海内皆知。

不过，看似人气指数差不多的四大公子，不论在当代还是后世，对他们的评价却截然不同，论者往往对信陵君更为垂青。

据《史记·魏公子列传》载，"高祖始微少时，数闻公子贤。及即天子位，每过大梁，常祠公子"。意思是，刘邦早在青少年时就一直听说信陵君的故事，甚是仰慕。等当上皇帝后，每次从魏国故都大梁经过，都要去信陵君的纪念馆（祠）虔诚祭祀。"高祖十二年，从击黥布还，为公子置守冢五家，世世岁以四时奉祠公子。"刘邦为信陵君安排一批看守坟墓的专业户，让他们世世代代奉祠他。

这样做，刘邦感到犹未表达出自己的敬意。他还怎么做了呢？每次经过大梁，他都要亲自安排当地百姓，不要断了信陵君的香火，即"高祖每过之而令民奉祠不绝也"。

纵观《史记》《汉书》等史料，我们得知刘邦是一个不拘小节、豪爽坦荡之人，

"意豁如也"，说话直来直去，讨厌繁文缛节。当皇帝后，叔孙通制定朝仪，刘邦告诉他，你千万别搞得太麻烦，考虑到我能做得到才行。

但对一个已经死去多年、素昧平生的陌路人，刘邦却一反常态，不厌其烦地安排了又安排，嘱托了又嘱托，表现得有点啰里啰唆、婆婆妈妈，完全不是平日作风，真是令人不可思议。

怎么解释这一反常事件？唯一的答案就是，刘邦乃信陵君的忠诚粉丝，一生一世崇拜不已。

其实，不只是刘邦，司马迁也是信陵君的粉丝。司马迁为平原、春申、孟尝三君立传时，皆以封邑系，如《平原君列传》《孟尝君列传》《春申君列传》，独对信陵君尊以国系，作《魏公子列传》，在传中司马迁言必称"公子"，共一百四十七处；并且以魏国灭亡缀于传末，以示其一身之生死有关一国之存亡，其景仰之情，溢于笔端。

信陵君究竟有何人格魅力，竟令泱泱大汉开国帝王毕生仰慕，竟使一代宗师司马迁用饱蘸强烈爱憎的椽笔去讴歌、去赞颂？

我们下面就走近信陵君，看看他做了些什么事，能这么为后人所景仰。

第二节　真诚纳贤士，虚左待侯嬴

【原文】

魏有隐士曰侯嬴，年七十，家贫，为大梁夷门监者。公子闻之，往请，欲厚遗之。不肯受，曰："臣修身洁行数十年，终不以监门困故而受公子财。"公子于是乃置酒大会宾客。坐定，公子从车骑，虚左，自迎夷门侯生。侯生摄敝衣冠，直上载公子上坐，不让，欲以观公子，公子执辔愈恭。侯生又谓公子曰："臣有客在市屠中，愿枉车骑过之。"公子引车入市，侯生下见其客朱亥，俾倪，故久立与其客语，微察公子。公子颜色愈和。当是时，魏将相宗室宾客满堂，待公子举酒。市人皆观公子执辔，从骑皆窃骂侯生。侯生视公子色终不变，乃谢客就车。至家，公子引侯生坐上坐，遍赞宾客，宾客皆惊。酒酣，公子起，为寿侯生前。侯生因谓公子曰："今日嬴之为公子亦足矣。嬴乃夷门抱关者也，而公子亲枉车骑，自迎嬴于众人广坐之中，不宜有所过，今公子故过之。然嬴欲就公子之名，故久立公子车骑市中，过客以观公子，公子愈恭。市人皆以嬴为小人，而以公子为长者，能下士也。"

于是罢酒，侯生遂为上客。

侯生谓公子曰："臣所过屠者朱亥，此子贤者，世莫能知，故隐屠间耳。"公子往数请之，朱亥故不复谢，公子怪之。

【译文】

魏国有个隐士叫侯嬴，已经70岁了，家境贫寒，是大梁城东门的看门人。公子听说了这个人，就派人去拜见，并想送给他一份厚礼。但是侯嬴不肯接受，说："我几十年来修养品德，坚持操守，终究不能因我看门贫困的缘故而接受公子的财礼。"公子于是就大摆酒席，宴请宾客。大家来齐坐定之后，公子就带着车马以及随从人员，空出车子上的左位，亲自到东城门去迎接侯先生。侯先生整理了一下破旧的衣帽，就径直上了车子坐在公子空出的尊贵座位，丝毫没有谦让的意思，想借此观察一下公子的态度。可是公子手握马缰绳更加恭敬。侯先生又对公子说："我有个朋友在街市的屠宰场，希望委屈一下车马载我去拜访他。"公子立即驾车前往，进入街市，侯先生下车去会见他的朋友朱亥，他斜眯缝着眼看公子，故意久久地站在那里，同他的朋友聊天，同时暗暗地观察公子。公子的面色更加和悦。在这个时候，魏国的将军、宰相、宗室大臣以及高朋贵宾坐满堂上，正等着公子举杯开宴。街市上的人都看到公子手握缰绳替侯先生驾车。公子的随从人员都暗自责骂侯先生。侯先生看到公子面色始终不变，才告别了朋友上了车。到家后，公子领着侯先生坐到上位，并向全体宾客赞扬地介绍了侯先生，满堂宾客无不惊异。大家酒兴正浓时，公子站起来，走到侯先生面前举杯祝他健康。侯先生趁机对公子说："今天我侯嬴为公子尽力也够了。我只是个城东门抱门插关的人，可是公子委屈车马，亲自在大庭广众之中迎接我，我本不该再去拜访朋友，今天公子竟屈尊陪我拜访他。可我也想成就公子的名声，故意让公子车马久久地停在街市中，借拜访朋友来观察公子，结果公子更加谦恭。街市上的人都以为我是小人，而认为公子是个高尚的人，能礼贤下士啊。"在这次宴会散了后，侯先生便成了公子的贵客。

侯先生对公子说："我所拜访的屠夫朱亥，是个贤能的人，只是人们都不了解他，所以隐没在屠夫中罢了。"公子曾多次前往拜见朱亥，朱亥故意不回拜答谢，公子觉得这个人很奇怪。

【评点】

"战国四公子"中，信陵君是"真公子"，信陵君"好士"是真好士，不是装出来的，不是为了面子，所以他能够屈尊求贤，不耻下交。他虽贵为王子，但却喜欢出没于市井中间，结交奇人异士，有豪侠之风。在信陵君眼里，士只有贤愚之分，而无贵贱之分，只要是有能力的人，他就倾心相交，市井之徒又有什么关系！

一、公子厚礼，侯嬴婉拒

侯嬴，高寿七十，家贫如洗，落魄到以看大门为业，维持生计。是大梁十二城门之一“夷门”的“监者”。用我们现在的话说，侯嬴他就相当于我们单位或学校传达室里看门的老大爷，是个正宗的下层贱民。

像侯嬴这样又老又穷的市井贱民，战国其他三公子肯定是从来不屑一顾的。

然而大家别忘了一句俗话，“大隐隐于市”，真正的高人，往往就是隐藏在市井弄巷之中的，侯嬴便是这么一位世外高人。他虽然穷困潦倒，但在江湖社会、游侠民间却很有声望。

信陵君听说后，决定屈尊去拜访一下这位高人。

中国人的礼节，初次见面是不能空手的，要送礼，俗称见面礼，所以信陵君便携重礼登门拜访，却不料被侯嬴断然拒绝了。

侯嬴说：“我几十年来修养品德，坚持操守，终究不能由于我看门贫困的缘故而接受公子的财礼。”

富贵不能淫，贫贱不能移，好一个侯嬴！

看来信陵君看低侯嬴了，当时各国权贵都在养士，侯嬴若真是个爱财小人，他老早就依附权贵飞黄腾达了，又何必七十多岁来还当个贫困监者？“但愿老死花酒间，不愿鞠躬车马前。”并不是所有人都愿意抛头露脸效命王侯的。在这个世界上，不为五斗米折腰的高士大有人在。

信陵君只好怏怏而回，临走前问：“先生不收礼，请吃饭总可以吧？”

侯嬴把家门一关，在里面叫道：“等我有空再说吧，到时通知你！”

就这样，侯生一身骨气，婉言谢绝了信陵君的卑辞厚礼。

但信陵君求贤若渴，决定用更隆重的礼节招待侯生。

二、公子礼遇，侯嬴摆谱

于是，信陵君在府邸置酒大宴宾客，待客人们坐定后，便带着大批随从，浩浩荡荡一行人，前往夷门迎接侯嬴，并亲自驾车，虚左以待。

中国人坐车是很讲究的，我们知道，战车上“车左”是主将，“车右”是保镖，驾驶员在中间，所以左位是最崇高的位置，留给领导坐的，就算现在换成了小轿车，依然是如此。

一个大国贵公子如此礼遇一个看门老头，如果换作是我，肯定感动到一塌糊涂。

西汉名将韩信曾经说过：“乘人之车者载人之患，衣人之衣者怀人之忧，食人之食者死人之事。”在古代，领导的车是不能随便坐的，那可是一件非常荣耀的事情，更何况领导亲自给你驾车。

然而我们的老侯却一点儿不知道客气，只见他稍微整了整自己的破衣烂衫，然后一屁股坐在车子左边的尊位上，挥手对“司机”道：“小魏，开车吧！”那小样儿摆的，好像他才是公子。不止！好像他是魏王般。还不止！魏王也没他架子大。

“先生坐稳了，驾！”信陵君毫不以为意，竟在满街人的目瞪口呆之中，恭恭敬敬地为侯嬴当起司机来。

这样的事儿别说放在古代，就算放在今天，恐怕也得跌破全国人的眼镜。

国家总理亲自给传达室老头开车，这不是总理疯了，就是传达室老头疯了。

可是侯老头还嫌自己疯得不够，又对信陵君说：“臣有客在市屠中，愿枉车骑过之。”

多少魏国文武大员和社会名流在信陵君府等着他们回去开席呢，这老侯竟要求车子绕道去看什么朋友，这不是蹬鼻子上脸瞎胡闹嘛！

然而信陵君二话没说，就把车子开进了农贸市场，这一路可都是大梁的市中心，人山人海到处都是喜欢八卦的民众，这个老侯嬴，他是生怕自己上不了明日的报纸头条吗?

侯嬴的这个朋友叫作朱亥，主要工作是在农贸市场杀猪卖肉，业余工作是行侠仗义、除暴安良，专管世间不平之事。

明白了吧，壮士多为屠狗辈，朱亥其实是个武艺高强的江湖大侠，能被眼高于顶的侯嬴所看重的人，岂会是个庸庸之辈！

不一会儿，大侠朱亥的身影出现了，侯嬴于是下车，与朱亥站着说话，这一聊，就没完没了了。

繁华的闹市中，锦衣华服风度翩翩的信陵公子乖乖地手执缰辔待在车上等着侯嬴，就像接领导上班的司机，安静耐心，无怨无悔。

半个时辰过去了，侯嬴和朱亥还在聊天，而且越聊越起劲，家长里短天南海北东扯葫芦西扯瓢地啰唆个没完，天知道他们哪里来的那么多话说，家庭妇女也没他们这么爱闲扯。

公子好修养，旁边的随从们却气坏了：给你三分颜色，你就开染坊，你以为你是谁啊，一个臭看门的而已，竟敢这么对待我们敬爱的信陵公子，我呸！

旁边围观的群众也深有同感：公子亲自为你驾车，这何止祖坟冒青烟，那简直是喷火！领导的时间多宝贵啊，你老家伙还不识抬举，我呸！

繁华的闹市中，呸呸的吐痰声不绝于耳，看来大家都感冒了。

就这样，从下午等到晚上，信陵君早已饿得前胸贴后背了，然其色始终不变。

侯嬴这才貌似想起还有一堆人在等他，于是依依不舍地告辞朱亥，回车上座，一行人急急忙忙往回赶。

还有一屋子的贵宾被晾在公子府中喝西北风呢，他们等待主人回来开饭，已经等得花儿都谢了：

——赶快回来吧公子，再不回来黄花菜都凉了！

三、侯嬴所为，成就公子

却说那些王族、将相、宾客已是等得不耐烦了，他们先还在议论有贵宾要来，后来则开始悄悄地骂公子了，有些人甚至准备回去了。

正在这时，传报说公子回来了，众人这才息了怒气，已经快饿晕了的人们赶紧起身出迎，想要看看公子如此礼遇的贵客到底是何方神圣。

不看不要紧，一看吓一跳。

只见公子亲自执辔、亲迎下车的这位所谓贵宾，竟然是一个鞋也破帽也破身上的衣裳也破的白胡子糟老头！大家既吃惊，又想笑，又不敢笑，只好哭笑不得，面面相觑。

“诸位久等了，无忌在此告罪。”信陵君拱手道。

信陵君于是引侯嬴高堂上座，命令开席。

侯嬴也不客气，大大咧咧地坐上头等贵宾席，神态倨傲至极。

大家在震惊之余，无不内心感叹：好一个不知廉耻的无礼疯老头子！见过脸皮厚的，还没见过这么厚的。

信陵君接着便向客人们介绍侯嬴，并一个劲地称赞：先生品行高洁，贤能信达，却从不攀附权贵，是个大大的隐士高人，无忌此番能请到先生，可真是蓬荜生辉、荣幸之至啊。

请到一个倨傲无礼的看门老头还荣幸？大家实在无法理解。

宴席进行着，酒至半酣，信陵君起身上前，向侯嬴敬酒。

至此，信陵君表现优异，可称完美过关，侯嬴于是卸下自己的面具，掏出了自己的真心，对公子说：“今天我可是为公子尽了最大的力啦！”公子一阵愕然，客人也感到很奇怪。

侯先生接着说：“我只是一个守门人，而公子却委屈自己，在大庭广众之中亲自去迎接我，本不应该去拜访朋友，却要公子特意陪我去。然而我要成就公子的美名，故意让公子的车马久久地停在市场里，以观察公子，公子非但不烦躁，反而更加恭敬。市场里的人都把我看成小人，而认为公子是有德行的人，能谦恭地对待士人啊！”

公子赶快对他表示感谢，而那些客人们更是对他刮目相看。从此以后，信陵君便奉侯嬴为上宾，尊为亲近师友，时常前来问候请教。

原来侯嬴此次多番为难，不仅为了考验公子，更为成就公子礼贤下士之名，实可谓用心良苦。

不过，侯嬴并没有因此而接受信陵君任何好处，他仍然住在夷门传达室里，每日早开城门夜关城门，淡泊从容，安于贫贱，除了偶尔给公子出出主意，生活并无二致。

敞开心扉的侯嬴接着向信陵君引荐了大侠朱亥，他说：“我所拜访的屠夫朱亥，是个贤能的人，只是人们都不了解他，所以隐没在屠夫中罢了。”

侯先生大力推荐的人，肯定是不会错的，于是信陵君数次前往拜访，但朱亥根本不搭理他，竟比侯嬴还会摆谱儿，看来朱亥果然比侯嬴还要“贤”，他才是一个真正的大侠呢！

大家要问了，何以见得呢？

答曰：“不拘小节，潇洒飘逸。非用则身不行，然当大用之时，则挺身而出，其义立现，此方显其侠士之本色也。”后来朱亥也确实用行动证明了这一点。

所以信陵君虽然郁闷奇怪，但仍不以为意，该拜还拜，该访还访。越摆谱儿的人，就越是贤人，我礼贤下士，总是没有错的。

气度恢宏，将礼做到极致，信陵君就是这样一位人物，所以就连太史公也引之为偶像，称赞他说：“天下诸公子亦有喜士者矣，然信陵君之接岩穴隐者，不耻下交，有以也。名冠诸侯，不虚耳。”

侯嬴事件过后，信陵君折节下士之名传遍天下，天下之士乃望风而至，争先恐后地投到信陵君门下。

第三节　秦军围邯郸，窃符去救赵

【原文】

行过夷门，见侯生，具告所以欲死秦军状。辞决而行，侯生曰：“公子勉之矣，老臣不能从。”公子行数里，心不快，曰：“吾所以待侯生者备矣，天下莫不闻，今吾且死，而侯生曾无一言半辞送我，我岂有所失哉？”复引车还，问侯生。侯生笑曰：“臣固知公子之还也。”曰：“公子喜士，名闻天下。今有难，无他端而欲赴秦军，譬若以肉投馁虎，何功之有哉？尚安事客？然公子遇臣厚，公子往而臣不送，以是知公子恨之复返也。”公子再拜，因问。侯生乃屏人间语，曰：“嬴闻晋鄙之兵符常在王卧内，而如姬最幸，出入王卧内，力能窃之。嬴闻如姬父为人所杀，如姬资之三年，自王以下欲求报其父仇，莫能得。如姬为公子泣，公子使客斩其仇头，敬进如姬。如姬之欲为公子死，无所辞，顾未有路耳。公子诚一开口请如姬，如姬必许诺，则得虎符夺晋鄙军，北救赵而西却秦，此五霸之伐也。”公子从其计，请如姬。如姬果盗晋鄙兵符与公子。

公子行，侯生曰：“将在外，主令有所不受，以便国家。公子即合符，而晋鄙不授公子兵而复请之，事必危矣。臣客屠者朱亥可与俱，此人力士。晋鄙听，大善；不听，可使击之。”于是公子泣。侯生曰：“公子畏死邪？何泣也？”公子曰：“晋鄙嚄唶宿将，往恐不听，必当杀之，是以泣耳，岂畏死哉？”于是公子请朱亥。朱亥笑曰：“臣乃市井鼓刀屠者，而公子亲数存之，所以不报谢者，以为小礼无所用。今公子有急，此乃臣效命之秋也。”遂与公子俱。公子过谢侯生。侯生曰：“臣宜从，老不能。请数公子行日，以至晋鄙军之日，北乡自刭，以送公子。”公子遂行。

【译文】

公子带着车队走过东门时，去见侯先生，把打算同秦军拼一死命的情况全都告诉了侯先生。然后向侯先生诀别准备上路，行前侯先生说：“公子努力干吧，老臣我不能随行。”公子走了几里路，心里不痛快，自语道：“我对待侯先生算是够周到的了，天下无人不晓，如今我将要死难可是侯先生竟没有一言半语来送我，我难道对待他有闪失吗？”于是又赶着车子返回来，想问问侯先生。侯先生一见公子便笑着说：“我本来就知道公子会回来的。”又接着说：“公子好客爱士，闻名天下。如今有了危难，想要去到秦的军队（同他作战）就像把肉扔给饥饿的老虎，有什么作用呢？如果这样的话，还用我们这些宾客干什么呢？公子待我情深意厚，公子前往可是我不送行，因此知道公子恼恨我会返回来的。”公子连着两次向侯先生拜礼，进而问对策。侯先生就让旁人离开，同公子秘密交谈，说：“我听说晋鄙的兵符经常放在魏王的卧室内，在妻妾中如姬最受宠爱，她出入魏王的卧室很随便，只要尽力是能偷出兵符来的。我还听说如姬的父亲被人杀死，如姬报仇雪恨的心志积蓄了三年之久，从魏王以下的群臣左右都想为如姬报仇，但没能如愿。为此，如姬曾对公子哭诉，公子派门客斩了那个仇人的头，恭敬地献给如姬。如姬要为公子效命而死，是在所不辞的，只是没有行动的机会罢了。公子果真一开口请求如姬帮忙，如姬必定答应，那么就能得到虎符而夺了晋鄙的军权，北边可救赵国，西边能抵御秦国，这是春秋五霸的功业啊。”公子听从了侯嬴的计策，请求如姬帮忙。如姬果然盗出晋鄙的兵符交给了公子。

公子拿到了兵符准备上路，侯先生说：“将帅在外作战时，有机断处置的权力，国君的命令有的可以不接受，以有利于国家。公子到那里即使两符相合，验明无误，可是晋鄙仍不交给公子兵权反而再请示魏王，那么事情就危险了。我的朋友屠夫朱亥可以跟您一起前往，这个人是个大力士。如果晋鄙听从，那是再好不过了；如果他不听从，可以让朱亥击杀他。”公子听了这些话后，便哭了。侯先生见状便问道：“公子害怕死呀？为什么哭呢？”公子回答说：“晋鄙是魏国勇猛强悍、富有经验的老将，我去他那里恐怕他不会听从命令，必定要杀死他，因此我难过地哭了，哪里是怕死呢？”于是公子去请求朱亥一同前往。朱亥笑着说：“我只是个市场上击刀杀生的屠夫，可是公子竟多次登门问候我，我之所以不回拜答谢您，是因为我认为小礼小节没什么用处。如今公子有了急难，这就是我为公子杀身效命的时候了。”就与公子一起上路了。公子去向侯先生辞行。侯先生说：“我本应随您一起去，可是老了心有余力不足不能成行。请允许我计算您行程的日期，您到达晋鄙军部的那一天，我面向北刎颈而死，来表达我为公子送行的一片忠心。”公子于是上路出发。

【评点】

说起信陵君，大家或许首先想到的就是“信陵君窃符救赵”的故事，在信陵君充满传奇色彩的一生中，这是他最为人津津乐道的壮举。这个壮举是怎样完成的呢？且看下面的分解。

一、邯郸告急，意气救赵

故事发生在公元前256年（魏安釐王二十年）。这一年，秦昭王挟长平之战胜利之余威，包围了赵国都城邯郸。

国都被秦军围困，危在旦夕，赵国君臣忧心忡忡，寝食难安，派出使者四处寻求援助。于是，一封封求救信飞传于关东六国，一批批使者来往奔波于中原大地。与赵国唇齿相依的魏国自然也接到要求出兵帮助的使书，不过，这封信是一位女人写的。

什么原因？

原来，魏国与赵国还有点亲戚关系。此时赵国的君主是赵孝成王，是已卒赵惠文王的儿子，赵孝成王的婶母（即平原君赵胜的夫人）是信陵君和魏安釐王的姐妹。《史记·魏公子列传》载："公子姊为赵惠文弟平原君夫人，数遗魏王及公子书，请救于魏。"

面对虎狼之国秦国的蚕食攻略，魏、赵两国是一脉相承，唇亡而齿寒。所以，魏安釐王派出大将晋鄙领兵10万前去救援。

秦军围困邯郸多时，指日可下，魏军驰援势必会打乱其战略部署，使其前功尽弃，功亏一篑。因此，秦昭王得知魏国的消息后，马上派使者警告魏安釐王：赵国已是我的囊中之物，谁敢多管闲事，等我收拾完了赵国，就去教训他。完全一副霸主的口气。

秦国是当时的头号军事强国，世界警察，拳头硬，态度自然蛮横。

魏王闻言大恐，赶紧派人告诉路上的晋鄙，要慢慢走，越慢越好，快到赵国边境的时候就留驻待命，名为救赵，实持两端以观望。

再说邯郸城，被秦国大军团团围住，水泼不进，针插不入，外无援兵，内乏粮草，饥饿难耐的百姓已处于崩溃边缘。为了活下来，那些天真无邪、童稚未泯的无辜孩子就做了牺牲品，成为人们赖以果腹的食物。这一幕幕惨不忍睹的吃人悲剧记载于《史记·平原君虞卿列传》："邯郸之民，炊骨易子而食。"

俗话说，虎毒不食子。凶猛残忍的老虎尚且不吃虎崽，更何况素有万物灵长之称的人类。良知未灭的邯郸百姓不忍心把屠刀砍向自己的孩子，只好易之而食，你吃我的儿子，我食你的女儿。这一出出悲剧血淋淋地揭示了战争的残酷与冷漠。

秦军围攻邯郸，平原君实在撑不住了，只得再次遣人往魏国求援，使者冠盖络绎不绝，但魏王始终不为所动，总之就是不肯发兵，你赵国完蛋了关我屁事。

平原君气急攻心，竟又写了一封信去骂起信陵君来，信中说："胜所以自附为婚姻者，以公子之高义，能急人之困耳。今邯郸旦暮降秦而魏救不至，安在公子能急人之困也！令姊忧城破，日夜悲泣。公子纵轻胜，弃之降秦，独不怜公子姊邪？"

平原君真是个不厚道的家伙，求不动魏王，就来骂信陵君。姐姐也不是信陵君一个人的姐姐，难道魏王就不是？何况信陵君无兵又无权，即便再想救赵，也爱莫能助啊！

然而信陵君看过信后，心中愧疚万分，当场就流泪了，泪水滴滴答答滴在竹简上，滴滴碎成水花。

他之前何尝没有求过魏王发兵，为了救赵，他吃不下睡不着，天天跟魏王摆事实讲道理，又派宾客辩士走马灯车轮战般百般规劝，嘴皮子都快磨破了，尽管使出千般本领、万种手段，但“魏王畏秦，终不听公子”。

信陵君郁闷万分，几致崩溃，现在却被姐夫书信痛责，他心中好苦。他“自度终不能得计于王”，彻底绝望了。

悲愤感慨之下，信陵君侠肝义胆油然而生，他不愿苟且偷生，坐看赵国绝援灭亡，遂决定倾其所能救助赵国。信陵君没有兵权，指挥不动军队，又如何救援赵国？

信陵君只能将手下几百门客组织成一支敢死队，凑齐可怜的百来辆战车，浩浩荡荡地杀向城外，准备去攻打四十万秦国大军。

靠区区几百人去对抗数十万“虎狼之师”的秦军，这显然是以卵击石，螳臂当车，无异于飞蛾扑火，自寻死路。然而，信陵君计无所出，只能行此下策。

风萧萧兮易水寒，壮士一去兮不复还。明知此去凶多吉少，前途渺茫，但信陵君还是义无反顾，决然而行，其勇气、豪情实在可歌可泣。

二、侯嬴献计，如姬窃符

信陵君离国赴死他乡，率宾客途经大梁城东门时，仍未忘记拜别好友侯生。信陵君见到侯生，“具告所以欲死秦军”一事，做最后的诀别。

侯嬴面色平静地说道：“公子勉之矣，老臣不能从。”——你加油去死吧，我老人家就不奉陪了！

信陵君怔怔地看着侯嬴，仿佛自己不认识这个人了，多年的相交就换来这么一句无情的话语，换作谁也受不了。——没有锦囊妙计，说两句安慰鼓励的好话也行啊，这样我也可以走得舒服一点呀。

但是对不起，侯嬴就这么一句冷话，多了没有，你赶紧麻利地走人吧！

信陵君只得郁郁而走，一路长吁短叹，他单纯幼小的心灵受到了严重伤害。

公子走了几里路，心里不痛快，自语道：“我对待侯先生算是够周到的了，天下无人不晓，如今我将要死难可是侯先生竟没有一言半语来送我，我难道对待他有闪失吗？”于是又赶着车子返回来，想问问侯先生。

信陵君的高明就在这里。一般人碰到这种事情，总认为自己百般正确别人百般错误，却从不在自己身上找问题。只有像信陵君能知人且自知，才可得到真正的知己相助。

一件不经意的小事却往往能改变历史，信陵君这一回头，就让秦的统一大业延迟了足足三十余年。

侯嬴见信陵君回来，当下脸上笑开了一朵花：“我本来就知道公子会回来的。”

——呵呵，我果然没有看错公子，他果然是我的知己。

侯嬴接着道：“公子礼贤下士，名闻天下。今遭困厄，无计可施，只好赴秦军决一死战，这譬如以肉投饿虎，何功之有？公子待臣厚，公子往而臣不送，是以知公子恨而复返也。”

信陵君明白侯生已腹有良策，“再拜”，向其请教。

侯生屏退众人，向信陵君如此如此一番，信陵君大喜。那么，侯生向信陵君献出什么妙计呢？

战国时代，军权集中在诸侯王手中，诸侯王用兵符作为调兵遣将的凭证。兵符一般用铜制作，铸成虎形，从中一分为二，右半符留在诸侯王手中，左半符授予领兵出征的将军。诸侯王要想调遣部队，要书写王命，同右半符一道交付使者。使者到军中宣读王命，同时将所持右符与将军所持左符合在一起，验证生效，即可调兵遣将。

侯嬴建议信陵君盗出虎符，矫魏王命，调动部队破秦救赵。如何偷出虎符呢？虎符常放在魏王卧室内，寻常人等接近不得，谁能偷出来？

如姬！如姬是魏安釐王的一个宠妃，其父遇害，魏王派人追查凶手，三年毫无结果。如姬找信陵君帮忙，信陵君“使客斩其仇头，敬进如姬”。如姬感激不尽，希望能有机会报答信陵君。所以，侯嬴让信陵君去找如姬。

信陵君“从其计，请如姬”。如姬果真盗出虎符，交到信陵君的手里！

看来侯嬴果然不是个一般人，魏王的兵符放在哪里，他掌握；如姬欲为公子死，他也掌握。信陵君的情报网络那么强大，但侯嬴的情报却比他的更精准。

这说明什么？侯嬴难道真的只是一个普通监者吗？莫非在他的身后拥有一个不为人知的江湖神秘组织？

不要瞎猜了，总之，侯嬴绝非史书中记载的那么简单，信陵君也不可能无缘无故如此礼遇他，信陵君是个自知且知人的超凡智者，他很清楚这个世上谁真有本事谁假有本事，在这一点上他比魏王和平原君强太多啦。

有一些八卦人才说，如姬跟信陵君有暧昧，所以才会不顾生死冒险窃符。

对此，我只能说，这些人真是太有戏说编剧的才能了，在下佩服！

不过说不定历史中还真的隐藏了一段暗恋的情愫，谁知道呢？

三、邯郸解围，壮士身死

信陵君持兵符再次向侯嬴辞别。侯嬴说：“将在外，君令有所不受。你光有兵符还不行。万一晋鄙心生怀疑，反过来向魏王请示，事情就危险了。”

怎么办？侯生推荐朱亥，与信陵君一起前往军中。朱亥是位大力士，善使一把铁锤。如果晋鄙交军权，更好；如果晋鄙拒绝，就让朱亥当即打死他。

信陵君闻言，泪流满面。

侯生问："公子害怕死吗？怎么哭了？"

信陵君说："晋鄙是足智多谋，久经战场的老将，我去了他恐怕不会听从，必定要杀死他，我因惋惜失去一位战功显赫的老将而流泪，怎么会害怕死呢？"

信陵君请朱亥一起同行，朱亥笑曰："我本是一市井屠夫，承蒙公子多次厚爱关照。之所以我不回谢，因为那是小礼节，不必拘守。今公子有急，该是我效命的时候了。"遂与信陵君同行。

这才是真正的大侠啊，当你不需要帮助的时候，他对你冷眼旁观君子之交淡如水；可一旦你有危难，他就挺身而出义不容辞！比起朱亥、侯嬴来，专诸、豫让之徒也不过就是刺客而已，他们都是为了主子的私利而拼死舍命，朱亥、侯嬴却是为了天下大义，他们才是真正的侠客！

一切准备妥当，信陵君真的要走了，侯嬴依依不舍地将他送出城外，并将自己最后的决定告诉了信陵君："臣请数公子行日，以至晋鄙军之日，北乡自刭，以送公子。"

信陵君到达邺县以后，假托魏王的命令，要取代晋鄙。晋鄙虽然与公子合了兵符，但是他依旧怀疑此事，打算请示魏王。于是公子对朱亥使了个眼色，朱亥突然从自己的衣袖里掏出了一个四十斤重的大铁锤，将晋鄙锤杀了。

信陵君终于拥有了一支十万人的大军，但这与邯郸城下四十万秦国虎狼之师根本没法比，所以信陵君决定果断裁军，以提高军队的战斗力。

信陵君宣布："父子俱在军中，父归；兄弟俱在军中，兄归；独子无兄弟，归养。"

此令一出，信陵君立刻得到了将士们的拥戴，均表示愿为公子死战，击杀晋鄙之事，自然也就再没有人提起了。

一道命令下去，十万大军立马走了两万，公子于是带着剩下的八万精兵，立刻向邯郸进发。

信陵君率领精锐的魏军与前来救赵的春申君向邯郸城下的秦军发起了猛烈攻击，邯郸城内的田单见魏楚劲旅来救，立即命令城里的赵军杀出城外，里应外合，一举击溃邯郸城下的数十万秦军，邯郸得救了，赵国也得以保存。

信陵君到晋鄙军中时，侯生北向自刎身亡，实现了自己的承诺。

朱亥协助信陵君救赵后，成为军中副将。后来，信陵君派遣他出使秦国，秦王想留他为秦国效力，朱亥不为高官厚禄所动。秦王就把他关进一个装有老虎的大铁笼子里，老虎见了他竟然吓得不敢动。秦王只好将他囚禁起来。朱亥决定以死来报答信陵君的知遇之恩，用头撞柱子，结果柱子被撞断了，他的头却没有破。他又用手扼喉，喉断而死。

“窃符救赵”这一事件，充分表现了信陵君急人之难、舍己救人的高尚品格，也淋漓尽致地展示了侯嬴、朱亥“士为知己者死”的慷慨豪情。

四、义薄云天，留赵十年

魏王对公子盗取他的兵符、假传命令杀了晋鄙感到极度恼怒，这一点公子自己也知道。在打退秦军、保全了赵国之后，就派一个部将率领那支军队回魏国去了，而公子则单独与门客们留在赵国，然而这一待就是十年之久，此间从未回过魏国。

赵孝成王为了感谢公子保存赵国的功劳，便同平原君商量，想拿五座城邑赐封给他。公子听到这个消息，马上骄傲起来了，露出自以为有功的神色。

有个门客劝公子说：“事情有不可忘记的，也有不可不忘记的。别人对公子有恩德，公子不可忘记；公子对别人有恩德，希望公子忘了它。而且您假传魏王命令，夺取晋鄙的兵权来救赵国，对赵国就算有功，对魏国就不算是忠臣了。您竟因此认为有功而骄傲起来，我私下认为您不应当这样。”公子听到这一意见后，感到很是羞愧，立即自责起来，好像无地自容的样子。

不久，赵王举行盛大的欢迎仪式来答谢公子，亲自前往迎接，并以主人的礼节，引导公子走上西阶。

公子早把自己对赵国的恩德给忘了，现在他只记得自己是一个魏国的罪人，而一个罪人，是没有资格接受如此大礼的。

于是信陵君赶紧侧过身子，再三谦让，然后转身走了东边的台阶。

古代迎宾升堂的礼节规定，主人从东阶上，宾客从西阶上，以示尊敬。宾客若自谦降低身份，则与主人同从东阶升堂。

酒宴开始，赵王率先起身，为信陵君敬酒祝寿，称颂公子存赵之功。却没想到信陵君竟面带惭愧地逊谢道：“无忌有罪于魏，无功于赵，不敢受大王礼遇。”

赵王本来借着敬酒的机会提出将五座城池封给信陵君，以聊表感激之情，却没想公子一直谦谢个不停，老说自己是个无地自容的罪人，弄得赵王老别扭的，直到宴席结束，也没好意思把封城的事儿说出来。

酒终人散后，赵王躺在床上想了一整夜，最终决定将鄗邑（今河北省柏乡县北）赐给信陵君做“汤沐邑”。

如此一来，信陵君是好意思收了，然而，就这么点赋税，哪里够他养门下三千食客呢？

不用担心，别忘了，魏王究竟是公子的手足兄弟，血浓于水，再大的仇隙，也阻挡不了亲情的力量，魏王还是将信陵君在魏国的封邑还给了他。

公子听说赵国有两个隐士：毛公混在赌徒之中，薛公混在卖酒人家里。公子很想见这两个人，这两个人就躲着，不肯与公子见面。后来公子打听到他们的住处，便秘密地步行前去，跟这两人交游，很是要好。

平原君听说这件事，便对自己的夫人说："以前我听说你的弟弟魏公子天下无双，现在我听说他竟跟赌徒和卖酒的人来往甚密，看来公子不过是个荒唐人而已。"

平原君夫人又把这些话告诉了公子。公子就告别夫人，整理行装，准备离去，并说："当初我听说平原君贤能，所以背弃魏王而来援救赵国。平原君不是求士而只是以宾客多而感到自豪。我在大梁的时候，就听说这两个人很是贤能，到了赵国，只怕见不到他们，见到还不一定理睬我。现在平原君竟认为跟他们交往是值得羞耻的，像他这样的人恐怕不值得交际。"

夫人又一五一十地把这些话告诉了平原君，平原君于是脱下帽子，去向公子道歉，并坚决挽留他，公子也很宽容地原谅了他。

在赵国这十年间，信陵君的人格魅力继续感动着赵国，感动着天下。不仅天下之士争相投奔公子，竟连平原君门下之客，也有一半因为仰慕公子的为人而改投到了信陵君门下。

第四节　祖国一声呼，兵威秦函谷

【原文】

公子留赵十年不归。秦闻公子在赵，日夜出兵东伐魏。魏王患之，使使往请公子。公子恐其怒之，乃诫门下："有敢为魏王使通者，死。"宾客皆背魏之赵，莫敢劝公子归。毛公、薛公两人往见公子曰："公子所以重于赵，名闻诸侯者，徒以有魏也。今秦攻魏，魏急而公子不恤，使秦破大梁而夷先王之宗庙，公子当何面目立天下乎？"语未及卒，公子立变色，告车趣驾归救魏。

魏王见公子，相与泣，而以上将军印授公子，公子遂将。魏安釐王三十年，公子使使遍告诸侯。诸侯闻公子将，各遣将将兵救魏。公子率五国之兵破秦军于河外，走蒙骜，遂乘胜逐秦军至函谷关，抑秦兵，秦兵不敢出。当是时，公子威振天下，诸侯之客进兵法，公子皆名之，故世俗称《魏公子兵法》。

【译文】

公子留在赵国十年不回魏国。秦国听说公子留在赵国，就日夜不停地发兵向东进攻魏国。魏王为此事焦虑万分，就派使臣去请公子回国。公子仍担心魏王恼怒自己，就告诫门下宾客说：“有敢替魏王使臣通报传达的，处死。”由于宾客们都是背弃魏国来到赵国的，所以没谁敢劝公子回魏国。这时，毛公和薛公两人去见公子说：“公子所以在赵国受到尊重，名扬诸侯，只是因为有魏国的存在啊。现在秦国进攻魏国，魏国危急而公子毫不顾念，假使秦国攻破大梁而把您先祖的宗庙夷平，公子还有什么脸面活在世上呢？”话还没说完，公子脸色立即变了，嘱咐车夫赶快套车回去救魏国。

魏王见到公子，两人不禁相对落泪，魏王把上将军大印授给公子，公子便正式担任了上将军这个统率军队的最高职务。魏安釐王三十年（公元前247年），公子派使臣把自己担任上将军职务一事通报给各个诸侯国。诸侯们得知公子担任了上将军，都各自调兵遣将救援魏国。公子率领五个诸侯国的军队在黄河以南地区把秦军打得大败，使秦将蒙骜败逃。进而乘胜追击直到函谷关，把秦军压在函谷关内，使他们不敢再出关。当时，公子的声威震动天下，各诸侯国来的宾客都进献兵法，公子把它们合在一起签上自己的名字，所以世上俗称《魏公子兵法》。

【评点】

流亡在外的信陵君，在赵国一待就是十年。

人的一生有多少个十年，有多少青春和时间留给人去浪费？信陵君任由年华老去，傻傻地望着魏国的方向发呆，他想念鸿沟的水，他想念大梁的月，他甚至想念夷门侯嬴老先生住的那间破屋子……

恰在这时，恢复了战争能力的秦国，大举进攻蒸蒸日上的魏国，缺乏良将指挥的魏军在秦军名将蒙骜的凌厉攻势下连连败北，魏国丢掉了不少城池。

魏国的形势很危急，在王兄的一声呼喊下，信陵君终于可以回到魏国，施展抱负了。

一、劫波渡尽，兄弟重逢

得知信陵君始终留在赵国，秦王和吕不韦觉得魏国这块豆腐好啃，大喜，赶紧再派出宿将王龁，攻占三晋上党郡各城，建立太原郡，并与蒙骜从东、南两个方向直逼魏都大梁，魏国窘迫到了极点。

不能再这样下去了，魏王在大梁的王宫里歇斯底里地狂吼：弟弟，你快回来，快回来！老哥需要你，魏国需要你！

于是，派使臣去赵国请信陵君回国。

信陵君此时虽也是心急如焚，但他害怕王兄还没有完全原谅自己，又觉自己戴罪之身无颜回国，所以迟迟不愿动身。

他告诫门下宾客说："有敢替魏王使臣通报传达的，一律处死。"

公子并非怕死之人，要怕死他当年也不会带着几百门客就去找秦国人拼命了，只不过他不想白白送死，更不想死后还被扣上一顶叛国的帽子。

门客们抱着明哲保身的心思，也一个个都不敢出来劝信陵君。

还好，这时信陵君在邯郸的两个好朋友毛公和薛公站出来说话了，他们不是从魏国来的，没有这么多的顾虑。

毛公和薛公听说此事后，一起去见信陵君，对信陵君说："公子之所以在赵国备受敬重，名扬诸侯，只是因为有魏国的存在啊。现在秦国进攻魏国，魏国危急而公子毫不顾念，假使秦国攻破魏国国都大梁而把您先祖的宗庙夷平，公子还有什么脸面活在世上呢？"

二人话未说完，信陵君脸上立刻变了颜色，他飞也似的冲出门外跳上马车，大叫道："套车，回大梁！"

比起魏国的存亡来，生死算什么？面子又算什么？就算王兄不原谅，也顾不得那么多了，回国，立刻回国！

马车在原野上飞速地奔驰着，大梁的城楼近了，信陵君的心情复杂莫名，好似五脏六腑都纠结在一起。

他归心似箭，却又近乡情怯，熟悉的景色在车边不断掠过，就如同十年前那一幕幕在他脑中不断掠过。

终于，熟悉的大梁夷门出现在了信陵君的眼前，同时出现的，还有魏王、群臣，以及无数大梁百姓。

信陵君觉得泪水在自己眼眶中打转。

终于，马车停下，信陵君重新踏上这块熟悉又陌生的土地，一股强烈的酸楚不断涌上心头，眼泪就要掉出来了，他赶紧低下头来，不想让别人发现。当他再次抬起头来的时候，看到的却是王兄愈加苍老的容颜，以及一双红肿的泪眼。信陵君从来没有看过魏王这副模样。

"无忌……"魏王哑着嗓子叫他道。

信陵君再也忍不住，只觉泪腺被人狠狠一刺，顿时间，两眼模糊，双颊一片湿润。

两个大男人竟当着百官群臣以及全城百姓的面，像孩子一般相持对泣起来。

这一刻，什么弈棋非寇，什么窃符救赵，什么邺城夺兵，都已经不再重要了。

这一刻，他们不是什么魏王和公子，他们只是一对普通的兄弟，吵架吵了十多年，现在终于大和解。

十年之前，我们是兄弟，十年之后，我们还是兄弟，血肉亲情，谁都无法改变。

渡尽劫波兄弟在，相逢一哭泯恩仇。

二、合纵五国，大败秦军

军情紧急，一夜长谈之后，第二天，魏王就将举国之兵交给了信陵君，拜他为上将军，抵挡秦兵继续深入。

但是光凭魏一国之力，是无法打败秦国的，信陵君于是重举合纵的大旗，号召天下，共讨强秦。

公子派使臣把自己担任上将军职务一事通报给各个诸侯国，诸侯们得知公子担任了上将军，都各自调兵遣将救援魏国。

信陵君的威望自然没话说，他登高一呼，赵韩楚燕四国立马响应（齐国仍然死性不改维持亲秦策略），纷纷派兵聚集到了信陵君的旗下，那号召力，简直比从前的周天子还管用。

实际诸侯各国也都是保护自己。按照当时的地理环境，魏国灭亡了，其他国家也苟延残喘不到几时。而从心理学来说，假使魏国被灭亡了，其他五国人心就涣散了，就好像最后的齐国，看见其他国家都被灭亡了，也就不攻自破了。所谓兵败如山倒，战国末期的六国似乎已经成为一国了。

当各国援军赶到魏国时，蒙骜正在围攻郑州（今河南郑县），王龁正在攻打华州（今陕西华县），看来，秦是准备从两条路线打入魏国，迫使五国联军也要分兵救援两地，两边不得相顾。

魏无忌迸发了压抑十年的豪情，凭借自己巨大的国际影响力，组织五国合纵军，亲自率领，与蒙骜在河外殊死对决。

信陵君派楚国军队插上自己的大旗，坚壁深垒，与蒙骜相持；自己却偷偷带着其余四军，迅速南插，直下华州。

先派赵国的军队去袭击秦军在渭水上的运粮船，其余各军却埋伏在四处，准备热烈欢迎王龁前来送死。

果然，王龁一听说粮船被袭，赶紧回救，却没想军至半途各国军队一齐杀出，将秦军团团围住。

秦军死伤大半，一路直接逃进函谷关，说啥也再不敢出来了。

信陵君没有闲工夫去追王龁，因为他还要对付一个更加可怕的对手——蒙骜。

蒙骜也学信陵君的计策，派一帮老弱虚建大营，与楚军相持，然后尽驱精锐，尾随诸侯联军追去。

这本是个非常高明的计策，却不料王龁太没用，只一日就被打败，待蒙骜心急火燎地往华州赶，信陵君早已在半路等着他了。

等到蒙骜发现王龁已然败回老家，一切都已经晚了，他只好硬着头皮迎战。

蒙骜的确很厉害，但他也不是神仙，他不可能带着一支赶路赶到气喘吁吁的军队打赢一支刚打完胜仗士气高涨且以逸待劳的多国联军。

结果一战下来，秦军损兵万余，不过总算暂时打退了联军的进攻，于是蒙骜命令秦军驻起营寨，整顿兵马，好好休息一下，来日再与信陵君一较高下。

可惜，蒙骜来不及休息了。

郑州的楚军，竟然在蒙骜离开的第二日，就将秦兵老弱把守的冒牌大营攻破，端了蒙骜的老窝，然后马不停蹄，追着蒙骜的屁股打了过来。

别忘了，信陵君的耳目遍天下。

于是可怜的秦军未等扎好营寨，屁股就被楚军刺了一刀，信陵君接着引大军从前面攻了过来，打得秦军落花流水。

真倒霉，本来想夹击别人，没想到自己被夹击，无奈之下，蒙骜只好含恨吞下失败的苦果，背着生平唯一一场败仗急急忙忙往函谷关方向撤退。

诸侯联军乘胜追击，杀伤秦军无数，一路竟远追至函谷关下，咸阳大震。

公子的军队驻扎在关外，秦军紧闭关门不敢出关，函谷关外大片土地都被各个诸侯国收复。

战国末期，强秦是很少吃败仗的，由信陵君率领的两次合纵联军，将秦军打得落花流水，大挫秦军士气。

这一次，可给五国都好好地报仇了，给秦军一次痛击。

这一仗下来，公子威震天下，各诸侯国的人把自己写的兵书，敬献给公子。

公子把这些兵书编辑在一起，这就是史上所说的《魏公子兵法》。

三、王兄误解，郁郁而终

当时的情势很明显，只要有信陵君在，秦国统一中国的美梦不但会落空，本国还极有可能被东方各国瓜分。秦国要想并吞东方各国，首先必须除了信陵君这个“克星”。

为了离间魏王与公子之间的关系，秦国就运送万斤黄金到魏国去，借着公子杀晋鄙的因缘，而去寻找晋鄙的门客，并让他们在魏王面前诽谤公子：“公子流亡国外十年，现在担任魏国的统帅，各国的将领都隶属于他，各国君王只知道魏公子，而不知道有魏王，公子也想趁机称王，各国君王都畏惧公子的声威，也巴不得拥立他为魏王。”

秦国又多次派人到魏国施行反间计，假装祝贺公子，问到底立为魏王了没有。

魏王起初也是不大相信，但后来天天听到这些汇报，而且越来越多，这使得他不能不相信，后来果然派人代替公子担任上将军。

明眼人一看就知道这个“反间计”很拙劣，没有人想到魏王会中计，可魏王居然中计了。

“人们只知道有他，不知道有你。”这是一个屡试不爽的利用首领的猜忌之心，排除强敌的模式。魏无忌没有被就地正法，已经是万幸。

直到此时，魏无忌才如梦初醒：功高震主，乃大忌也。功臣，是这个世界上最危险的职业。为了消除魏安釐王的戒心，魏无忌开始自污，每日沉迷于醇酒美女之中，寻欢作乐，不再上朝。仅仅四年后，就郁郁而终。

魏国自毁长城，走上灭亡之路。

秦王得知公子去世的消息后，欣喜若狂，立即又派蒙骜进攻魏国，一下就夺取了二十座城邑。此后，秦国逐渐地像蚕吃桑叶一样侵占魏国的土地，又过了十八年，秦军终于彻底毁灭了大梁，俘虏了魏王，魏国灭亡。由此可见信陵君在魏国的地位和作用。

信陵君官位不高，却能世世代代留下礼贤下士的美名，人们一旦谈论起他，无不肃然起敬。

卷二十二 《史记·春中君列传》

第一节 受命赴秦，上书阻秦攻楚

【原文】

春申君者，楚人也，名歇，姓黄氏。游学博闻，事楚顷襄王。顷襄王以歇为辩，使于秦。秦昭王使白起攻韩、魏，败之于华阳，禽魏将芒卯，韩、魏服而事秦。秦昭王方令白起与韩、魏共伐楚，未行，而楚使黄歇适至于秦，闻秦之计。当是之时，秦已前使白起攻楚，取巫、黔中之郡，拔鄢郢，东至竟陵，楚顷襄王东徙治于陈县。黄歇见楚怀王之为秦所诱而入朝，遂见欺，留死于秦。顷襄王，其子也，秦轻之，恐壹举兵而灭楚。歇乃上书说秦昭王曰：

天下莫强于秦、楚。今闻大王欲伐楚，此犹两虎相与斗。两虎相与斗而驽犬受其弊，不如善楚。臣请言其说：臣闻物至则反，冬夏是也；致至则危，累棋是也。今大国之地，遍天下有其二垂，此从生民已来，万乘之地未尝有也。先帝文王、庄王之身，三世不妄接地于齐，以绝从亲之要。今王使盛桥守事于韩，盛桥以其地入秦，是王不用甲，不信威，而得百里之地。王可谓能矣。王又举甲而攻魏，杜大梁之门，举河内，拔燕、酸枣、虚、桃，入邢，魏之兵云翔而不敢救。王之功亦多矣。王休甲息众，二年而后复之；又并蒲、衍、首、垣，以临仁、平丘，黄、济阳婴城而魏氏服；王又割濮磨之北，注齐秦之要，绝楚赵之脊，天下五合六聚而不敢救。王之威亦单矣。

【译文】

春申君是楚国人，名叫歇，姓黄。曾周游各地从师学习，知识渊博，奉事楚顷襄王。顷襄王认为黄歇有口才，让他出使秦国。当时秦昭王派白起进攻韩、魏两国联军，在华阳战败了他们，捕获了魏国将领芒卯，韩、魏两国向秦国臣服并侍奉秦国。秦昭王已命令白起同韩国、魏国一起进攻楚国，但还没出发，这时楚王派黄歇恰巧来到秦国，听到了秦国的这个计划。在这个时候，秦国已经占领了楚国大片领土，因为在这以前秦王曾派白起攻打楚国，夺取了巫郡、黔中郡，攻占了鄢城郢都，向东直打到竟陵，楚顷襄王只好把都城向东迁到陈县。黄歇见到楚怀王被秦国引诱去那里访问，结果上当受骗，扣留并死在秦国。顷襄王是楚怀王的儿子，秦国根本不把他看在眼里，恐怕一旦发兵就会灭掉楚国。黄歇就上书劝说秦王道：

天下的诸侯没有谁比秦、楚两国更强大的。现在听说大王要征讨楚国，这就如同两个猛虎互相搏斗。两虎相斗而劣狗趁机得到好处，不如与楚国亲善。请允许我陈述自己的看法：我听说事物发展到顶点就必定走向反面，冬季与夏季的变化就是这样；事物积累到极高处就会危险，堆叠棋子就是这样。现在秦国的土地，占着天下西、北两方边地，这是从有人类以来，即使天子的领地也不曾有过的。可是从先帝文王、庄王以及大王自身，三代不忘使秦国土地同齐国连接起来，借以切断各国合纵结盟的关键部位。现在大王派盛桥到韩国驻守任职，盛桥把韩国的土地并入秦国，这是不动一兵一卒，不施展武力，而得到百里土地的好办法。大王可以说是有才能了。大王又发兵进攻魏国，堵塞了魏国都城大梁的出入通路，攻取河内，拿下燕、酸枣、虚、桃等地，进而攻入邢地，魏国军队如风吹白云四处逃散而不敢彼此相救。大王的功绩也算够多了。大王停止征战休整部队，两年之后再次发兵；又夺取了蒲、衍、首、垣等地，进而兵临仁、平丘，黄、济阳则退缩自守，结果魏国屈服降秦；大王又割取了濮磨以北的土地，打通了齐国、秦国的通道，截断了楚国、赵国联系的脊梁，天下经过五次联合而相集的六国诸侯，不敢互相救援。大王的威势也可以说发挥到极点了。

【评点】

世人皆道孟尝君礼贤下士，门客三千。事实上，楚国的春申君的门客数量才是四大公子之首。除此之外，春申君与其他三大公子最大的区别是他并非宗室成员，但是他却能在楚考烈王时期为相二十五年辅国持政。

公元前 242 年，各诸侯国担忧秦国吞并中原的势头不能遏制，于是互相订立盟约，成立了“联合纵队”讨伐秦国，其间楚考烈王担任六国盟约的首脑，而春申君当权主事。“外无宾客之助，内无王室之亲”的春申君依靠自己的能力，与孟尝君、信陵君和平原君合称战国四大公子，可谓名噪一时。

一、白手起家，临危受命

春申君是战国时楚国人，姓黄，名歇。

战国四大公子除春申君外都是王室宗亲。孟尝君的父亲是齐威王的小儿子；信陵君是魏昭王的儿子；平原君是赵武灵王的儿子。与他们相比，春申君可谓白手起家，《史记》中并没有提到春申君的家世。

黄歇少年时曾游历各地，学识渊博。他很崇拜当时的纵横家苏秦，常以苏秦建立的功业激励自己。因此，在游学过程中，黄歇一边认真研读前人的经书史籍，一边留心观察当时的割据形势。数年之后，黄歇学有所成，觉得获取功名的时机已经成熟，就回到楚国求见顷襄王。

辩才出众的黄歇得到了楚顷襄王的赏识。正是他年少时期的大量知识储备和经验积累，为他日后位极人臣创造了条件。但是如果他仅仅是因为辩才受到楚顷襄王的赏识，还不足以让他位居四大公子之列。黄歇的白手起家，是建筑在一件惊心动魄的使命之上。

楚顷襄王熊横做太子的时候，曾在秦国当作人质。战国时期互把太子当作人质，也是相互制约的一种手段。公元前 302 年，熊横杀死了秦国的一位大夫逃回楚国而引起了秦楚两国的关系恶化。公元前 299 年秦国伐楚，楚怀王入秦求和，后死在秦国。

楚顷襄王继位后，秦昭王命白起大举攻楚。秦楚交战，楚大败，被秦占领了大片领土后，秦昭王又派白起进攻韩、魏两国联军，在华阳战败了他们，捕获了魏国将领芒卯。韩、魏两国向秦国臣服并侍奉秦国。秦昭王便命令白起同韩国、魏国一起进攻楚国。

楚国君臣对出现此种局势十分不安，国内一片惶恐。黄歇正是在这种历史背景下开始登上楚国的政治舞台。

公元前 272 年，辩才出众的黄歇，也就是日后的春申君被顷襄王委派，出使秦国。

二、上书秦王，阻秦攻楚

正值秦国与三晋的关系亲密时，顷襄王特派黄歇出使秦国，探视情势。

黄歇十分清楚秦国对楚国的野心和楚国所面临的压力，所以，当他到达秦国后，便频繁活动于秦国的上流社会，展开了积极的外交活动。他结交了范雎这样一批有影响的贵族士大夫，获取了他们对自己的信任和对楚国的同情，进而搜集到不少关于秦国对楚国的情报。

当时，秦昭王正命令大将白起率军与韩、魏军队共同攻打楚国，但军队还没有出发。黄歇到秦都后得知这一消息，内心焦虑万分。当时，楚国的元气尚没有恢复，如果秦、韩、魏联合攻楚，那么，不但楚国将遭到毁灭性的打击，而且他的政治前途也将受到严重影响。巢破卵危，黄歇深知自己的命运已和楚国的兴衰紧密联系在一起。为此，经过一番深思熟虑，他向秦昭王上书，力陈秦国“善楚”之利。

他向秦昭王比喻道：“如果两只猛虎互相搏斗，那么旁边的癞皮狗到最后就会乘虚而入，饱食虎肉。现在，秦、楚都是大国，互相攻战只会导致双方两败俱伤，而让韩、魏那样的小国坐收渔翁之利。我谨劝大王还是放弃对楚国用兵，使秦楚亲善为好。”

黄歇还说：“大王，我听说物极必反，现在秦国的土地，占着天下西、北两方边地，这是自古以来任何天子的领地都不曾有过的。大王四处征战，挫败了六国五次联合进攻，大王的威势也可以说发挥到极点了。大王现在如果去掉攻伐之心，广施仁义之道，您的霸业可与三王五霸媲美。大王如果仅仅凭靠军备强大，就想使天下的诸侯屈服，我恐怕您以后会有祸患啊。从前，吴王夫差只看到进攻齐国的利益却没有想到会被越王勾践打败。吴王不是没有建立过功绩，但由于贪图眼前利益，最终使自己处于不利之地，成了越国的阶下囚。正如大王现在嫉恨楚国想灭掉楚国一样。如果楚国和秦国发生战争，韩、魏就会趁机强大起来，到时再联合攻打秦国，而秦国正是疲惫之时，哪有力气还击呢！我替大王考虑，还是不要攻打楚国了吧。”

总之结果是，秦昭王读了黄歇的奏疏后说：“真好。”

于是，秦昭王阻止了白起出征并辞谢了韩、魏两国，同时派使臣给楚国送去了厚礼，秦楚盟约结为友好国家。

秦楚订立盟约，使楚国得到喘息的机会，避免了一场灭顶之灾。黄歇在这次使秦中初次显露了他卓越的外交能力和高超的政治手腕。

第二节　把持朝政，辅国名重诸侯

【原文】

黄歇受约归楚，楚使歇与太子完入质于秦，秦留之数年。楚顷襄王病，太子不得归。而楚太子与秦相应侯善，于是黄歇乃说应侯曰：“相国诚善楚太子乎？”

应侯曰："然。"歇曰："今楚王恐不起疾，秦不如归其太子。太子得立，其事秦必重而德相国无穷，是亲与国而得储万乘也。若不归，则咸阳一布衣耳；楚更立太子，必不事秦。夫失与国而绝万乘之和，非计也。愿相国孰虑之。"应侯以闻秦王。秦王曰："令楚太子之傅先往问楚王之疾，返而后图之。"黄歇为楚太子计曰："秦之留太子也，欲以求利也。今太子力未能有以利秦也，歇忧之甚。而阳文君子二人在中，王若卒大命，太子不在，阳文君子必立为后，太子不得奉宗庙矣。不如亡秦，与使者俱出；臣请止，以死当之。"楚太子因变衣服为楚使者御以出关，而黄歇守舍，常为谢病。度太子已远，秦不能追，歇乃自言秦昭王曰："楚太子已归，出远矣。歇当死，愿赐死。"昭王大怒，欲听其自杀也。应侯曰："歇为人臣，出身以徇其主，太子立，必用歇，故不如无罪而归之，以亲楚。"秦因遣黄歇。

歇至楚三月，楚顷襄王卒，太子完立，是为考烈王。考烈王元年，以黄歇为相，封为春申君，赐淮北地十二县。后十五岁，黄歇言之楚王曰："淮北地边齐，其事急，请以为郡便。"因并献淮北十二县。请封于江东。考烈王许之。春申君因城故吴墟，以自为都邑。

春申君既相楚，是时齐有孟尝君，赵有平原君，魏有信陵君，方争下士，招致宾客，以相倾夺，辅国持权。

【译文】

黄歇接受了盟约返回楚国，楚王派黄歇与太子完到秦国做人质，秦国把他们扣留了几年之久。后来楚顷襄王病了，太子却不能回去。但太子与秦国相国应侯私人关系很好，于是黄歇就劝说应侯道："相国真是与楚太子相好吗？"应侯说："是啊。"黄歇说："如今楚王恐怕一病不起了，秦国不如让太子回去好。如果太子能立为王，他侍奉秦国一定厚重而感激相国的恩德将永不竭尽，这不仅是亲善友好国家的表示，而且为将来保留了一个万乘大国的盟友。如果不让他回去，那他充其量是个咸阳城里的百姓罢了；楚国将改立太子，肯定不会侍奉秦国。那样就会失去友好国家的信任，又断绝了一个万乘大国的盟友，这不是上策。希望相国仔细考虑这件事。"应侯把黄歇说的意思报告给秦王。秦王说："让楚国太子的师傅先回去探问一下楚王的病情，回来后再作计议。"黄歇替楚国太子谋划说："秦国扣留太子的目的，是要借此索取好处。现在太子要使秦国得到好处是无能为力的，我忧虑得很。而阳文君的两个儿子在国内，大王如果不幸辞世，太子又不在楚国，阳文君的儿子必定立为后继人，太子就不能接受国家了。不如逃离秦国，跟使臣一起出去；请让我留下来，以死来担当责任。"楚太子于是换了衣服扮成楚国使臣的车夫得以出关，而黄歇在客馆里留守，总是推托太子有病谢绝会客。估计太子已经走远，秦国追不上了，黄歇就自动向秦昭王报告说："楚国太子已经回去，离开很远了。我当死罪，愿您赐我一死。"昭王大为恼火，要准予黄歇自杀。应侯进言道："黄歇作为臣子，为了他的主人献出自己生命，太子如果立为楚王，肯定重用黄歇，所以不如免他死罪让他回国，来表示对楚国的亲善。"秦王听从了应侯的意见，便把黄歇遣送回国。

黄歇回到楚国三个月，楚顷襄王去世，太子完立为楚王，这就是考烈王。考烈王元年（公元前 262 年），任命黄歇为宰相，封为春申君，赏赐淮北地区十二个县。十五年以后，黄歇向楚王进言道："淮北地区靠近齐国，那里情势紧急，请把这个地区划为郡治理更为方便。"并同时献出淮北十二个县，请求封到江东去。考烈王答应了他的请求。春申君就在吴国故都修建城堡，把它们作为自己的都邑。

春申君已经担任了楚国宰相，这时齐国有孟尝君，赵国有平原君，魏国有信陵君，大家竞相礼贤下士，招徕宾客，互相争夺贤士，辅助君王掌握国政。

【评点】

一心想做大事业的春申君担任楚相后，励精图治，奋发有为，曾率兵帮助赵国化解秦军包围邯郸的危险，又曾带兵北伐灭掉鲁国，还用大儒荀卿为兰陵县令。他在担任楚国令尹期间，对外穷兵黩武，纵横捭阖，对内辅国持权、广招宾客，一时名噪诸侯。春申君是怎样位极人臣的呢？

一、陪同质秦，智出太子

顷襄王二十七年（公元前 272 年），楚国按盟约把太子完送到秦国抵作人质，并让黄歇作为太傅（官名，太子的师傅）随从至秦侍奉太子。黄歇的命运再次变得扑朔迷离。在那种战争年代，两国人质的生命毫无保障可言。黄歇清醒地认识到这次入秦的危险，但他也清楚地意识到追随太子无疑是"奇货可居"。不入虎穴，焉得虎子，一心求取功名的黄歇决心冒险一试。

随太子入秦后，黄歇故技重演，经常安排太子完出入于豪华的社交宴会，结识秦国重要的封君大臣。这一方面减少了秦昭王的戒心，另一方面又博取了太子完的欢心。黄歇此举可谓一箭双雕，用心良苦。

春花秋月，夏日冬雪，转眼黄歇和太子完在秦国已经待了整整九年。

顷襄王三十六年（公元前 263 年），顷襄王病重，太子却被秦国扣押着，不让回去。

太子与秦国相国应侯私交甚厚，于是黄歇就劝说应侯道："相国果真与楚太子交好吗？"

应侯说："是啊。"

黄歇说："如今楚王病了，恐怕会一病不起，秦国如果能让太子回去，并立他为楚王，他必定感激秦国和相国的恩德，这就为将来保留了一个万乘之国的盟友。如果不让他回去，那他充其量不过是个咸阳城里的百姓罢了。楚国改立的太子，肯定不会侍奉秦国，那样就得不偿失了。"

应侯向秦王转达了黄歇的意思。秦王说："让楚国太子的师傅先回去探问一下楚王的病情，回来后再作计议。"

黄歇对太子说："秦国扣留您的目的，是要借此索取好处。现在太子没有能力让秦国得到什么好处，就只有被长久地扣押了。现在，阳文君的两个儿子都在国内，且颇有声望，大王如果不幸辞世，您又无法返回，阳文君的儿子必然会被立为国君。因而，您不如趁早逃离秦国，跟使臣一起回去相机成事吧。请让我留下来，以死来担当责任。"

太子于是扮成楚国使臣的车夫蒙混出了秦国。

黄歇就在客馆留守，推托太子有病谢绝会客。

等太子已经走远，黄歇就主动对秦昭王说："太子已经回去，离开很远了。我当为死罪，愿您赐我一死。"

昭王大为恼火，要黄歇自杀。

应侯进言道："黄歇作为臣子，为了他的主人献出生命是应尽的职责。太子如果立为楚王，必定重用黄歇，所以不如免他死罪让他回国，来表示对楚国的亲善。"

秦王听从了应侯的意见，也把黄歇遣送回了楚国。

二、辅国持政，名扬诸侯

黄歇回国三个月，即当年的秋天，顷襄王卒，太子完即位，是为考烈王。考烈王元年（公元前262年），黄歇受到重用，担任令尹要职，封为春申君，受赐淮北地十二县。战国时楚国所设的令尹，实际就是中原地区的相国，为最高官职，掌军政大权。

黄歇两次入秦，十年冒险，终于苦尽甘来，得到了优厚的回报。

初登庙堂高位，黄歇备受考烈王的宠信。一些趋炎附势的朝野人士纷纷登门拜贺，令尹府一时门庭若市。

但黄歇清楚眼前的暂时显赫，只是因为他曾经追随并协助过太子完。花无百日红，谙晓君王心理的黄歇当然熟悉楚国历史上吴起、屈原的遭遇。所以，从担任国相的第一天起，黄歇就寻图建立更大的功业，树立更大的影响，以维护他多年追求的权势和地位。黄歇想，要达到这个目的，就必须通过一系列重大的政治、军事活动来实现。他决心利用自己身居宰辅高位的优势，去搏击战国晚期复杂的政治风云，放开手脚，施展平生抱负。

在邯郸危急的时刻，赵相平原君赵胜率门客来楚国求援。赵胜希望当时楚国的新贵——黄歇能替赵国说话。他许诺事成之后将灵丘（今山东高唐南）送给黄歇。黄歇正愁无处可以用兵，当即一口答应。

第二天，平原君率门客入宫游说考烈王。考烈王同样畏惧秦国，不想出兵，双方“日出而言之，日中不决”。自荐而来的平原君门客毛遂见此僵局，按剑登阶而上，胁迫考烈王与赵国联合抗秦。场面顿时剑拔弩张，变得紧张起来。在这关键时刻，黄歇出面力主抗秦，并表示愿意亲率大军出征。考烈王见事已如此，只好与平原君歃血定盟，让黄歇发兵救赵。与此同时，魏国信陵君魏无忌也导演了一场“窃符救赵”的好戏，取代晋鄙，进军邯郸。考烈王六年（公元前 257 年），一场激烈的战斗在邯郸城下展开。楚军、魏军和赵军互相配合，内外夹击，一举击溃了秦军，邯郸之围随之而解。

黄歇解邯郸之围后，留大将景阳在中原参与合纵攻秦，自己则乘机伐鲁。考烈王八年（公元前 255 年），黄歇正式攻取鲁国，将鲁顷公迁封于莒（今山东莒县），任命荀况为兰陵令。此后六年，黄歇收回莒，将鲁顷公迁往卞邑（今山东泗水县东南），贬为庶民，鲁国灭亡。

通过援赵灭鲁，黄歇提高了在诸侯中的威望。由此，楚国春申君和当时的齐国孟尝君（田文）、赵国平原君（赵胜）、魏国信陵君（魏无忌）并称“战国四君”，名传遐迩。

三、骄纵专权，营造都邑

楚考烈王二十一年（公元前 242 年），秦国通过连年征战，土地已与齐国接境，列国随时面临着被分割和消灭的危险，合纵攻秦势在必行。当时，东方诸国唯楚最强，诸国宰辅唯黄歇名望最高。此时，齐孟尝君、赵平原君、魏信陵君已相继去世。为此，魏国派使者至楚面见黄歇，邀约楚国参加合纵阵线。

黄歇对亲自主持合纵抗秦已久向往之，于是，他自作主张地对魏国使者说：“你现在就可以回去，不必再见楚王了。十天之内，我将率数万军队到魏国。”

此等军国大事，却不报示国君，黄歇摄政专权可见一斑。考烈王十二年，韩、赵、魏、燕四国公推考烈王为纵约长，而黄歇主持其事。

赵人魏加认为庞暖曾被秦军打败，就以惊弓之鸟为喻向黄歇力陈庞暖“不可为拒秦之将”。在魏国，也有人劝魏王不要“恃楚之强而信春申君之言”。但黄歇独持己见，仍任用庞暖为联军主帅。同年，五国军队按约集中，在庞暖的统一指挥下进攻秦国。合纵联军一度突破函谷关（今河南灵宝东北），深入秦国腹地。后因秦国倾全国之兵大举迎战，庞暖心生惧意，五国才罢兵而还。

五国一罢兵，秦国即发动报复性进攻，取韩、魏、卫地，复建东郡，形成了三面逼近楚都郢的局势。

考烈王因此责怪黄歇擅自出兵，引来战祸，黄歇一时受到冷落。

这时，门客朱英乘机向黄歇建议将楚国都城迁往寿春（今安徽寿县）。在此之前，赵国大臣虞卿也建议黄歇将自己的封地远离都城，以避免出现像秦国商鞅那样因为封地离国都太近而终被杀身夺地的祸害。

黄歇即上书考烈王：“现在齐国和秦国交好，而淮北地靠近齐国，军务紧要，应该在那里设立郡县，加强防务。我愿意献出淮北十二地而改封到江东吴国旧墟（今江苏苏州）。同时，为大王考虑，楚国应该将都城迁往寿春，以免受秦军战火的威胁。”考烈王迫于形势，于当年迁都寿春。黄歇改封到江南后，在吴都故址大兴土木，营建都邑。司马迁曾在《史记·春申君列传》中写道：“吾适楚，观春申君故城，宫室盛矣哉！”由此可知黄歇为令尹时生活之骄纵奢侈。

春申君在楚任宰相二十六年，得楚考烈王宠信，掌握楚国实权，为楚国的强盛立下大功。但也糊涂地做了错事，且拒绝了别人正确的建议。

四、招引门客，权重倾君

黄歇礼贤下士、重义轻财的名声吸引了大批的游侠流士竞相投奔他。据史载，春申君门客达三千余人，其数量在“战国四公子”中居于首位。这时的春申君，其影响已不在声名重于诸侯的孟尝君之下。

一次，有个叫汗明的人求见黄歇，等了三个月才被接见。会谈之后，春申君很欣赏汗明，汗明想再谈下去。

春申君却说：“我已经了解先生了，先生不必再说了。”

汗明摇摇头，问：“贤能的舜去侍奉圣明的尧，三年以后尧才了解了舜。现在，您一会儿的工夫就了解了我，难道是说您比尧更圣明，而我比舜更贤能吗？”

春申君听了很惭愧，立即召来家吏把汗明的名字登记在贵宾册上，每五天会见一次。

他的门客多逞强好斗，奢侈浮华。平原君赵胜有一次派使者拜访黄歇，黄歇让人安排他们住进了一所很豪华的宾馆。赵国使者也想在楚国炫耀一番。他们头上插着玳瑁簪子，剑鞘上装饰着珍珠宝玉，前往令尹府会见黄歇。黄歇接见他们时，左右簇拥着许多衣着华丽的宾客。赵国使者走近一看，纷纷自惭形秽。原来，黄歇的门客连穿的鞋子都缀满了珍珠。

利用门客形成一股可以威慑国君的势力，是战国时期封君大臣惯用的手段，而尤以楚国为最。楚国“大臣太重，封君太众”，大臣、封君“上逼主而下虐民”，常常引发各种社会矛盾，导致国力的削弱。

楚悼王时重用吴起实行变法，削弱大臣之威重，均平封君之爵禄，使楚国迅速振兴起来。比之吴起，春申君不仅没有能够改革楚国内政的弊端，反而加剧了这种封君重于国君的不正常现象，致使楚国在考烈王一代虽有国势复振的迹象，却也只是徒具其表，虚张声势，并不能改变它衰弱的趋势。

第三节　赠美求宠，身死且国灭

【原文】

楚考烈王无子，春申君患之，求妇人宜子者进之，甚众，卒无子。赵人李园持其女弟，欲进之楚王，闻其不宜子，恐久毋宠。李园求事春申君为舍人，已而谒归，故失期。还谒，春申君问之状，对曰：“齐王使使求臣之女弟，与其使者饮，故失期。”春申君曰：“娉入乎？”对曰：“未也。”春申君曰：“可得见乎？”曰：“可。”于是李园乃进其女弟，即幸于春申君。知其有身，李园乃与其女弟谋。园女弟承间以说春申君曰：“楚王之贵幸君，虽兄弟不如也。今君相楚二十馀年，而王无子，即百岁後将更立兄弟，则楚更立君后，亦各贵其故所亲，君又安得长有宠乎？非徒然也，君贵用事久，多失礼于王兄弟，兄弟诚立，祸且及身，何以保相印江东之封乎？今妾自知有身矣，而人莫知。妾幸君未久，诚以君之重而进妾于楚王，王必幸妾；妾赖天有子男，则是君之子为王也，楚国尽可得，孰与身临不测之罪乎？”春申君大然之，乃出李园女弟谨舍，而言之楚王。楚王召入，幸之，遂生子男，立为太子，以李园女弟为王后。楚王贵李园，园用事。

李园既入其女弟，立为王后，子为太子，恐春申君语泄而益骄，阴养死士，欲杀春申君以灭口，而国人颇有知之者。

【译文】

楚考烈王没有儿子，春申君为这件事发愁，就寻找宜于生育儿子的妇女进献给楚王，虽然进献了不少，却始终没生儿子。赵国李园带着他的妹妹来，打算把他的妹妹进献给楚王，又听说楚王不宜于生育儿子，恐怕时间长了不能得到宠幸。李园便寻找机会做了春申君的侍从，不久他请假回家，又故意延误了返回的时间。回来后他去拜见春申君，春申君问他迟到的原因，他回答说："齐王派使臣来求娶我的妹妹，由于我跟那个使臣饮酒，所以延误了返回的时间。"春申君问道："订婚礼物送来了吗？"李园回答说："没有。"春申君又问道："可以让我看看吗？"李园说："可以。"于是李园就把他的妹妹献给春申君，并立即得到春申君的宠幸。后来李园知道了他的妹妹怀了身孕，就同他妹妹商量了进一步的打算。李园的妹妹找了个机会劝说春申君道："楚王尊重宠信您，即使兄弟也不如。如今您任楚国宰相已经二十多年，可是大王没有儿子，如果楚王寿终之后将要改立兄弟，那么楚国改立国君以后，也就会各自使原来所亲信的人显贵起来，您又怎么能长久地得到宠信呢？不仅如此，您身处尊位执掌政事多年，对楚王的兄弟们难免有许多失礼的地方，楚王兄弟果真立为国君，殃祸将落在您的身上，还怎么能保住宰相大印和江东封地呢？现在我自己知道怀上身孕了，可是别人谁也不知道。我得到您的宠幸时间不长，如果凭您的尊贵地位把我进献给楚王，楚王必定宠幸我；我仰赖上天的保佑生个儿子，这就是您的儿子做了楚王，楚国全为您所有，这与您身遭意想不到的殃祸相比，哪样好呢？"春申君认为这番话说得对极了，就把李园的妹妹送出家来，严密地安排在一个住所便向楚王称说要进献李园的妹妹。楚王把李园的妹妹召进宫来很是宠幸她，于是生了个儿子，立为太子，又把李园妹妹封为王后。楚王器重李园，于是李园参与朝政。

李园既然把自己妹妹送入宫成了皇后，所生的孩子又成了太子，深恐春申君越发骄纵或者泄露内幕，因此就在暗中养着刺客，想杀死春申君灭口，不过楚国有很多人知道这件事。

【评点】

春申君名重于诸侯，权驾于国君，极尽威重显赫。然而，聪明一世的春申君最后却受制于佞小，惨死于乱刀之下。他的大起大落的命运悲剧，活脱脱地展示了他的宦海人生及与之相伴随的那个风云变幻的时代。

一、听信小人，赠美求宠

最让春申君头疼的是，考烈王一直没有儿子。

诸侯国实行世袭制，无嗣是一个大问题，春申君到处找“妇人宜子者”，即会生儿子的女人，把她送入宫给考烈王，期望能有收获，然而送了一个又一个，都没有结果。

此时，居留楚国的赵人李园很想把他的妹妹献给考烈王，却又听说考烈王没有生育能力，担心时间久了，妹妹容颜不再，会失去宠幸，便来见春申君。然而他耍了一个花招——请假回乡，又故意延期归来。春申君问其原因，他说：“齐王派使者来，要娉（即聘）我的妹妹，我因为与使者饮酒，所以耽误了时间。”

春申君想，李园的妹妹既然受到齐王的青睐，一定是很漂亮的，便问道：“受娉了没有？”

李园回答：“还没有呢。”

春申君接着说：“能不能把你妹妹带来，让我看看？”

春申君的要求正是李园所希望的，因此他马上照办。

春申君是一个性情中人，对李园的妹妹非常宠爱，不久，李园的妹妹就怀上孕了。李园一知道，就立即与妹妹密谋。

李园的妹妹找了个机会劝说春申君道：“楚王尊重宠信您，即使兄弟也不如。如今您任楚国宰相已经二十多年，可是大王没有儿子，如果楚王寿终之后将要改立兄弟，那么楚国改立国君以后，也就会各自使原来所亲信的人显贵起来，您又怎么能长久地得到宠信呢？不仅如此，您身处尊位执掌政事多年，对楚王的兄弟们难免有许多失礼的地方，楚王兄弟果真立为国君，殃祸将落在您的身上，还怎么能保住宰相大印和江东封地呢？现在我自己知道怀上身孕了，可是别人谁也不知道。我得到您的宠幸时间不长，如果凭您的尊贵地位把我进献给楚王，楚王必定宠幸我；我仰赖上天的保佑生个儿子，这就是您的儿子做了楚王，楚国全为您所有，这与您身遭意想不到的殃祸相比，哪样好呢？”

被美色迷倒的春申君“大然之”，认为这番话说得对极了，即将李妹献于楚考烈王。

这原本是李园兄妹所设的圈套，春申君却爽快地把脖子伸进去。他特意建了一处馆舍，供李园的妹妹住，然后向考烈王禀报，说他那里有位美人。考烈王听后便随同春申君到馆舍，一看，非常喜欢，便把她召进宫。

不久，李园妹妹生下一个男孩，考烈王高兴极了，当即立为太子。母以子为贵，李园的妹妹成为王后，李园也得到楚烈王的信任，参与政事，至此，李园的阴谋终于得逞。

二、命丧棘门，祸国误身

李园利用春申君实现其阴谋后，既害怕春申君泄露机密，又想取代春申君的地位，于是暗中豢养刺客，准备谋杀春申君。

春申君的门客朱英提醒春申君注意李园的动向，但做着窃国美梦的春申君并没有理会。

公元前238年，楚考烈王得了重病。

这时，朱英对春申君说："世上有料想不到的福分，也有料想不到的灾祸。现在你正处于难以预料的时刻，又怎么能够没有意想不到的人呢？"

春申君问："什么叫料想不到的福分？"

朱英答道："如今楚王病重，你可以像伊尹、周公那样辅佐幼主，摄政专权，等幼主长大了，再把政权交给他。否则，就自己当国君，楚国就归你所有了。这就是料想不到的福分。"

春申君又问："什么叫料想不到的灾祸？"

朱英答道："李园虽然不担任官职，但他却是国舅，而且暗中养了一批刺客。楚王一旦去世，李园一定会抢先入宫，根据预先的计谋杀你灭口。这就是料想不到的灾祸。"

黄歇又问："那谁是意想不到的人呢？"

朱英说："你趁早派我当宫廷侍卫。楚王一死，如果李园抢先入宫，我就可以替你把他铲除。我就是意想不到的人啊。"

但春申君此时已完全被李园兄妹所蒙蔽，他不相信一向谦恭软弱的李园会谋杀自己，只当朱英的警告是在危言耸听。

于是对朱英说："您要放弃这种打算。李园是个软弱的人，我对他很友好，况且又怎么能到这种地步！"

朱英见黄歇执迷不悟，担心祸及己身，第二天就离开了楚国。

此后十七天，楚考烈王去世，李园果然抢先入宫，并在棘门埋伏下刺客。当春申君带着几个随从匆匆进入宫门时，埋伏的死士四起。刀光剑影，血肉横飞，顿时，春申君身中数剑，倒在一片血泊之中。随之，李园派人抄斩了黄歇全家，又割下黄歇的头颅扔到旷野之中。

曾经在政治舞台上纵横捭阖、叱咤风云的春申君黄歇，临死都想不到自己会落个身首异处的下场！更想不到因他相信李园兄妹而给楚国带来的一场宫廷政变！

李园的妹妹原先受春申君宠幸，怀了孕，又入宫得宠于楚考烈王后所生的那个儿子便立为楚王，这就是楚幽王熊悍，李园代春申君为令尹，独持大权。

公元前228年，幽王卒，熊犹代立，是为哀王。哀王立两个月，因李太后与春申君同居的隐秘泄露，负刍（考烈王弟）以此为口实发动政变，杀哀王及李太后，尽灭李园一家。

这次内乱使楚国的内政陷入一片混乱，在外交上，也使楚国失去了在诸侯中的威信。楚国由此走向衰亡。负刍为王第五年（公元前223年），秦王政（嬴政，即后来的秦始皇）派王翦平楚，俘负刍，楚国灭亡。

春申君一生聪明睿智，大勇大义，最后却没能识破李园小人的阴谋，落得如此悲惨的下场，真让人为之唏嘘不已！

三、利令智昏，反受其乱

太史公评春申君之死："当断不断，反受其乱。"意即春申君错用小人，命丧黄泉。甚至丧失机会，自立为王。曾经在中国的政治舞台上叱咤风云的春申君黄歇，没有死在秦国，却死在楚国一场宫廷政变之中，想想都令人扼腕！

人们不禁要问，一向聪明的春申君为什么没有看清李园的阴谋呢？

窃以为，这在于他的私心杂念，或者说是野心勃勃。他希望有朝一日自己的儿子是楚国的国君，这样，"楚国尽可得"。因此，他为利所诱，上了李园兄妹的圈套。须知，人一旦为利所诱，"利令智昏"，就看不清真相，更谈不上做出正确的判断。春申君最后认敌为友，断送了身家性命，就是一个惨痛的教训。

李园之所以能达到目的，就是看准了春申君晚年的昏聩和贪婪。李园妹子"保富贵"的枕边风一吹，春申君就深信不疑，甚至连后来朱英的忠谏都不听，直直落到了李园设好的套子里，有此下场，完全是咎由自取。

白手起家的春申君，曾游说秦王，两次挽救楚国，最后却落得命丧棘门、身首异处的下场，真令人哀叹不已。

春申君去世之后，楚国也逐渐衰弱下去，最终灭亡。事实上，在春申君白手起家之后，楚国的命运就已经开始走向没落。春申君舍身保太子完即位，保证了太子的顺利登基，也保证了自己一步登天的计划。他完全控制了这个资本，到了李园献妹，春申君依然是想通过控制太子来继续辅国甚至是篡权。然而他没有想到，李园同样是一个野心家，甚至已经想到了自己之前。

事实上，春申君执政时期并非楚国的兴盛时期，他的亲秦计划让楚国一步步地没落，合纵的失败也是让亲秦的春申君“用事”的必然结果。短期的投机行为只是加深了与其他国家的积怨。

四大公子之中，平原君略显平庸，孟尝君稍显诡谲，信陵君尚有胆略，唯独春申君误国害己。

卷二十三 《史记·乐毅列传》

第一节　名门之后，初入仕途

【原文】

乐毅者，其先祖曰乐羊。乐羊为魏文侯将，伐取中山，魏文侯封乐羊以灵寿。乐羊死，葬于灵寿，其后子孙因家焉。中山复国，至赵武灵王时复灭中山，而乐氏后有乐毅。

乐毅贤，好兵，赵人举之。及武灵王有沙丘之乱，乃去赵适魏。闻燕昭王以子之之乱而齐大败燕，燕昭王怨齐，未尝一日而忘报齐也。燕国小，辟远，力不能制，于是屈身下士，先礼郭隗以招贤者。乐毅于是为魏昭王使于燕，燕王以客礼待之。乐毅辞让，遂委质为臣，燕昭王以为亚卿，久之。

【译文】

乐毅，他的祖先叫乐羊。乐羊曾担任魏文侯的将领，他带兵攻下了中山国，魏文侯把灵寿封给了乐羊。乐羊死后，就葬在灵寿，他的后代子孙们就在那里安了家。后来中山复国了，到赵武灵王的时候又灭掉了中山国，而乐家的后代出了个有名人物叫乐毅。

乐毅很贤能，喜好军事，赵国人曾举荐他出来做官。到了武灵王在沙丘行宫被围困饿死后，他就离开赵国到了魏国。后来他听说燕昭王因为子之执政，燕国大乱而被齐国乘机战败，因而燕昭王非常怨恨齐国，不曾一天忘记向齐国报仇雪恨。燕国是个弱小的国家，地处偏远，国力是不能克敌制胜的，于是燕昭王降抑自己的身份，礼贤下士，他先礼尊郭隗借以招揽天下贤士。正在这个时候，乐毅为魏昭王出使到了燕国，燕王以宾客的礼节接待他。乐毅推辞谦让，后来终于向燕昭王敬献了礼物表示愿意献身做臣下，燕昭王就任命他为亚卿，他担任这个职务的时间很长。

【评点】

三国时期的大政治家、大军事家诸葛亮在隐居隆中、躬耕于南阳时，曾自比为管仲、乐毅，希望辅佐明主，建功立业。他崇拜的管仲、乐毅，是指我国历史上的两位杰出人物。其中的管仲，就是春秋前期齐国的著名政治家贤相管仲；而乐毅，则是指战国中期辅佐燕昭王、统率五国联军大破齐国的旷世名将乐毅。

乐毅一生有哪些事迹能让诸葛亮如此崇拜呢？

一、名门之后，怀才不遇

乐毅，生卒年不详，中山灵寿（今河北灵寿西北）人。战国后期杰出的军事家，辅佐燕昭王振兴燕国，报了强齐伐燕之仇。

乐家能出乐毅这样的人才，多少和家庭背景有些关系。

乐毅的先祖乐羊为魏文侯手下的将领。曾率兵攻取中山，因功被封在灵寿，乐羊死后，葬于灵寿。从此乐氏子孙便世代定居在这里，而灵寿就是原来中山国的首都。

后来二三十年后，由于魏国自己的衰弱，中山国复国了。作为魏国统治中山国象征的乐氏后人，在中山国的复国运动中处于怎样的位置、有过怎样的作用，限于史料的缺乏，是不明的。只是最后的结果是，乐羊的后代从此变成了中山国的国人。再后来，中国出了一个大名鼎鼎的赵武灵王，又一次征服了中山国，而且很彻底，乐毅家族便成了赵国的臣民。所以当乐毅出现于史书的时候，可以说他已经成为赵国人了。

出生在这样特殊的家庭环境，乐毅从小受到潜移默化的熏陶，他品行端正，聪颖好学，嗜好兵法，这就为其日后走上戎马倥偬的征战道路，笃行其建功立业的抱负，打下了坚实的基础。

乐毅首先是在赵国出名的。“乐毅贤，好兵，赵人举之”，乐毅被人推荐顺利地走上仕途。自从三家分晋以来，由于赵国处于中原的北部地区，所以常常要和北方的游牧民族作战，加上左面是齐国，右面是秦国，都是千乘的大国，所以练就了他们强盛的兵力。加上赵武灵王时期有名的胡服骑射的政策，更是打造了一支傲视群雄的赵军，故而乐毅因为好兵而被赵人看中是十分自然的。假如历史就这般演绎下去，说不定赵国会有一员和廉颇配合默契的将领，但是历史往往有些匪夷所思。

乐毅出生稍嫌晚了一点，没有赶上赵武灵王大展雄风的时候，而是赶上了赵武灵王在取得丰硕成果后依然不思暂退，选取了企图称霸中原的策略。而这一策略导致了沙丘之变，赵武灵王一代英才被毁于一旦。而乐毅就不能在赵国继续发展，而是到了他祖先发蒙的魏国。

赵武灵王死了，乐毅为什么要离开祖国赵国呢?

有人说，因为乐毅很痛惜赵国发生这样的内乱，看到骨肉相残的情景很伤感乃至有些悲愤，所以离开了。

我认为，乐毅固然是有些伤感于赵国当时的国内气氛，不过我倒是认为更主要的原因是他认为在赵武灵王亡故以后，赵国缺少了武气，没有一个气度非凡的统帅，他可能郁郁不得志。而他先祖乐羊的事迹一定深深印在他的记忆当中，令他耿耿于怀。所以他需要一个能施展自己抱负的地方，他首先来到了魏国——先祖的故乡。

然而，魏国也是当时各国中人才流失率最高的国家。吴起遭排挤而入赵，商鞅受冷落而归秦，孙膑被残害而事齐，先后从魏国出走投奔别国效力的还有张仪、公孙衍、范雎等。这些能够扭转、影响历史进程的杰出人物，在魏国没有受到应有的尊重，反而受到冷落、凌辱和迫害，才被迫出走。实在难以想象，如果这些杰出人物都能为魏国所用，历史又会变成什么样子?

与其他从魏国出走的杰出人物相比，乐毅在魏国处境似乎要好一些，既没有像孙膑、范雎那样受到残害，也没有像吴起、公孙衍那样受到排挤。

魏昭王知道这个乐毅是乐羊子的后代，也还是比较照顾，给了他比较优厚的待遇。但是，就是没有让他统兵带队，而是派他做了一个外交官。这里也不是他该来的地方啊。

二、投奔燕国，知遇明主

战国时期，战争频繁，各诸侯国为了在激烈的兼并战争中占据主动，并最终夺取胜利，都纷纷招揽人才，进行改革；同时也积极开展争取与别国的外交攻势。在这种特定环境之下，士阶层的地位迅速提高，出现了“邦无定交、士无定主”的局面。有才华的士人怀着建功立业的夙愿，纷纷投靠明主，以求在历史舞台上一展身手。乐毅走的也是这条道路。

他开始时因其才能出众和善于用兵而被拔擢为赵国官吏，但赵国发生了沙丘之乱，政局动荡，乐毅失望之余做出决定，辞离赵国，前赴魏邦，并在那里担任大夫的官职。

不久，乐毅的人生道路又遇上一次重大的转机，魏昭王派遣乐毅去了一个北方的小国燕国。这个燕国正和赵国一样，遭遇了一场大乱。

而燕国的燕昭王没有灰心、没有丧气，他在对燕国进行全方位的治理。但是，苦于没有人才相助。

这个燕昭王听了他的大夫郭隗的话，礼敬士人。也许燕王和乐毅有种相逢恨晚的情节，和乐毅谈话很投机，所以，燕王很器重乐毅，很想让乐毅留在燕国。但是，这个乐毅可是使臣，不能随意就这样留下了，要是魏国不同意，那是会引起外交纷争的。于是，燕王就给魏昭王写了一封国书寄去，表示想留下乐毅，魏国很快就有了回音，说是愿意让乐毅留下。

终于，乐毅得遇一代明主燕昭王，毅然留在燕国，担任“亚卿”要职，主持军国大事，佐助燕昭王演出了一场克齐兴燕的历史话剧。

乐毅先后仕赵、仕魏和仕燕，这段丰富的政治生活经历，对于他开阔视野、增长才干，最终叱咤风云、匡建功勋具有重大的影响。这种机遇的出现固然与当时人才自由流动的环境有关，因为当时出国游历，无须持有护照，不必办理签证；但他出仕燕国，同多年来齐燕矛盾激化的形势更息息相关。换句话说，燕国求贤、图强，是乐毅成为一代军事奇才的历史契机。加上乐毅也很乐于干一番事业，所以在燕国留了下来，这也成为他留名千秋的开始。

第二节　励精图治，横扫齐国

【原文】

当是时，齐湣王强，南败楚相唐眛于重丘，西摧三晋于观津，遂与三晋击秦，助赵灭中山，破宋，广地千馀里。与秦昭王争重为帝，已而复归之。诸侯皆欲背秦而服于齐。湣王自矜，百姓弗堪。于是燕昭王问伐齐之事。乐毅对曰：“齐，霸国之馀业也，地大人众，未易独攻也。王必欲伐之，莫如与赵及楚、魏。”于是使乐毅约赵惠文王，别使连楚、魏，令赵啗说秦以伐齐之利。诸侯害齐湣王之骄暴，皆争合从与燕伐齐。乐毅还报，燕昭王悉起兵，使乐毅为上将军，赵惠文王以相国印授乐毅。乐毅于是并护赵、楚、韩、魏、燕之兵以伐齐，破之济西。诸侯兵罢归，而燕军乐毅独追，至于临菑。齐湣王之败济西，亡走，保于莒。乐毅独留徇齐，齐皆城守。乐毅攻入临菑，尽取齐宝财物祭器输之燕。燕昭王大说，亲至济上劳军，行赏飨士，封乐毅于昌国，号为昌国君。于是燕昭王收齐卤获以归，而使乐毅复以兵平齐城之不下者。

【译文】

当时，齐湣王很强大，南边在重丘战败了楚国宰相唐眛，西边在观津打垮了魏国和赵国，随即又联合韩、赵、魏三国攻打秦国，还曾帮助赵国灭掉中山国，又击破了宋国，扩展了一千多里地的领土。他与秦昭王共同争取尊为帝号，不久他便自行取消了东帝的称号，仍旧称王。各诸侯国都打算背离秦国而归服齐国。可是齐湣王自尊自大很是骄横，百姓已不能忍受他的暴政了。燕昭王认为攻打齐国的机会来了，就向乐毅询问有关攻打齐国的事情。乐毅回答说："齐国，它原来就是霸国，如今仍留着霸国的基业，土地广阔，人口众多，可不能轻易地单独攻打它。大王若一定要攻打它，不如联合赵国以及楚国、魏国一起攻击它。"于是昭王派乐毅去与赵惠文王结盟立约，另派别人去联合楚国、魏国，又让赵啗以攻打齐国的好处去诱劝秦国。由于诸侯们认为齐湣王骄横暴虐对各国也是个祸害，都争着跟燕国联合共同讨伐齐国。乐毅回来汇报了出使情况，燕昭王动员了全国的兵力，派乐毅担任上将军，赵惠文王把相国大印授给了乐毅。乐毅于是统一指挥着赵、楚、韩、魏、燕五国的军队去攻打齐国，在济水西边大败齐国军队。这时各路诸侯的军队都停止了攻击，撤回本国，而燕国军队在乐毅指挥下单独追击败逃之敌，一直追到齐国都城临淄。齐湣王在济水西边被打败后，就逃跑到莒邑并据城固守。乐毅单独留下来带兵巡行占领的地方，齐国各城邑都据城坚守不肯投降。乐毅集中力量攻击临淄，拿下临淄后，把齐国的珍宝财物以及宗庙祭祀的器物全部夺取过来并把它们运到燕国去。燕昭王非常高兴，亲自赶到济水岸上慰劳军队，奖赏并用酒肉犒劳军队将士，把昌国封给乐毅，封号叫昌国君。于是燕昭王把在齐国夺取缴获的战利品带回了燕国，而让乐毅继续带兵进攻还没拿下来的齐国城邑。

【评点】

乐毅一生中最主要的军事实践活动，就是统率燕、韩、秦、赵、魏五国联军攻破齐国，大获全胜。这场战争，史称五国伐齐之役。乐毅的卓越军事天才在此役中得到了淋漓尽致的表现。

一、燕国欲报深仇

燕王哙三年（公元前318年），发生了因燕王哙“禅让”事件而引起的内乱。齐国乘机出兵燕国，仅用了五十天就攻下了燕国的国都蓟城，控制了整个燕国。然而齐军在当地烧杀抢掠的残暴行径，终于激起燕国民众的强烈反抗，其他诸侯国也纷纷向齐国施加压力，齐军无可奈何，不得不撤离燕国。但此事毕竟埋下了两国间仇恨的种子，一旦时机成熟，矛盾势必激化。

燕昭王即位之际，齐国如日中天，是当时东方最为强大的霸主，各诸侯国都臣服于他。燕昭王立志讨伐齐国，时刻不忘洗雪国耻，但他也深知燕国残破弱小，目前还不能与齐国相抗衡，唯一的出路就是依靠人才。

燕昭王表面上维持同齐国的关系，暗中却积极备战，发愤图强，准备伺机攻打齐国，报仇雪恨。为改变燕国积弱的局面创造克齐的机会，他特地建造一座“黄金台”网罗天下文武奇才。

燕昭王对乐毅的才名素有所闻，所以当他出使燕国时，燕昭王对他优礼备至。燕昭王的器重，使乐毅很受感动，而燕国欣欣向荣的气象，又使乐毅备受鼓舞。他认定燕国就是他梦寐以求的建功立业场所，于是留燕效力。

燕昭王任用乐毅改革内政，悄悄壮大实力。乐毅一面训练燕军，一面辅佐燕昭王进行政治改革。内修政务，外结同盟，使燕国的面貌焕然一新。

经过二十余年的努力，燕国民众殷富，国库充盈，士卒乐战，为进攻齐国准备了必要的条件。乐毅本人也在这一过程中际会风云，成为一颗脱颖而出的璀璨将星。

二、全才外交说服五国

当时齐国非常强大，齐湣王率齐军南败楚相唐眛于重丘，西摧三晋的势力于观津，接着与三晋攻秦，助赵国灭中山，打败宋国。扩地千余里，诸侯各国在强大的齐国面前都表示臣服，齐湣王因此骄矜自满。由于齐湣王的骄横自恣，加上对内欺民而失其信，对外结怨于诸侯，造成齐国政治局势不稳，形势恶化。

燕昭王认为时机成熟，欲兴兵伐齐，遂问计于乐毅。乐毅回答说：“齐国系霸主之余业，地广人多，根基较深，且熟习兵法，善于攻战。对于这样一个大国，虽有内患，仅由我们一国单独去攻打它，恐怕很难取胜。如果大王一定要去攻伐齐国，必须联合楚、魏、赵、韩诸国，使齐国陷于孤立的被动地位，方可制胜。”这就是所谓“举天下而攻之”的伐齐方略。

昭王问乐毅，用什么办法才能联合各国共同攻齐。

乐毅认为，赵国与燕国是邻国，且关系密切，应该联合赵国，赵国同意攻齐，韩国必定随从；魏国痛恨齐国，燕、赵、韩起兵攻齐，魏国必定响应。燕昭王听从乐毅的计策，命他出使赵、韩等国，又派剧辛为使分别到楚国和魏国进行联络，组织联军共同攻齐。

乐毅先到赵国游说赵王，赵国答应出兵助燕。此时，秦国的使者正在赵国，乐毅游说秦国使者，讲明伐齐对秦国的意义，使者答应回秦后对秦王说。

秦王担心齐国强盛对自己不利，同时也不愿让各国疏远秦国，因此，决定派兵参加攻齐之战。魏国和韩国也都同意发兵，于是燕、赵、韩、魏、秦五国联军攻打齐国的意见正式形成。

三、率军横扫强齐

乐毅见伐齐时机基本成熟，就在获得燕昭王授权的情况下，当机立断发起攻齐之役。

公元前 284 年，乐毅与赵、秦、魏、韩等国约期会师。乐毅以燕国上将军的身份，佩带赵国的相印，率领燕、赵、韩、魏、秦五国的军队联合进攻齐国。

此时齐国的民众和士兵，已极其痛恨齐湣王，无人愿为之效力。五国联军攻入齐地，乐毅身先士卒，奋勇当先。联军很快渡过黄河，向济水挺进。

齐湣王命令触子为主将、达子为副将，率领齐国的主力迎击敌军。齐国的军士苦于连年征战，已经斗志消沉，疲惫不堪。齐湣王实施暴政，用“不上前线打仗就要杀头，挖祖坟”相威胁。

当联军向齐军发起猛烈进攻之时，齐军主将触子下令退兵，自己只身逃跑了。副将达子收拾残兵退守临淄，破齐之战一举获得胜利。

破齐之后，各国军队出现争功抢利的苗头。乐毅及时察觉了这一情况。利益不明，内乱必生，乐毅深明此理。他当机立断，厚赏参战的秦、韩两国将帅，然后打发他们率兵回国。让魏国的军队进攻齐国侵占的宋国之地，建议赵将率领自己的军队去进攻河间一带的地域，答应两国的将领，攻下这些地盘之后，这些地域就归其国所有，他们可以此向自己的国君去报功了。由于乐毅为各国将帅分配的利益符合他们各自的期望，因此，各国将帅高高兴兴地率军离去。联军的行动到此结束。

打发走各国的军队，消除可能发生的内乱之后，消灭齐国的任务就落在燕军头上。乐毅坚信燕军有这个能力，他准备亲率燕军直捣临淄，消灭齐国。谋士剧辛反对长驱直入，认为燕军无力灭齐。但乐毅却认为，此时齐国的主力已被消灭，齐国内部局势混乱，形势已经发生了根本变化，应一鼓作气，消灭齐国军队。经过辩驳，剧辛认为乐毅的计划可行。

乐毅于是率军大举进攻，围困齐国都城临淄，齐将达子请求齐湣王犒赏将士，以便鼓舞士气，激励将士死战，齐湣王不仅不听，反而斥责达子。齐军将士情绪更加低落。燕军很快攻破临淄，达子战死，齐湣王出逃后被楚人杀死。

乐毅用连续进攻、分路出击的战法，陷城夺地，攻入齐都临淄后，尽收齐国珍宝、财物、祭器运往燕国。

燕昭王大为欣喜，亲自到济水前来犒赏、宴飨士兵，为酬谢乐毅的功劳，将昌国城（今山东省淄川县东南）封给乐毅，号昌国君。

四、抚民心，图谋齐

乐毅不仅具有将才，而且有政治头脑。为了彻底消灭齐国，他设法减少齐国人的敌对情绪，严明军纪，严禁抢掠民众，对投降者封官、封地，减轻百姓负担。在军事上，他兵分多路，一路攻胶东，一路攻泰山以东地区，一路攻阿、鄄之地。乐毅自己坐镇齐国都城。燕军所到之处，势如破竹，很快攻下齐国七十余座城池。齐国的最后灭亡已经指日可待。

在燕军的强大攻势下，腐朽的齐国统治集团一败涂地，齐国将士因厌战而不堪一击。齐国只剩下莒和即墨两座城。这两座小城是齐国尚存的标志，是齐国不亡的希望。在这里集结着齐人的精华。他们愿以血肉之躯捍卫齐国的存在。这里的齐人团结一心，其战斗力足可以一当十。乐毅是位明智的将军，他深知当人民醒悟的时候，就会产生出不可抗拒的力量。因此，下此二城要比克以往的七十城更难，所以，必须改变进攻策略，变强攻为瓦解，通过抚慰使齐人看到燕君比齐君对他们更好，以此打消其敌意，瓦解其斗志，达到最终灭齐之目的。

乐毅指挥军队，一面围困莒、即墨两城，一面休兵养士，下令废除暴政，消减赋役，想通过得人心的政策收买齐人。

乐毅围困莒和即墨，三年未攻下，于是退兵九里，想通过施恩感化两城的齐人，让齐人自动投降。

就这样，在齐国，齐王无力进攻回复故土，而乐毅也不进攻，他们占领着齐国的土地，用齐国的资源养活着攻克齐国的燕军。而燕国的国势就蒸蒸日上了。

当然，有战略眼光的燕昭王并没有从齐国掳掠走任何东西，他们要用齐国的骨头去榨齐国的油，而不必着急一时。齐人的抵抗意志渐渐地放缓了，他们甚至可以与燕军和平往来了。

眼看，乐毅的战略目的就要达到，只剩几个月光景了，而最后的攻击就可以展开，齐国就彻底地完蛋了，齐国的人就会成为燕国人了。

第三节　惠王猜忌，功败垂成

【原文】

乐毅留徇齐五岁，下齐七十馀城，皆为郡县以属燕，唯独莒、即墨未服。会燕昭王死，子立为燕惠王。惠王自为太子时尝不快于乐毅，及即位，齐之田单闻之，乃纵反间于燕，曰：“齐城不下者两城耳。然所以不早拔者，闻乐毅与燕新王有隙，欲连兵且留齐，南面而王齐。齐之所患，唯恐他将之来。”于是燕惠王固已疑乐毅，得齐反间，乃使骑劫代将，而召乐毅。乐毅知燕惠王之不善代之，畏诛，遂西降赵。赵封乐毅于观津，号曰望诸君。尊宠乐毅以警动于燕、齐。

【译文】

乐毅留在齐国巡行作战五年，攻下齐国城邑七十多座，都划为郡县归属燕国，只有莒和即墨没有收服。这时恰逢燕昭王死去，他的儿子立为燕惠王。惠王从做太子时就曾对乐毅有所不满，等他即位后，齐国的田单了解到他与乐毅有矛盾，就对燕国施行反间计，造谣说：“齐国城邑没有攻下的只两个城邑罢了。而所以不及早拿下来的原因，听说是乐毅与燕国新即位的国君有怨仇，乐毅断断续续用兵故意拖延时间姑且留在齐国，准备在齐国称王。齐国所担忧的，只怕别的将领来。”当时燕惠王本来就已经怀疑乐毅，又受到齐国反间计的挑拨，就派骑劫代替乐毅任将领，并召回乐毅。乐毅心里明白燕惠王派人代替自己是不怀好意的，害怕回国后被杀，便向西去投降了赵国。赵国把观津这个地方封给乐毅，封号叫望诸君。赵国对乐毅十分尊重优宠，借此来震动威慑燕国、齐国。

【评点】

乐毅之所以在名将龙虎榜上占有重要的一席之地，是因为他既是一个杰出的军事统帅，又是一位清醒的政治家，能够充分意识到人心向背对于战争胜负的决定性作用，善于妥善处理军事打击与政治攻心的相互关系，做到双管齐下，事半功倍。

在齐五年，乐毅不得已放弃强攻坚城的做法，改由政治“攻心”为主，眼看就要取得胜利，不料，燕昭王驾崩！

一、昭王驾崩，乐毅被鸟逸

不知不觉，乐毅统率的燕国军队在齐国驻扎了有五年的时间。五年的时间，齐国并没有从地图上消失，有两座城池依然屹立着——莒、即墨。而乐毅并没有急躁，他只是按部就班地按照自己的策略行事，冷静地观察着齐国的情况。

然而，就在战局处于最微妙的关头，燕国国内的形势发生了急剧的变化，带着深深的遗憾，燕昭王提前离场了，他是永远地离场了，再也不能在“黄金台”上给各位大侠扫除灰尘了。

昭王遽然去世，自然他的儿子太子乐资就即位了，当了新的燕王，历史上叫作燕惠王。

还在昭王在世的时候，太子乐资就与乐毅有隙。

燕国有个大夫叫骑劫，喜欢谈论兵法，忌妒乐毅之功，想取而代之。他和燕太子乐资关系不错，就在乐资面前说乐毅的坏话：“乐毅能在半年内，攻下七十余城，为什么费了三年还攻不下两座城呢？实际上不是他没有这个能耐，而是想收服齐国的人心，然后自己当齐王。”

乐资把此话告诉了燕昭王。燕昭王是明达之君，他听到这话后，怒斥乐资：“乐毅的功劳大得没话说，就是真的当了齐王，也是应该的。”于是，鞭笞乐资二十下，而派使者到临淄，要封乐毅为齐王。

乐毅十分感激燕昭王的厚意，但宁死也不肯接受封王。昭王得知后，高兴地告诉左右：“我知道乐毅不会辜负我。”

现在，燕昭王逝世，乐资即位，为燕惠王。如果新王能“三年不改父策”，或许历史就要改写，然而恰恰“惠王自为太子时尝不快于乐毅”。乐毅的命运在这一刻也就改变了。

当然，惠王也不会傻到没有由头地就报复乐毅，而这种机会，往往就是敌人送上门的。齐国大将田单探知此种情况，乘机进行反间，派人到燕国散布说：“除莒城和即墨两处之外，齐国大片土地全在燕国军队手里。乐毅能在短时攻下齐国七十余城，难道用几年工夫还打不下莒城与即墨吗？其实他是想用恩德收服齐人之心，为他叛燕自立做准备。”燕惠王本来就猜疑乐毅，听了这些话信以为真，于是下令派骑劫为大将去齐接替乐毅。

是啊，你乐毅在齐国五年了，一开始披荆斩棘、无往而不胜，怎么现在倒好，单单两个城池就耽搁了好几年的时间，难道你是一边积蓄力量、一边收买人心？就这样，燕惠王下了替换将领的决定，召乐毅回国任职。

乐毅没有争辩什么，他平静地接受了诏命，交出了虎符，离开了。

乐毅深知燕惠王收回他的兵权，意味着听信谣言，欲加罪于自己。他认为“善作者不必善成，善始者不必善终”，决定拒绝回燕而西向去赵。

赵惠王见乐毅归赵，隆重地接待了他，并封观津（今河南省商丘东）给他，号望诸君。赵王这样尊宠乐毅，是借以警惕燕、齐，使他们不敢轻举妄动。

燕惠王见乐毅奔赵，未敢加害其家人。

二、任用小人，功败垂成

骑劫寡思少谋而又骄狂自大。乐毅奔赵后，他来到齐国，一反乐毅原来的战略部署和争取齐人的正确政策，而施之以残暴，激起了齐国军民的强烈反抗。

田单利用反间计去掉了乐毅之后，进一步做鼓舞士气的工作。他用迷信的形式鼓舞士气，然后又叫几个心腹扮作百姓到城外去议论。有人说：“以前乐毅将军太好了，抓了俘虏还好好款待他们，城里人当然不怕了。要是燕国人把俘虏的鼻子都削去，齐国人哪里还敢打仗？”又有人说：“我们祖宗的坟都在城外，要是燕人刨起坟来，那可怎么办呢？”

骑劫听到这些话，果然真的把齐国俘虏的鼻子都削了去，又把即墨人城外的祖坟掘坏，并引火焚毁。城上齐国守军见城外火光冲天，腥臭之气熏天，个个咬牙切齿，痛心疾首，愤恨燕军的暴行。

田单又搜集了好些金子，打发几个人装作即墨的富豪，偷偷地给骑劫送去，说：“城里的粮食已经吃完了，不出三天就得投降。贵国大军进城的时候，请求将军保全我们一家老小。”骑劫见财喜出望外，连声允诺，一心只等齐军投降，而放松了戒备。

田单认为，反击燕军的条件已经成熟。但是，即墨兵力有限，出击围城的大批燕军，必须设计一个好的作战方案。于是，田单大摆“火牛阵”：把一千头牛打扮起来，牛身上披着一件大褂子，上面画着大红大绿、稀奇古怪的花样；牛犄角上捆着两把锋利的尖刀；牛尾巴上系着一捆浸透了油的麻和苇子。五千名壮士则组成一支“敢死队”，他们都打上五彩的花脸，拿着大刀、阔斧，跟在牛队后面。到了半夜，田单命令拆开几十处城墙，将牛队赶到城外，牛尾巴点上火。牛尾巴一烧着，这一千头牛可就犯了牛性子，一直向燕国的兵营狂冲过去。五千名敢死队员紧跟着冲杀上去，城里的老百姓狠命地敲着铜盆、铜壶，随着跟到城外来呐喊。霎时间震天动地的喊杀声夹着鼓声、饲器声，惊醒了燕国人的睡梦：士兵们手忙脚乱，慌里慌张地找不着家伙。大将骑劫乘着车，打算杀出一条血路，正巧碰上了田单。交战未几回合，便被田单给杀了，燕军大败。

田单整顿好队伍，立即展开反攻。整个齐国轰动起来，不到几个月工夫，被燕、秦、赵、韩、魏占领的几十座城，一座一座地全被收复回来。由于田单恢复了父母之邦，为国家立了大功，将士和百姓们都要拥立他为齐王。田单说："太子法章就住在营邑，我们早有联络，我哪儿能自立为王呢？"田单把太子法章接来临淄，择了个好日子，祭祀太庙，太子正式做了齐国国君，他就是齐襄王。齐国奇迹般复国了。

就这样乐毅灭齐兴燕的大业不幸功亏一篑了！

燕国依然是燕国，一个燕山脚下的小国，到被秦始皇灭国的时候都没有什么实质的改变。燕昭王白谋划了，乐毅白拼杀了，几万将士也白流血了！只是一个庸人，就远胜许多的贤相良将。悲夫，悲夫，乐毅和他的后来者啊！

第四节　名文传世，风范长存

【原文】

燕惠王后悔使骑劫代乐毅，以故破军亡将失齐；又怨乐毅之降赵，恐赵用乐毅而乘燕之弊以伐燕。燕惠王乃使人让乐毅，且谢之曰："先王举国而委将军，将军为燕破齐，报先王之雠，天下莫不震动，寡人岂敢一日而忘将军之功哉！会先王弃群臣，寡人新即位，左右误寡人。寡人之使骑劫代将军，为将军久暴露于外，故召将军且休，计事。将军过听，以与寡人有隙，遂捐燕归赵。将军自为计则可矣，而亦何以报先王之所以遇将军之意乎？"乐毅报遗燕惠王书曰：

臣不佞，不能奉承王命，以顺左右之心，恐伤先王之明，有害足下之义，故遁逃走赵。今足下使人数之以罪，臣恐侍御者不察先王之所以畜幸臣之理，又不白臣之所以事先王之心，故敢以书对……

【译文】

燕惠王很后悔派骑劫代替乐毅，致使燕军惨败，损兵折将丧失了占领的齐国土地；可是又怨恨乐毅投降赵国，恐怕赵国任用乐毅乘着燕国兵败疲困之机攻打燕国。燕惠王就派人去赵国责备乐毅，同时向他道歉说：“先王把整个燕国委托给将军，将军为燕国战败齐国，替先王报了深仇大恨，天下人没有不震动的，我哪里有一天敢忘记将军的功劳呢！正遇上先王辞世，我本人初即位，是左右人耽误了我。我所以派骑劫代替将军，是因为将军长年在外，风餐露宿，因此召回将军暂且休整一下，也好共商朝政大计。不想将军误听传言，认为跟我有不融洽的地方，就抛弃了燕国而归附赵国。将军为自己打算那是可以的，可是又怎么对得住先王待将军的一片深情厚谊呢？”乐毅写了一封回信给惠王，信中说：

臣下没有才干，不能恭奉您的命令，来顺从您左右那些人的意愿，我恐怕回国有不测之事因而有损先王的英明，有害您的道义，所以逃到赵国。现在您派人来指责我的罪过，我怕先王的侍从不能体察先王收留、宠信我的道理，又不清楚我用来奉事先王的诚心，所以冒昧地用信来回答……

【评点】

新君燕惠王发现自己选错了人，亏待了乐毅，怕乐毅借赵伐燕报复，就派使者传话给乐毅，乐毅回了封信，双方的说辞很有意思，下面咱们就来看看。

一、惠王传话，乐毅回信

燕惠王后悔了，就像金融海啸之后的金融投机商眼看着自己名下的资产财富突然变得不值一文，七十多座城邑不再是燕国的领土，那一场富贵如过眼烟云。

燕惠王一边后悔没有继续留任乐毅，一边怨恨乐毅投靠了赵国。乐毅的跳槽更加衬托出了他的愚蠢，本来燕惠王只要延续父亲的用人政策就可以保持燕国强大的军事、政治和经济地位，而自己刚上台，就成了各国诸侯的笑柄，这让燕惠王更加怨恨乐毅：你明知道我当时犯了糊涂，为什么不犯颜直谏呢？

而此时更让燕惠王害怕的是，如果乐毅也对自己同样充满怨恨，很有可能会鼓动赵惠文王趁火打劫出兵进攻燕国，燕国大军此时刚从齐国大败而归，不仅士气低落，而且缺少能与乐毅抗衡的大将，如果此刻赵惠文王委派熟悉燕国军情和国情的名将乐毅担任大将率军攻打燕国，那么燕国很可能遭遇灭顶之灾。

燕惠王睡不着了，他想得越多，对乐毅的怨恨和惧怕就越强烈，最后燕惠王决定去试探一下乐毅的态度。他派出使者来到赵国见到了乐毅，从政治和道德的高度向乐毅提出了质疑，使者转述燕惠王的话冠冕堂皇：“先王举国而委将军，将军为燕破齐，报先王之仇，天下莫不震动，寡人岂敢一日而忘将军之功哉！会先王弃群臣，寡人新即位，左右误寡人。寡人之使骑劫代将军，为将军久暴于外，故召将军且休，计事。将军过听，以与寡人有隙，遂捐燕归赵。将军自为计则可矣，而亦何以报先王之所以遇将军之意乎？”

从燕惠王派人转述的这段话来看，燕惠王首先肯定和表扬了乐毅帮助先王燕昭王大破齐国，为燕国雪耻报仇的功劳，并且强调自己从来也没有忘记乐毅对燕国的巨大贡献；自己刚上台就被身边的大臣们误导了，所以派出骑劫接替乐毅担任对齐作战前线司令。燕惠王解释自己当初做出这样的决定主要是心疼乐毅长年在外指挥作战非常辛苦，所以想把乐毅调回总部休养身体，同时也方便自己随时向乐毅请教。燕惠王表白了自己对乐毅的关心和尊重以后，话锋一转把乐毅投靠赵国的责任全推到了乐毅身上。燕惠王认为是乐毅听信传言，失去了对他的信任才跳槽投奔了赵国。燕惠王最后对乐毅的道德和人品提出了质疑，他认为乐毅这么做纯粹是为自己打算，这样自私自利怎么能对得起先王燕昭王对乐毅的知遇之恩呢？

燕惠王听信谣言临阵换将后，遭遇惨败，他不仅不检讨自己的过失，反而将责任全部推给了左右大臣和乐毅，这样的君王实在是很糟糕。聪明过人的乐毅当然知道燕惠王这次派人声讨自己的原因和动机，于是，他大笔一挥，写下了千古名篇《报燕惠王书》。

二、《报燕惠王书》，抒赤诚之心

燕惠王派人列举乐毅的罪状并斥责说：“你何以报答先王知遇之恩？”

乐毅回信说：“我虽然不才，可是怕您听信左右不实之言，因此斗胆献上此信，望大王明察。”这就是历史上著名的《报燕惠王书》。

信中，他针对燕惠王的无理指责和虚伪粉饰，抒发功败垂成的愤慨，申明自己不为昏主效愚忠，不学冤鬼屈死，故而出走的抗争精神。

主要内容包括：

一、有才能的人要靠君王的知遇，才能建功立业。乐毅表明自己对先王的一片忠心，与先王相知相惜，并抒发功败垂成的愤慨，也以伍子胥“善作者不必善成，善始者不必善终”的历史教训，申明自己不效愚忠、不愿屈死的志向。

二、主张为人要宽容，与人为善。燕惠王托词误会，他不揭短，依旧礼尚往来。末段以“臣闻古之君子，绝交不出恶声；忠臣之去也，不洁其名”这段话，是告诉燕惠王：你错了，但我不怪你，对你也没有恶意；虽然我很冤枉，可是我不会去申冤，而坏了你的名声。

乐毅的回信恳切真挚，忧愤深沉，感人至深，燕惠王看到却感到无比轻松。既然君臣缘分已尽，乐毅不可能再回到燕国，燕惠王就让乐毅的儿子继承他的封地，以表达自己对乐毅的尊重和感谢。

此后，乐毅身兼赵、燕两国客卿，频繁地往来于燕赵之间，为两国的和平鞠躬尽瘁，耗尽余生。

两千多年过去了，沧海桑田，王朝替换。乐毅以他协助燕国战胜强大齐国的功绩而名垂青史、彪炳史册。后世许多人都把他当作战国时期乃至整个中国几千年历史长河中一颗璀璨的将星而推崇。

当我们再次把景仰的目光投向乐毅的时候，我们更应该看到他精明的政治洞察力，唯有这样才能真正理解和消化他直下齐国七十余城的军事奇迹、军事神话！

譬如一颗巨星的陨落，形骸固然消逝在茫荡宇宙间，但它那辉煌灿烂的一瞬，却留给世人永久的思念，这该是乐毅万古流芳的原因吧。

卷二十四 《史记·廉颇蔺相如列传》

第一节 文臣武将，赵国双雄

【原文】

廉颇者，赵之良将也。赵惠文王十六年，廉颇为赵将伐齐，大破之，取阳晋，拜为上卿，以勇气闻于诸侯。蔺相如者，赵人也，为赵宦者令缪贤舍人。

【译文】

廉颇是赵国优秀的将领。赵惠文王十六年，廉颇担任赵国的大将，攻打齐国，大败齐军，攻占阳晋，被任命为上卿。于是廉颇以他的勇猛善战而闻名于诸侯各国。蔺相如是赵国人，做赵国宦官头目缪贤的门客。

【评点】

蔺相如和廉颇是战国时期赵国的两个著名人物，一个是文臣，一个是武将，为了国家利益，他们放弃个人的恩怨，团结御敌，忠心为国，千百年来一直为后人所传颂。

在赵武灵王死后，赵国进入了赵惠文王时代。在这一时期，赵国朝堂之上出现了一文一武两位柱石之臣，他们就是丞相蔺相如和大将廉颇。

廉颇（公元前 327—公元前 243 年），山东德州陵县人，汉族。赵武灵王之后赵国的头号军事家，他同白起、王翦和李牧并称战国四大名将。白起是以嗜杀闻名，王翦是以功业显著闻名，李牧是以以弱胜强闻名，而廉颇则是“以勇气闻于诸侯”。

赵惠文王时被封为上卿，屡次战胜齐、魏等国，为赵国立了大功。长平之战时，坚壁固守三年。后来赵孝成王中了秦国的反间计，用赵括代替廉颇为将，招致惨败。燕国乘机攻赵。赵孝成王重新起用廉颇，战胜燕军。赵王封廉颇为信平君，任相国。赵悼襄王时，廉颇不得志，投奔魏国。魏国不太信任他，一直不被重用。廉颇又奔楚，任楚将，最后老死在楚国。

蔺相如原本是赵国宦官头目缪贤家中的一名舍人，一次，缪贤违反了法纪害怕遭到处罚，所以想要离开赵国逃亡到燕国。蔺相如及时制止了缪贤，让他给赵王请罪，也许还能够得到赵王的宽恕。结果，赵王果然饶恕了缪贤。从此之后，缪贤觉得蔺相如是个很有智慧的人，对他非常看重。也正是因为这件事，使得蔺相如开始了他精彩的政治生涯。“完璧归赵”“渑池之会”“将相和”就是他留在历史上的故事。

由于列国史书都已经被秦始皇焚烧，以下是仅存的关于蔺相如的史料。

蔺相如（公元前329—公元前259年），战国时期赵国上卿，为赵国做出了很大的贡献，战国时期著名的政治家、外交家、军事家，相传为河北曲阳人。在强秦意图兼并六国、斗争逐渐尖锐的时候，他不仅凭借着自己的智慧和勇气，让秦国的图谋屡屡受挫，更难得的是，他有容人之量，以大局为重，“先国家而后私仇”，是一位胸怀广阔的政治家。他无畏的胆略，超人的智慧，博大的胸怀和以国事为重的思想品德，可以说是驰誉九州，光耀千古。我国古代伟大的历史学家司马迁在《史记》中为我们展现了蔺相如光彩夺目的人生片段。

廉颇曾居功自傲，不服蔺相如位居其上，蔺相如以国家安危为重，对廉颇容忍谦让，使廉颇愧悟，负荆请罪，二人成为生死之交，合力抗秦，将相和的故事传为美谈。

正是在这两位忠臣的辅佐下，赵国一举成为当时战国七雄中仅次于秦国的第二强国。

第二节　不辱使命，完璧归赵

【原文】

于是王召见，问蔺相如曰：“秦王以十五城请易寡人之璧，可予不？”相如曰：“秦强而赵弱，不可不许。”王曰：“取吾璧，不予我城，奈何？”相如曰：“秦以城求璧而赵不许，曲在赵。赵予璧而秦不予赵城，曲在秦。均之二策，宁许以负秦曲。”王曰：“谁可使者？”相如曰：“王必无人，臣愿奉璧往使。城入赵而璧留秦；城不入，臣请完璧归赵。”赵王于是遂遣相如奉璧西入秦。

秦王坐章台见相如，相如奉璧奏秦王。秦王大喜，传以示美人及左右，左右皆呼万岁。相如视秦王无意偿赵城，乃前曰：“璧有瑕，请指示王。”王授璧，相如因持璧却立，倚柱，怒发上冲冠，谓秦王曰：“大王欲得璧，使人发书至赵王，赵王悉召群臣议，皆曰‘秦贪，负其强，以空言求璧，偿城恐不可得’。议不欲予秦璧。臣以为布衣之交尚不相欺，况大国乎！且以一璧之故逆强秦之欢，不可。于是赵王乃斋戒五日，使臣奉璧，拜送书于庭。何者？严大国之威以修敬也。今臣至，大王见臣列观，礼节甚倨；得璧，传之美人，以戏弄臣。臣观大王无意偿赵王城邑，故臣复取璧。大王必欲急臣，臣头今与璧俱碎于柱矣。”相如持其璧睨柱，欲以击柱。秦王恐其破璧，乃辞谢固请，召有司案图，指从此以往十五都予赵。

【译文】

于是赵王召见蔺相如，问他：“秦王打算用十五座城换我的璧，可不可以给他？”蔺相如说：“秦国强大，赵国弱小，不能不答应他的要求。”赵王说：“拿走我的璧，不给我城，怎么办？”蔺相如说：“秦王用城换璧而赵国不答应，理亏的是赵国；赵国给秦璧而它不给赵国城，理亏的是秦国。比较这两种对策，宁可答应秦的请求而让它负理亏的责任。”赵王问：“可以派谁去呢？”蔺相如回答说：“大王如果找不到人，我愿意捧着和氏璧出使秦国。城给了赵国，就把璧留在秦国；城池不给赵国，我保证完整无缺地把和氏璧带回赵国。”赵王就派蔺相如带着和氏璧向西进入秦国。

秦王坐在章台宫接见蔺相如。蔺相如捧着和氏璧呈献给秦王。秦王非常高兴，把和氏璧传给妃嫔及侍从人员看，群臣都欢呼“万岁”。蔺相如看出秦王没有把城酬报给赵国的意思，就上前说：“璧上有点毛病，请让我指给大王看。”秦王把和氏璧交给蔺相如，蔺相如于是捧着璧退了几步站住，背靠着柱子，怒发竖立，像要把帽子顶起来。他对秦王说：“大王想要得到和氏璧，派人送信给赵王，赵王召集所有大臣商议，都说‘秦国贪婪，倚仗它强大，想用空话来诈取和氏璧，补偿给赵国的城恐怕得不到’。打算不给秦国和氏璧。但是我认为平民之间的交往，尚且不相互欺骗，何况是大国之间的交往呢！而且由于一块璧的缘故惹得强大的秦国不高兴，不应该。于是赵王斋戒了五天，派我捧着和氏璧，在朝堂上行过叩拜礼，亲自拜送了国书。这是为什么？为的是尊重大国的威望而表示敬意。现在我来到秦国，大王却在一般的宫殿里接见我，礼节显得十分傲慢；得到璧后又将它传给妃嫔们看，以此来戏弄我。我看大王无意补偿给赵国十五座城，所以又把它取回来。大王一定要逼迫我，我的头现在就与和氏璧一起撞碎在柱子上！”蔺相如拿着那和氏璧，斜视着柱子，就要撞击在柱子上。秦王怕他撞碎和氏璧，就婉言道歉，坚决请求他不要把和氏璧撞碎，并召唤负责的官吏察看地图，指点着说要把从这里到那里的十五座城划归赵国。

【评点】

战国后期，七雄并立，征伐不息。这时，在赵国的政治舞台上，升起了一颗耀眼的新星——蔺相如。他凭借过人的智谋，大度的胸怀，从地位低微的舍人一跃成为赵国上卿。

一、和氏璧风波

春秋时，楚人卞和在楚山（一说荆山，今湖北南漳县）看见有凤凰栖落在山中的青石板上，依“凤凰不落无宝之地”之说，他认定山上有宝，经仔细寻找，终于在山中发现一块璞玉。

卞和将此玉献给楚厉王。然而经玉工辨认，玉被判定为石头，厉王以为卞和欺君，下令砍断卞和左脚，逐出国都。

楚武王即位，卞和又将璞玉献上，玉工仍然认为是石头，可怜卞和又因欺君之罪被砍去右足。

及楚文王即位，卞和怀揣璞玉在楚山下痛哭了三天三夜，以致满眼溢血。文王很奇怪，派人问他：“天下被削足的人很多，为什么只有你如此悲伤？”卞和感叹道：“我并不是因为被削足而伤心，而是因为宝石被看作石头，忠贞之士被当作欺君之臣，是非颠倒而痛心啊！”这次文王直接命人剖璞，结果得到了一块无瑕的美玉。

为奖励卞和的忠诚，美玉被命名为“和氏之璧”，这就是后世传说的和氏璧。

楚王得此美玉，十分爱惜，舍不得雕琢成器，就奉为宝物珍藏起来。又过了四百余年，楚威王为表彰有功忠臣，特将和氏璧赐予相国昭阳。昭阳率宾客游赤山时，出玉璧供人观赏，不料众人散去后，和氏璧不翼而飞。

五十多年后，赵国人缪贤在集市上用五百金购得一块玉。令人始料未及的是，经玉工鉴别，此玉就是失踪多年的和氏璧，赵惠文王听说和氏璧在赵国出现，遂据为己有。

秦昭王获悉此事后，致信赵王说，愿以秦国十五座城池换取玉璧。

由于这块宝玉的珍奇，加之来历的不平凡，因此，便成了世间所公认的至宝，价值连城，这也是秦王不惜以十五座城为诱饵来骗取“和氏璧”的原因所在。

赵惠文王得到信后，一下子拿不定主意，十分为难，于是就把大将军廉颇和其他许多大臣召来，商量对策。如果把和氏璧送给秦国，恐怕秦国不会真用十五座城来交换，白白地受到欺骗；如果不给，秦强赵弱，又怕秦国出兵攻打赵国。左右为难，想派个使者到秦国去交涉，又找不到合适的人选。

二、缪贤举荐，入选赵廷

正在此时，宦官头目缪贤走出来说：“我有个家臣，叫蔺相如，此人智勇双全，不如派他到秦国去。”赵王问：“你怎么知道他可以出使秦国呢？”缪贤就告诉赵王说：“我以前曾经冒犯了大王，怕您治罪，打算偷偷逃到燕国去。蔺相如知道后，劝阻我说：‘你怎么知道燕王会接纳你呢？’我告诉他说：‘我曾经跟随大王在边境上与燕王相会。当时燕王曾私下握住我的手表示愿意和我交个朋友。因此，我决定到燕国去投靠燕王。’蔺相如听了说：‘赵强燕弱，而你又是赵王的宠臣，燕王才愿意和你交朋友。现在你得罪了赵王，如果逃到燕国去，燕王害怕赵国，绝不敢收留你，只会把你捆绑起来送回赵国。到那时，你的性命就难保了。现在你不如脱掉衣服，赤身伏在腰斩人的斧子上，亲自去大王面前认罪请求处罚，大王宽厚仁慈，或许能得到大王的宽恕。’我听后照着做了，大王您果然宽恕了我。因此我认为蔺相如能够出使秦国并圆满完成任务。”

赵王派人把蔺相如召来，问道：“现在秦王要用十五座城邑来换和氏璧，可以答应吗？”蔺相如说：“秦强赵弱，我们不能不答应。”赵王又问：“要是秦王得了璧，却不肯把城邑交给赵国，又该怎么办呢？”蔺相如说：“确实如此，但秦国用十五座城来换和氏璧，如果赵国不答应，那就是我们理亏，秦国也正好有借口攻打赵国；要是赵国把璧送到秦国，而秦国不肯把城邑交给赵国，那么就是秦国理亏。比较一下，我认为最好是答应秦国，把璧送去，让秦国负不讲道理的责任。”停了一会儿，又接着说：“我想大王现在可能没有适当的人选吧，我倒愿意出使秦国，假如秦国真的把城邑交给赵国，我就把宝玉留在秦国；如果秦国不交城邑，我一定把宝玉完完整整地带回来。”

于是，赵惠文王任命蔺相如做使臣，带着和氏璧西使秦国。

三、智斗秦王，以命保玉

秦昭王在章台（秦宫名，旧址在今陕西西安市西水）接见蔺相如，蔺相如双手捧璧，献给秦王。秦王接过璧，展开锦袱观看，果然纯白无瑕，宝光闪烁，雕镂之处，天衣无缝，真不愧是稀世之宝，非常高兴。又依次递给妃嫔、文武大臣和侍从们欣赏，众人都啧啧称赞，欢呼“万岁！”向秦王表示祝贺。

秦王把这样的赵国重宝交给地位卑贱没有资格把玩的美人近侍，那是把赵国重宝当成随随便便的玩物，态度是很不郑重的。如果玉璧在秦王眼中真抵得上十五座城，秦王不会这么不严肃。相如一眼就看穿了秦王无意偿还赵国十五座城。过了很久，秦王果然绝口不提以城换璧的事。蔺相如心生一计，对秦王说：“这块宝玉很好，就是有点小毛病，让我指给大王看。”

秦王给了璧，相如拿着它后退着站了起来，倚着柱子，怒发冲冠，对秦王说：“大王想得到这块宝璧，打发人送信给赵王。赵王召集全体大臣商议，都说秦国贪婪，仗着强盛，拿空话求得宝璧，偿还的城恐怕得不到，商议的结果是不想给秦国。我以为平民的交往尚且不相互欺骗，更何况大国之间的来往呢？况且由于一块玉璧的缘故惹得秦国不高兴，那是万万不该的。于是赵王便斋戒五天，派我捧璧而来。临行前，赵王恭敬地行礼之后，才交给我带来。为什么要这样做？是尊敬大国的威望以增强敬意。现在，我来到这里，大王在平常的台观上接见我，礼节上显示了您的傲慢；您得到璧以后，把它传给美人，用来戏弄我。我看大王无意偿还赵王城邑，我这才把玉璧收回。大王一定要逼迫我，我的头就跟和氏璧一起撞在柱子上！”相如拿着玉璧斜视殿柱，打算把璧往上撞。

秦王深怕他把璧撞碎，便婉言道歉，请求他停下来，并召唤主管官吏察看地图，指着地图说从这里到那里的十五座城给赵国。

蔺相如利用秦王急于得到玉璧的心理，突如其来地要撞璧，使得形势急转直下，迫使秦王处于被动局面装出给城的姿态。

但是蔺相如并没有轻信秦王的话，估计秦王只不过用欺骗的办法假装给赵国城邑，实际上得不到。于是又对秦王说：“和氏璧是天下公认的宝物，赵王害怕大王您，不敢不献。赵王送璧的时候，斋戒五天，现在你收到璧之前，也应该斋戒五天，在朝廷上举行隆重的九宾礼，我才能把璧献给大王。”

秦王想到璧在蔺相如手里，不好强取硬夺，便答应斋戒五天，然后让蔺相如一行到宾馆去休息。

四、不辱使命，完璧归赵

到了宾馆后，蔺相如想秦王虽然答应了斋戒五天，但一定不会真把城给赵国，于是就选了一名精干的随从，让他穿上粗布衣服，打扮成普通老百姓，揣着和氏璧，悄悄地从小路连夜赶回赵国去了。

秦王果然在五天之内穿洁净衣服，不饮酒吃肉。五天以后在朝廷上摆好九宾之礼，引导赵国的使者蔺相如到朝廷。

蔺相如走上秦廷，对秦王行了礼说："秦国从秦穆公以来，已经有二十一位国君了，没有一个是讲信用的。我怕受大王的欺骗而对不起赵国，所以早派人带璧离开秦国，恐怕现在早已到赵国了。"秦王听了，十分恼怒。

蔺相如仍旧从容不迫地说："今日之势，秦强赵弱，因此大王一派使者到赵国要璧，赵国不敢违抗，马上就派我把璧送来。现在要是秦国真把十五座城割让给赵国以换取和氏璧，赵国哪敢要秦国的城邑而得罪大王？欺骗大王，罪当万死，我已不存生还赵国之望，现在就请大王把我放在油锅里烹死吧，这样也能使诸侯知道秦国为了一块璧而诛杀赵国的使者，大王的威名也能传播四方了。"蔺相如的一番话合情入理，义正词严，堂堂正正，无私无畏，大大出乎秦国君臣的意料，他们面面相觑，又惊又怒。

秦王的阴谋被彻底揭穿，又狡辩不得，只好苦笑一番。而秦王左右的大臣卫士，有的建议把蔺相如杀掉，但被秦王喝住了。秦王说："现在即使把蔺相如杀了，也得不到璧，反而损害了秦、赵两国的友谊，也有损秦国的名声，倒不如趁机好好招待他，让他回赵国去，赵王怎能因为一块玉璧而欺骗秦国呢！"

于是秦王依旧按九宾之礼在朝廷上隆重地招待了蔺相如，然后客气地送他回国。

相如回到赵国以后，因为出使成功，赵王拜他为上大夫。后来，秦国始终没有把城给赵国，赵国也终于没有把璧交给秦国，后人称这段故事叫"完璧归赵"。

蔺相如深刻认识到秦王狡诈贪婪的本质，能及时识破秦王的种种欺骗利诱的手段，又巧妙地利用秦王的这种本质提出得到玉璧所需的种种条件，化被动为主动，在秦廷指挥秦王，表现了非凡的智慧。同时，相如不畏强暴，针锋相对，处处以赵国利益为先，把死生置之度外，这同样是他成功的必不可少的条件。

第三节 渑池之会，维护国体

【原文】

其后秦伐赵，拔石城。明年，复攻赵，杀二万人。

秦王使使者告赵王，欲与王为好会于西河外渑池。赵王畏秦，欲毋行。廉颇、蔺相如计曰："王不行，示赵弱且怯也。"赵王遂行。相如从。廉颇送至境，与王诀曰："王行，度道里会遇之礼毕，还，不过三十日。三十日不还，则请太子为王，以绝秦望。"王许之，遂与秦王会渑池。秦王饮酒酣，曰："寡人窃闻赵王好音，请奏瑟。"赵王鼓瑟。秦御史前书曰"某年月日，秦王与赵王会饮，令赵王鼓瑟"。蔺相如前曰："赵王窃闻秦王善为秦声，请奏盆缻秦王，以相娱乐。"秦王怒，不许。于是相如前进缻，因跪请秦王。秦王不肯击缻。相如曰："五步之内，相如请得以颈血溅大王矣！"左右欲刃相如，相如张目叱之，左右皆靡。于是秦王不怿，为一击缻。相如顾召赵御史书曰"某年月日，秦王为赵王击缻"。秦之群臣曰："请以赵十五城为秦王寿。"蔺相如亦曰："请以秦之咸阳为赵王寿。"秦王竟酒，终不能加胜于赵。赵亦盛设兵以待秦，秦不敢动。

既罢归国，以相如功大，拜为上卿，位在廉颇之右。

【译文】

后来，秦军攻打赵国，攻下石城。第二年秦军又攻打赵国，杀了赵国两万人。

秦王派使臣告诉赵王，打算与赵王和好，在西河外渑池相会。赵王害怕秦国，想不去。廉颇、蔺相如商量说："大王不去，显得赵国既软弱又怯懦。"赵王于是动身赴会，蔺相如随行。廉颇送到边境，跟赵王辞别时说："大王这次出行，估计一路行程和会见的礼节完毕，直到回国，不会超过三十天。如果大王三十天没有回来，就请允许我立太子为王，以便断绝秦国要挟赵国的念头。"赵王同意廉颇的建议，就和秦王在渑池会见。秦王喝酒喝得高兴时说："我私下听说赵王喜好音乐，请赵王弹弹瑟吧！"赵王就弹起瑟来。秦国的史官走上前来写道："某年某月某日，秦王与赵王会盟饮酒，命令赵王弹瑟。"蔺相如走向前去说："赵王私下听说秦王善于演奏秦地的乐曲，请允许我献盆缶给秦王（请秦王敲一敲），借此互相娱乐吧！”秦王发怒，不肯敲缶。在这时蔺相如走上前去献上一个瓦缶，趁势跪下请求秦王敲击。秦王不肯敲击瓦缶。蔺相如说：“（如大王不肯敲缶）在五步距离内，我能够把自己颈项里的血溅在大王身上！”秦王身边的侍从要用刀杀蔺相如，蔺相如瞪着眼睛呵斥他们，他们都被吓退了。于是秦王很不高兴，为赵王敲了一下瓦缶。蔺相如回头召唤赵国史官写道：“某年某月某日，秦王为赵王击缶。”秦国的众大臣说：“请赵王用赵国的十五座城来给秦王献礼。”蔺相如也说：“请把秦国的都城咸阳送给赵王献礼。”

直到酒宴结束，秦王始终未能占赵国的上风。赵国又大量陈兵边境以防备秦国入侵，秦军也不敢轻举妄动。

渑池会结束后，回到赵国，因为蔺相如功劳大，赵王任命他做上卿，位在廉颇之上。

【评点】

战国时期的秦赵渑池会可谓家喻户晓，有关会盟中的斗智斗勇，秦国君臣的骄横凌人，赵王的怯懦，蔺相如的果敢无畏，经过太史公的妙笔渲染，早已脍炙人口。渑池会作为外交史上的一个杰作，也已经成为弱国凭口舌机智安然挫败强敌的典型。

一、渑池之会，君臣诀别

秦军打到赵国来，先是把石城给攻占了，再是杀了两万多人。在现在人看来是小到根本不用放在眼里的小城和人口损失，对赵国可是连肝都在疼哪。更戏剧化的是，秦昭襄王派使者通知赵惠文王，表示要在渑池相会以示两国交好。其实，秦昭王想和赵国讲和，目的是集中力量攻击楚国，避免两面作战。

赵王非常害怕，想不去，大将军廉颇和上大夫蔺相如商议，认为赵王推辞不去不好，就劝赵王去：“秦王约您会议，如果大王不去，那就显得赵国力小而胆怯了，还是去好。”赵王听从了廉、蔺二人的建议，蔺相如也随着赵王一起去了。

廉颇带领大军把赵王送到边境，临分手时对赵王说：“这次大王去渑池，路上来回的行程，加上会见的时间，估计前后不会超过三十天。为了防止意外，要是过了这个日期大王还未回来，请允许我们立太子为王，以断绝秦国扣留大王要挟赵国的念头。”这是估计秦昭王会演出扣留楚怀王的那场戏，赵惠文王应允了，便去渑池和秦王相会。

廉颇还在边境上布置了大量的军队，以防备秦国的进攻。

二、维护尊严，逼秦王击缶

到了渑池，见到秦王，双方行过礼，便在筵席上叙谈。

喝得兴奋了的秦昭王要了赵王一把，他说：“我早就知道赵王您爱好音乐，因此，今天想请您露一小手，弹奏一下瑟，为我们的聚会助助兴。”赵惠文王不敢拒绝，就当场扭扭捏捏地鼓起了瑟。谁知此时出现了意外，一个秦国史官走上前来，手持刀笔开始书写，边写边念念有词：“某年某月某日，秦王与赵王会饮，令赵王现场献艺，鼓瑟一曲。”演奏事小，但用这样的方式被秦国史官载入史册就有些丢人现眼、有损人格国格了。但是，既然你赵王已经演奏，别人记录你也没有办法。

酒席中为别人演奏助兴，这是倡优的事儿，而倡优的地位在当时是相当卑贱的，秦王这种请求实际是对赵王的侮辱。

这成了秦王可以炫耀后世的举动了，请求变成了命令，秦国获得了外交上的胜利。

正在赵惠文王将牙齿打落往肚里咽时，他看到了蔺相如的身影。只见蔺相如走到秦昭王面前，态度诚恳然而坚决地说：“我们赵王也听说秦王您擅长演奏秦地的音乐，因此，我给您送上一个缶，请您也来上一曲，让大家乐一乐。”

缶，乍一听我们会有些陌生，其实这东西我们都见过，2008 年北京奥运会的开幕式上，张艺谋导演就让现场的几千名演员表演过“击缶迎宾”。通俗地说，缶就是瓦罐。战国时候，秦地有把瓦罐当乐器的习惯，但这在当时只是下里巴人的表演形式，一般不出现在正规场所。因此，在这个意义上说，张艺谋的“击缶迎宾”有些不伦不类。这是题外话，到此打住。

蔺相如让秦王击缶，这下尴尬角色就换成了秦王。秦王当然不想干，但他看到蔺相如时，就泄了气。原来，蔺相如把瓦罐高高举起，已经做出了拼命的样子：“只要你秦王不演奏，或者你的手下敢先动手，那么休怪我不客气，我手里的瓦罐随时都会向你秦王的头上砸去。”

在蔺相如近距离的威胁之下，秦王不得已在那只瓦罐上敲击了一下。蔺相如趁势回头招呼赵国的史官，让赵国的史官也如法炮制，写下了“某年某月某日，秦王为赵王击缶”的字样。

赵王和秦王算是打了一个平手。

秦国大臣不甘示弱，说道：“请用赵国十五座城为秦王敬酒祝健康。”

蔺相如也说："请用秦的国都咸阳为赵王敬酒祝健康。"

直到酒宴结束，秦王终究不能占赵国上风。

蔺相如为了维护国家的尊严，机智勇敢地同秦国君臣进行了针锋相对、不屈不挠的斗争，挫败了秦国的图谋。秦国也知道廉颇率领大军驻扎在边境上，使用武力也得不到好处，便只好恭恭敬敬地送赵国君臣回国。

蔺相如以自己敏捷的反应和勇敢的举动，智斗秦昭王。面对强秦，这当然也可以称得上是重大的外交胜利，这场胜利在某种程度上让赵惠文王保住了自己脆弱的面子。

以后，秦、赵间暂时停止了战争。

回国后，赵惠文王为表彰蔺相如的外交功劳，拜蔺相如为上卿，官位在廉颇大将之上。

第四节　将相之和，千古流芳

【原文】

廉颇曰："我为赵将，有攻城野战之大功，而蔺相如徒以口舌为劳，而位居我上。且相如素贱人，吾羞，不忍为之下。"宣言曰："我见相如，必辱之。"相如闻，不肯与会。相如每朝时，常称病，不欲与廉颇争列。已而相如出，望见廉颇，相如引车避匿。于是舍人相与谏曰："臣所以去亲戚而事君者，徒慕君之高义也。今君与廉颇同列，廉君宣恶言而君畏匿之，恐惧殊甚，且庸人尚羞之，况于将相乎？臣等不肖，请辞去。"蔺相如固止之，曰："公之视廉将军孰与秦王？"曰："不若也。"相如曰："夫以秦王之威，而相如廷叱之，辱其群臣，相如虽驽，独畏廉将军哉？顾吾念之，强秦之所以不敢加兵于赵者，徒以吾两人在也。今两虎共斗，其势不俱生。吾所以为此者，以先国家之急而后私仇也。"廉颇闻之，肉袒负荆，因宾客至蔺相如门谢罪，曰："鄙贱之人，不知将军宽之至此也！"卒相与欢，为刎颈之交。

【译文】

廉颇说："我做赵国的大将，有攻城野战的大功劳，而蔺相如只不过凭着几句言辞立了些功劳，他的职位却在我之上。再说蔺相如本来是卑贱的人，我感到羞耻，不甘心位居他之下！”扬言说：“我碰见蔺相如，一定要侮辱他。”蔺相如听到这些话后，不肯和他会面，每逢上朝时常常托词有病，不愿跟廉颇争位次的高下。过了些时候，蔺相如出门，远远看见廉颇，就掉转车子避开他。在这种情况下，门客一齐规劝他说：“我们离开父母兄弟而来侍奉您，不过是因为仰慕您的高尚品德。现在您与廉颇职位相同，廉将军散布一些恶言恶语，您却怕他，躲着他，怕得太过分了。平庸的人对这种情况尚且感到羞耻，更何况是将相呢！我们实在没有才能，请允许我们告辞离开吧！”蔺相如坚决挽留他们，说：“你们看廉将军与秦王相比哪个厉害？”门客回答说：“廉将军不如秦王厉害。”蔺相如说：“凭秦王那样的威风，我蔺相如敢在秦的朝廷上呵斥他，侮辱他的臣子们。相如虽然才能低下，难道偏偏害怕廉将军吗？只是我想到这样一个问题：强大的秦国之所以不敢轻易侵犯赵国，只因为有我们两个人存在啊！现在如果两虎相斗，势必不能都活下来。我之所以这样做，是以国家之急为先而以私仇为后啊！”廉颇听到这话，解衣赤背，背着荆条，通过门客引导到蔺相如家门请罪，说：“我这个粗陋卑贱的人，不知道将军宽容我到这样的地步啊！”蔺相如和廉颇终于和好，成为誓同生死的朋友。

【评点】

你让我有“面子”，我也让你有“里子”，赵惠文王从“渑池会”上归国之后，重奖了没有让自己颜面扫地的蔺相如——蔺相如一步登天，晋级上卿。

换句话说，就是蔺相如如同坐了火箭，一夜之间“位极人臣”，无疑，这是突击提拔。

对于这一结果，赵国的文武百官心里就像打翻了五味瓶，酸甜苦辣咸，五味杂陈，心中皆有不平之感。

不平则鸣，廉颇首先发难，发出了不平之鸣，结果又怎样呢？

一、相如宽容大度，国家为重

在蔺相如晋升上卿之前，赵国群臣中廉颇级别最高，也是上卿。根据司马迁的记载，廉颇之所以能当上上卿，是因为他曾经在赵惠文王十六年，带领赵国军队大胜齐军，攻取了齐国的阳晋。而现在呢，本来地位不高的蔺相如也成了上卿，不仅成了上卿，而且，赵惠文王还明确说，蔺相如的排名“居廉颇之右”。所谓“居廉颇之右”，就是说虽然蔺相如和廉颇级别一样，都是上卿，但蔺相如的政治排名却排在了廉颇的前面。

赵王这么看重蔺相如，可气坏了赵国的大将军廉颇。他想：我为赵国拼命打仗，功劳难道不如蔺相如吗？蔺相如光凭一张嘴，不就是耍耍嘴皮子吗？不就是靠了三寸不烂之舌，在言语上占了秦国的上风吗？这和我的战功根本无法同日而语！有什么了不起的本领，地位倒比我还高！更关键的是，这个蔺相如是个出身特别低贱的人，今日，他却排名在我之前，这对我是奇耻大辱！

他越想越不服气，怒气冲冲地说："我要是碰着蔺相如，要当面给他点儿难堪，看他能把我怎么样！"

廉颇的这些话传到了蔺相如耳朵里。蔺相如不愿意和廉颇争位次先后，便处处留意，避让廉颇。上朝时假称有病，以便回避。还吩咐他手下的人，叫他们以后碰着廉颇手下的人，千万要让着点儿，不要和他们争吵。他自己坐车出门，只要听说廉颇打前面来了，就叫马车夫把车子赶到小巷子里，等廉颇过去了再走。

廉颇手下的人，看见上卿这么让着自己的主人，更加得意忘形了，见了蔺相如手下的人，就嘲笑他们。蔺相如手下的人受不了这个气，就跟蔺相如说："我们离开父母兄弟而来侍奉您，不过是因为仰慕您的高尚品德。现在您与廉颇职位相同，廉将军散布一些恶言恶语，您却怕他，躲着他，怕得太过分了。平庸的人对这种情况尚且感到羞耻，更何况是将相呢！我们实在没有才能，请允许我们告辞离开吧！"

蔺相如坚决挽留他们，心平气和地问他们："廉将军跟秦王相比，哪一个厉害呢？"

大伙儿说："那当然是秦王厉害。"

蔺相如说："对呀！我见了秦王都不怕，难道还怕廉将军吗？要知道，秦国现在不敢来打赵国，就是因为国内文官武将一条心。我们两人好比是两只老虎，两只老虎要是打起架来，不免有一只要受伤，甚至死掉，这就给秦国造成了进攻赵国的好机会。你们想想，国家的事儿要紧，还是私人的面子要紧？"

蔺相如手下的人听了这一番话，非常感动，以后看见廉颇手下的人，都小心谨慎，总是让着他们。

二、廉颇坦诚直率，负荆请罪

蔺相如说的这番话，后来传到了廉颇的耳朵里，廉颇惭愧极了，也感动极了，他选择蔺相如家宾客最多的一天，脱掉一只袖子，露着肩膀，背了一根荆条，直奔蔺相如家。

蔺相如连忙出来迎接廉颇。廉颇对着蔺相如跪了下来，双手捧着荆条，请蔺相如鞭打自己，并说道："我这个鄙贱的人，不知道将军宽宏大量到这种地步。"

蔺相如把荆条扔在地上，急忙用双手扶起廉颇，给他穿好衣服，拉着他的手请他坐下，两人坦诚畅叙，从此两人结为刎颈之交，生死与共。

蔺相如和廉颇两人一文一武，同心协力为国家办事，秦国因此更不敢欺侮赵国了。

“负荆请罪”也就成了一句成语，表示向别人道歉、承认错误的意思。

这个故事也被叫作“将相和”，后人以各种不同的文艺形式加以表现，它里面饱含的爱国情感催人泪下，感人奋发。而廉颇勇于改过、真诚率直的性格，更使人觉得可亲可爱。

赵惠文王二十年（公元前278年），廉颇向东攻打齐国，破其一军。赵惠文王二十二年（公元前276年），再次伐齐，攻陷九城。次年廉颇攻魏，陷防陵，安阳城。正是由于廉、蔺交和，使得赵国内部团结一致，尽心报国，使赵国一度强盛，成为东方诸侯阻挡秦国东进的屏障，秦国以后十年间未敢攻赵。

这是一段近乎家喻户晓的故事，时间已过去了两千多年，人们还在歌颂蔺相如的机智勇敢，不畏强敌，迫使敌人就范以及不计个人恩怨，以国家利益为重，不以一己荣辱为念的高尚品德。

“将相和”将永远被传扬下去，流芳百世。

第五节　廉颇老矣，尚能饭否

【原文】

廉颇居梁久之，魏不能信用。赵以数困于秦兵，赵王思复得廉颇，廉颇亦思复用于赵。赵王使使者视廉颇尚可用否。廉颇之仇郭开多与使者金，令毁之。赵使者既见廉颇，廉颇为之一饭斗米，肉十斤，被甲上马，以示尚可用。赵使还报王曰：“廉将军虽老，尚善饭，然与臣坐，顷之三遗矢矣。”赵王以为老，遂不召。

楚闻廉颇在魏，阴使人迎之。廉颇一为楚将，无功，曰：“我思用赵人。”廉颇卒死以寿春。

【译文】

廉颇在大梁住久了，魏国对他不能信任重用。赵国由于屡次被秦兵围困，赵王就想重新用廉颇为将，廉颇也想再被赵国任用。赵王派了使臣去探望廉颇，看看他还能不能任用。廉颇的仇人郭开用重金贿赂使者，让他回来后说廉颇的坏话。赵国使臣见到廉颇之后，廉颇当他的面一顿饭吃了一斗米、十斤肉，又披上铁甲上马，表示自己还可以被任用。赵国使者回去向赵王报告说："廉将军虽然已老，饭量还很不错，可是陪我坐着时，一会儿就拉了三次屎。"赵王认为廉颇老了，就不再把他召回了。

楚国听说廉颇在魏国，暗中派人去迎接他。廉颇虽做了楚国的将军，并没有战功，他说："我想指挥赵国的士兵啊。"廉颇最终死在寿春。

【评点】

廉颇是战国时期一位杰出的军事将领，其征战数十年，攻城无数，歼敌数十万，而未尝败绩。为人亦襟怀坦白，敢于知错就改，人们都为廉颇与蔺相如的精诚团结而感动。但这位名将后来的一些经历就不大为人所知了，将相和了以后，廉颇又怎样了呢？

一、遭谗不遇，奔魏避祸

长平之战时，秦国使用离间计，使廉颇失去兵权，赋闲在家。继任的赵括纸上谈兵，自己死了不算，还被秦军坑杀了赵军四十六万人。赵国国势顿时大减。

这时，赵王让廉颇重新执掌兵权。

此后，赵国不仅受到秦国军队的屡次进犯，而且其他诸侯国亦想乘机侵赵获利。赵孝成王十五年（公元前 251 年），燕国丞相栗腹以给赵王祝寿为名，出使赵国，侦探赵国虚实。回国后向燕王建议，赵国青壮年在长平均被秦将白起坑杀，国内尽是孤儿寡妇，无力再战，乘此良机攻赵必胜。就这样，燕军打来了，分兵两处，代城、镐城告急。

赵孝成王令廉颇、乐乘统兵二十五万前往抗击。廉颇分析燕军的来势后认为，燕军虽然人多势众，但骄傲轻敌，加之长途跋涉，人马困乏，遂决定采用各个击破的方略。令乐乘率军五万坚守代城，吸引攻代燕军不能南下援救，自率军二十万迎击燕军主力于鄗。赵军同仇敌忾，决心保卫国土，个个奋勇冲杀，大败燕军，斩杀其主将栗腹。攻代燕军闻听攻鄗军大败，主帅被杀，军心动摇。乐乘率赵军趁机发起攻击，迅速取胜，俘庆秦。两路燕军败退。廉颇率军追击五百里，直入燕境，进围燕都蓟（今北京城西南）。燕王只好割让五座城邑求和，赵军始解围退还。战后，赵王封廉颇为信平君，假相国。所谓“假相国”，不是虚假的相国，而是一种荣誉称号，是挂名相国的意思。

廉颇任相国前后六七年，多次击退入侵敌军，并伺机出击。公元前 245 年，带兵攻取了魏地繁阳（今河南内黄县西北），说明赵国国力又有恢复。

秦王政二年（公元前 245 年），赵孝成王卒，其子赵悼襄王继位。悼襄王即位后听信了奸臣郭开的谗言，解除了廉颇的军职，派乐乘代替廉颇。

国家的命运和个人的命运都经历了不同的转折，此时的廉颇也已度过了人生的壮年，理应思想更加成熟，处事更加老到，但在此时，却发生了一件令人大跌眼镜的事情。

廉颇听到乐乘将要接替自己的职务，勃然大怒，开始发飙。这次廉颇更加夸张，你们不是任命乐乘来接替我吗？那好，我就在乐乘没有到来之前对他发动突然袭击。乐乘没想到廉颇还有这么一手，只好仓皇逃走，最后不知所终。

把自己的接替者赶跑，这玩笑开得也太大了，廉颇自己也觉得无法收场，在赶跑乐乘之后，自己也仓皇出逃，落户在魏国的大梁城，也就是今天的开封，置多灾多难的故国于脑后。

二、壮志难酬，客死他乡

廉颇去大梁住了很久，魏王虽然收留了他，却并不信任和重用他。

闲居大梁的廉颇这时才发现，离开了赵国，自己什么也不算。魏国对于自视甚高的廉颇没有流露出任何兴趣，他不过是魏国大梁城无数盲流中的一个而已，没有人看到他有一双隐形的翅膀。

此时，赵国已是倾覆的前夜，国内已无可用之人，赵王没有办法，又想起出逃的廉颇来。“国难思良将”，赵王想再任用廉颇，廉颇也想再被赵国任用。

于是赵王派人到魏国考察廉颇健康状况，看他是否能复出为帅。

但是使者这一去，又生出一段波澜。

看到自己国家的人来了，失落中的廉颇自然十分高兴，想必回赵报国时机已到，于是，他兴高采烈，面对赵使，一顿饭吃了一斗米、十斤肉，饭后，身着铠甲，纵身上马，演武献艺，威风不减当年，表明自己仍能率兵征战。廉颇此举足以表明他奔魏决非背君叛国，而是守边待命。

他对使者说：“你看我，虽然老了，可是能吃饭能打仗，只要大王肯用我，我万死不辞，马上回去领兵参战！”

使者走了以后，廉颇日夜盼望赵王的调令，可一直没等到。

原来，郭开唯恐廉颇再得势，暗中给了使者很多金钱，让他说廉颇的坏话。使者回来故意在赵王面前说了瞎话："廉颇饭量虽好，可一会儿工夫拉了三次屎。"赵王听信谗言，认为廉颇老而无用，没有召他回国，廉颇报效祖国的道路被佞臣活活堵死。

在廉颇报国无望之际，楚王派人将他迎至楚，任其为大将。廉颇以为报国时机来了，想率领楚军抗击强秦，以策应赵军，减轻秦对赵国的压力。可是，楚军腐败，丧失了战斗力，廉颇调遣不动，为将无功，廉颇再次由希望变为失望。

廉颇为赵国的安宁奋斗了一生，晚年仍希望为国出力，对人说："我真想有一天，还能率领赵国的兵士冲锋陷阵啊！"

廉颇身在异国他乡，忧国忧民，只要一息尚存，就想全身心地报效祖国，这就是爱国英雄们的本色啊。

但这位老将，至死也没能实现自己的愿望，在报国无望的抑郁中，他度过了生命中的最后一段时光，于公元前 241 年死于楚国寿春（今安徽寿春），但其爱国之心至死未灭。

正如司马光所言："廉颇一身用与不用，实为赵国存亡所系。此真可以为后代用人殷鉴矣。"这一结论，既概括了廉颇一生荣辱经历的史实，又揭示了人才与国家盛衰兴亡的重要关系，确实值得后人深思。

第六节　虎父犬子：赵奢赵括

【原文】

秦伐韩，军于阏舆。王召廉颇而问曰："可救不？"对曰："道远险狭，难救。"又召乐乘而问焉，乐乘对如廉颇言。又召问赵奢，奢对曰："其道远险狭，譬之犹两鼠斗于穴中，将勇者胜。"王乃令赵奢将，救之。

兵去邯郸三十里，而令军中曰："有以军事谏者死。"秦军军武安西，秦军鼓噪勒兵，武安屋瓦尽振。军中候有一人言急救武安，赵奢立斩之。坚壁，留二十八日不行，复益增垒。秦间来入，赵奢善食而遣之。间以报秦将，秦将大喜曰："夫去国三十里而军不行，乃增垒，阏舆非赵地也。"赵奢既已遣秦间，乃卷甲而趋之，二日一夜至，令善射者去阏舆五十里而军。军垒成，秦人闻之，悉甲而至。军士许历请以军事谏，赵奢曰："内之。"许历曰："秦人不意赵师至此，其来气盛，将军必厚集其阵以待之。不然，必败。”赵奢曰：“请受令。”许历曰：“请就鈇质之诛鈇。”赵奢曰：“胥后令邯郸。”许历复请谏，曰：“先据北山上者胜，后至者败。”赵奢许诺，即发万人趋之。秦兵后至，争山不得上，赵奢纵兵击之，大破秦军。秦军解而走，遂解阏舆之围而归。

赵惠文王赐奢号为马服君，以许历为国尉。赵奢于是与廉颇、蔺相如同位。

后四年，赵惠文王卒，子孝成王立。七年，秦与赵兵相距长平，时赵奢已死，而蔺相如病笃，赵使廉颇将攻秦，秦数败赵军，赵军固壁不战。秦数挑战，廉颇不肯。赵王信秦之间。秦之间言曰：“秦之所恶，独畏马服君赵奢之子赵括为将耳。”赵王因以括为将，代廉颇。蔺相如曰：“王以名使括，若胶柱而鼓瑟耳。括徒能读其父书传，不知合变也。”赵王不听，遂将之。

【译文】

秦国进攻韩国，军队驻扎在阏舆。赵王召见廉颇问道：“可以去援救吗？”廉颇回答说：“道路远，而且又艰险又狭窄，很难援救。”又召见乐乘问这件事，乐乘的回答和廉颇的话一样。又召见赵奢来问，赵奢回答说：“道远地险路狭，就譬如两只老鼠在洞里争斗，哪个勇猛哪个得胜。”赵王便派赵奢领兵，去救援阏舆。

军队离开邯郸三十里，赵奢就在军中下令说：“有谁来为军事进谏的处以死刑。”秦军驻扎在武安西边，秦军击鼓呐喊的练兵之声，把武安城中的屋瓦都震动了。赵军中的一个侦察人员请求急速援救武安，赵奢立即把他斩首。赵军坚守营垒，停留二十八天不向前进发，反而又加筑营垒。秦军间谍潜入赵军营地，赵奢用饮食好好款待后把他遣送回去。间谍把情况向秦军将领报告，秦将大喜，说：“离开国都三十里军队就不前进了，而且还增修营垒，阏舆不会为赵国所有了。”赵奢遣送秦军间谍之后，就令士兵卸下铁甲，快速向阏舆进发。两天一夜就到达前线，下令善射的骑兵离阏舆五十里扎营。军营筑成后，秦军知道了这一情况，立即全军赶来。一个叫许历的军士请求就军事提出建议，赵奢说：“让他进来。”许历说：“秦人本没想到赵军会来到这里，现在他们赶来对敌，士气很盛，将军一定要集中兵力严阵以待。不然的话，必定要失败。”赵奢说：“请让我接受您的指教。”许历说：“我请求接受死刑。”赵奢说：“等回邯郸以后的命令吧。”许历请求再提个建议，说：“先占据北面山头的得胜，后到的失败。”赵奢同意，立即派出一万人迅速奔上北面山头。秦兵后到，与赵军争夺北山但攻不上去，赵奢指挥士兵猛攻，大败秦军。秦军四散逃跑，于是阏舆的包围被解除，赵军回国。

赵惠文王赐给赵奢的封号是马服君，并任许历为国尉。赵奢于是与廉颇、蔺相如职位相同。

四年以后，赵惠文王去世，太子孝成王即位。孝成王七年（公元前 259 年），秦军与赵军在长平对阵，那时赵奢已死，蔺相如也已病危，赵王派廉颇率兵攻打秦军，秦军几次打败赵军，赵军坚守营垒不出战。秦军屡次挑战，廉颇置之不理。赵王听信秦军间谍散布的谣言。秦军间谍说："秦军所厌恶忌讳的，就是怕马服君赵奢的儿子赵括来做将军。"赵王因此就以赵括为将军，取代了廉颇。蔺相如说："大王只凭名声来任用赵括，就好像用胶把调弦的柱粘死再去弹瑟那样不知变通。赵括只会读他父亲留下的书，不懂得灵活应变。"赵王不听，还是命赵括为将。

【评点】

俗话说"虎父无犬子"，通俗一点的解释就是，老子英雄儿好汉。不过任何事物都不能绝对化，物极必反，历史上，老子英雄儿混蛋的也大有人在。

最早的虎父犬子当属赵奢与赵括父子，两个都是著名人物，可惜名声有别，一个诠释了什么叫"狭路相逢勇者胜"，一个却成为"纸上谈兵"的笑谈。

一、虎父名将：狭路相逢勇者胜

近年有人开出了一个先秦十大名将的名单，赵国赵奢被列在其中。无论这名单开列得是否全面、准确、权威，但赵奢作为先秦的著名将领、军事家当之无愧，且算得上是出类拔萃的一个。

有例可证：且看赵奢的成名作——阏舆之战。

公元前 269 年，秦国攻打韩国，兵驻阏舆（今山西和顺西）。韩危急，就是赵的危急，赵王问救还是不救，廉颇说救是肯定要救，但阏舆遥远，山势险峻，道路狭窄，很难去救。

赵奢站了出来，说阏舆遥远，山势险峻，道路狭窄，很难去救，但这正像洞中的两只老鼠，狭路相逢而勇者胜（该成语出处）！赵王于是命赵奢为将，救韩于阏舆。

赵奢率大军离开赵都邯郸三十里，让部队停下，安营扎寨，加固屏障，等候号令，并一脸绝情状，说："不论什么人，无论什么情况，谁要敢为军事问题说一句话，处死刑！"

其时，秦军在围困阏舆的同时，对赵军出兵救援已有准备，发兵一支，向东直插武安。秦军一到武安，便擂鼓呐喊，虚张声势；武安屋瓦震动，大地颤抖。一位负责侦察的军侯惊慌失措把情况向赵奢报告了，建议赵奢急速去救，赵奢不等他再陈述理由，立即斩杀了他。这让全军惊诧不已，也让秦军惶惑不已，整整二十八天，赵奢仍按兵不动。

秦将为此大伤脑筋，便派了间谍前去刺探情报。赵奢把间谍捉住后，高标准整了一顿好饭好菜好烟好酒热烈款待了他一番，后把他放走。

间谍回去后把情况一汇报，秦将领们大喜：赵军完全没有救韩的意思，而是加固壁垒备战，看来误解赵军了，秦军也只要阏舆，无意伐赵。秦军一下子松懈下来。

就在秦国间谍离开之后，赵奢命令全军立即行动，卷甲而趋，快速尾随其后，向阏舆全力奔袭，只两天一夜就到达了秦军的阵前，命令所有优秀的射手在离阏舆五十里的地方驻扎下来，严阵以待。秦将听说后，完全不相信，待情况得到确认证实后，秦将就有些手脚忙乱阵势不稳了，情急中慌忙调动大军全力压上。

这时，有个叫许历的军士来了，对赵奢说："秦军全力压上，已不计后果，我们当避其锋芒，加重兵阵，否则必败。"

赵奢说："建议可取。"

许历说："请按军令杀我。"

赵奢说："回邯郸再杀，你话没有讲完。"

许历说："先占北山必胜，后到北山必死。"

赵奢说："那你就给我领一万人迅速占据北山！"

许历按赵奢命令迅速抢占了北山，这北山一占，秦将兵一半还在那里围城，一半兵力用来对付突然奔袭而来的赵军。赵军抢占北山，居高临下，使秦军进不得，退不去，犹豫间，赵奢已亲领大军杀到，万名优秀射手分为两队，一起向困于险峻狭窄半道上的秦军疯狂乱射。许历在北山上看得一览无余，瞅准时机，一声令下，万余人如狂风骤雨，乱石崩云，滚滚沉雷，从北山直冲而下，并与赵奢两面夹击，秦军大败而逃。

赵奢说："怎么样？狭路相逢而勇者胜，我们赵军是一帮勇敢的老鼠。"

许历说："关键是他们有一只勇敢的老鼠王。"

阏舆之战大捷，赵奢被封为马服君，位与蔺相如、廉颇等并列；至于许历，赵奢觉得他应该算是一个人才吧，也是军事上难得的知音，推荐给赵王，赵王封他为国尉。

赵奢作为良将，有着高尚的品格，与士卒感情极深，如他夫人所言："身所食饮而进者十数，所友者百数，大王及宗室所赏赐者尽与军吏士大夫。"因此，战士皆愿为之效命。

二、犬子败军：纸上谈兵长平死

赵国名将廉颇带兵驻守长平，一时间，秦国不能推进，以范雎为首的智谋集团想出了釜底抽薪的妙计，他们向赵国权臣行贿，放出谣言，说廉颇这个老家伙已经老了，没啥可怕的，守在长平不敢出战就是明证，赵国最厉害的人呀，是赵括，如果赵括来主持这场战争，秦国就得撤兵了。

他们所说的赵括，是赵国名将赵奢的儿子。赵括这个家伙说起来贡献很大，他为我们创造了一个成语“纸上谈兵”，用来形容那些言语上的巨人、行动上的矮子。他很小的时候跟随父亲学习兵法，常常在辩论的时候胜过父亲，很多人认为，赵括将来必定超过其父，但是赵奢很清楚自己的儿子是块什么料，他说：打仗是死人的大事，哪能夸夸其谈，如果他将来当了大将，必将打大败仗。

一时间赵国都城内风言风语不断，昏庸的赵王也相信了这个说法，立刻把赵括找来，问他能不能打退秦军。赵括说：“要是秦国派白起来，我还得考虑对付一下。如今来的是王龁，他不过是廉颇的对手。要是换上我，打败他不在话下。”于是，赵王不顾蔺相如等人的劝阻，撤换了廉颇，任命赵括为将。

赵括的母亲也向赵王上了一道奏章，请求赵王别派他儿子去。赵王把她召了来，问她什么理由。赵母说：“他父亲临终的时候再三嘱咐我说，‘赵括这孩子把用兵打仗看做儿戏似的，谈起兵法来，就眼空四海，目中无人。将来大王不用他还好，如果用他为大将的话，只怕赵军断送在他手里’。所以我请求大王千万别让他当大将。”

赵王说：“我已经决定了，你就别管了吧。”

赵括的母亲接着说：“您一定要派他领兵，如果他有不称职的情况，我能不受株连吗？”赵王答应了。

就这样在一片反对声中，赵括这个蠢货上场了，他表面光鲜，内中无货，在军营中趾高气扬，不可一世。他的主张只有一条：给老子攻，给老子冲！

而对方的秦国则是准备充分，为了让赵国放松警惕，连白起任主帅的消息都被封锁了。赵括一味向前冲的结局很惨，赵国的粮道被切断，四十万军队断粮四十六天，赵军乱成了一锅粥，为了活命，先吃马肉，吃光了后，互相残杀，煮食战友尸体。

赵括数十天前还是不可一世，现在他知道错了，他向秦军投降，可惜太晚了，白起骗四十万军队开往一个深谷中，全部坑杀，只留下二百四十个年纪小的放回赵国，告知糊涂的赵王以及民众这个恐怖消息。

纸上谈兵的赵括死了，他虽然死了，却“名垂千古”，不过千古以来，都是臭名骂名，没有人会同情他。

长平之战后，赵国一蹶不振，后来虽然经过邯郸之战挽回一些颜面，但此时的赵国几乎已寻不见成年男丁，哪里谈得上崛起中兴，只有等着被消灭的份了！

第七节　良将李牧：终一生无败仗

【原文】

李牧至，如故约。匈奴数岁无所得。终以为怯。边士日得赏赐而不用，皆愿一战。于是乃具选车得千三百乘，选骑得万三千匹，百金之士五万人，彀者十万人，悉勒习战。大纵畜牧，人民满野。匈奴小入，佯北不胜，以数千人委之。单于闻之，大率众来入。李牧多为奇阵，张左右翼击之，大破杀匈奴十馀万骑。灭襜褴，破东胡，降林胡，单于奔走。其后十馀岁，匈奴不敢近赵边城。

【译文】

李牧来到边境，还按照原来的章程。匈奴好几年都一无所获，但又始终认为李牧胆怯。边境的官兵每天得到赏赐可是无用武之地，都愿意打一仗。于是李牧就准备了精选的战车一千三百辆、精选的战马一万三千匹、敢于冲锋陷阵的勇士五万人、善射的士兵十万人，全部组织起来训练作战。同时让大批牲畜到处放牧，放牧的人民满山遍野。匈奴小股人马入侵，李牧就假装失败，故意把几千人丢弃给匈奴。单于听到这种情况，就率领大批人马入侵。李牧布下许多奇兵，张开左右两翼包抄反击敌军，大败匈奴，杀死十多万人马。灭了襜褴，打败了东胡，收降了林胡，单于逃跑。此后十多年，匈奴不敢接近赵国边境城镇。

【评点】

公元前 309 年，赵武灵王慕于北方游牧民族下马生息、上马作战的优异习俗，下令国中“胡服骑射”，一时称盛，但是到了惠文王、孝成王时期，匈奴各部落也逐渐强大，不断骚扰赵国北部边境，赵王派李牧将兵驻守代郡、雁门郡独当北部戍边之责。

一、守边有方，伺机而战

李牧，战国时期赵国人。他的生平活动大致可划分为两个阶段：前一段是在赵国北部边境，抗击匈奴；后一段是在朝中参与政治军事活动。终其一生，主要是作为武将活跃于历史舞台的。

赵国出名将，将星如云，乐毅、廉颇、赵奢都是世人称颂的名将，但是由于攻伐不断，导致国力疲乏。李牧手无精兵，库无足粟，于是赵王准许李牧自设官吏，统辖军政、边境及市场关卡税收，囤积货物发展生产，优待士兵并习胡人骑马射箭之术。

李牧不愧为良将，他知道匈奴来去飘忽，尤其是骑兵的攻击力和机动力都非赵军所能比，于是他施行“坚壁清野”之计，告诫属下各将，凡遇到匈奴来袭，立即进入壁垒自保，有敢擅自接战、贪功抓俘虏的，杀无赦！他每天只是杀牛宰羊犒赏士卒，加强射击训练，多派间谍和搜索部队，广设烽火台和预警设施。

每当匈奴来袭，立刻下令全军退入壁内自保防守，匈奴摸不清底细，也不敢贸然进犯。这样过了几年，匈奴每次来袭都是空手而归。但匈奴认为李牧胆小看不起他，边关将卒也埋怨主帅缺乏勇气，让他们无法建立功勋，在赵国军中没有面子。

于是赵王数次派人责备李牧，李牧仍然自行其是，赵王发起脾气来，将他召回，派其他人代替他的职务。

过了一年多，匈奴每次来袭，新主帅就率军迎战，但每次作战都不利，而且士卒伤亡惨重，民间遭到掳掠，损失太多，赵人在边境也不能畜牧和做生意了。

因此，赵王只得登门请李牧复出，李牧称病，赵王说：“又不要你服劳役，到边境上去养病都好，非你去坐镇不可！”

李牧开出条件说：“大王一定要臣去，必须准许臣用以前的旧战略，臣才敢去。”

赵王答应了，李牧这才去复任。

到了任上，李牧告诫部下一切照旧，加紧训练部队，养精蓄锐。经过几年，匈奴多次来犯，又和以前一样毫无收获而归，匈奴始终认为他胆小，很轻视他。但赵国士卒天天杀牛宰羊，多所赏赐，弄得自己都不好意思，于是全军表示意愿，愿和匈奴决一死战。

李牧准备出击匈奴，这才挑选精兵，淘汰老弱，共选得车军一千三百乘，骑兵一万三千人，富于战场经验、曾经立功受赏的步兵五万人，能用强弓劲弩的优良射手十万人。他将挑选出来的人另行编组，针对匈奴的游击战术进行布阵、迎战及追击训练。

等军队训练完成，可行决战的时候，李牧又用“品敌骄兵”之计。他派民众出关畜牧，人民满野，牛羊遍地，却只派少数士兵保护边塞百姓出去放牧。匈奴得到消息，派出小股骑兵前去劫掠，李牧命前军装败退却，丢下一些人和牲畜，匈奴满载而归。匈奴人占得便宜，得胜而归，匈奴单于认为发大财的机会到了，于是率领全国徒众倾巢而至，大军直逼雁门。

李牧得斥候秘报匈奴单于亲率徒众来犯，已料到“品敌骄兵”之计已经奏效。于是严阵以待，采用口袋战术，兵分三路，中间诱敌深入，而左右包围奇袭。匈奴军轻敌冒进，被李牧分割几处，逐个围歼，单于兵败，只身而逃。

此一战李牧大破匈奴，斩首十余万！匈奴襜褴族因之灭亡，东胡族溃不成军，林胡族投降，匈奴单于只得带着残存部众逃亡到更远的北方。李牧用小小的损失，换得了全局的胜利。

李牧真正意义上的与匈奴一战只有一次，但仅仅是这一次，就打得匈奴几乎十年不敢南下。

二、连却秦军，被害身死

李牧到朝中任职，约在赵孝成王二十年以后。这一年，他曾因国事需要调回朝中，以相国身份出使秦国，订立盟约，使秦国归还了赵国之质子。两年后，悼襄王继位。

当时，赵奢、蔺相如已死，廉颇与乐乘均出走他国，李牧成为朝中重臣。

秦军大败赵军于平阳后，赵王只得以李牧为大将军，率兵抗秦。

良将李牧以八万精兵在平阳附近的宜安（今河北石家庄东南）大破秦军。他采取大胆前进包围战术，以三万人利用地形列阵，吸引十万秦军攻击，另以两万步兵在侧翼攻击秦军，再以三万骑兵以雷霆万钧之势，攻击并席卷秦军后背，形成三面包围，只留下南方缺口。

十万秦军主力部队尚未攻下赵军壁垒，后方战败的消息已经传来，锐气一失，兵败如山倒，壁垒中赵军乘胜出击。秦军只觉得四面八方都是敌人，真个是风声鹤唳，草木皆兵。往西撤退的秦军遭到汾水阻挡，只有沿着汾水向南撤退，一直到曲沃才算稳住阵脚，二十万大军只剩下了八万人。李牧为了怕遭到上党方面王翦部队的夹击，在追击一段时间获致最大战果后，回守平阳、宜安之线。

赵秦历年交战，除了几十年前马服君赵奢曾大破秦军以外，赵国是连战连败，最后的结局都是赔款、割地、议和。而李牧以八万劣势兵力击败二十万强秦常胜军，聚歼十二万有余，真是惊天地泣鬼神的大胜利，不但整个赵国鼓舞欢腾，全天下都为之震惊兴奋。

李牧为赵国带来信心和希望，也为诸侯各国建立了联合抗秦的愿望。于是赵王封李牧为武安君，同时调李牧回朝中任右丞相。

赵王迁四年（公元前 232 年），秦再度出兵攻赵之番吾（今河北平山县），李牧出击，秦军败逃，但赵的军力损失也很大。

赵王迁七年（公元前 229 年），秦国大将王翦大举攻赵国，赵国派李牧、司马尚倾全军抵御，一直相持到第二年。赵国由于连年战争，再加北部代地地震，大面积饥荒，国力已相当衰弱。

而更大的忧患还在朝中，昏聩的赵王迁，对那个诬陷过廉颇的秦国间谍郭开宠信不疑。秦国在战场上不能速胜，便又行反间计，重金贿赂郭开，使其诬告李牧、司马尚谋反。

赵王迁不做分析，马上派赵葱及齐将颜聚取代李牧。李牧为社稷军民计，拒交兵权，继续奋勇抵抗。赵王、郭开便暗中窥探，乘其不备之时，加以捕获残杀，并罢黜废免了司马尚。三个月后，王翦大破赵军，杀死赵葱，俘虏了赵王迁及颜聚，攻取邯郸，灭掉了赵国。

李牧是战国末年东方六国最优秀的将领。他的无辜被害，使后人无不扼腕叹恨。胡三省注《通鉴》时曾将李牧的被害与赵国的灭亡联系在一起："赵之所恃者李牧，而卒杀之，以速其亡。"

卷二十五 《史记·屈原贾生列传》

第一节 初任左徒，因谗被疏

【原文】

屈原者，名平，楚之同姓也。为楚怀王左徒。博闻强志，明于治乱，娴于辞令。入则与王图议国事，以出号令；出则接遇宾客，应对诸侯。王甚任之。

上官大夫与之同列，争宠而心害其能。怀王使屈原造为宪令，屈平属草槁未定。上官大夫见而欲夺之，屈平不与，因谗之曰："王使屈平为令，众莫不知，每一令出，平伐其功，以为'非我莫能为'也。"王怒而疏屈平。

【译文】

屈原名平，与楚国的王族同姓。他曾担任楚怀王的左徒。见闻广博，记忆力很强，通晓治理国家的道理，熟习外交应对辞令。对内与怀王谋划商议国事，发号施令；对外接待宾客，应酬诸侯。怀王很信任他。

上官大夫和他官位相等，想争得怀王的宠幸，心里嫉妒屈原的才能。怀王让屈原制定法令，屈原起草尚未定稿，上官大夫见了就想夺走它，屈原不肯给，他就在怀王面前谗毁屈原说："大王叫屈原制定法令，大家没有不知道的，每一项法令发出，屈原就夸耀自己的功劳说除了我，没有人能做的。"怀王很生气，就疏远了屈原。

【评点】

"节分端午自谁言，万古传闻为屈原。"一个国家、一个民族的重大传统节日，竟然成了纪念一位诗人的节日，这种文化现象在世界历史上也是极为罕见的！

有人说，一个民族世世代代以节日的形式纪念一位诗人，不仅说明屈原有着感人至深的文化力量，也说明中华民族是一个很早就富有诗意、审美力和爱国忧民传统的民族。

是的，屈原不仅是中国第一位伟大的诗人，也是中国第一位伟大的爱国诗人，更是对中国历史产生过重大影响的历史伟人，是被公认的中国诗歌之父，是中国的诗魂、国魂、民族魂。

一、出身贵族，年轻有为

屈原，名平，字原，出身于楚国贵族，是楚武王熊通之子屈瑕的后代，自称颛顼的后裔。

他学识渊博，记忆力很强，对国家存亡兴衰的道理非常了解，对外交往来、接人待物的辞令又非常熟悉，因此他入朝就和楚王讨论国家大事，制定政令；对外就接待各国使节，处理对各诸侯国的外交事务。楚怀王对他非常信任。

楚怀王仿效齐威王置稷下学宫的有识之举，在楚国置兰台宫，招罗天下贤才。屈原入宫以文见长，怀王任命他为兰台宫文学侍臣，为繁荣楚国文化建功立业。

怀王很想出面约请关东五国君王在楚国聚会，缔结第二次六国合盟，将总部设在郢都。如能成功，怀王理所当然地将成为六国合盟纵约长，实现他理想的第一步。怀王担心雄心勃勃的齐宣王不买他的账，并有可能抢在他的前头做成此事，使他的计划落空。怀王想派人去试探一下齐宣王的意向，可派谁去合适呢？

屈原闯进楚宫，站在楚王面前。屈原入宫后对楚国现状和战国形势有了更深刻的了解。他一眼看出了怀王的心事，虽有若干杂念，但跟他“联齐抗秦”的战略主张和统一中国的远大理想不谋而合。

楚王很想派他去，但他的资历太浅，地位太低，作为楚国特使去会见齐宣王，显然不合乎礼仪。考虑到屈原见闻的广博和口才的流利，怀王大胆起用年轻人，任命屈原为左徒，授意他去完成这项任务。这时候，屈原年仅二十二岁。

屈原欣然受命，率领使团赶到齐国首都拜见齐宣王。面对冷淡的齐宣王，屈原以其总览时代风云的敏锐观察力、渊博的学识、雄辩的口才说服了齐宣王。回国后秘密遣使去韩、赵、魏、燕诸国，约请四国君王赴郢都会盟。

楚怀王十一年（公元前 318 年），关东六君王聚会郢都，签订了战国历史上第二次六国联盟条约，公推楚怀王任六国纵约长。西汉刘向《新序·节上篇》说：“秦欲吞灭诸侯，并兼天下。屈原为楚东使于齐，以结强党。”

屈原第一次出使齐国，便完成了一次漂亮的外交使命，展示了卓越的外交才能。

二、草拟宪令，遭谗被疏

屈原辅佐楚怀王，正在七雄激烈争斗之时。联盟的力量，制止了强秦的扩张。屈原更加得到了怀王的重用，很多内政、外交大事，都凭屈原做主。

屈原对内主张举贤授能，彰明法度，富国强兵，对外主张联齐抗秦，阻止秦国人向东扩张。经过几年的治理，楚国经济开始复苏，国力增强，百姓安居乐业，怀王在国人心目中的地位日渐回升，屈原在楚国百姓心目中的地位到了不可动摇的地步，声望愈来愈高。

怀王让屈原“造为宪令”，即主持国家政令的起草、宣布等事项。“宪令”涉及推行变法之事。楚国在悼王时，已有吴起变法的先例。怀王初年，也想有一番作为。可是，楚国的变法本来就不够彻底，政权主要掌握在贵族重臣手中，他们为了保持个人禄位而反对变法。

此时的楚国在传统意义上十分强大，但实际为奸佞权臣当道。与屈原同列的上官大夫靳尚心怀嫉妒，与屈原争宠。屈原起草宪令未定，上官大夫欲夺其稿，据为己有，屈原不给，他就向怀王进谗言，说：“大王叫屈原制定法令，大家没有不知道的，每一项法令发出，屈原就夸耀自己的功劳，说除了他，没有人能做得。”怀王庸懦昏聩，不加辨明，就怒疏屈原。

屈原对怀王听闻失灵而不能分辨是非，视线被谗佞谄媚之徒所蒙蔽而不能辨明真伪，致使邪恶伤害了公道，正直的人不被朝廷所容，感到万分痛心，所以才忧愁苦闷，沉郁深思而写成《离骚》。所谓“离骚”，就是遭遇忧患之意。

屈原坚持公正，行为耿直，对君王一片忠心，竭尽才智，但是却受到小人的挑拨离间，其处境可以说是极端困窘了，怎能没有悲愤之情呢？屈原写作《离骚》，正是为了抒发这种悲愤之情。

《离骚》是屈原作品中最长和最具代表性的一篇。篇中反复申述作者远大的政治理想，诉说在政治斗争中所受的迫害，批判现实的黑暗，并借幻想境界的描绘，表达了自己对祖国的热爱之情，对理想的积极追求和对反动势力毫不妥协的斗争精神，使人读后受到极大的启发，并牢记于心久久不忘。

仕途上的不顺，成就了屈原不朽的文学才华，这是幸还是不幸呢？

楚王的疏远，对屈原来讲是个莫大的打击，而楚国的改革也因此而终止了。屈原在斗争当中失败了，上官大夫占了上风，从此，楚国政权落入了奸臣之手。

第二节 流放汉北，再度使齐

【原文】

屈平既绌，其后秦欲伐齐，齐与楚从亲，惠王患之，乃令张仪佯去秦，厚币委质事楚，曰："秦甚憎齐，齐与楚从亲，楚诚能绝齐，秦愿献商、淤之地六百里。"楚怀王贪而信张仪，遂绝齐，使使如秦受地。张仪诈之曰："仪与王约六里，不闻六百里。"楚使怒去，归告怀王。怀王怒，大兴师伐秦。秦发兵击之，大破楚师于丹、淅，斩首八万，虏楚将屈匄，遂取楚之汉中地。怀王乃悉发国中兵以深入击秦，战于蓝田。魏闻之，袭楚至邓。楚兵惧，自秦归。而齐竟怒不救楚，楚大困。

明年，秦割汉中地与楚以和。楚王曰："不愿得地，愿得张仪而甘心焉。"张仪闻，乃曰："以一仪而当汉中地，臣请往如楚。"如楚，又因厚币用事者臣靳尚，而设诡辩于怀王之宠姬郑袖。怀王竟听郑袖，复释去张仪。是时屈平既疏，不复在位，使于齐，顾反，谏怀王曰："何不杀张仪？"怀王悔，追张仪不及。

【译文】

在屈原被罢黜免职之后，秦国打算攻打齐国，可是齐国与楚国建立着合纵的联盟，秦惠王对此有顾虑，于是就派张仪假意离开秦国，带着丰厚的礼物到楚国为臣。他说："秦国特别仇恨齐国，齐国却与楚国结盟，楚国如果真能与齐国绝交，秦国愿意献给楚国商、淤一带六百里土地。"楚怀王贪心，相信了张仪的话，便与齐国断交，派使者去秦国接受献地。张仪狡赖说："我与楚王约定的是六里，没听说六百里这件事。"楚国使者一怒之下离开秦国，回去把这件事报告了楚怀王。楚怀王发怒，大举兴师，讨伐秦国。秦国出兵迎战，在丹水、淅水之间把楚军打得大败，杀掉楚兵八万人，俘虏了楚军将领屈匄，就这样夺取了楚国汉中一带的土地。楚怀王于是动用了全国的兵力，深入秦国进行反击，两国军队在蓝田交战。魏国听说秦楚交战，乘虚偷袭楚国，一直打到邓这个地方。楚国军队害怕后方空虚，从秦国撤回。而齐国一直痛恨楚国毁约，不发兵救楚，楚国的处境很狼狈。

第二年，秦国表示要把汉中郡割让给楚国来求和。楚王说："不想要土地，只有得到张仪才算满意。"张仪听说后，便说："以张仪一个人而能顶替汉中之地，请让我去楚国。”张仪到楚国后，又用丰厚的币帛贿赂当权的大臣靳尚，进而向楚怀王的宠妃郑袖编造诡诈的巧言。楚怀王竟听信了郑袖的话，再次放走了张仪。这时屈原已被楚怀王疏远，不再居任重要的职位，出使去了齐国。回国后，向楚怀王进谏说：“为什么不杀了张仪？”楚怀王悔悟，派人追赶张仪，没有追上。

【评点】

屈原任左徒的时间有四五年，这段时间是他政治生涯的黄金时代，来得很快，去得更快。怀王疏远了屈原，解除了屈原的左徒职务，最高兴的当然是楚国的旧贵族势力和亲秦派；更高兴的则是秦国人，没了屈原主持朝政，秦国可以放心大胆进攻楚国了！

一、自疏汉北，再度使齐

秦国为了破楚、齐联盟，派张仪带了很多财宝到楚国活动。张仪贿赂了楚国的一批权贵宠臣，又欺骗楚王说：“楚国如果能和齐国绝交，秦国愿意献出商、淤一带六百多里土地。”可是利令智昏的楚怀王，果然听信了张仪的鬼话，还把相印授予张仪，封张仪为相，贪图六百里的商淤之地，真的和齐国断绝了合纵之盟。

已经去职的屈原，听说了这件事，以他对楚国和怀王的一片忠心，冒着风险进宫见怀王，说：“张仪既然罢相，那他代表谁来楚国做成这笔交易？六百里土地是秦国的国土呢，还是他张仪的封地？”屈原一针见血地揭穿张仪的阴谋。

但楚怀王就是不听劝告，还派人跟张仪去秦国受地。

屈原见劝谏不听，心里很难过，于是向怀王提出他要去汉北。屈原的思想很矛盾，一面想力谏怀王改弦易辙，一面又不愿待在郢都，看着那批奸臣佞党胡作非为，看着怀王在错误的道路上越滑越远。

怀王对屈原已经产生了厌恶的感觉，由他到哪里去，离自己越远越好。

话说张仪回秦国后假装喝醉了酒从车上摔下来，称病三个月，不见楚使。

愚蠢的怀王，还以为是张仪怪他绝齐不够坚决，又派人去辱骂齐王一通。齐王大怒，断绝了和楚的合纵关系，反而和秦国联合起来了。

这时张仪才出面对楚使说：“您为什么不接受土地呢？从某地到某地，长宽六里。”六百里变成了六里，楚使很生气，归报怀王，怀王才知道上了张仪的当。

怀王大怒，先后两次兴师伐秦，结果都被秦打败，丧失八万军队，大将军屈匄、裨将军逢侯丑等七十余人被秦军俘虏，还被占去汉中大片土地。

怀王被一系列挫折弄得焦头烂额，祸根在于听信了张仪的谎言。令尹一职的空缺，更使他陷入尴尬局面。选谁当令尹，又使他举棋不定。幸而昭睢成为“不是令尹的令尹”，力主修复楚、齐关系。

选谁出任楚国特使呢，昭睢认为非屈原莫属。怀王只得将屈原从汉北召回，令他第二次出使齐国。

二、力谏不纳，客死秦国

第二年，秦国提出割让汉中一带土地和楚国讲和，但楚怀王说：“我不希望得到土地，只想得到张仪就甘心了。”张仪听到这话，就说：“用我一个张仪来抵汉中之地，请大王答应我去楚国。”张仪到楚国之后，又给楚国掌权的大臣靳尚送上厚礼，并用花言巧语欺骗怀王的宠姬郑袖，怀王竟然听信了郑袖的话，把张仪又给放跑了。

这时屈原已被疏远，不再担任重要官职。屈原修复楚、齐关系后回到郢都，质问怀王：“大王您为什么不杀了张仪呢？难道楚国还没有吃够他的苦头？”怀王如梦方醒，派飞骑日夜兼程去追，张仪早已抄小路回到了秦国。

鉴于屈原再度使齐的成功，怀王任命屈原为三闾大夫，掌管王族三姓（昭、屈、景）子弟的教育事务，尽管这是个远离国王、不干预政事的闲官，屈原却全身心地投入这项工作，为楚国培养后备人才。

在此之后，各诸侯国联合攻打楚国，大败楚军，楚国大将唐昧被杀死。

当时秦昭王和楚国结为姻亲，想和楚怀王见见面，楚怀王想要前往，屈原劝谏说：“秦国是虎狼一般贪暴的国家，是不能信任的，还是不去为好。”可是怀王的小儿子子兰劝怀王前去，他说：“为什么要断绝了秦王的好意呢？”怀王最终还是去了。但他刚一进武关，秦国的伏兵就斩断了他的归路，把怀王扣留，为的是让他答应割让土地。怀王大怒，不肯应允。逃到赵国，但赵国拒绝接纳。然后又来到秦国，最终死在秦国，尸体被运回楚国安葬。

怀王灵柩运回郢都时，楚人扶棺痛哭，如悲娘亲，如诉国耻。屈原心痛欲裂，想到他与怀王的君臣之谊，想到跟怀王合作共事的那些个日子，想到怀王在位三十年，也曾做过一些有益的事，更使他难舍难离，眷恋之情潮水般地涌上他的心头，激励他作了一首《招魂》，遥祭怀王的在天之灵。

怀王客死秦国，也让诸侯认清了秦国的不义，楚国与秦国终于断绝了交往。

第三节　泽畔行吟，自投汨罗

【原文】

屈原至于江滨，被发行吟泽畔。颜色憔悴，形容枯槁。渔父见而问之曰："子非三闾大夫欤？何故而至此？"屈原曰："举世混浊而我独清，众人皆醉而我独醒，是以见放。"渔父曰："夫圣人者，不凝滞于物而能与世推移。举世混浊，何不随其流而扬其波？众人皆醉，何不䬪其糟而啜其醨？何故怀瑾握瑜而自令见放为？"屈原曰："吾闻之，新沐者必弹冠，新浴者必振衣，人又谁能以身之察察，受物之汶汶者乎！宁赴常流而葬乎江鱼腹中耳，又安能以皓皓之白而蒙世俗之温蠖乎！"

乃作怀沙之赋……

于是怀石遂自沉汨罗以死。

【译文】

屈原到了江滨，披散头发，在水泽边一面走，一面吟咏着。脸色憔悴，身体干瘦。渔父看见他，便问道："您不是三闾大夫吗？为什么来到这儿？"屈原说："整个世界都是混浊的，只有我一人清白；众人都沉醉，只有我一人清醒。因此被放逐。"渔父说："圣人，不受外界事物的束缚，而能够随着世俗变化。整个世界都混浊，为什么不随大溜而且推波助澜呢？众人都沉醉，为什么不吃点酒糟，喝点薄酒？为什么要怀抱美玉一般的品质，却使自己被放逐呢？"屈原说："我听说，刚洗过头的一定要掸去帽上的灰沙，刚洗过澡的一定要抖掉衣上的尘土。谁能让自己清白的身躯，蒙受外物的污染呢？宁可投入长流的大江而葬身于江鱼的腹中。又哪能使自己高洁的品质，去蒙受世俗的尘垢呢？"

于是他写了《怀沙》赋……

因此抱着石头，就自投汨罗江而死。

【评点】

屈原认为只有圣君贤相才能改变楚国的政治和社会的现实，使楚国强大起来。

他一生忠君报国，虽被谗害，却痴心不改。“路漫漫其修远兮，吾将上下而求索！”屈原一生都在追求，但楚都被攻下，彻底粉碎了他的理想，走投无路之时，他走上了一条不归路——自投汨罗江。

一、二次流放，报国无望

楚怀王被秦国扣押之时，楚国就立太子为国君，是为楚顷襄王。

顷襄王继位后，任命他的弟弟子兰为令尹，昭雎也在楚国政坛上消失了。

因子兰劝怀王入秦而最终死在秦国，楚国人都把此事的责任归罪于子兰。楚国百姓义愤填膺，一片责难子兰之声。屈原对子兰的所作所为，也非常痛恨。他虽然身遭放逐，却依然眷恋楚国，怀念怀王，时刻惦记着能重返朝廷，总是希望国王能突然觉悟，不良习俗也为之改变。他总是不忘怀念君王，复兴国家，扭转局势，所以在一篇作品中多次流露此种心情。然而终究无可奈何，所以也不可能再返朝廷。

公元前 293 年，顷襄王六年，秦国派白起前往伊阙攻打韩国，取得重大胜利，斩首二十四万。秦国于是送给楚王书信说：“楚国背叛秦国，秦国准备率领诸侯讨伐楚国，决一胜负。希望您整顿士卒，得以痛快地一战。”楚顷襄王很忧虑，就谋划再与秦国讲和。

这对屈原来说是绝对不能容忍的。他写诗抒情，表达了他眷顾楚国，系心怀王，不忘欲返的感情，又指出，怀王最后落到客死他国的下场，就是因为“其所谓忠者不忠，而所谓贤者不贤也”。这对子兰形成了威胁，于是子兰指使靳尚到顷襄王面前进谗，使屈原第二次被流放到南方的荒僻地区沅、湘一带，时间约为顷襄王十三年前后。

他远离故国，又无职位，对于国家、宗族之事只有悲叹而已。于是，他又慢慢地顺着沅江，向长沙走去。屈原回楚都既不可能，远游、求贤又不成，报国无门，壮志难酬，折磨得他形容枯槁，身心憔悴。

二、泽畔行吟，自投汨罗

屈原离开郢都，心情十分伤感，这种心情在《哀郢》中表露无遗。屈原的流放路线，大抵从郢都东下，至夏浦（今湖北省武汉市汉口一带），涉江至鄂渚（今武汉市武昌一带），南下绕洞庭，渡沅水，经枉渚（今湖南省常德市），奔辰阳（今湖南省辰溪县西南），走溆浦，东行渡资水、湘江到临湘（今湖南省长沙市），北上抵汨罗。一路走走停停，头顶炎炎赤日，身被雨雪风霜，历尽千辛万苦，在汨罗江畔南阳里的玉笥山定居下来。

进入垂暮之年的屈原，颜色憔悴，形容枯槁，披头散发，每天在汨罗江畔的长堤上行吟，嘴里叨念着两句诗：

举世皆浊啊，而我独清；

众人皆醉啊，而我独醒。

屈原在长期的流放跋涉中，精神和生活上所受的摧残和痛苦是可想而知的。一天他正在江畔行吟，遇到一个打鱼的隐者，隐者见他面色憔悴，形容枯槁，就劝他“不要拘泥”“随和一些”，和权贵们同流合污。屈原道：“宁赴常流而葬乎江鱼腹中耳，又安能以皓皓之白而蒙世俗之温蠖乎？”

公元前 278 年，秦军攻破楚都郢（今荆州沙市一带），“烧先王墓夷陵”，屈原目睹国破家亡，心如刀割，感觉复国已然无望，遂于夏历五月五日写下了绝笔之作《怀沙》，然后抱石投入汨罗江中，以死殉国，用自己的生命谱写了一曲壮丽的爱国主义乐章。

三、屈原和端午节

据说当屈原投江而死的消息传开以后，那时正值楚国将亡国之时，人民心中还期盼着屈原能够重新复兴楚国呢，楚国人民都不相信是真的，便纷纷驾舟奋力营救，沿水招魂，可一直无法找到屈原的遗体。

百姓们担心蛟龙、鱼虾蚕食屈原的身体，便把糯米用衣服包裹，捆绑成人形直接投入江中，以引诱蛟龙、鱼虾来食；同时把船头做成蛟龙的样子，希望能把水中的蛟龙、鱼虾吓走。这样一直持续了好些天，整个汨罗江和洞庭湖都找遍了，一直扩散到整个楚国领域。

这以后，每年的夏历五月五日，楚人都会在水边划龙舟和投放粽子，以此祭奠屈原。并把这天称为“端阳节”，这也才有后来“龙舟竞渡”和“吃粽子”的习俗。要知道秦国统一六国后，六国文化是被禁止的，因此这纪念屈原的活动，只能是变通的，这“端午”“端阳”的叫法，足见楚国人民的机智和智慧。

关于粽子为何要“五花大绑”，那是后来演化成饮食文化后的需要。那时用糯米或糯米粑粑撒入江中祭奠死去的亡魂，早就成了习俗。屈原投江，因他是百姓爱戴的英雄，楚人自然都会去营救屈原或是找回屈原的尸体。为了防止鱼虾、蛟龙吞噬，或许把船做成龙形也是可能的，把糯米投入水中，那是引诱鱼虾吃食，避免屈原尸体被食。

四、先生之风，山高水长

屈原是一个热爱祖国的诗人，他在效忠祖国、抵御强敌方面是和楚国人民一致的。虽然他在政治上失败了，但他留下的大批诗歌，却给楚国人民报仇雪耻、恢复祖国以极大的鼓舞，对后来推翻暴秦，复兴楚国起了巨大的作用。历史的发展，不但没有淡化人民对屈原的怀念，反而更扩大了屈原的影响。

汉武帝是汉代第一个热爱屈原作品的皇帝。而所作赋达八十二篇之多的淮南王刘安，则是对《离骚》做了很高评价的第一位文学理论家。刘安称《离骚》兼有《国风》《小雅》之长，它体现了屈原“浮游尘埃之外”的人格风范，可“与日月争光”。

其后，司马迁为屈原作传，不仅照录了刘安的这些警句，还进一步把《离骚》和孔子删定《春秋》相提并论。他盛称前者“其文约，其辞微，其志洁，其行廉”，是屈原伟大完满人格的写照，可见，司马迁乃是非常崇拜屈原的人。

纵观屈原的一生，作为一位政治家和改革家，他失败了。他的理想和事业永远为后人所惋惜。但作为一个伟大的思想家和文学家，他成功了。他忧国忧民、行廉志洁的人品被誉为后世楷模；他气魄宏伟、辞章瑰丽的作品堪称世界文学殿堂的精品；他创造的“楚辞”文体在中国文学史上独树一帜，与《诗经》并称“风骚”二体，对后世诗歌创作产生了积极影响。近代学者梁启超首推屈原为“中国文学家的老祖宗”。郭沫若评价屈原是“伟大的爱国诗人”，一颗闪耀在“群星丽天的时代”“尤其是有异彩的一等明星”。闻一多评价屈原是“中国历史上唯一有充分条件称为人民诗人的人”。《中国文学史》评价屈原是“中国有史以来第一个伟大的爱国诗人”。《中国大百科全书·文学》评价屈原为“中国浪漫主义文学的奠基人”。

有智者如是说：“一个国家一个民族总要有一批心忧天下、勇于担当的人，总要有一批从容淡定、冷静思考的人，总要有一批刚直不阿、敢于直言的人。”屈原正是这一批人的杰出代表。

两千多年的岁月，这在历史的长河中不过短短的一瞬，可是尽管大江东去，暮往朝来，诗人屈原的形象却依然留在人们心间。他留给我们的，不仅仅是璀璨的文化遗产，更重要的是他光耀千古的爱国精神，将永远激励我们奋起前行！

第四节　少年得志，才高人妒

【原文】

自屈原沉汨罗后百有馀年，汉有贾生，为长沙王太傅，过湘水，投书以吊屈原。

贾生名谊，雒阳人也。年十八，以能诵诗属书闻于郡中。吴廷尉为河南守，闻其秀才，召置门下，甚幸爱。孝文皇帝初立，闻河南守吴公治平为天下第一，故与李斯同邑而常学事焉，乃征为廷尉。廷尉乃言贾生年少，颇通诸子百家之书。文帝召以为博士。

是时贾生年二十余，最为少。每诏令议下，诸老先生不能言，贾生尽为之对，人人各如其意所欲出。诸生于是乃以为能不及也。孝文帝说之，超迁，一岁中至太中大夫。

贾生以为汉兴至孝文二十馀年，天下和洽，而固当改正朔，易服色，法制度，定官名，兴礼乐，乃悉草具其事仪法，色尚黄，数用五，为官名，悉更秦之法。孝文帝初即位，谦让未遑也。诸律令所更定，及列侯悉就国，其说皆自贾生发之。于是天子议以为贾生任公卿之位。绛、灌、东阳侯、冯敬之属尽害之，乃短贾生曰：“雒阳之人，年少初学，专欲擅权，纷乱诸事。”于是天子后亦疏之，不用其议，乃以贾生为长沙王太傅。

【译文】

自从屈原沉江而死一百多年之后，汉朝有个贾生，在担任长沙王太傅时，经过湘水，写一篇辞赋投入江中，以此祭吊屈原。

贾生名叫贾谊，是洛阳人。在十八岁时就因诵读诗书会写文章而闻名当地。吴廷尉担任河南郡守时，听说贾谊才学优异，就把他召到衙门任职，并非常器重。汉文帝刚即位时，听说河南郡守吴公政绩卓著，为全国第一，而且和李斯同乡，又曾向李斯学习过，于是就征召他担任廷尉。吴廷尉就推荐贾谊年轻有才，能精通诸子百家的学问。这样，汉文帝就征召贾谊，让他担任博士之职。

当时贾谊二十有余，在博士中最为年轻。每次文帝下令让博士们讨论一些问题，那些年长的老先生们都无话可说，而贾谊却能一一回答，人人都觉得说出了自己想说的话。博士们都认为贾生才能杰出，无与伦比。汉文帝也非常喜欢他，对他破格提拔，一年之内就升任太中大夫。

贾谊认为从西汉建立到汉文帝时已有二十多年了，天下太平，正是应该改正历法、变易服色、订立制度、决定官名、振兴礼乐的时候，于是他草拟了各种仪法，崇尚黄色，遵用五行之说，创设官名，完全改变了秦朝的旧法。汉文帝刚刚即位，谦虚退让而来不及实行。但此后各项法令的更改，以及诸侯必须到封地去上任等事，这都是贾谊的主张。于是汉文帝就和大臣们商议，想提拔贾谊担任公卿之职。而绛侯周勃、灌婴、东阳侯、冯敬这些人都嫉妒他，就诽谤贾谊说："这个洛阳人年纪轻而学识浅，只想独揽大权，把政事弄得一团糟。"此后，汉文帝于是就疏远了贾谊，不再采纳他的意见，任命他为长沙王太傅。

【评点】

该篇是屈原、贾谊两个人的传记，他们虽然不是同时代的人，但是二人的遭遇有不少相同之处。他们都才高气盛，又都是因忠被贬，在政治上都不得志，在文学上又都成就卓著。所以，司马迁才把他们同列于一篇。

"宣室求贤访逐臣，贾生才调更无伦。可怜夜半虚前席，不问苍生问鬼神。"唐人李商隐用这一首《贾生》道出了千百年来知识分子为贾谊鸣不平的心声。在历代士人眼里，汉人贾谊是个怀才不遇的典型。那么贾谊是个怎样的人呢?

一、才华横溢，少年得志

贾谊，又称贾太傅、贾长沙、贾生，洛阳人，西汉初年著名的政治家、文学家。

贾谊从小就刻苦学习，博览群书，先秦诸子百家的书籍无所不读。少年时，就跟着荀况的弟子、秦朝的博士张苍学习《春秋左氏传》，后来还作过《左传》的注释，但失传了。他对道家的学说也有研究，青少年时期，就写过《道德论》《道术》等论著。他又酷爱文学，尤其喜爱战国末期的伟大诗人屈原的著作。

汉高后五年（公元前 183 年），贾谊才十八岁，就因为能诵《诗经》《尚书》和撰著文章而闻名于河南郡。

当时的河南郡守吴公，是原来秦朝丞相李斯的同乡，又是李斯的学生。吴公了解到贾谊是一个学问渊博的优秀人才，对他非常器重，把他召到门下，十分宠爱。吴公是李斯的学生，也是很有学问的，贾谊在他门下学习，受到很大的教益。贾谊为了勉励大家学习，传授《春秋左氏传》。吴公治理河南郡，成绩卓著，社会十分安定，被评定为天下第一。

汉高后八年（公元前 180 年），高后吕雉死，右丞相陈平、太尉周勃杀诸吕，迎立高帝刘邦庶子代王刘恒为帝，即汉文帝。第二年，即汉文帝刘恒元年（公元前 179 年），吴公被征召到中央政府，任命为廷尉即最高司法长官，相当于司法部长吧。吴公没有忘记他的得意门生，就向汉文帝推荐说：贾谊颇通诸子百家之书，是个年轻有为的人才。汉文帝就把贾谊召到中央政府，任命为博士。从此，贾谊步入了政治活动的舞台。当时贾谊才二十一岁，在当时所有的博士中，他是最年轻的。

博士是一种备皇帝咨询的官员。每当汉文帝提出问题让博士们议论时，许多老先生一时讲不出什么来；但是贾谊与众不同，因为他学识渊博，又敢想敢说，因此对文帝提出咨询的问题对答如流，滔滔不绝，说得有理有据。其他的博士们都认为贾谊说出了自己想说而说不出来的看法，非常佩服他的才能。这使汉文帝非常高兴，在一年之中就把他破格提拔为太中大夫，这是比博士更为高级的议论政事的官员。

凭借超凡才能，贾谊这位少年天才本该一路扶摇直上，偏偏命运弄人。

二、权贵毁谤，被贬长沙

贾谊认为汉朝已经建立二十多年了，政局大体稳定，为了巩固汉朝的统治，他向汉文帝提出了一系列建议，进行改革。他认为汉朝承袭了秦朝的败俗，废弃礼义，应该移风易俗，使天下回心而向道。他建议制订新的典章制度，兴礼乐，改正朔，易服色，改变官名，等等。由于当时文帝刚即位，认为条件还不成熟，因此没有采纳贾谊的建议。

在当时，贾谊还帮助汉文帝修改和订立了许多政策和法令，以及遣送列侯离开京城到自己封地的措施，汉文帝都采纳了。但这些法令和措施的实行，还是有阻力的。例如，遣列侯到自己的封地去，实行起来就很困难，很多功臣不愿离开京师，由于这个建议是贾谊提出的，这就难免得罪了这些功臣元老。

贾谊初到中央政权，短短的时间里就施展了自己的才能，被破格提拔，真可谓是一帆风顺，少年得志。汉文帝看到贾谊是一个很有见识、年轻有为的人，对他十分赏识，于是，就提出让贾谊担任更高的公卿职位，委以重任，并把这个意思交给大臣们讨论，哪承想到却遇到了阻力。

那些功臣显贵，如绛侯周勃、颍阴侯灌婴、东阳侯张相如、御史大夫冯敬等，他们跟随刘邦东征西讨，战功显赫，是汉朝的开国功臣，后来又除诸吕立文帝安刘氏再立新功。他们封侯拜相，位高权重，但又是一些没有文化的“大老粗”，尤其是周勃，更以“钝椎少文”出名。

到了文帝朝，他们已经年老，自恃功高，思想守旧，胸襟狭隘。当贾谊这样学识渊博又有革新思想的年轻知识分子在汉王朝崭露头角时，这些老臣显贵们一方面因他年纪轻资历浅而看不起他，另一方面又因他才华出众而心怀妒忌。让贾谊当个博士、太中大夫之类只议论而无实权的官职，他们还能容忍，而一旦要让他升到公卿之位委以重任，和这些显贵们平起平坐，他们就难以忍受了；再加上贾谊的改革触动了他们的利益，于是他们就众口一词地攻击贾谊："这个洛阳人，小小年纪，学识浅薄，一心想专擅权力，要把国家的许多大事搞乱了！"

当时文帝即位不久，而周勃、灌婴这些人是先帝的旧臣，权重势大，文帝虽爱贾谊的才能，但也不能违背权贵的意愿而进一步提拔他。

最后的结果是，贾谊被贬出京师，到长沙国去当长沙王的太傅。长沙国地处南方，离京师长安有数千里之遥。当时交通不发达，长途跋涉，历尽千辛万苦，自不必说，更使贾谊难受的，是心中的悲愤。他有满肚子的学问，心中有远大的抱负，本想辅佐文帝干一番大事业，如今受谗被贬，受到这样的挫折，使他深感孤独和失望。

途经湘水，贾谊想到了和自己同样遭遇的屈原，不禁悲从中来，写下了千古名文《吊屈原赋》，来表达对屈原的崇敬之心，并抒发自己的怨愤之情。

第五节　英年早逝，其功不灭

【原文】

后岁余，贾生征见。孝文帝方受釐，坐宣室。上因感鬼神事，而问鬼神之本。贾生因具道所以然之状。至夜半，文帝前席。既罢，曰："吾久不见贾生，自以为过之，今不及也。"居顷之，拜贾生为梁怀王太傅。梁怀王，文帝之少子，爱，而好书，故令贾生傅之。

文帝复封淮南厉王子四人皆为列侯。贾生谏，以为患之兴自此起矣。贾生数上疏，言诸侯或连数郡，非古之制，可稍削之。文帝不听。

居数年，怀王骑，堕马而死，无后。贾生自伤为傅无状，哭泣岁馀，亦死。贾生之死时年三十三矣。

【译文】

一年多之后，贾谊被召回京城拜见皇帝。当时汉文帝正坐在宣室，接受神的降福保佑。因文帝有感于鬼神之事，就向贾谊询问鬼神的本原。贾谊也就乘机周详地讲述了所以会有鬼神之事的种种情形。到半夜时分，文帝已听得很入神，不知不觉地在座席上总往贾谊身边移动。听完之后，文帝慨叹道："我好长时间没见贾谊了，自认为能超过他，现在看来还是不如他。"过了不久，文帝任命贾谊为梁怀王太傅。梁怀王是汉文帝的小儿子，受文帝宠爱，又喜欢读书，因此才让贾谊当他老师。

汉文帝又封淮南厉王的四个儿子都为列侯。贾谊劝谏，认为国家祸患的兴起就要从这里开始了。贾谊又多次上疏皇帝，说有的诸侯封地太多，甚至多达几郡之地，和古代的制度不符，应该逐渐削弱他们的势力，但是汉文帝不肯听从。

几年之后，梁怀王因骑马不慎，从马上掉下来摔死了，没有留下后代。贾谊认为这是自己做太傅没有尽到责任，非常伤心，哭泣了一年多，也死去了。死的时候年仅三十三岁。

【评点】

"摔死怀王，哭死贾生"，这篇合传是在一片泪声中结束的。英年早逝的贾谊，留给后人无限评说。

错过对贾谊的重用，是汉文帝在用人上最大的失误和遗憾，否则，这位君王的业绩上，不知要增添多少辉煌啊！

惜哉！悲哉！

一、居安思危，切中要害

汉文帝七年（公元前 173 年），文帝想念贾谊，又把他从长沙召回长安。贾谊到长安后，文帝在未央宫祭神的宣室接见了他。当时祭祀刚完，祭神的肉还摆在供桌上。文帝对鬼神的事感到有不少疑问，就问贾谊。贾谊是怎么回答的，史书上缺乏记载。只知贾谊关于鬼神的见解，使文帝感到很新鲜，听得很入神，甚至挪动座位（当时是席地而坐），凑到贾谊跟前，一直谈到半夜方止。事后，文帝感叹不已地说："我好久没有见到贾生了，自以为学问赶上了他，现在听了他的谈话，还是不及他啊！”文帝再度为他的才能折服。

贾谊这次回到长安，朝廷上人事已有很大变化，原来曾压制过贾谊的灌婴已死，周勃在遭冤狱被赦免后回到绛县封地，不再过问朝中政事。但是，文帝还是没有对贾谊委以重任，只是把他分派到梁怀王那里去当太傅。

梁怀王刘揖，又名刘胜，是文帝最喜爱的小儿子，文帝任命贾谊为梁怀王太傅，也算是对他的一种重视，虽然这还谈不上升迁。

在任梁太傅期间，西汉社会基本稳定，但仍旧藏匿着隐患，诸侯势力过大，严重威胁着中央集权。贾谊通过其敏锐的政治视角发觉到了这一点，于是多次上书于文帝，提醒他“居安思危”，著名的《治安策》即成于此间。他指出诸侯王的叛乱，并不取决于是疏是亲，而是取决于“形势”，取决于他们力量的强弱。

如毛泽东所说：“《治安策》一文是西汉一代最好的政论，贾谊于南放归来著此，除论太子一节近于迂腐以外，全文切中当时事理，有一种颇好的气氛，值得一看。”

就在贾谊上《治安策》的这年，淮南王刘长阴谋叛乱，文帝把他流放到蜀郡（今四川中部），刘长在途中畏罪自杀。第二年（公元前 172 年），文帝又把刘长的四个儿子封为列侯。

贾谊担心文帝接着还要把刘长的几个儿子由列侯晋封为王，就从梁国都城睢阳（今河南商丘县南）上疏文帝，进行劝告，但文帝不予采纳。

二、郁郁而终，其功不灭

对于贾谊，文帝也是矛盾透顶，不过，这么个大才子，文帝也不想太荒废，于是长期把贾谊放在教师的职位上，一心一意为他自己培养儿子，这种大马拖小车的用人之道是文帝的悲哀，也是贾谊的悲哀。

但不幸的是，汉文帝十一年（公元前 169 年），梁怀王刘揖入朝，骑马摔死了，贾谊感到自己身为太傅，没有尽到责任，深深自责，经常哭泣，心情十分忧郁。贾谊因自责自己有失，加之常年上谏不被采纳的郁结，于是一年后也伤怀而亡，时年仅三十三岁。一代英才贾谊就这样结束了短暂的一生。

在他临死前，仍以国事为重，为自己所热爱的汉朝做出了最后一个贡献，提出关于梁王封地分配的意见：为梁王刘揖立继承人，或者让代王刘参迁到梁国来；扩大梁国和淮阳国的封地，使前者的封地北到黄河，后者南到长江，从而连成一片。这样一来，如果一旦国家有事，梁王国足以抵御齐赵，淮阳王国足以控制吴楚，陛下就可以安然消除山（指华山）东地区的忧患了。文帝听了贾谊的建议，从后来吴楚七国之乱中梁王刘武坚决抵御的作用来看，根据贾谊的这个建议所做的部署，确实是深谋远虑的。

到汉景帝时期，大汉王朝经历了建国以来最大的内乱，怀南王刘安领导“七国之乱”，给了朝廷一个天大的下马威。“七国之乱”的爆发，让一个人的名字在汉朝显得如此响亮，这个人就是贾谊。因为早在景帝封刘安兄弟为侯时，贾谊就意识到诸侯力量的难以驾驭，他力谏文帝，以为“患之兴自此起矣”。可惜文帝当时不听。

等到诸侯叛乱烽烟四起，大汉王朝从天子到臣下，每一个人无不深深地追忆着贾谊，感叹着他独到而长远的政治眼光，也前所未有地叹息着他的英年早逝。这声叹息一发出，就是两千余年。李白为他作“贾生骨已朽，凄恻近长沙”的诗句；刘长聊为他发出“寂寂江山摇落处，怜君何事到天涯”的悲叹；毛泽东更以一句“少年倜傥廊庙才，壮志未酬事堪哀”寄托对贾谊之死的无限惋惜。

其实贾谊之才岂止他预见了诸侯势力的威胁！读《过秦论》，你会发现，贾谊是一个总结成败兴亡的专家；读《陈政事疏》，又会看到，贾谊是一个批评时政之弊端的能手；再读《吊屈原赋》，其文词的华美、情绪的哀怨，让人不自觉要与屈原的文章一比。如果他再能活上些年头，不知道贾谊还要给人们带来多少惊喜。

贾谊的一生很难被准确定位，因为他永远都徘徊于政治与文学之间，此二者相辅相成，不可分割，相伴他直至最终陨落。他既是政治家，又是文学家：他的文学，永远垒筑于政治之中；而他的政治，因其出众的文学天赋愈加光芒万丈。他的一生由于政治盈满悲情，却又因文学愈显辉煌。

没有人比贾谊更适合“流星”二字，这位从十八岁起便闪耀于史书的少年英才一生极其短暂，光耀一时之后，匆匆从汉朝的天空中划落，留下一抹永远绚烂的光芒。

卷二十六 《史记·吕不韦列传》

第一节 唯利是图，此人奇货可居也

【原文】

吕不韦者，阳翟大贾人也。往来贩贱卖贵，家累千金。

秦昭王四十年，太子死。其四十二年，以其次子安国君为太子。安国君有子二十馀人。安国君有所甚爱姬，立以为正夫人，号曰华阳夫人。华阳夫人无子。安国君中男名子楚，子楚母曰夏姬，毋爱。子楚为秦质子于赵。秦数攻赵，赵不甚礼子楚。

子楚，秦诸庶孽孙，质于诸侯，车乘进用不饶，居处困，不得意。吕不韦贾邯郸，见而怜之，曰“此奇货可居”。乃往见子楚，说曰：“吾能大子之门。”子楚笑曰：“且自大君之门，而乃大吾门！”吕不韦曰：“子不知也，吾门待子门而大。”子楚心知所谓，乃引与坐，深语。吕不韦曰：“秦王老矣，安国君得为太子。窃闻安国君爱幸华阳夫人，华阳夫人无子，能立適嗣者独华阳夫人耳。今子兄弟二十馀人，子又居中，不甚见幸，久质诸侯。即大王薨，安国君立为王，则子毋几得与长子及诸子旦暮在前者争为太子矣。”子楚曰：“然。为之奈何？”吕不韦曰：“子贫，客于此，非有以奉献于亲及结宾客也。不韦虽贫，请以千金为子西游，事安国君及华阳夫人，立子为適嗣。”子楚乃顿首曰：“必如君策，请得分秦国与君共之。”

【译文】

吕不韦是阳翟的大商人，他往来各地，以低价买进，高价卖出，所以积累起千金的家产。

秦昭王四十年（公元前 267 年），太子去世了。到了昭王四十二年，秦昭王把他的第二个儿子安国君立为太子。而安国君有二十多个儿子。安国君有个非常宠爱的妃子，立她为正夫人，称之为华阳夫人。华阳夫人没有儿子。安国君有个排行居中的儿子名叫子楚，子楚的母亲叫夏姬，不受宠爱。子楚作为秦国的人质被派到赵国。秦国多次攻打赵国，赵国对子楚也不以礼相待。

子楚是秦王庶出的孙子，在赵国当人质，他乘的车马和日常的财用都不富足，生活困窘，很不得意。吕不韦到邯郸去做生意，见到子楚后非常喜欢，说："子楚就像一件奇货，可以囤积居奇，以待高价售出。"于是他就前去拜访子楚，对他游说道："我能光大你的门庭。"子楚笑着说："你姑且先光大自己的门庭，然后再来光大我的门庭吧！"吕不韦说："你不懂啊，我的门庭要等待你的门庭光大了才能光大。"子楚心知吕不韦所言之意，就拉他坐在一起深谈。吕不韦说："秦王已经老了，安国君被立为太子。我私下听说安国君非常宠爱华阳夫人，华阳夫人没有儿子，能够选立太子的只有华阳夫人一个。现在你的兄弟有二十多人，你又排行中间，不受秦王宠幸，长期被留在诸侯国当人质，即使是秦王死去，安国君继位为王，你也不要指望同你长兄和早晚都在秦王身边的其他兄弟们争太子之位啦。"子楚说："是这样，但该怎么办呢？"吕不韦说："你很贫窘，又客居在此，也拿不出什么来献给亲长，结交宾客。我吕不韦虽然不富有，但愿意拿出千金来为你西去秦国游说，侍奉安国君和华阳夫人，让他们立你为太子。"子楚于是叩头拜谢道："如果实现了您的计划，我愿意分秦国的土地和您共享。"

【评点】

群雄逐鹿的战国时代，商人一般是弱势的。然而一旦商人的哲学与政治的权谋联姻了，世界就要因此多几道耀眼的风景了，吕不韦即是一例。

在历史上，以商贾之身份事游说者，他是第一个；以商贾之身份荣登卿相者，他也是第一个。他的《吕氏春秋》被刘向列为"杂家"，他自己也是一个"杂家"，一生扮演过很多角色——商人、政客、相国。他并非仁人义士，最擅长权谋之术、鼓吹之法。在史书记载中，他似乎总是隐于二线，幕后运筹。然而，无论研究先秦历史还是探讨先秦文学，都绕不开他。他有着怎样的传奇人生呢？

一、发现商机，奇货可居

公元前 11 世纪，吕氏门中出了一个大人物，他就是吕不韦。吕不韦是阳翟的大商人，他往来各地，以低价买进，高价卖出，所以积累起千金的家产。

公元前 265 年，即秦昭王四十二年，吕不韦到赵国都城邯郸做生意，遇见了作为赵国人质的秦公子子楚。

让子楚担当这个倒霉的差使是有来由的，子楚是秦国太子安国君的儿子，秦昭王的孙子，子楚的生母夏姬不受宠爱，而安国君有二十多个儿子，子楚又排行居中，备受冷遇，所以被送往赵国当人质。

身处异国，处境自然很危险，秦国又多次进攻赵国，所以，赵国对子楚很冷淡，异人的生活极其拮据。

吕不韦见而“怜之”，并以生意人的敏锐眼光看待子楚，想到秦国王室太子未立，于是动了弃商从政、定立国君的念头。他前思后想，认为机不可失，不由得脱口而出：“此奇货可居也！”意思是把子楚当作珍奇的物品贮藏起来，等候机会，卖个大价钱——把人比作商品，这是吕不韦的语言。不过运作此事，风险极大，抓住子楚，让子楚听他的指挥，是政治投机成功的关键，他决定用金钱帮助子楚谋取王位继承人的资格。

为此，吕不韦专门回家和父亲商议，他问父亲：“耕田能获几倍利？”

父亲回答说：“能获十倍利。”

又问：“经营珠玉又能赢几倍的利？”

回答说：“能赢百倍的利。”

再问：“帮助立一个一国之主，能赢几倍利？”

父亲说：“能赢无数的利，这个算不清了。”

吕不韦因而得出结论：“现在努力耕田，不见得能吃饱穿暖，而帮助立一个国君，得到的益处，则可以传之后世，这种有大利可图的好事，值得去做。”从此，吕不韦弃商从政，由商界进入政界，开始了他的政治生涯。

吕不韦先以重金结交于监守子楚的人，后又结识子楚。他声称能叫子楚飞黄腾达，子楚不信，说：“你姑且先光大自己的门庭，然后再来光大我的门庭吧！”吕不韦便说：“你不知道，只有使你先发达了，我才能发达啊。”

吕不韦对子楚解释道：“秦王已经老了，太子安国君所宠爱的是华阳夫人，可她没有儿子。你兄弟二十余人，至今没有一个得宠。你何不趁这个时候回归秦国，去找华阳夫人，求做她儿子，这样，以后你才可能有立储的希望呀！”

子楚说：“话是这样说，但该怎么办呢？”

吕不韦说：“你很贫窘，又客居在此，也拿不出什么来献给亲长，结交宾客。我吕不韦虽然不富有，但愿意拿出千金来为你西去秦国游说，侍奉安国君和华阳夫人，让他们立你为太子。”

子楚于是叩头拜谢道："如果实现了您的计划，我愿意分秦国的土地和您共享。"

二、巧舌如簧，计划实现

吕不韦与子楚敲定后，立即照计划执行。

吕不韦先拿出"千金"，送子楚"五百金"，对子楚进行全面包装，供他结交天下诸侯宾客、朋友，以积蓄力量，准备回国夺权。

另"五百金"用来购买"奇物玩好"，吕不韦自己携带所买的奇珍异宝，向西奔秦而去，准备西游秦国，活动安国君和华阳夫人。

吕不韦先拜见华阳夫人的姐姐，拿下了华阳夫人的姐姐。然后让她把带来的东西统统转献给华阳夫人。顺便谈及子楚聪明贤能，所结交的诸侯宾客，遍及天下，说子楚常常说"我子楚把夫人看成天一般，日夜哭泣思念太子和夫人"。

吕不韦还乘机让华阳夫人姐姐劝说华阳夫人："我听说用美色来侍奉别人的，一旦色衰，宠爱也就随之减少。现在夫人您侍奉太子，甚被宠爱，却没有儿子，不如趁这时早一点在太子的儿子中结交一个有才能而孝顺的人，立他为继承人而又像亲生儿子一样对待他，那么，丈夫在世时受到尊重，丈夫死后，自己立的儿子继位为王，最终也不会失势，这就是人们所说的一句话能得到万世的好处啊。不在容貌美丽之时树立根本，假使等到容貌衰竭，宠爱失去后，虽然想和太子说上一句话，还有可能吗？现在子楚贤能，而自己也知道排行居中，按次序是不能被立为继承人的，而他的生母又不受宠爱，自己就会主动依附于夫人，夫人若真能在此时提拔他为继承人，那么夫人您一生在秦国都要受到尊宠啦。"

华阳夫人的姐姐更容易见到华阳夫人，传话更委婉，也更有力量。

因为这些话，正说到了华阳夫人的痛处，华阳夫人被彻底征服了，决定劝说安国君立子楚为嫡。

华阳夫人集安国君千百宠爱于一身，深知自己的手段，就趁太子安国君方便的时候，委婉地谈到在赵国做人质的子楚非常有才能，来往的人都称赞他。接着就哭着说："我有幸能填充后宫，但非常遗憾的是没有儿子，我希望能立子楚为继承人，以便我日后有个依靠。"宠爱华阳夫人的安国君居然答应了，就和夫人刻下玉符，决定立子楚为继承人。

安国君和华阳夫人都送好多礼物给子楚，并请吕不韦当他的老师，因此子楚的名声在诸侯中越来越大。

第二节　政治投机，爱美人更爱江山

【原文】

吕不韦取邯郸诸姬绝好善舞者与居，知有身。子楚从不韦饮，见而说之，因起为寿，请之。吕不韦怒，念业已破家为子楚，欲以钓奇，乃遂献其姬。姬自匿有身，至大期时，生子政。子楚遂立姬为夫人。

秦昭王五十年，使王齮围邯郸，急，赵欲杀子楚。子楚与吕不韦谋，行金六百斤予守者吏，得脱，亡赴秦军，遂以得归。赵欲杀子楚妻子，子楚夫人赵豪家女也，得匿，以故母子竟得活。秦昭王五十六年，薨，太子安国君立为王，华阳夫人为王后，子楚为太子。赵亦奉子楚夫人及子政归秦。

秦王立一年，薨，谥为孝文王。太子子楚代立，是为庄襄王。庄襄王所母华阳后为华阳太后，真母夏姬尊以为夏太后。庄襄王元年，以吕不韦为丞相，封为文信侯，食河南雒阳十万户。

【译文】

吕不韦选取了一名非常漂亮而又善于跳舞的邯郸女子一起同居，知道她怀了孕。子楚有一次和吕不韦一起饮酒，看到此女后非常喜欢，就站起身来向吕不韦祝酒，请求他把此女赐给自己。吕不韦很生气，但转念一想，已经为子楚破费了大量家产，为的借以钓取奇货，于是就献出了这个女子。此女隐瞒了自己怀孕在身，到十二个月之后，生下儿子名政。子楚就立此姬为夫人。

秦昭王五十年（公元前 257 年），派王齮围攻邯郸，情况非常紧急，赵国想杀死子楚。子楚就和吕不韦密谋，拿出六百斤金子送给守城官吏，得以脱身，逃到秦军大营，这才得以顺利回国。赵国又想杀子楚的妻子和儿子，子楚的夫人因是赵国富豪人家的女儿，才得以隐藏起来，因此母子二人竟得活命。秦昭王五十六年（公元前 251 年），他去世了，太子安国君继位为王，华阳夫人为王后，子楚为太子。赵国也护送子楚的夫人和儿子嬴政回到秦国。

秦王继位一年之后去世，谥号为孝文王。太子子楚继位，他就是庄襄王。庄襄王尊奉为母的华阳王后为华阳太后，生母夏姬被尊称为夏太后。庄襄王元年（公元前 249 年），任命吕不韦为丞相，封为文信侯，河南洛阳十万户作为他的食邑。

【评点】

在商人的视野中，人都是具有潜在利润的商品。吕不韦一眼就看出这位落魄的秦国太孙“奇货可居”，是不可多得的“绩优股”。于是，“放长线钓大鱼”。在他眼里，女人纯粹是商品，他自己娶名噪京都的能歌善舞的绝色美女，与之同居，当子楚看上时，他居然“欲以钓奇”，献给了子楚。足见吕不韦为了政治目的不择手段啊。

一、献邯郸姬，欲以钓奇

从史料记载看，吕不韦一生似乎就钟情于一个姿容艳丽又善歌舞的年轻女子，她叫赵姬。他们在赵国邯郸相遇，一起生活后，赵姬还怀上了吕不韦的孩子，应该说，两个人的感情还算是不错的。

有一次吕不韦请子楚吃饭，酒过三巡，打扮得花枝招展的赵姬悄然出现。子楚见如此美貌的女子，顿时目瞪口呆，动作失态，他站起身，借向吕不韦敬酒之机，提出要赵姬和他一起回家。

吕不韦起先是怒火中烧：想不到自己为了子楚散金破家，这色狼居然连“朋友妻也要欺”了。但是，吕不韦毕竟有宰相的肚量，“欲以钓奇，乃遂献其姬”，主动将美人送给子楚，这就应了老话“舍不得孩子，套不着狼”啊。

子楚感激涕零，把赵姬接回住所，过起了恩爱的夫妻生活。公元前 259 年正月，邯郸姬生下一个儿子，取名为政，称嬴政，也就是后来的秦始皇。

嬴政诞生给历史留下了千古之谜。一些记载说，秦始皇的生母嫁给子楚之前，就已怀着吕不韦的儿子，这是精心设计的。

另有记载说子楚之妻大期而生子政，大期为超过十二个月，所以不可能是吕不韦的儿子，说秦始皇是吕不韦的私生子，乃是当时和后来恨秦始皇的人攻击、污辱之词，不足为据。

以上问题司马迁并没有明确地说明，给后人留下了很大的思考空间。

也许，邯郸献姬就是吕不韦精心设计，并由他导演的一出煽情戏呢。为什么这样说？吕不韦是精明的商人，他后来在邯郸发现穷愁潦倒的秦国人质子楚，并了解到秦国王室太子未立，于是动了弃商从政、定立国君的念头。他前思后想，认为机不可失，抓住子楚，让子楚听他的指挥，是政治投机成功的关键。将貌美无比的赵姬送给子楚，无疑是控制子楚的最好的一招！从感情角度讲，吕不韦显然于心不忍，这么年轻漂亮的美人，怎么能舍得送人？但为了政治上成功，掌握秦国大权，他舍了！

在这出戏中，赵姬是个重要人物，估计吕不韦提前和赵姬谈话，晓以利害，说："我准备把你送给子楚，子楚是嫡子，你做了子楚的妻子就是未来的王后，生了孩子你就是太后，其富贵无人可比。"有这么好的事，赵姬自然同意，并答应与之配合。二人还可能商定，怀孕之事只有赵姬和吕不韦知道，绝不让第三个人知道，孩子生下来也不说。子楚不是说他若当了秦王，与吕不韦共有秦国吗？将来，吕不韦可以凭借这种微妙的关系更牢固地控制秦国大权。

吕不韦和赵姬毕竟有感情，二人还可能商定，即使赵姬成了子楚的妻子，仍然和吕不韦保持联系，继续暗中来往。吕不韦和赵姬达成共识，合演成功：当子楚提出要赵姬和他走的非分要求时，吕不韦先假装生气，然后答应，"念已破家为子楚，欲以钓奇，乃遂献其姬"。赵姬则面露娇嗔，半推半就，二人配合默契，天衣无缝，使子楚不但看不出一点破绽，更对吕不韦感恩戴德，以后更听吕不韦的指使。

吕不韦从商人的角度看问题，为了保证政治投机成功，以赵姬做赌注，加大投资力度和保险系数，不仅投钱财，还要投美女，这种事，决心"定立国君"的吕不韦是做得出来的；对赵姬而言，她以自己的美貌做诱饵，吸引了子楚，为日后成为王后打下了基础，从这一点上看，她既是政治的牺牲品，也是政治投机的赢家。

在这一事件过程中，最傻的是子楚，他色迷心窍，要来一个怀着别人骨肉的美女，还以为占了天大的便宜。

这件事充分证明，古往今来，钱、权、色的交易往往是相互交织的，这是政治腐败的温床。

二、子楚继位，相国擅权

子楚在邯郸娶妻生子，又有吕不韦的资助，不愁吃穿，日子过得挺滋润。但吕不韦心里不踏实呀，他的投资越来越多，连爱妻都搭上了，但从政计划到现在连影还没见到，他心里可着急呢。

这时又出了一件事，原来，长平之战结束后，赵国对秦国仇恨加深。而在秦昭王五十年（公元前 257 年），秦军又发兵攻打邯郸。这次赵王急了，决定杀掉子楚，对秦进行报复。吕不韦得到消息后，心急如焚，如果子楚一旦被杀，他的从政计划就全部泡汤了。事不宜迟，他赶忙和子楚商量，决定在赵王没下手之前和子楚离开赵国。吕不韦又用钱开道，拿出六百金贿赂了监视子楚的赵国吏卒后，吕不韦和子楚分秒必争，连赵姬和嬴政都顾不得带上，就仓皇逃离了邯郸，先逃到秦军那里，然后回到咸阳。

赵王发现子楚逃走，十分怒恼，要杀掉留在邯郸的赵姬和嬴政。幸亏赵姬的家是豪门，有些势力，将她们母子藏匿起来，才保住了性命。

公元前 251 年，长寿的秦昭王去世，苦等王位的安国君继位成了孝文王。昭王去世，吕不韦极为高兴，因为他所追求的目标又前进了一步。另一个欢欣鼓舞的人是子楚，他因父亲孝文王继位而成为太子，离登王位只有一步之遥。

在吕不韦看来，安国君的即位，离他所追求的目标更近了。然而令他吕不韦想不到的是，他的理想实现得出奇快，出了什么事呢？原来，孝文王一命呜呼了！

随后子楚继位，是为庄襄王，吕不韦随即进入秦国的政治舞台，开始展示他的个人才华。

庄襄王即位后的第一道命令就为吕不韦而发：以吕不韦为本相，封为文信侯，以兰田十二个县为其食邑。

诏令一出，满朝文武惊呆了，因为当朝百官无一人能如此集官、爵、食邑最高等级于一身。吕不韦本人心里十分清楚，这不过是十几年前在邯郸投资所收回的利益而已。

秦国大政实际是完全控制在丞相、文信侯吕不韦手上，国王只是丞相意志的传声筒，秦国由此开始了吕不韦擅权的时代。

吕不韦当政后的第一件事，就是大赦罪人，奖赏先王功臣以及对百姓施行一些小恩小惠，这使得吕不韦在秦国臣民中影响深远，他收买人心，泽及罪人、功臣和百姓。

就在此时，又传来一个喜讯，与庄襄王分别六年、留居邯郸的赵姬和稚子从赵国回到了咸阳，这无疑也是吕不韦安排的结果。

回到秦国的邯郸姬仍美艳、妖冶，淫荡不减当年。庄襄王见美姬回到身边，自然是怜爱有加，从此沉溺于锦被绣帐之中，无心过问政事。吕不韦独断秦国朝政更是畅行无阻。工于算计的商贾从政，处处都显露出他善于把握时机、取得最大效益的才能。

从这一年开始，秦国历史进入了吕不韦时代。

第三节　辅佐新君，名声盛极一时

【原文】

庄襄王即位三年，薨，太子政立为王，尊吕不韦为相国，号称“仲父”。秦王年少，太后时时窃私通吕不韦。不韦家僮万人。

当是时，魏有信陵君，楚有春申君，赵有平原君，齐有孟尝君，皆下士喜宾客以相倾。吕不韦以秦之强，羞不如，亦招致士，厚遇之，至食客三千人。是时诸侯多辩士，如荀卿之徒，著书布天下。吕不韦乃使其客人人著所闻，集论以为八览、六论、十二纪，二十余万言。以为备天地万物古今之事，号曰《吕氏春秋》。布咸阳市门，悬千金其上，延诸侯游士宾客有能增损一字者予千金。

【译文】

庄襄王即位三年之后死去，太子嬴政继立为王，尊奉吕不韦为相国，称他为“仲父”。秦王年纪还小，太后常常和吕不韦私通。吕不韦家有奴仆万人。

在那时，魏国有信陵君，楚国有春申君，赵国有平原君，齐国有孟尝君，他们都礼贤下士，结交宾客，并在这方面要争个高低上下。吕不韦认为秦国如此强大，不如他们是件令人羞愧的事，所以他也招来了文人学士，给他们优厚的待遇，门下食客多达三千人。那时各诸侯国有许多才辩之士，像荀卿那班人，著书立说，流行天下。吕不韦就命他的食客各自将所见所闻记下，综合在一起成为八览、六论、十二纪，共二十多万言。自己认为其中包括了天地万物古往今来的事理，所以号称《吕氏春秋》。并将之刊布在咸阳的城门，上面悬挂着一千金的赏金，遍请诸侯各国的游士宾客，若有人能增删一字，就给予一千金的奖励。

【评点】

吕不韦是个商人，但他“建国立君”的政治抱负早已超越了一个商人的气魄和胸怀。在得到了荣华富贵之后，他没有在安逸生活中腐化堕落下去，而是积极实现治国理想。辅佐始皇登基有功，被始皇尊称为仲父，任秦国相国，一时权倾朝野，府中食客三千。为了给自己留名，他让府中食客编著了一本《吕氏春秋》。

辅佐新君之时，他的事业达到巅峰。

一、子楚去世，旧情复燃

公元前 247 年五月，正当杏褪残花、园荷点翠之时，秦宫中传出惊人消息：庄襄王去世。被吕不韦视为奇货的庄襄王，花了这么大的代价，刚坐上秦王宝座三年就命归黄泉，死时才三十五岁。

庄襄王死后，十三岁的嬴政即位，他就是后来的秦始皇。《史记》说：“王年少，初即位，委国事大臣。”就是说，嬴政刚当秦王，年龄小，国家大事委托大臣处理，具体讲就是由吕不韦主持。

正当盛年的赵姬一下子变成了未亡人，虽然十三岁的儿子嬴政当上了秦王，自己成了太后，但是，这位太后的日常生活却失去了往日的活力，一下子变得冷冷清清、孤孤单单。

恰在此时，一个男人的身影进入了赵姬的视野。

他是谁呢？秦国丞相吕不韦。

子楚靠着吕不韦的成功运作当上了秦国国君，即位的秦庄襄王也毫不迟疑地兑现了“必如君策，请得分秦国与君共之”的诺言，任命吕不韦为丞相，封文信侯。吕不韦由商人成功地转型成为政治家，且被封侯封邑，家里光仆人就达万人之多，可以想见，吕不韦家多么豪华奢侈。

秦庄襄王下世之后，吕不韦又成就了第二位秦王嬴政。

对于嬴政来说，吕不韦可以说是一盏高堂红烛，点亮了他的生命，照亮了他的前程，造就了他千古一帝的历史地位。没有吕不韦献赵姬于子楚，就没有嬴政的生命，也就没有嬴政的一切。因为，没有吕不韦的包装和运作，子楚就不可能登基为秦庄襄王；没有吕不韦的支持，也就没有嬴政的继位。所以，嬴政登基之后，尊吕不韦为相国，称“仲父”，仲父即次于父亲的父辈。秦朝官制，丞相可设两人，但是，相国只能设一人，相国的地位明显高于丞相。嬴政之所以将吕不韦改丞相为相国，主要是因为他即位时刚刚十三岁，无法亲掌朝政，全面打理秦国内政外交全靠吕不韦。

对于赵姬来说，吕不韦是一个可以满足她生理需求的男人。

秦庄襄王去世之后，赵姬一人寡居。虽然她此时已经是秦国的王太后，但是，赵姬是一个不甘寂寞的女人，王太后的身份并不能禁锢住她的心灵和肉体。吕不韦此时是相国，又是赵姬昔日的丈夫。因此，赵姬在秦庄襄王去世之后，开始与吕不韦频频约会、私通（“秦王年少，太后时时窃私通吕不韦”）。

吕不韦此时身为相国，正值一生的权力巅峰。当年吕不韦仅仅有钱之时，即已有了像赵姬这样的年轻才艺美女，如今的吕不韦既有钱又有权，身边自然不缺沉鱼落雁、环肥燕瘦的各式美女，为什么他还要冒险与王太后赵姬私通呢？

最主要的原因是不愿得罪这位王太后。嬴政此时已是十三岁的孩子了，赵姬再年轻，恐怕也已经是三十多岁的女人了。吕不韦身边既然不乏比赵姬年轻十几岁的花季少女，还与赵姬私通，主要原因在于政治考虑。男人是所谓的“政治动物”，吕不韦弃商从政，官至相国，现在走任何一步棋都带有政治的战略眼光，已非昔日邯郸的简单商人了。

与吕不韦身边的花季少女相比，赵姬虽然已经不再年轻，但她是王太后。吕不韦尽管是相国、仲父，总揽朝政，但终归是臣。君臣相比，孰重孰轻，毋庸多言。吕不韦有今天的地位来之不易，如果得罪了太后，后果如何，恐怕难以想象。

赵姬是生理需求，吕不韦是政治需求，两种不同需求，将太后和丞相绑在了一起。

二、广纳贤才，编书留名

吕不韦当政时，秦国经济、文化的长足进步，为其施展政治才能提供了客观条件。然而在国内取得稳定发展，在国外夺得不断的胜利，另外一个主要原因是吕不韦重视人才。

吕不韦登上秦国丞相之位虽晚，但绝无一般暴发之政客嫉贤妒能的通病，他对元老重臣甚为器重。老将中突出的是蒙骜，这位老将在吕不韦执政十余年中，不居功，不傲上，继续带兵为秦国争城夺地，虽已年迈但威风不减当年。

对旧巨不存戒心，对元老毫无成见，是吕不韦取得成功的原因之一。

吕不韦用人不拘一格，最有名的是甘罗，他十二岁就能负担出使之重任。小甘罗首先帮助吕不韦劝服张唐接受出使燕国的命令，后又单独出使赵国，让赵国心甘情愿割五城给了秦国。

吕不韦在入秦之前，各国诸侯都大力招揽人才，供养食客，其中最著名的要数“四公子”，即齐国的孟尝君、赵国的平原君、魏国的信陵君、楚国的春申君。而吕不韦是秦国历史上第一个认识到士的重要作用，从而大规模招揽宾客，打开国门大批养士的政治家。

吕不韦任相国之初，就在相府内建造了数以千计的高堂广舍，聘有众多名厨，在首都和城墙上挂起告示，欢迎各方士人来相府做客。首先，因为吕不韦本人并非秦人，却官至秦相，对希求功名的人士，极具诱惑力。其次，吕不韦权势大，养士之举不会遭人反对和嫉恨。另外，秦国在军事上节节胜利，统一六国是早晚的事情。因此吕不韦告示一发出，有识之士纷纷奔向丞相府里来，很快，吕不韦门下的食客就达三千人。其中有著名的司马空和李斯。

大凡当王的人，大多有两个想法：或长命百岁，永远做王；或留名青史，让后世人永远记住他。而吕不韦是无冕之王，只好退而求其次。很快他就找到了留名的好方法，他门下有三千宾客，不产生实际效益的投入，是商人绝对不愿干的事。于是他把门客召集在一起，让他们编著一本《吕氏春秋》，为他流芳百世树碑立传。

书既要保持各派学者的观点和风格，又要编在一起，成为一部完整的作品，这的确是个难题，但经过一番研究，终于得到圆满解决。这部书形式上统一，内容则多样，真如杂花生树，群鸟乱飞，开创了杂家体例。

为了提高作品质量，防止抄袭现成之作，吕不韦又想出一招。公元前 239 年的一天清早，咸阳城较往日热闹得多，人们纷纷赶往市区，并且七嘴八舌议论起来。原来咸阳市门上挂着《吕氏春秋》的书稿，旁边有一大堆钱，告示宣布：如有人能对《吕氏春秋》改动一字者，将千金拿走。

可是随着时间一天天过去，好奇的观众越来越少，站在市门前阅读《吕氏春秋》的人也逐渐散去，终无一人将千金取走。其实，并非书中不可改动一字，而是人们不敢改动，害怕招来杀身之祸，告示只不过是吕不韦吹嘘的手段罢了。

第四节　退步抽身，引狼入室惹政变

【原文】

始皇九年，有告嫪毐实非宦者，常与太后私乱，生子二人，皆匿之。与太后谋曰“王即薨，以子为后”。于是秦王下吏治，具得情实，事连相国吕不韦。九月，夷嫪毐三族，杀太后所生两子，而遂迁太后于雍。诸嫪毐舍人皆没其家而迁之蜀。王欲诛相国，为其奉先王功大，及宾客辩士为游说者众，王不忍致法。

秦王十年十月，免相国吕不韦。及齐人茅焦说秦王，秦王乃迎太后于雍，归复咸阳，而出文信侯就国河南。

岁馀，诸侯宾客使者相望于道，请文信侯。秦王恐其为变，乃赐文信侯书曰：

"君何功于秦？秦封君河南，食十万户。君何亲于秦？号称仲父。其与家属徙处蜀！"吕不韦自度稍侵，恐诛，乃饮鸩而死。秦王所加怒吕不韦、嫪毐皆已死，乃皆复归嫪毐舍人迁蜀者。

【译文】

秦王政九年（公元前238年），有人告发嫪毐实际并不是宦官，常常和太后淫乱私通，并生下两个儿子，都把他们隐藏起来，还和太后谋议说"若是秦王死去，就立这儿子继位"。于是秦王命法官严查此事，把事情真相全部弄清，事情牵连到相国吕不韦。这年九月，秦王把嫪毐家三族人众全部杀死，又杀太后所生的两个儿子，并把太后迁到雍地居住。嫪毐家的食客们都被没收家产，迁往蜀地。秦王想杀掉相国吕不韦，但因其侍奉先王功劳极大，又有许多宾客辩士为他求情说好话，不忍心将他绳之以法。

秦王政十年十月，免去了吕不韦的相国职务。等到齐人茅焦劝说秦王，秦王这才到雍地迎接太后，使她又回归咸阳，但把吕不韦遣出京城，前往河南的封地。

又过了一年多，各诸侯国的宾客使者络绎不绝，前来问候吕不韦。秦王恐怕他发动叛乱，就写信给吕不韦说："你对秦国有何功劳？秦国封你在河南，食邑十万户。你对秦王有什么血缘关系？而号称仲父。你与家属都一概迁到蜀地去居住！"吕不韦一想到自己已经逐渐被逼迫，害怕日后被杀，就喝下鸩酒自杀而死。秦王所痛恨的吕不韦、嫪毐都已死去，就让迁徙到蜀地的嫪毐门客都回到京城。

【评点】

吕不韦在政治上是个聪明人，他决策政务，处理事情，一板一眼，很有章法，在《吕氏春秋》中讲起理论来也是头头是道。可惜的是他在处理个人感情问题上就不那么明白了，他在处理和赵姬的关系上就犯了致命的错误，引来了杀身之祸。

一、金蝉脱壳，举荐嫪毐

吕不韦与赵姬的不正当关系，在嬴政小的时候还可以瞒过去，一旦嬴政长大成人，这种关系很难不被嬴政察觉。

吕不韦当然担心这种不正常关系被渐渐长大成人的嬴政所知，因为无论如何，嬴政是没有办法接受仲父与母亲的苟且之事的，他们二人的奸情一旦暴露在嬴政面前，对吕不韦来说将是一场毁灭性的灾难。可是，赵姬还是一如既往，死死缠住吕不韦，《史记》载“始皇帝益壮，太后淫不止”。于是，吕不韦开始绞尽脑汁，寻找脱身之计。

怎么才能既安全脱身而又不被王太后赵姬觉察呢？

吕不韦思来想去，只有一种办法：找一位替身。如果有人能够代替自己满足赵姬的需要，自己就可以脱身了。由此我们可以看出，吕不韦和寡居的赵姬重温旧情，对吕不韦来说，并非出自感情需要，而是政治策略。

吕不韦果真找到了一位猛男嫪毐，并将他收留为自己的门客，即史书说的：“吕不韦恐觉，祸及己，乃私求大阴人嫪毐以为舍人。”

但是，怎么能巧妙地将嫪毐推荐给赵姬呢？

这真是一道难题！如果处置不当，被赵姬看出吕不韦是想金蝉脱壳，那么，不但脱不了壳，还可能招致问责，那对吕不韦可是一场灾难。

方法总比问题多。吕不韦煞费苦心地思考多日，终于想到一个化解这一难题的办法：制造一条新闻，而且一定要让这条新闻具有足够的爆炸性，这样才能靠口耳相传，传到居于深宫中的王太后赵姬耳中。

吕不韦最终让嫪毐举行了一场惊心动魄的性功能表演，有意让王太后赵姬知道这场表演的惊人之举，以引诱赵姬。太后听说后果然想暗中占有他，吕不韦就趁机向赵姬献上了嫪毐，自己全身而退。

嫪毐是一个强壮的男人，要将他送入宫中侍奉太后，必须保证他正常的性能力，同时又要避免遭受众人的非议，怎么将嫪毐送进宫中呢？

吕不韦和太后赵姬商量了一个两全其美的办法：先让人告发嫪毐犯了宫刑罪，然后王太后事先私下里送给主管宫刑的官员一份重礼，这些官员收了重礼，又知道这是太后交办的事，所以整个宫刑全是装装样子，最后，受过“宫刑”的嫪毐，以宦官的身份进宫服侍太后。

不过，受过宫刑的宦官由于缺乏雄性激素，都没有胡须。因此，对嫪毐用宫刑尽管是装装样子，但是绝对不能让嫪毐有胡须，于是行刑官只好将嫪毐的胡须一根根全部拔掉。

这样，嫪毐摇身一变，成了“宦官”，并立即被安排在太后的寝宫中，成为太后的男宠。太后对嫪毐非常满意，竟然还怀上了嫪毐的孩子。

一位寡居的王太后竟然怀了孕，这在秦宫中可成了特大新闻，不过，偷情怀孕的是太后，谁敢声张？但是，太后毕竟觉得这事不能让更多人知道，特别是不能让儿子嬴政知道。于是，王太后假称占卜不吉利，应当换一个环境居住，搬到秦国的故居雍地（今陕西凤翔）宫中去了。嫪毐仍然作为王太后最亲近的随从，寸步不离地跟着。

二、引狼入室，惹火烧身

吕不韦日后发现，当初自己想得太简单了，他把自己与赵姬的“性”角色推给了嫪毐，但同时也把权力的重心转移到了嫪毐的身上，这是始料未及的事情。

嫪毐和太后的关系日益升温，太后甚至生下了嫪毐的孩子，一连生了两个。

以往，太后对朝廷大事做最后裁决，往往听相国吕不韦的意见，而如今，“事皆决于嫪毐”，吕不韦的角色被置换了。

一个吃软饭的面首，为何能发展到如此势力？这说明，当时秦的大权由太后掌握。

在太后的庇护下，嫪毐的权势如日中天。在嬴政即位大典的前一年，嫪毐被封为长信侯，宫室、车马、衣服、苑囿、驰猎可以肆意享受，又把河西太原郡作为毐国。嫪毐封侯享国，俨然一人之下万人之上，真有点鸡犬升天的味道了。殊不知，太原郡可是在吕不韦主政时，秦军将士用生命和鲜血换来的啊。吕不韦看到这个结果，不知作何感慨。

显然，嫪毐的势力已经远在吕不韦之上，这在当时的国际社会都已经成为公开的信号，甚至影响到他国的外交决策。在《战国策·魏策》中记载，当时秦军攻打魏国，有人向魏王献计说，秦国上下都在思考一个问题：跟着嫪毐还是跟着吕不韦走呢？我们不妨割地以赂秦，给嫪毐建立功劳的机会，顺着嫪毐的意思去做，这样，太后就会对魏国亲善，魏国自然得以保全。

国际社会都知道，让嫪毐的势力压过吕不韦，秦国只会内乱自削，而吕不韦如果得势，秦军的烽火很快就要燃向六国，权衡利弊，嫪毐竟然得到了国际社会的支持！

嫪毐的野心最终超出了与太后所约定的极限，他要对嬴政动手了。公元前238年，嬴政从咸阳来到雍都蕲年宫举行了成年仪式“冠礼”，这也是宣告自己正式即位的大典，嬴政佩上了象征着嬴氏家族最高权力的王者之剑。

随着嬴政的到来，嫪毐的阴谋败露，他擅自盗用秦王御玺和太后玺，调集县里的守卫之卒、官骑，纠集戎翟势力和自己门下的宾客，向蕲年宫发起攻击。

嬴政下令相国昌平君、昌文君发起反击，平息叛乱的战斗在咸阳打响，嫪毐兵败逃亡，嬴政下令举国悬赏：活捉嫪毐，赐钱百万；杀掉嫪毐，赏钱五十万。最终，嫪毐被灭门灭宗，两个无辜的孩子被杀死，与叛乱相牵连的四千余家门客被流放蜀地。

在嫪毐叛乱的时候，吕不韦在做什么？历史一点记载也没有，但至少有一点是肯定的：刚刚接过玉玺的嬴政，此时信任的天平倾斜于嬴姓宗室的昌平君、昌文君，而不在仲父的身上。因为，嫪毐之乱，根源就在吕不韦，是他把嫪毐进贡给了太后。

嫪毐，威胁着嬴政的王位甚至生命，已经被五马分尸。

太后，九年来是事实上的君王，因了宫廷丑闻和牵连于叛乱，被嬴政打入雍城的冷宫。

剩下的最有政治影响力的权势人物，就是仲父吕不韦了，把吕不韦修理好了，嬴政就能轻而易举地在朝廷上发号施令了。

吕不韦伏罪该杀，嬴政也有杀仲父之意，只是，他的功劳实在太大，先王对他也尊重有加，加上朝廷上下为他说情的人实在太多，嬴政也不想一上台就犯众怒，也就只好缓走一步，留下吕不韦一条老命。

嫪毐叛乱次年，吕不韦被罢相，迁出国都，回到河南封地。

可惜，本来十分精明的吕不韦又走错了一步棋。他办事周详、仔细，回到河南后本应该闭门谢客，好好总结自己的经验与教训。但他吕不韦太不谨慎了，高调广交宾客，各国诸侯使者络绎不绝，去拜访他。他的家里整日酒席不断，高朋满座。秦王政害怕他叛乱，便把他发配到蜀地，并写信斥责他："君何功于秦？秦封君河南，食十万户。君何亲于秦？号称仲父。其与家属徙处蜀！"

看了这封信，吕不韦终于感到了自己政治生涯结束，人生末路的到来，与其被嬴政逼迫、折磨而死，还不如自己结束生命，于是，他喝下毒酒自杀。

曾经风光无限的秦国政坛巨星吕不韦就这样结束了自己的一生。

吕不韦在秦国专权十二年。而这一历史阶段，正是秦国军威大振，统一战争取得决定性胜利的时期。应当说，秦实现统一，在吕不韦专权时大势已定，后来大一统的中央集权的秦王朝建立，吕不韦是当之无愧的奠基者之一。

卷二十七 《史记·刺客列传》

第一节　勇者无敌的曹沫

【原文】

曹沫者，鲁人也，以勇力事鲁庄公。庄公好力。曹沫为鲁将，与齐战，三败北。鲁庄公惧，乃献遂邑之地以和。犹复以为将。

齐桓公许与鲁会于柯而盟。桓公与庄公既盟于坛上，曹沫执匕首劫齐桓公，桓公左右莫敢动，而问曰："子将何欲？"曹沫曰："齐强鲁弱，而大国侵鲁亦甚矣。今鲁城坏即压齐境，君其图之。"桓公乃许尽归鲁之侵地。既已言，曹沫投其匕首，下坛，北面就群臣之位，颜色不变，辞令如故。桓公怒，欲倍其约。管仲曰："不可。夫贪小利以自快，弃信于诸侯，失天下之援，不如与之。"于是桓公乃遂割鲁侵地，曹沫三战所亡地尽复予鲁。

【译文】

曹沫，是鲁国人，凭勇敢和力气侍奉鲁庄公。庄公喜爱有力气的人。曹沫任鲁国的将军，和齐国作战，多次战败。鲁庄公害怕了，就献出遂邑地区求和。还继续让曹沫任将军。

齐桓公答应和鲁庄公在柯地会见，订立盟约。桓公和庄公在盟坛上订立盟约以后，曹沫手拿匕首胁迫齐桓公，桓公的侍卫人员没有谁敢轻举妄动，桓公问："您打算干什么？"曹沫回答说："齐国强大，鲁国弱小，而大国侵略鲁国也太过分了。如今鲁国都城一倒塌就会压到齐国的边境了，您要考虑考虑这个问题。"于是齐桓公答应全部归还鲁国被侵占的土地。说完以后，曹沫扔下匕首，走下盟坛，回到面向北的臣子的位置上，面不改色，谈吐从容如常。桓公很生气，打算背弃盟约。管仲说：“不可以。贪图小的利益用来求得一时的快意，就会在诸侯面前丧失信用，失去天下人对您的支持，不如归还他们的失地。”于是，齐桓公就归还占领的鲁国的土地，曹沫多次打仗所丢失的土地全部回归鲁国。

【评点】

刺客是历史上最古老的职业之一，在中国古代，刺客是一种高尚的职业，令无数文人墨客心向往之。太史公在《史记》中也特别为刺客们写了《刺客列传》。他们为了信念和承诺，视生命为浮尘，在刀光剑影中挥洒游侠义气，所体现的，正是“士为知己者死”的牺牲精神。

他们以一种豪气干云的形象，一种无畏从容的姿态纵横天下，演绎出长虹贯日、彗星袭月的传说。

第一个出现在司马迁笔下的刺客，是鲁人曹沫。

所谓刺客，是以暗杀为职业的人。这是一个古老而神秘的职业，这类人在武侠小说中常见。如果是这样的定义的话，曹沫显然不是全职刺客，充其量是个兼职。

曹沫是鲁国人，生得肌肉虬结，体格魁伟，正宗的山东彪形大汉，以力大勇敢著称。

体格好的人，通常比较有市场，当时的鲁庄公姬同（公元前693—公元前662年），在位三十二年，春秋诸侯国鲁国第十六任君主，喜爱力士，曹沫便因勇猛有力在鲁国任职。

说起来鲁国，在春秋战国时期，不过是个弹丸小国而已，那些霸主们视为“鸡肋”，收购了你，战略意义也不大；有你的存在，没事还能解解闷。总而言之是有你没有你，太阳天天照常升起。

所以，鲁国其时处在一个很尴尬的位置上。

齐桓公姜小白实在是闲着没事干了，下雨天打孩子闲着也是闲着，派兵骚扰鲁国。他这轻易的一动，那头的鲁庄公就坐不住热炕头了。

鲁庄公很头疼，真是怕啥来啥，于是，拜曹沫为将，对齐国宣战（曹沫为鲁将，与齐战）。两国的实力，一个是国足，一个是巴西，相差太悬殊。

果然，战事如人们预料的那样，三战皆败。

这下子完蛋了，三战皆败，鲁庄公很害怕，当前真是盲人骑瞎马——处境危险。

怎么办？

阿里巴巴总裁马云说：“战略有很多意义，小公司的战略意义简单一点，就是活着，活着最重要。”

鲁庄公明白这一点，他很干练，当机立断，献出遂邑地区求和。这是很古老的手段，但通常很实用。

鲁庄公或许不是个好君王，但却是个好领导，他没因为员工的失职而进行责罚，事实也如人所料，鲁国妄想战胜齐国的胜算几乎为零，无论是派谁出战，结果都可能是一样的。鲁庄公很明白这一点，所以没有责罚曹沫，还让他当将领。只有这样的领导，员工才可能死心塌地卖命。

以后的事实证明，曹沫没有令他失望。

鲁庄公为表示诚意邀请齐桓公柯地盟约。

盟约乃是国际行为，所以排场很大，两国的领导、重臣等都要在场，曹沫当然也陪同出席。

正当鲁庄公与桓公即将达成屈辱协议之时，载入史册的一幕发生了。

曹沫手执匕首冲上前去，劫持了齐桓公。桓公左右恐伤到主公，不敢动作。

桓公问："你想怎样？"

曹沫义正词严地说："齐国强大，鲁国弱小，而大国侵略鲁国也未免太过分了。如今鲁国都城一倒塌就会压到齐国的边境，大王您要考虑考虑这个问题。"

齐桓公明白，不就是要收复失地吗？好汉不吃眼前亏，只好答应下来。

曹沫于是扔下匕首，走下盟坛，回到面向北的臣子位置上，面不改色心不跳，谈吐从容，毫无惧意，就像一切都未发生过一样。

我想此刻最害怕的人当属鲁庄公，万一那姜小白不讲诚信，毁了约，派兵压境，如之奈何？他的担心并非多余。

果然，齐桓公姜小白愤怒了，当了那么多年的老大，第一次有人威胁他，颜面扫地，这还了得，不发兵灭了小小鲁国，怎能消除心头之恨？

齐桓公正待发作之际，丞相管仲说了话："不可以。贪图小利用来求得一时的快意，就会在诸侯面前丧失信用。失信于天下，对您、对齐国都是不利的，不如归还他们的失地。"

齐桓公姜小白想了想，为了顾全大局，权衡利害，强忍怒气归还了占领鲁国的土地。

就这样，曹沫多次打仗所丢失的土地全部回归鲁国。

《史记》中对曹沫劫持齐桓公事件，笔墨不多，前后不足三百字，但是可以看得出来曹沫不畏豪强、赤胆忠心的侠义精神，做人当有此风骨。

曹沫以其忠诚勇气和不烂之舌，兵不血刃地要回了土地，真真令人敬佩！

第二节　一剑报恩的专诸

【原文】

光既得专诸，善客待之。九年而楚平王死。春，吴王僚欲因楚丧，使其二弟公子盖馀、属庸将兵围楚之灊；使延陵季子于晋，以观诸侯之变。楚发兵绝吴将盖馀、属庸路，吴兵不得还。于是公子光谓专诸曰："此时不可失，不求何获！且光真王嗣，当立，季子虽来，不吾废也。"专诸曰："王僚可杀也。母老子弱，而两弟将兵伐楚，楚绝其后。方今吴外困于楚，而内空无骨鲠之臣，是无如我何。"公子光顿首曰："光之身，子之身也。"

四月丙子，光伏甲士于窟室中，而具酒请王僚。王僚使兵陈自宫至光之家，门户阶陛左右，皆王僚之亲戚也。夹立侍，皆持长铍。酒既酣，公子光佯为足疾，入窟室中，使专诸置匕首鱼炙之腹中而进之。既至王前，专诸擘鱼，因以匕首刺王僚，王僚立死。左右亦杀专诸，王人扰乱。公子光出其伏甲以攻王僚之徒，尽灭之，遂自立为王，是为阖闾。阖闾乃封专诸之子以为上卿。

【译文】

公子光得到专诸以后，像对待宾客一样地善待他。吴王僚九年，楚平王死了。这年春天，吴王僚想趁着楚国办丧事的时候，派两个弟弟公子盖余、属庸率领军队包围楚国的灊城，派延陵季子到晋国，用以观察各诸侯国的动静。楚国出动军队，断绝了吴将盖余、属庸的后路，吴国军队不能归还。这时公子光对专诸说："这个机会不能失掉，不去争取，哪会获得！况且我是真正的继承人，应当立为国君，季子即使回来，也不会废掉我呀。"专诸说："王僚是可以杀掉的。母老子弱，两个弟弟带着军队攻打楚国，楚国军队断绝了他们的后路。当前吴军在外被楚国围困，而国内没有正直敢言的忠臣。这样王僚还能把我们怎么样呢。"公子光以头叩地说："我公子光的身体，也就是您的身体。"

这年四月丙子日，公子光在地下室埋伏下身穿铠甲的武士，备办酒席宴请吴王僚，王僚派出卫队，从王宫一直排列到公子光的家里，门户、台阶两旁，都是王僚的亲信。夹道站立的侍卫，都举着长矛。喝酒喝到畅快的时候，公子光假装脚有毛病，进入地下室，让专诸把匕首放到烤鱼的肚子里，然后把鱼进献上去。到王僚跟前，专诸掰开鱼，趁势用匕首刺杀王僚，王僚当时就死了。侍卫人员也杀死了专诸，王僚手下的人一时混乱不堪。公子光放出埋伏的武士攻击王僚的部下，全部消灭了他们，于是自立为国君，这就是吴王阖闾。阖闾于是封专诸的儿子为上卿。

【评点】

说到专诸，是否有相传的必要？一些人认为，专诸、荆轲这些刺客们不过就是一群头脑简单的杀人工具，顶多有那么丁点儿“士为知己者死”的士风而已。而我以为，专诸是一位值得记住的集孝顺、忠义、英武、智慧为一身的大英雄。

一、知遇之恩，以死相许

所谓“时势造英雄”。在春秋战国的时代，国家和个人都面临“不强则亡”的危机。愈是在极度艰难的境遇中，人愈是追求一种伟大的价值观。许多有潜力的个体都会不自觉地绽放出与众不同的魅力。

专诸，吴国堂邑（今无锡鸿声乡鸿山西走马港）人，屠夫，史载其目深口大，虎背熊腰，英武有力。

楚国大将伍子胥，因父亲伍奢、兄长伍尚皆被楚平王枉杀，背负着血海深仇逃亡到吴国。到吴国后，伍子胥谒见吴王僚，企图用伐楚之利来游说吴王出兵。吴国公子光说：“伍子胥父兄皆被楚所杀，吴伐楚，这是为报私仇，非为吴国利益计。”吴王遂打消了攻楚的想法。后伍子胥得知公子光打算杀掉吴王僚，暗自思量：“公子光有在国内夺取王位的企图，现在还不能劝说他向国外出兵。应当先帮助公子光继承王位。”

原来，公子光的父亲是吴王诸樊。诸樊有三个弟弟：大弟余祭、二弟夷、三弟季子札。诸樊知道三弟季子札贤，故不立太子，把王位依次传给三个弟弟，想最后把国家传到季子札手里。诸樊死后，传余祭。余祭死，传夷。夷死，当传给季子札；季子札不肯受国，隐匿不知去向，吴王便立夷之子僚为吴王。公子光说：“假若以兄弟为次，则季子札当立为王；若以儿子为序，则我光当是继承人，当立为王。”所以便偷偷地养谋臣勇士以伺机夺王位。

于是，专诸走到了历史前台。

《史记》中说，专诸对母亲非常孝顺，一次，专诸与一大汉厮打，众人力劝不止，其母一唤，他便束手而回。伍子胥恰巧路过此地，见其勇武和仁孝之状，深为敬佩，便把专诸推荐给公子光以图大业。

就这样，一次偶然的打架，让专诸于社会的最底层一跃成为公子光刻意培养的勇士。

且说公子光得到专诸以后，即以上宾礼待之，对他的母亲也恭敬异常。

公子光登门造访时，奉上金帛为贽，专诸固让。伍员从旁力劝，方才肯受。光使人日馈粟肉，月给布帛，又不时存问其母。专诸甚感其意，曰："某村野小人，蒙公子豢养之恩，无以为报。倘有差遣，唯命是从。"公子光说："按祖父遗命，依次相传规则，王僚不按规则出牌，夺了应属我的王位。"专诸曰："何不使近臣从容言于王侧，陈前王之命，使其退位？何必私备剑士，以伤先王之德？"光曰："僚贪而恃力，知进之利，不能退让，若与之言，反生忌害。光与僚势不两立！"专诸奋然曰："公子之言是也！"由此可见，专诸也是一位同情弱者匡扶正义先礼而后兵的忠义君子。当听到公子光"君之子母，即吾子母也。自当尽心养育，岂敢有负于君哉"这段承诺，专诸便义无反顾为报知遇之恩而出生入死，虽殒身而不恤了。

世上从来没有无缘无故的爱，身为卑微的操刀屠夫，所有的也就是勇武、义气而已，竟能得尊荣无比的王子青眼有加，专诸当然知道上宾礼的背后必有所图，他当然也不是贪图那一时的尊贵，他所感动的，是公子光的纡尊降贵，是公子光的礼遇之恩。

二、有备而去，一剑酬恩

专诸的智慧首先在于准备充分。专诸曰："凡事轻举无功，必图万全。欲刺王僚，必先投王之所好，乃能亲近其身。"当知王僚好吃鱼时，遂往太湖学炙鱼。专诸虽没有受过正规教育，却是智勇双全的学习型人才。他学什么精什么。杀猪的做好"猪头肉"不算难，要做好直至现在都还是姑苏一道名菜的"炙鱼"可不容易。专诸居然只用三个月就发明了用"冬天的梅树枝细烤夏天的太湖鲤鱼"的专利，他烧的鱼是香气诱人、味道鲜美，以至于后人把他奉为"厨师之祖"。专诸遂成为"请客吃饭也是革命——天下第一饭局"的主厨。

王僚十三年（公元前 514 年）春，楚平王死，王僚派他的兄弟盖余、属庸二人起兵伐楚，派他的儿子庆忌往收郑、卫之兵，又使延陵季子去晋观察中原局势，企图称霸。

公子光见时机已到，就密召伍子胥与专诸商议行事。四月丙子日，公子光预伏甲兵于地屋中，又命伍子胥暗约死士百人，在外接应。

于是，公子光入见王僚，说专诸能烧一手好鱼，问僚是不是有兴趣到府上品一品鱼。

贪吃的僚竟然答应了。

当然僚也做了万全的准备，他不仅穿了三层盔甲，还带了大量的兵马，到了公子光家里，光拜见僚后大家入座。当时的安全检查非常严格，每个上菜的人都要仔细搜身。

酒过三巡，公子光借口脚痛，走出了大厅，走进了地下室，叫专诸在炙鱼的腹部放入短剑，专诸就端着他烧的鱼上来了。这个鱼可谓色香味俱全，僚连声叫快点端上来。在经过搜身之后，专诸端着鱼上来了，当僚俯身过去准备品味烧鱼的时候，专诸以迅雷不及掩耳之势从鱼的肚子里面抽出一把鱼肠剑，奋力刺向僚，力量之大把僚的三层盔甲全部刺穿，僚当场毙命。这时候僚身边的护卫如梦初醒，乱剑把专诸砍死。

公子光立刻出动他预先埋伏的甲兵，来攻击跟随王僚的人马，统统把他们歼灭了。于是公子光自立为王，就是吴王阖闾。

专诸人生最绚烂的时刻就是他刺杀吴王僚的完美一击！在司马迁《刺客列传》所记载的五位刺客中，专诸的行刺可以说是最成功的，一击绝杀，力透脊背。这一击成就了“鱼肠剑”的威名。

据史载，鱼肠剑，一名鱼藏剑，是铸剑大师欧冶子为越王所制。鱼肠剑制成后，善于相剑的薛烛被请来为它看相，薛烛感受到了鱼肠剑中所蕴藏的信息，因此评价说：“逆理不顺，不可服也，臣以杀君，子以杀父。”

这一击推动了吴国的历史。吴王阖闾后来在他执政的十九年里恩威并济，使吴国的政治、经济和军事力量逐渐得到加强，并且最终战胜了楚国，成为一方霸主。在阖闾的这一盘棋里，专诸无疑是最关键的第一步棋。

吴王阖闾始终十分感恩专诸的牺牲，就封专诸之子专毅为上卿，并根据专诸生前希望葬在泰伯皇坟旁的遗愿，从优安葬专诸，如今鸿山东岭有“专诸墓”。邑人秦颂硕曾写“专诸塔”一诗寄托敬仰之情：“一剑酬恩拓霸图，可怜花草故宫芜。瓣香侠骨留残塔，片土居然尚属吴。”

唐雎曰：夫专诸之刺王僚也，彗星袭月！

彗星已逝，但灿烂永恒！

第三节　士为知己死的豫让

【原文】

襄子至桥，马惊，襄子曰："此必是豫让也。"使人问之，果豫让也。于是襄子乃数豫让曰："子不尝事范、中行氏乎？智伯尽灭之，而子不为报雠，而反委质臣于智伯。智伯亦已死矣，而子独何以为之报雠之深也？"豫让曰："臣事范、中行氏，范、中行氏皆众人遇我，我故众人报之。至于智伯，国士遇我，我故国士报之。"襄子喟然叹息而泣曰："嗟乎豫子！子之为智伯，名既成矣，而寡人赦子，亦已足矣。子其自为计，寡人不复释子！"使兵围之。豫让曰："臣闻明主不掩人之美，而忠臣有死名之义，前君已宽赦臣，天下莫不称君之贤。今日之事，臣固伏诛，然愿请君之衣而击之焉，以致报雠之意，则虽死不恨。非所敢望也，敢布腹心！"于是襄子大义之，乃使使持衣与豫让。豫让拔剑三跃而击之，曰："吾可以下报智伯矣！"遂伏剑自杀。死之日，赵国志士闻之，皆为涕泣。

【译文】

赵襄子来到桥上，马受惊，襄子说："这一定是豫让。"派人去查问，果然是豫让。于是襄子就列举罪过指责他说："您不是曾经侍奉过犯氏、中行氏吗？智伯把他们都消灭了，而您不替他们报仇，反而托身为智伯的家臣。智伯已经死了，您为什么单单如此急切地为他报仇呢？"豫让说："我侍奉范氏、中行氏，他们都把我当做一般人看待，所以我像一般人那样报答他们。至于智伯，他把我当作国士看待，所以我就像国士那样报答他。"襄子喟然长叹，流着泪说："哎呀，豫让先生！您为智伯报仇，已算成名了；而我宽恕您，也足够了。您该自己做个打算，我不能再放过您了！"命令士兵团团围住他。豫让说："我听说贤明的君主不埋没别人的美名，而忠臣有为美名去死的道理。以前您宽恕了我，普天下没有谁不称道您的贤明。今天的事，我本当受死罪，但我希望能得到您的衣服刺它几下，这样也就达到我报仇的意愿了，那么，即使死了也没有遗憾了。我不敢指望您答应我的要求，我还是冒昧地说出我的心意！"于是襄子非常赞赏他的侠义，就派人拿着自己的衣裳给豫让。豫让拔出宝剑多次跳起来击刺它，说："我可用以报答智伯于九泉之下了！”于是以剑自杀。自杀那天，赵国有志之士听到这个消息，都为他哭泣。

【评点】

豫让这个名字也许对于很多人来说，都很陌生，他只是历史上一个人微言轻、而且相当失败的“刺客”，但正是因为他的失败以及失败的过程，成就了豫让的人格力量。“士为知己者死”“国士遇我，国士报之”的豪言，与其他刺客相比，豫让可以说是虽死犹生。

一、人生知己，虽死犹报

韩氏、魏氏、赵氏三家把智氏灭了之后，不但灭了智氏一族，分了智氏的土地，赵襄子无恤本来和智伯有私仇，加上又被智氏打了一年，把智伯的头砍下来，挖空，涂上漆，把他作为酒器。一旦和别人饮酒作乐，就把智伯的头拿出来装上美酒喝掉。

智氏树敌过多，加上智氏一族灭亡了，本来是没有人能反对的，可还是有一个历史上划时代的人物要为智伯报仇，这个人就是豫让。

豫让，是春秋晋国人，出身于大侠世家。

智伯对豫让有知遇之恩。在智伯之前豫让不是没有侍奉过其他人，范氏、中行氏都曾经是他的主子，他们用他却不懂他，不知道在他这普通外表下有一颗怎样热烈而又渴望燃烧的心。

豫让先投范昭子，当时范昭子坐在酒席正中，笙歌管弦，觥筹交错，以一种蔑视的眼神问他：“你有什么能力可以让我用你啊？”豫让一言不发，右手抚胸，骤然翻起，五指朝天，手不离身。昭子哈哈大笑，连叹高人高人。豫让成了范门食客。然而日久见人心，昭子并不明晓其才志，只是觉得他的姿势可笑，之所以留下他来，一是为了开心，二是不想坏了爱才的名声。豫让长叹一声，夜行而去。

离开了范家，豫让继而投奔中行文子府邸，结果还没待上一年时间，豫让发现中行与范家不过是一丘之貉，就再次离开了中行家。

就在豫让以为自己的才能永远也碰不到可以赏识自己的人的时候，他遇到了智伯。当时智伯的话令他感动万分：“荀瑶（智伯）欲结识天下豪杰，不意得先生惠顾，实乃平生之幸也！”

豫让悲喜交加：颠沛流离，不就是觅慧眼之主吗？智伯待豫让以师友之礼，优厚有加，恭敬得度，交往甚恰。而且更令豫让感动的是智伯和范氏、中行氏他们不同，智伯了解他，视他为难得的勇士智者，使他在茫茫的人海中找到了存在的意义。

可是，智伯死了。死于赵襄子的诡计，赵、韩、魏三国合围智伯军队，智伯战死沙场，可恶的赵襄子甚至连死去的智伯也不放过，用他高贵的头颅漆成酒具，日夜把玩，这使得豫让杀他之心愈加强烈——士可杀不可辱，智伯高贵的头颅岂容你竖子小儿糟蹋！

逃入山中的豫让，誓言为智伯复仇，他说："女为悦己者容，士为知己者死。"豫让为智伯复仇，不仅是尽臣子之忠，更是全朋友之义，回报智伯的知遇之恩，在这里，我们与其认为豫让是复仇，倒不如说他是"全交"——智伯曾经给豫让以人格的尊严，所以，豫让誓死也要捍卫智伯的人格与尊严。

二、乔装改扮，只为报仇

为了报仇，豫让煞费苦心，不惜自虐残害身体，他活着的唯一目的就是为智伯报仇。

他先是改变姓名，冒充罪犯，混进宫廷，企图借整修厕所的方式，以匕首刺杀赵襄子。不料事情很快败露，赵襄子手下的人发现豫让形迹可疑，便将他抓了起来，进行审问，不料豫让豪气冲天地说："我要为智伯报仇！"手下人要将他杀掉。

赵襄子止住了，说："智伯死了，而且没有后人，他敢为智伯报仇，说明他是个有仁有义之人啊，这次就放了他吧。"

失败的豫让没有放弃，铁了心要杀赵襄子，一计不行，又生一计。为了改变相貌、声音，他不惜在全身涂抹上油漆、口里吞下煤炭，乔装成乞丐，找机会报仇。

他用漆涂自己的脸，脸上长起了很多脓疮，他还将烧红的炭火放进喉咙，烫哑嗓子，相貌大变，连他的妻子也认不出来了。

但他的朋友还是认出了他，泪流满面地劝告："以你的才能，假如肯假装投靠赵襄子，赵襄子一定会重用、亲近你，那你岂不就有机会报仇了吗？何必要这样虐待自己呢？"

豫让却说："如果我向赵襄子投诚，我就应该对他忠诚，绝不能够虚情假意，用这种卑鄙的手段。"豫让还是要依照自己的方式完成复仇的使命。

有一次，机会来了，豫让事先埋伏在一座桥下，准备在赵襄子过桥的时候刺杀他。赵襄子的马却突然惊跳起来，使得豫让的计划又再次失败。

捉了豫让后，赵襄子责备他说："你以前曾经在范氏和中行氏手下工作，智伯消灭了他们，你不但不为他们报仇，反而投靠了智伯；那么，现在你也可以投靠我呀，为什么一定要为智伯报仇呢？”

豫让说：“我在范氏、中行氏手下的时候，他们根本都不重视我，把我当成一般人；而智伯却非常看重我，把我当成最优秀的人才，是我的知己，我非替他报仇不可！”

赵襄子听了非常感慨，便说：“你对智伯，也算是仁至义尽了；而我，也放过你一次。这次，我不能再释放你了，你好自为之吧！”

豫让知道这一次是非死不可，于是就恳求赵襄子：“请慢！我有一事要请求大王，上次大王饶小人一命，天下人都闻知了你的贤名，这次你要杀我，我无话可说，不过，临死之前我有一个小小的请求，请大王把衣服让我刺几剑，也算为智伯报了仇，我虽死无憾了。”

赵襄子于是脱下衣服递给豫让，豫让拔出剑来，跃起三次将衣服斩为两截，仰天长笑说：“我终于有脸去见智伯了。”说罢，伏剑自杀。

赵地举国之士闻之，无不掩面而泣下！

成语有“斩衣三跃”，就是豫让对世人显耀自己的剑术，证明他有能力杀死赵襄子，现在他的失败，只是因为他没有出手。

其实司马迁的故事不完全，读《战国策》，后面还有：“衣尽出血。襄子回车，车轮未周而亡。”也就是说，赵襄子没有想到豫让完全有能力杀他，所以，受到了惊吓，不久就死去了。

第四节　至情至性的聂政

【原文】

杖剑至韩，韩相侠累方坐府上，持兵戟而卫侍者甚卫。聂政直入，上阶刺杀侠累，左右大乱。聂政大呼，所击杀者数十人，因自皮面决眼，自屠出肠，遂以死。

韩取聂政尸暴于市，购问莫知谁子。于是韩悬购之，有能言杀相侠累者予千金。久之莫知也。

政姊荣闻人有刺杀韩相者，贼不得，国不知其名姓，暴其尸而悬之千金，乃淤邑曰：“其是吾弟与？嗟乎，严仲子知吾弟！”立起，如韩，之市，而死者果政也，伏尸哭极哀，曰：“是轵深井里所谓聂政者也。”市行者诸众人皆曰：“此人暴虐吾国相，王悬购其名姓千金，夫人不闻与？何敢来识之也？”荣应之曰：“闻之。

然政所以蒙污辱自弃于市贩之间者，为老母幸无恙，妾未嫁也。亲既以天年下世，妾已嫁夫，严仲子乃察举吾弟困污之中而交之，泽厚矣，可奈何！士固为知己者死，今乃以妾尚在之故，重自刑以绝踪，妾其奈何畏殁身之诛，终灭贤弟之名！”大惊韩市人。乃大呼天者三，卒於邑悲哀而死政之旁。

【译文】

聂政自带利剑到了韩国，韩相侠累正坐在府上，手持兵器侍卫他的人很多。聂政径直闯了进去，上阶刺杀了侠累，两旁的人顿时大乱。聂政大声呼喝，击杀数十人，然后自己削烂面皮，挖出眼珠，破肚出肠，随即死去。

韩国把聂政的尸体暴露在市集上，悬赏打听，可是没有人知道他是何人。于是韩国又悬重赏查询，宣称有能说出这个刺杀国相侠累的人的名姓的，赏赐千金。但时过很久，仍然无人知晓。

聂政的姐姐聂荣听说有人刺杀了韩相，凶手没有查清，韩国全国都不知道他的名姓，因此把尸体曝露在外，悬赏千金查询，便忧伤悒郁，语不成声地说道：“怕是我的弟弟吧？唉，严仲子是了解我弟弟的！”于是立即动身，赶往韩国，来到市集上，一看死者果真是聂政。她伏在尸体上哭得极为悲哀，说道：“他是轵邑深井里叫作聂政的啊！”在市集上路过的许多人都说：“此人残暴地刺杀我们国相，韩王悬赏千金查问其名姓，夫人您没有听说过吗？怎么敢来认他呢？”聂荣回答说：“我听说了的。但弟弟聂政所以愿蒙受污辱，混迹于市集商贩之中，是由于老母幸而还健在，我还没有出嫁的缘故。现在老母享尽天年去世，我也嫁了丈夫，当初严仲子在我弟弟处于穷困污浊环境里的时候赏识他，和他结交，对他的恩泽已经很重了，这又如何是好呢！士本应为知己者效命，如今他竟由于我还在世的缘故，又狠狠地自我伤残形体以断绝追踪的线索，我怎么能因为害怕连累杀身而让我好弟弟的名姓始终湮没无闻呢！”这番话使韩国市集上的人大吃一惊。聂荣说毕，大呼“天哪”“天哪”多次，终于抑郁悲哀之至而气绝在聂政尸体旁。

【评点】

聂政的事迹在《史记·刺客列传》中最为血腥，却也最具温情。聂政不惜死，不惧死，为知己者死，一死成名，徒令千载之下有识之士唏嘘感叹！

一、老母在堂，不以身许

聂政是轵邑深井里人。他为杀人躲避仇家，和母亲、姐姐逃往齐国，以屠宰牲畜为职业。

濮阳严仲子奉事韩哀侯，和韩国国相侠累结下仇怨。严仲子怕遭杀害，逃走了。他四处游历，寻访能替他向侠累报仇的人。

到了齐国，齐国有人说聂政是个勇敢之士，因为回避仇人躲藏在屠夫中间。

严仲子登门拜访，多次往返，然后备办了宴席，亲自捧杯给聂政的母亲敬酒。喝到畅快兴浓时，严仲子献上黄金一百镒，到聂政老母跟前祝寿。聂政面对厚礼感到奇怪，坚决谢绝严仲子。

严仲子却执意要送，聂政辞谢说："我幸有老母健在，家里虽贫穷，客居在此，以杀猪宰狗为业，早晚之间买些甘甜松脆的东西奉养老母，老母的供养还算齐备，可不敢接受仲子的赏赐。"

严仲子避开别人，趁机对聂政说："我有仇人，我周游好多诸侯国，都没找到为我报仇的人；但来到齐国，私下听说您很重义气，所以献上百金，将作为您母亲大人一点粗粮的费用，也能够跟您交个朋友，哪里敢有别的索求和指望！"

聂政说："我所以使心志卑下，屈辱身份，在这市场上做个屠夫，只是希望借此奉养老母；老母在世，我不敢对别人以身相许。"

严仲子执意赠送，聂政却始终不肯接受。但是严仲子终于尽到了宾主相见的礼节，告辞离去。

镒，是古代的一种重量单位，等于二十两或者二十四两。据俺所知，在那个冶炼技术尚不发达的时代，古人以铜为金。那么当时的一百镒黄铜少说也相当于今日的七十公斤黄金。老实说，面对这么大的一笔金钱，不动心的人恐怕不多。聂政却表现出了超常的冷静，对这份厚重得极不寻常的礼物表示出了极大的警惕。由此看来他并不是一个徒具武勇、头脑简单的人。然后他又明白地告诉严仲子自己不是见钱眼开的小人，虽然"居市井屠者"，不过是为了母亲而"降志辱身"也，并且母亲在世一天，自己就不敢轻言牺牲。在一片孝心之外，我们也能看到聂政的一身傲骨。这一点，是非常令人钦佩的。

二、弟忠姐烈，千古传颂

过了很久之后，聂母逝世。

待到为母亲服过丧之后，聂政说道：“哎呀！我不过是平民百姓，拿着刀杀猪宰狗，而严仲子是诸侯的卿相，却不远千里，委屈身份和我结交。我待人家的情谊是太浅薄太微不足道了，没有什么大的功劳可以和他对我的恩情相抵，而严仲子献上百金为老母祝寿，我虽然没有接受，可是这件事说明他是特别了解我啊。贤德的人因感愤于一点小的仇恨，把我这个处于偏僻地方的穷困屠夫视为亲信，我怎么能一味地默不作声，就此完事了呢？况且以前来邀请我，我只是因为老母在世，才没有答应。而今老母享尽天年，我该要为了解我的人出力了。”

于是前往濮阳拜见严仲子，表示愿意替他报仇。

在得知了严仲子的仇人姓名后，聂政又谢绝了严仲子为他提供的车骑随从助手，独行至韩。

到了侠累府上，聂政仗剑直入，径直上阶刺杀侠累，竟将侠累周围人数众多的兵戟卫士视为无物。左右目睹侠累被杀，一时大乱，但随后便围攻聂政。聂政大呼酣战，竟一连击杀数十人，然后“自皮面决眼，自屠出肠，遂以死”。《史记》中这短短的数十个字，竟似浸透了淋漓的鲜血。聂政以寡击众时展示出一个英勇武士的凶猛和彪悍，令人无比仰慕，而他毁容自杀时的冷酷决绝却又令人不禁感到毛骨悚然。

韩国把聂政的尸体陈列在街市上，出赏金查问凶手是谁家的人，没有谁知道。于是韩国悬赏征求，有人能说出杀死宰相侠累的人，赏给千金。过了很久，仍没有人知道。

聂政的姐姐聂荣听说有人刺杀了韩国的宰相，却不知道凶手到底是谁，全韩国的人也不知他的姓名，陈列着他的尸体，悬赏千金，叫人们辨认，就抽泣着说：“大概是我弟弟吧？哎呀，严仲子了解我弟弟！”

聂荣于是马上动身，前往韩国的都城，来到街市，死者果然是聂政。聂荣就趴在尸体上痛哭，极为哀伤，说：“这就是所谓轵深井里的聂政啊。”

街上的行人们都说：“这个人残酷地杀害我国宰相，君王悬赏千金询查他的姓名，夫人没听说吗？怎么敢来认尸啊？”

聂荣回答他们说：“我听说了。可是聂政所以承受羞辱不惜混在屠猪贩肉的人中间，是因为老母健在，我还没有出嫁。老母享尽天年去世后，我已嫁人，严仲子从穷困低贱的处境中把我弟弟挑选出来结交他，恩情深厚，我弟弟还能怎么办呢！勇士本来应该替知己的人牺牲性命，如今由于我还活在世上的缘故，重重地自行毁坏面容躯体，使人不能辨认，以免牵连别人，我怎么能害怕杀身之祸，永远埋没弟弟的名声呢！”这整个街市上的人都大为震惊。聂荣于是高喊三声“天哪”“天哪”“天哪”！终于因为过度哀伤而死在聂政身旁。

在聂政的心目中，严仲子当然是位贤者，更是深知自己的朋友。为知己者献身，虽殒身而不恤，也正是聂政所追求的人生目标。

可是严仲子是否真的是聂政的知己呢?

假如他真是聂政的知己，聂政为其报仇并为掩护他而毁容自杀之后他就应该挺身而出，为聂政扬名天下。可是他没有，这件本该由他来完成的事，却让聂荣这一位女子完成了。从聂荣的那句“嗟乎，严仲子知吾弟”中，我们就可以感受到聂荣对严仲子这个伪君子深深的怨恨。

几百年过去了，相比于后来的荆轲刺秦王，没有人再谈起之前的那个刺客聂政。

西晋时期，一位伟大的音乐才子在临刑前，取出自己的琴，在刑场上弹奏了一曲《广陵散》，在场的人无不为之动容。这名音乐才子叫作嵇康，是著名的“竹林七贤”之一。

后来人们才知道，这首广陵散，就是根据聂政刺侠累的故事而写，而嵇康的悲情一奏，不仅使这首琴曲成了千古绝唱，也使聂政的名字响彻四海。

第五节　悲情侠义的荆轲

【原文】

太子及宾客知其事者，皆白衣冠以送之。至易水之上，既祖，取道，高渐离击筑，荆轲和而歌，为变徵之声，士皆垂泪涕泣。又前而为歌曰:“风萧萧兮易水寒，壮士一去兮不复还！”复为羽声慷慨，士皆瞋目，发尽上指冠。于是荆轲就车而去，终已不顾。

遂至秦，持千金之资币物，厚遗秦王宠臣中庶子蒙嘉。嘉为先言于秦王曰:“燕王诚振怖大王之威，不敢举兵以逆军吏，愿举国为内臣，比诸侯之列，给贡职如郡县，而得奉守先王之宗庙。恐惧不敢自陈，谨斩樊於期之头，及献燕督亢之地图，函封，燕王拜送于庭，使使以闻大王，唯大王命之。”秦王闻之，大喜，乃朝服，设九宾，见燕使者咸阳宫。荆轲奉樊於期头函，而秦舞阳奉地图柙，以次进。至陛，秦舞阳色变振恐，群臣怪之。荆轲顾笑舞阳，前谢曰:“北蕃蛮夷之鄙人，未尝见天子，故振慑。愿大王少假借之，使得毕使于前。”秦王谓轲曰:“取舞阳所持地图。”轲既取图奏之，秦王发图，图穷而匕首见。因左手把秦王之袖，而右手持匕首揕之。未至身，秦王惊，自引而起，袖绝。拔剑，剑长，操其室。时惶急，剑坚，故不可立拔。荆轲逐秦王，秦王环柱而走。群臣皆愕，卒起不意，尽失其度，而秦法，群臣侍殿上者不得持尺寸之兵；诸郎中执兵皆陈殿下，非有诏召不得上。方急时，不及召下兵，以故荆轲乃逐秦王。而卒惶急，无以击轲，而以手共搏之。是时侍医夏无且以其所奉药囊提荆轲也。秦王方环柱走，卒惶急，不知所为，左右乃曰："王负剑！"负剑，遂拔以击荆轲，断其左股。荆轲废，乃引其匕首以擿秦王，不中，中桐柱。秦王复击轲，轲被八创。轲自知事不就，倚柱而笑，箕踞以骂曰："事所以不成者，以欲生劫之，必得约契以报太子也。"于是左右既前杀轲，秦王不怡者良久。已而论功，赏群臣及当坐者各有差，而赐夏无且黄金二百溢，曰："无且爱我，乃以药囊提荆轲也。"

【译文】

太子和宾客中知道这件事的人都身穿白衣、头戴白帽前来送行。送到易水之滨，饯行之后，荆轲上路，高渐离击筑，荆轲随着筑曲唱歌，唱出变作的声调，人们都感动得流泪哭泣。荆轲又向前走去，唱道："风萧萧啊易水寒，壮士一去啊不再回来！"又发出慷慨的羽声，送行的人个个怒目圆睁，头发根根竖起，直冲帽顶。于是荆轲登车而去，直到最后，连头也不回一下。

一路到了秦国，荆轲拿出价值千金的财宝向秦王的宠臣中庶子蒙嘉送上一笔厚礼。蒙嘉替他们先在秦王那里做了介绍，说道："燕王实在畏惧大王的威严，不敢出兵抵御大王的军队，情愿献出整个国家做大王的内臣，排在属国诸侯的行列里，像大王的郡县那样贡献方物、交纳赋税，以求能奉守燕先王的宗庙，燕王恐惧，不敢自己向大王陈说，小心地斩下樊於期的首级，并献上燕国督亢地图，封装在盒子里，燕王亲自在宫廷前拜送，派遣使者前来禀报大王，听从大王发落。"秦王听了，大为高兴，于是穿上朝会群臣的礼服，设置九位宾相，在咸阳宫接见燕国使者。荆轲捧着盛樊於期首级的盒子，秦舞阳捧着盛地图的盒子，依次上前，来到殿阶，秦舞阳脸色大变，十分恐惧，秦廷群臣都感到奇怪。荆轲回过头来朝秦舞阳笑笑，上前谢罪道："来自北蕃蛮夷的粗鄙之人。未曾见过天子，所以吓坏了。望大王对他稍加宽容，使他在大王面前得以完成使命。"秦王对荆轲说："取舞阳所捧地图过来。"荆轲取地图献上，秦王展开地图，地图展到尽头，匕首忽然出现。荆轲趁势左手抓住秦王衣袖，右手拿起匕首直刺过去。匕首还没着身，秦王大惊，退身猛地站起，袖子扯断了。秦王拔剑，剑长，他握着剑鞘往外拔。当时恐慌着急，加上剑又硬，所以无法立刻拔出来，荆轲追逐秦王，秦王绕着殿柱奔逃。殿上群臣都惊呆了，由于事起突然，出人意料，他们全部失去了常态。原来按秦国的法律，群臣在殿上侍立的不允许携带哪怕是很小的兵器；而那些担任侍卫的郎中都手持兵器排列在殿下，没有三令宣召不能上殿。正当紧急时刻，来不及宣召殿下的侍卫上来，所以荆轲可以追逐秦王。而殿上群臣由于事起突然，恐慌着急，手里没有任何东西可以去攻击荆轲，只能徒手和荆轲搏斗。这时侍医夏无且用他所捧的药袋投击荆轲。秦王正绕着殿柱奔逃，仓促恐慌间，不知该怎么办，旁边的人提醒说："大王把剑推到背上拔！"推到背上，剑就拔出来了，秦王用剑击刺荆轲，斩断了他的左腿。荆轲残废了，用力举起匕首掷击秦王，没有击中，击中了桐柱。秦王再击荆轲，荆轲身遭八处创伤。荆轲自知事情不能成功，倚在柱上大笑，箕踞着骂道："事情所以没有办成，是因为我要活活地劫持你，务必得到你（退还侵占土地）的文书来回报太子。"这时两旁的人上前杀了荆轲，但秦王心中不愉快了很长时间。事后评定功劳，对群臣中有功的和应当办罪的各做相应的赏罚，秦王赐给夏无且黄金二百镒，说道："无且爱我，所以用药袋投击荆轲。"

【评点】

对于"荆轲刺秦王"的故事，大家一定不陌生，即使我们没有读过司马迁的原著，但我们一定也听说过一个成语——"图穷匕见"，这已经是汉语成语里很常用的一个词语了。即使不是十分清楚这个成语的来历，我们依然能十分熟练地使用这个成语。

电影《秦颂》《荆轲刺秦王》《英雄》，都源于这个故事，后来还拍过电视连续剧《荆轲传奇》。

"风萧萧兮易水寒，壮士一去兮不复还。"这句话所表现的意境，已经无法再用另外的一句话或一段话加以描述或解释了，荆轲也因此成为一位悲壮的历史人物而永留史册。

一、四方游历，结识豪侠

荆轲是战国末期卫国人，但他的祖先是齐国人，也就是今天的山东西部人，可说他是一个山东大汉。不过此人"好读书击剑"，后来迁移到卫国，卫国人称呼他庆卿。后又到燕国，燕国人称呼他荆卿。

荆卿喜爱读书、击剑，凭借着剑术游说卫元君，卫元君没有任用他。秦灭卫后，荆轲于是到四方游历，结识了许多豪杰志士。

他先是到了榆次这个地方，和先秦著名五大刺客之一的盖聂谈论剑术，不知荆轲怎么就惹恼了盖聂，盖聂向荆轲瞪了凶恶骇人的眼睛，荆轲就悄无声息地走开了。他溜走后，有人劝说盖聂把荆轲叫回来。盖聂说："我刚才与他谈论剑术，他谈得有不太好的地方，我就瞪了他。你们去看看他去哪里，不过我觉得在这种情况下，他应该不会再留在这里了。"派去找荆轲的人回来说，荆轲已经驾车离开榆次了。盖聂说："肯定会走，我刚才瞪他，他肯定害怕了。"

荆轲离开榆次，到了邯郸，遇到了剑坛高手鲁句践，俩人在一起下棋。鲁句践举手投足之间，闪射出无形的刀光剑影、深厚内力，杀气逼人，乱了手脚和阵脚的荆轲就慌张得不会支招了，几步臭棋一下，鲁句践忍无可忍，愤怒地对荆轲大声呵斥。荆轲怕了（我以为是荆轲怕了），再次悄无声息地溜走或逃走了。

早先的荆轲与大多的非凡人物一样默默无闻，辗转反侧、屡屡碰壁，而不得起用。你看他整日里东游西逛、游手好闲，肯定是个没有什么固定职业的人。

荆轲后来流落到燕国，不再与人论剑了，也不再与人下棋了。结交了一位以宰狗为业的人和擅长击筑的高渐离。他和高渐离和狗屠过了一段醉生梦死的日子。荆轲特别好饮酒，常常和那个宰狗的屠夫及高渐离在燕市上喝酒、唱歌，喝得似醉非醉之时，高渐离击筑，荆轲就和着节拍在街市上唱歌，相互娱乐，甚至是在大街上哭泣，身旁像没有人的样子，可谓忘乎所以、至情至性。

虽说荆轲混在酒徒中，可是他的为人却深沉稳重，喜欢读书；他游历过的诸侯各国，都有当地德高望重的贤士豪杰与他结交。其中有一个燕国隐士叫田光的，知道荆轲不是个平庸的人，对待他非常的友好，二人结下了非常深的友谊。

这之后，在秦国做人质的燕太子丹易服毁面逃回燕国，而燕太子丹与荆轲相遇，荆轲的命运遇到了转机。

二、太子丹谋，刺杀秦王

话说在秦国做人质的燕太子丹逃回了燕国。他看到秦国将要吞并六国，如今秦军已逼近易水，唯恐灾祸来临，心里十分忧虑，全部生命的力量凝聚成一个仇恨的思想，就是报复秦王，单一而且顽固，矢志不渝。

他自然要先去问他的老师鞠武，老师将秦国与天下大势进行了全面的分析，并劝说丹不能因为在秦受了欺负和侮辱而生怨恨，以致以此为要领决意要对秦王实施报复，这不符合客观实际，而且几乎可以说是痴心妄想！丹说："那么就这样无所作为，束手就擒，坐以待毙？"老师说："你让我深入考虑一下。"

还在老师深入考虑一下的时候，樊於期在与安平君叛国之后逃亡到了燕国，寻求政治避难。丹收留了他。但这绝对是个十分严重而棘手的问题。老师说："无论樊将军如何伸张正义，是豪侠英雄，但他是秦国的叛臣；在收留他之前，燕国尚存一点生的渺茫；收留他之后，燕国就彻底没法解救了。别说是我这般平庸者，就是管仲、晏婴还世，怕是也没办法了。你现在急需做的一件事情，就是抓紧把樊将军送到匈奴那儿去，不给秦王一点借口半点理由，然后再做其他长远的计划和打算。”丹说：“请老师换一种思维方法，换一个思考角度。首先我肯定不会送樊将军走；再就是肯定向秦王复仇，不能做什么长远的计划和打算，我迫不及待，连片刻也不能等了。”老师说：“明明行动危险还要求得平安，明明酿造祸患还要求得祥福；结怨深厚而又计划浅薄，弱小无力而又复仇心切，你见过把鸿毛放在炉火上是什么情景和结果吗？请原谅，我无计可施无所作为无可奈何无能为力，你去找田光先生，他智谋深远，勇敢沉着，看他有什么办法吧。”

丹就见到了田光。丹见田光时躬身倒退着走为他引路，用膝盖跪在地上为他擦拭坐席。

田光说：“你找错人了。骏马在年轻强壮的时候，迅如雷电，一日千里；骏马在暮年衰老的时候，晚景凄凉，毛驴不如。太子兴许是听到了年轻强壮时的田光，而不知道几乎耗尽生命精力的现在的田光。我已经无能也无力图谋大事服务国家了。你去找荆轲，他豪侠仗义，意气风发，看他有什么办法。”

没想到田光对面前这个仇恨失控的丹也做了委婉的打发和拒绝。丹一定是看到了田光谨慎的推卸、含蓄的推辞。在田光起身告辞的时候，丹生了某种担心，告诫田光，说：“刚才说的都是国家大事，先生一定替我保守秘密。”

田光对丹笑了一下，然后弯腰驼背做出风烛残年的样子去了荆轲那里，说：“燕秦两国如今势不两立，太子丹决意要除掉秦王，我已经把你举荐给了太子，希望你能够为燕国出力。希望你能到太子的住处走一趟。”荆轲看到是老友田光从中相托，便爽快地答应下来。

田光又说：“太子专门告诫我不能泄露机密，说明他在怀疑我是不是一个有气节的侠客。你见了太子后说我田光已死，不会泄露国家大事了。”说到这里，田光拔剑自刎而死。田光以死来激励荆轲，荆轲自然明白他的良苦用心，这不免令他感慨万千。

这一剑，如此决绝绝情绝对，把个无端无辜、无任何一点精神预示与准备的荆轲一下给推向了历史未知的绝顶。

三、太子礼遇，力不能辞

而后，荆轲果然去见了太子丹，告诉太子田光已经死了，转达了田光的临终之言。

太子拜了两拜，双腿跪行，泪流满面，过了好一会儿才说道："我之所以告诫田光先生不要泄密，是想实现重大的计划罢了。现在田先生用死来表明他没有泄密，这哪里是我的本意呢？"

荆轲坐定后，太子离席，给荆轲叩头，然后痛心疾首地向荆轲备诉天下形势：六国衰亡，燕国危在旦夕，并满腔仇恨痛斥秦王惨无人道，禽兽不如，并怀蛇蝎虎狼之心，意欲灭六国并天下除异己以成帝业的企图。所以丹在说完这一番话后，就直言不讳、直截了当地向荆轲提出要他肩负起时代的大任，接受燕国庄严的托付，去完成刺杀秦王的历史使命。

荆轲全无受到激励的表现，只淡淡答了一句："此国之大事也，臣驽下，恐不足任使。"这话说得够谦虚，也够委婉，然而太子已看准了他，所以"前顿首，固请毋让，然后许诺"——许什么诺？当然是给他好处，把他尊为"上卿"，让他住进了上等豪华的公馆，然后丹每天亲临公馆，送来牛羊猪三种肉类食品的供奉，又献上珍奇玩物，配备车马随从，更有一大批不知从哪儿弄来的妩媚风情的美女，任他心情舒畅随心所欲。"太子日照门下，供太牢具，异物间进，车骑美女恣荆轲所欲，以顺适其意。"《史记》就是这么写的。

为了让荆轲死心塌地地为自己卖命，太子丹确实是伺候得毕恭毕敬体贴入微。太史公把个"恣"字用得太毒，试想荆轲定然是风光透顶，得意得一塌糊涂，有些人一辈子想也不敢想的幸福生活，他就这样轻易得到了，"人生得意须尽欢"，这样死而无憾了！

荆轲于是再也没有退路了，此时的荆轲才开始有了一个刺客的心态和状态。

他反复设计了各种刺杀秦王的方案：他想到了一个人，樊於期；他想到了一个方法，献地图。

他想要樊於期的人头，就跟其本人提出了这样的要求，这不啻为历史上最令人不知所措的一幕，但俗话说，英雄识英雄，荆轲没有看错人，樊於期眼都不眨地自刎了。

就这样，樊於期的人头用了一个匣子密封了起来；一把据说是天下最锋利的匕首也让丹寻到了，那把匕首是一个被称为赵国徐夫人的人的私藏，浸了剧毒，竟用了真人先做了试验，只流出了一丝血，那个倒霉的人就死了。督亢的地图有了；还挑选了一个十三岁就杀过人的那个类乎地痞流氓的秦舞阳给荆轲做助手，一切装备齐全。

荆轲却迟迟不动身，他似乎看不上自己的副手秦舞阳，还在等另外一个不知名的人。他等的是谁呢？一向言语简略的荆轲没有说，司马迁也无从查询，于是成了历史上的谜。其实，不说也可想而知，一定是个跟他自己一样的人。但只是推测。

太子丹又催，荆轲就恼了，说："太子这样催逼是什么意思，一去不回的人，是无能之辈！况且就一个荆轲，去刺杀当今天下最伟大的王；就一把匕首，去完成六国军队都不能做到的事业。你设身处地地想过吗？如果太子真认为我行动迟缓了，那就现在辞别吧！"

四、易水诀别，荆轲刺秦

这是一次激昂激情激动千古的壮烈辞别。

送行的人们都穿戴着白色的衣帽，踏着深沉凝重的脚步，将英雄荆轲送到易水边上，一番隆重的祭路神的仪式之后，高渐离为之击筑一曲，再次渲染烘托了辞别的壮烈和悲烈。

荆轲和而歌之："风萧萧兮易水寒，壮士一去兮不复还……"易水滩头，寒风猎猎，最后一次击筑，最后一次高歌！

荆轲遂上了车子，大义凛然，苍茫向西，绝尘而去。

秦王在咸阳宫接见了作为燕国使者的荆轲。

秦王那天很高兴，着意穿了上朝的礼服，按最高规格安排了九位礼宾司仪的隆重接见仪式。

荆轲手里捧着的是装着樊於期头颅的匣子，秦舞阳手里捧着的是装着燕地督亢地图的匣子。在这肃穆庄严千钧一发的时刻，我们知道那个类乎地痞流氓的秦舞阳刚走到宫殿的台阶下面，脸就吓白了，引起了在场大臣们的注意和怀疑。

荆轲说："不好意思，他是北方边远蛮夷地区的人，没见过这样的大场面，更没见过天王，所以胆怯害怕；原谅他让他完成他的使命。"

秦王说："你就直接把他手中匣子里的地图拿上来就行了。"

荆轲就打开了匣子，尽可能地控制住自己的激动，把地图拿出来，呈上去，秦王高兴，很潇洒地把那地图徐徐展开，最后那把匕首就露了出来，赫然醒目。荆轲抓起匕首，就向秦王刺去。荆轲当时是左手抓住秦王衣服的袖子，右手拿起了匕首刺向秦王。

秦王一惊，站了起来，挣断了衣袖。秦王想拔剑，剑太长，又硬，一下子拔不出来。荆轲追刺秦王，秦王绕着柱子跑。大臣们一时都惊愕得不知所措，而带有武器的侍卫郎中又都在殿下，没有诏谕不能上殿。情况太突然，来不及召郎中上殿，所以荆轲还在追逐秦王。侍医夏无且首先清醒过来，提起手上的药袋就向荆轲砸去，这时不知是谁喊了当惊世界的一句话："大王，背剑！" 就是让秦王把剑竖起来，从脊背的上方把剑抽出来。这是历史性关键的一个提醒。

秦王猛地将剑转到背后，拔出剑就将荆轲的左腿砍断。荆轲跪在地上，将匕首用力投向秦王。秦王一闪，匕首嵌在了铜柱上。秦王将荆轲连砍八剑。

荆轲倚着柱子大笑，说："我之所以没有成功，是想生擒你，以迫使你将诸侯的土地退还。" 左右冲上殿来，将荆轲杀死。

秦王头昏目眩了好久，才回过神来。

后来秦王对群臣论功行赏，处罚也根据情况，分别对待。秦王赏赐夏无且黄金二百镒，说："无且爱护我，才用药袋投击荆轲啊。"

于是秦对燕十分愤恨，增派军队赶往赵国旧地，命令王翦的部队去攻打燕国，十月攻陷燕都蓟城，燕王急了，只好采用代王赵嘉的主意，杀了太子丹，打算献给秦王。但秦军仍旧继续进攻，五年之后终于灭掉了燕国，俘虏了燕王喜，秦国统一天下。

后来，荆轲的好友高渐离利用击筑的机会见到秦始皇，他用筑投击秦始皇，想为好友报仇，结果也没有击中，反被杀死。

荆轲死了，他的形象却成为传奇。在千年的传诵中，他多是大义大勇的悲剧志士，但用今人的眼光看，荆轲最后走上了不折不扣的职业杀手的道路，这条道路只有两个尽头：杀人和被杀。

第六节　惜哉，刺客！

在群雄并峙的战国时代，社会上出现了一批扶危济困、身怀武艺的游侠刺客，他们以自由交往的方式为知遇者轻生相报，并以追求一种精神价值为人生目标。一条命，一柄剑，一逢知遇，便将身轻付，在刺杀中验证自己的宿命。

春秋战国的乱世诸侯，为"刺客"这一行业的从业人员提供了广阔的舞台：在这里无数的阴谋、暗杀，让承担着"兴国灭敌"大任的壮士们上演了一场场可歌可泣、可悲可叹的剧幕。

司马迁《史记·刺客列传》中的人物刻画得栩栩如生，呼之欲出，尽管这五人的具体事迹并不相同，其行刺或行劫的具体缘由也因人而异，但是有一点是共同的：这就是他们身上都有一种不畏强暴、置生死于度外的刚烈精神。司马迁看重的是那些能够在时代中担负重任，敢作敢为的人。他认为这几个刺客的志向意图都很清楚明朗，都没有违背自己的良心，所以是值得歌颂的英雄。他们的事迹，被司马迁写得可歌可泣，生动感人。

对这五位刺客，司马贞在《史记索隐》中分别评价说：“曹沫盟柯，返鲁侵地。专诸进炙，定吴篡位。彰弟哭市，报主涂厕。刎颈申冤，操袖行事。暴秦夺魄，懦夫增气。”刺客们有实际收益，比如收复国土、夺得政权、报仇雪恨；也有精神收益，比如形式上的复仇、虽败犹荣的反抗。可见，唐人司马贞注重的是刺杀行动带来的直接或间接效益。

那么，司马迁又是怎么“曰”的呢？《太史公自序》曰：“曹子匕首，鲁获其田，齐明其信；豫让义不为二心。”《刺客列传》结尾曰：“自曹沫至荆轲五人，此其义或成或不成，然其立意较然，不欺其志，名垂后世，岂妄也哉！”让太史公念念不忘的正是一个“义”字，无论这“义”是谁发明的，无论这“义”的结局如何，只要目的明确，就是政治正确，因其大义凛然、义无反顾、至死不渝，所以值得推许。可见他所看重的还是刺客的“精神魅力”，所谓“士为知己者死”，刺客的职业精神便是勇于抛头颅洒热血，敢于肝脑涂地，如此，便可慷慨赴死，功德圆满。古代刺客就是这样用冷兵器和生命写出了他们的英雄史。

但我并不是很喜欢这种刺客。我认为，除了曹沫以外，其他几位刺客的行为，充其量都只是一种匹夫之勇。

专诸、要离、聂政、荆轲等人，不能算是英雄，只是不自觉被卷入了权力更替的斗争中。表面上是“士为知己者死”，实际上只不过是被人利用的棋子而已。要离为了他的“忠心”而害死自己的妻儿，最后在完成任务之后自尽；荆轲刺杀嬴政，是为了燕国的利益，然而他自己却不是燕国人，既不是忠于祖国，也不是忠于人民，只是忠于那个所谓的“知己”，而真正的情况，却是被人利用。

一个真正有信仰的人，就不应该像刺客这样。许多人赴汤蹈火，为的是自己的祖国和人民，自己的宗教和理想。然而，这些刺客心中却没有这样的概念。他们所效忠的，只是重金礼聘他们的人，虽然不是见利忘义，但也没有一定的立场。说是义士，倒不如说只是单纯的刺客，就像现在的职业杀手。

还有豫让的行为，明代的方孝孺写过一篇《豫让论》，谈论豫让的行为，以及豫让的局限性。文中说，豫让虽然为了智伯舍生忘死，但在这之前，他并没有为智伯提过任何的忠告和劝谏。也就是说，他的死完全是出于一种“以死求名”的心理。而要离为了报答所谓的“恩情”，害死自己的妻儿，真的是非常过分。难道，外人对自己的厚待，比家人的亲情还重要吗？

“居天下之广居，立天下之正位，行天下之大道。得志与民由之，不得志独行其道。富贵不能淫，贫贱不能移，威武不能屈，此之为大丈夫。”观《史记·刺客列传》中诸人之言行，只有曹沫一人做到了，用自己的勇气捍卫了国家的领土，而其他人，并没有达到这个标准。

很多时候，我们往往将“义气”理解成了“义”，往往将豪狠理解成了勇敢，往往将不怕死理解成了壮烈，于是许多杀人者都被鲜血染成了榜样，许多杀人事件都被鲜血染出了光荣，似乎这也是一种传统。时至今日，还能见到一些作家、导演仍热衷于手起刀落、马革裹尸；仍把杀人、复仇当作英雄的筹码，以一种残酷的暴力美学表现所谓的英雄行为，这种手法未免过于轻率、简单。

我们反观历史，不是为了唤醒人们嗜血的基因，而是在歌唱英雄的同时不忘敬畏生命、呼唤正义、礼赞和平，不忘国人所褒扬的“义”应该是敞开的、包容的，它不单要面向一时一事，还要面向更为广阔的人类空间，直至永恒。

卷二十八 《史记·淮阴侯列传》

第一节　少年落魄，忍辱负重

【原文】

淮阴侯韩信者，淮阴人也。始为布衣时，贫无行，不得推择为吏，又不能治生商贾，常从人寄食饮，人多厌之者。常数从其下乡南昌亭长寄食，数月，亭长妻患之，乃晨炊蓐食。食时信往，不为具食。信亦知其意，怒，竟绝去。

信钓于城下，诸母漂，有一母见信饥，饭信，竟漂数十日。信喜，谓漂母曰："吾必有以重报母。"母怒曰："大丈夫不能自食，吾哀王孙而进食，岂望报乎！"

淮阴屠中少年有侮信者，曰："若虽长大，好带刀剑，中情怯耳。"众辱之曰："信能死，刺我；不能死，出我袴下。"于是信孰视之，俯出袴下，蒲伏。一市人皆笑信，以为怯。

【译文】

淮阴侯韩信，是淮阴人。当初做平民百姓时，贫穷，没有好品行，不能够被推选去做官，又不能做买卖维持生活，经常寄居在别人家吃闲饭，人们大多厌恶他。曾经多次前往下乡南昌亭亭长处吃闲饭，接连数月，亭长的妻子嫌恶他，就提前做好早饭，端到内室床上去吃。开饭的时候，韩信去了，却不给他准备饭食。韩信也明白他们的用意，一怒之下，居然离去不再回来。

韩信在城下钓鱼，有几位老大娘漂洗涤丝棉，其中一位大娘看见韩信饿了，就拿出饭给韩信吃。几十天都如此，直到漂洗完毕。韩信很高兴，对那位大娘说："我一定重重地报答老人家。"大娘生气地说："大丈夫不能养活自己，我是可怜你这位公子才给你饭吃，难道是希望你报答吗？”

淮阴屠户中有个年轻人侮辱韩信说：“你虽然长得高大，喜欢带刀佩剑，其实是个胆小鬼罢了。”又当众侮辱他说：“你要不怕死，就拿剑刺我；如果怕死，就从我胯下爬过去。”于是韩信仔细地打量了他一番，低下身去，趴在地上，从他的胯下爬了过去。满街的人都笑话韩信，认为他胆小。

【评点】

汉朝开国名将——淮阴侯韩信，他是平民出身的英雄，也是中国军事史上，一位绝代的奇葩。他的一生，集大喜、大悲、大辱、大志、大功于一身，名垂于青史，功著于千秋，身首于异处，夷灭至三族！可悲、可叹、可歌、可泣、可怜！千载之下，使人感慨系之。

少小孤苦，身无谋生长技而寄食于人，受过胯下之辱，却又胸怀大志；遭受过许多异于常人的苦难折磨，但韩信都能愈挫愈勇，百折不挠，因此留下千古传颂的佳言德行，作为后世的榜样。

一、孤苦无依，寄食人下

韩信本是淮阴人，出身贫寒父母早丧，家贫如洗。也不能被推举做官吏，既不会经商，又不会务农，因此，万分拮据。只好终日挂剑闲游，靠乞食度日，常常到熟人家里去混饭吃，这些人家都不喜欢他。

南昌有一位亭长，平时很看得起韩信，对他十分照顾，于是韩信便常在亭长家里吃闲饭。时间一久，亭长的妻子便不耐烦起来，蓄意设法将他赶出去。有一天，亭长的妻子早早起来烧火做饭，吃饭时也未招呼韩信。待韩信像往常一样来吃早饭时，见什么吃的也没剩下，讨了个没趣儿，便明白了主人的意思，从此便再也不去亭长家。

韩信离开亭长家后，流浪到淮阴城下，临水钓鱼。钓着鱼，就大吃一顿；钓不着鱼，就只好挨饿。这样，没过多久，韩信便变得形容憔悴了。

有几位老大娘在那里漂洗丝棉。其中有一位老大娘见韩信到了吃饭时间还坐在河边，但见他少年落魄，形容憔悴，一副饥肠辘辘的样子，饿得可怜，便把自己带的食物分给他吃，此后一连数十天都是如此。

韩信非常感动，向老大娘道谢说：“承老妈妈如此厚待，将来我若有出头之日，一定会重重地报答您的恩情。”

洗衣的大娘听了这话，十分生气地说：“大丈夫不能自食其力，天天靠别人施舍过日子，能有什么出息。我是看你可怜才给你饭吃，哪里是希望你报答。你既然这样说，那今后就算了吧！”说完，提起棉絮走了。

韩信碰了一鼻子灰，呆呆地望着洗衣大娘远去的背影，心里又是感激又是惭愧。于是，他暗下决心，一定要奋发进取，决不辜负这位洗衣老妈妈的一番苦心。

韩信被刘邦封为楚王后，衣锦还乡，特地到淮阴寻找到曾给他饭吃的那个洗衣老人，赏千金，以报答她的施饭之恩。这就是大家传诵的“一饭千金”的故事，让我们知道了韩信是一个信守承诺、知恩图报的人。

那个南昌亭长也得到一百钱的赏赐。韩信在给他钱时批评道：“你是个小人，做好事没做到底。”

二、少年落魄，胯下受辱

淮阴市井中也有个像《水浒传》里没毛大虫牛二那样的无赖，见韩信整天无所事事，还煞有介事地在腰间挂着一柄剑，便故意侮辱他说：“韩信，你平时腰里总挂着个宝剑，能干什么用？别看你长得高高的个头，其实不过是一个外强中干的懦夫。”众人都认为他说得对，跟着他一起嘲笑韩信。

而韩信像是没有听见那无赖的话似的，继续向前走。

那无赖见状，更加得意，当众拦住韩信说：“你如果是条汉子，不怕死，就拿剑来刺我；如果你没有这点勇气，贪生怕死，就从我的裤裆下钻过去。”

说着便叉开两腿，做骑马式，立在街上。

韩信默默地注视了他好一会儿，虽然感到很难堪，最后还是忍气吞声地伏下身子，从那无赖的胯下钻了过去。在场的人哄堂大笑，那无赖也显得神气十足。但韩信却像刚才什么事情都未发生似的，起身而去。

于是，这件事成为当时淮阴家喻户晓的笑谈。其实，胯下受辱的经历恰恰表现了韩信的大智若愚和非凡的气度。少年时这一特殊的经历锻炼了韩信百折不挠、虚怀若谷的性格，而这一性格成了他日后成为杰出将领的潜在条件。

被封楚王回乡时，韩信也召来那位曾让他受到胯下之辱的屠户，不但不杀他，反而还任命他为楚国中尉，并对将领们说：“他是一个壮士。当时他侮辱我时，我难道真的不敢杀他吗？不是的。但我杀了他就不能成名，不能实现自己的抱负了，所以我忍辱而达到了现在的境地。我真该谢谢他啊，他磨炼了我的意志！”

生活本是充满波折的，在人生之中我们总有在人屋檐下的时候，所以学会隐忍才是最重要的。隐忍并不代表着屈服，相反，它是一个人坚强的表现。当初如果韩信受不了欺凌而杀掉了那个人，那么他还会有未来的成就吗？不会！所以，懂得隐忍方能成就大事。

第二节　登坛拜将，初试锋芒

【原文】

信拜礼毕，上坐。王曰："丞相数言将军，将军何以教寡人计策？"信谢，因问王曰："今东向争权天下，岂非项王邪？"汉王曰："然。"曰："大王自料勇悍仁强孰与项王？"汉王默然良久，曰："不如也。"信再拜贺曰："惟信亦为大王不如也。然臣尝事之，请言项王之为人也。项王喑噁叱咤，千人皆废，然不能任属贤将，此特匹夫之勇耳。项王见人恭敬慈爱，言语呕呕，人有疾病，涕泣分食饮，至使人有功当封爵者，印刓敝，忍不能予，此所谓妇人之仁也。项王虽霸天下而臣诸侯，不居关中而都彭城。有背义帝之约，而以亲爱王，诸侯不平。诸侯之见项王迁逐义帝置江南，亦皆归逐其主而自王善地。项王所过无不残灭者，天下多怨，百姓不亲附，特劫于威强耳。名虽为霸，实失天下心。故曰其强易弱。今大王诚能反其道，任天下武勇，何所不诛！以天下城邑封功臣，何所不服！以义兵从思东归之士，何所不散！且三秦王为秦将，将秦子弟数岁矣，所杀亡不可胜计，又欺其众降诸侯，至新安，项王诈坑秦降卒二十馀万，唯独邯、欣、翳得脱，秦父兄怨此三人，痛入骨髓。今楚强以威王此三人，秦民莫爱也。大王之入武关，秋豪无所害，除秦苛法，与秦民约，法三章耳，秦民无不欲得大王王秦者。于诸侯之约，大王当王关中，关中民咸知之。大王失职入汉中，秦民无不恨者。今大王举而东，三秦可传檄而定也。"于是汉王大喜，自以为得信晚。遂听信计，部署诸将所击。

【译文】

任命韩信的仪式结束后，汉王就座。汉王说："丞相多次称道将军，将军用什么计策指教我呢？"韩信谦让了一番，趁势问汉王说："如今向东争夺天下，难道敌人不是项王吗？"汉王说："是。"韩信说："大王自己估计在勇敢、强悍、仁厚、兵力方面与项王相比，谁强？"汉王沉默了好长时间，说："不如项王。"韩信拜了两拜，赞成地说："我也认为大王比不上他呀。然而，我曾经侍奉过他，请让我说说项王的为人吧。项王震怒咆哮时，吓得千百人不敢稍动，但不能放手任用有才能的将领，这只不过是匹夫之勇罢了。项王待人恭敬慈爱，言语温和，有生病的人，心疼得流泪，将自己的饮食分给他，等到有的人立下战功，该加封晋爵时，把刻好的大印放在手里玩磨得失去了棱角，舍不得给人，这就是所说的妇人的仁慈啊。项王即使是称霸天下，使诸侯臣服，但他放弃了关中的有利地形，而建都彭城。又违背了义帝的约定，将自己的亲信分封为王，诸侯们愤愤不平。诸侯们看到项王把义帝迁移到江南僻远的地方，也都回去驱逐自己的国君，占据了好的地方自立为王。项王军队所经过的地方，没有不横遭摧残毁灭的，天下的人大都怨恨，百姓不愿归附，只不过迫于威势，勉强服从罢了。虽然名义上是霸主，实际上却失去了天下的民心。所以说他的优势很容易转化为劣势。如今大王果真能够与他反其道而行：任用天下英勇善战的人才，有什么不可以被诛灭的呢？用天下的城邑分封给有功之臣，有什么人不心服口服呢？以正义之师，顺从将士东归的心愿，有什么样的敌人不能击溃呢？况且项羽分封的三个王，原来都是秦朝的将领，率领秦地的子弟打了好几年仗，被杀死和逃跑的多到没法计算，又欺骗他们的部下向诸侯投降。到达新安，项王狡诈地活埋了已投降的秦军二十多万人，唯独章邯、司马欣和董翳得以留存，秦地的父老兄弟把这三个人恨入骨髓。而今项羽凭恃着威势，强行封立这三个人为王，秦地的百姓没有谁爱戴他们。而大王进入武关，秋毫无犯，废除了秦朝的苛酷法令，与秦地百姓约法三章，秦地百姓没有不想要大王在秦地做王的。根据诸侯的成约，大王理当在关中做王，关中的百姓都知道这件事，大王失掉了应得的爵位进入汉中，秦地百姓没有不怨恨的。如今大王发动军队向东挺进，只要一道文书三秦封地就可以平定了。”于是汉王特别高兴，自认为得到韩信太晚了。就听从韩信的谋划，部署各路将领攻击的目标。

【评点】

陈胜、吴广揭竿而起后，韩信佩剑从军，投身项梁。项梁战死后，项羽不重视韩信。韩信离项羽投奔到刘邦的汉军，但刘邦也不相信韩信。韩信于是离汉营出走，这就有了“萧何月下追韩信”的故事，后来，刘邦在萧何的屡次劝说下，才亲自与韩信讨论军国大事，确信韩信为稀世之才，方举行仪式，拜为大将。

一、人微言轻，不得重用

秦二世元年（公元前 209 年），陈胜、吴广在蕲县大泽乡（今安徽省宿县东南）起义后，在吴县(今江苏省苏州市）的项梁和项羽叔侄也杀掉了会稽郡的朝廷命官，起兵反秦。已长大成人的韩信便投奔到项氏营中，做了一个无足轻重的小官。

项梁阵亡后，韩信归到项羽的部下，任主更值宿卫的郎中。韩信曾多次向项羽出谋献策，都没有得到重视和采纳，因而郁郁不得志。他深感到在项羽军中无法施展自己的才能，便在项羽从咸阳返回彭城建都时，悄悄地投奔了刘邦。开始，刘邦只让他当个治粟都尉（掌管粮秣的官），也未予以重任。韩信怀才不遇，又想脱离刘邦。这时，丞相萧何发现了他。

原来，在西行路上，韩信有幸和萧何交谈了几次，萧何发现韩信是个难得的军事人才，便极力向刘邦推荐。可是，数日过去，韩信见刘邦并未重用自己，心情十分苦闷。他责怪刘邦不识英才，结果被刘邦一怒之下定为死罪。行刑前，韩信仰天长叹道："汉王不是要打天下吗，为何要杀壮士？"监斩官夏侯婴闻言大惊，知道韩信不凡，便急令停斩，去报告汉王。刘邦虽免了韩信的死罪，但仍不重用他。

一天夜里，月明星稀，韩信悄悄收拾好行装，骑马离开了汉营。萧何得知韩信出走，急出一身冷汗，忙跳上一匹快马，连夜追出一百多里，总算追上了韩信。两天以后，萧何终于劝回韩信，并再次向汉王举荐。他对刘邦说："诸将易得，像韩信这样的将才，举国无双。如果大王要想长期在汉中称王，韩信没有什么用处；如果大王要夺取天下，就不能没有韩信啊。愿大王三思。"这次，刘邦采纳了萧何的建议，准备拜韩信为大将。

再说汉王刘邦依萧何所议，命人筑了一个高台，准备拜韩信为大将，并想马上召见韩信。萧何见刘邦将此事看得如此轻率，就劝阻道："大王素来不注意礼节，现在拜大将就像招呼一个小孩子一样，这恰恰是韩信出走的原因。"

刘邦恍然大悟，说："依你怎么办才好？"

萧何说："既然要拜韩信为大将，就必须选择吉日良辰，沐浴更衣，戒荤戒酒，先表现出诚意。然后召集文武大臣，举行隆重仪式，您亲自登台授印才好。"

刘邦点头称是。

一个平日不为人知的军中小官，如今一下子拜为大将，军中上下惊骇不已。几位跟随汉王出生入死、身经百战的将军，现反倒居于韩信之下，个个被弄得莫名其妙，面面相觑。刘邦早已意识到了这一点，便当众颁令道："凡我军将士，今后俱由大将军节制，大将军当善体我意，与士卒同甘共苦，除暴安良，匡扶王业。发现藐视大将军、违令不从者，准以军法从事，先斩后奏！"

二、拜将之后，初露锋芒

韩信受任大将军后，刘邦对他礼遇有加，众将领见汉王如此厚待韩信，也不敢妄言蔑视。

一天，刘邦把韩信请入帐中，让至上座，亲切地拉着韩信的手说：“丞相极力举荐将军，称赞将军的雄才大略。我想统一中原，平定天下，将军有何妙计助我？”

韩信没有直接回答，却反问刘邦：“大王要东征，夺取天下，您的对手难道不正是项羽吗？”

见刘邦连连点头，韩信接着说道：“请问在勇悍仁强方面，大王能与项王相比吗？”

刘邦沉默了一会儿，说：“我恐怕不如项王。”

韩信见刘邦有自知之明，便对项羽做了入木三分的分析。他说：“项羽虽号称勇悍仁强，但徒有其名。项羽不能用人，不择善而行，其‘勇’只是‘匹夫之勇’。项羽待人表面上恭敬慈爱，谈吐也算温和，部下有了疾病，他又很同情，备加关注，但是部下立了功，他却有功不赏，有时官印都抚摸得没了棱角还下不了封赐的决心，这就是所谓‘妇人之仁’。项王虽然现在称霸天下，要指挥各路诸侯，但不在关中建都，却东归建都彭城，显然是自失地利。而且，他还违背楚王原约，专以亲疏划分封地，诸侯自然生怒，并且起而效尤。试看山东诸国，已开始驱逐旧王，据国称雄，这如何治理？项王起兵以来，所过之地无不大肆杀戮，百姓敢怒不敢言。眼下人们惧怕项王威势，不敢背叛，将来各国势力逐渐强大，何人肯再服他？可见，项王虽强，却是极易变弱的。现在，大王如此反其道而行之，任用天下谋臣勇将，何敌不得摧？率领将士，仗义东征，何地不能克？”

韩信见刘邦听得十分专注，又分析了刘邦争胜天下的有利条件，说：“章邯、司马欣、董翳三王虽然阻我东征之路，但他们本是秦之降将，秦地父老十分憎恨他们，怎肯诚心归附？而大王当初率军进入武关之后，秋毫无犯，并废除秦时苛政法令，与秦民约法三章，秦民无不愿大王治秦。”

韩信讲到这儿，向前探了探身子，满怀希望地说：“现在大王如果东入三秦，很快就能略定；三秦略定之后，便可进图天下了！”

韩信的这一席话，直说得刘邦心悦诚服，一再说：“我真后悔没有早日起用将军！今日听了将军的指导，茅塞顿开。此后用兵全仗将军调度，指日东征！”

韩信说：“将不练不勇，兵不练不精。项王虽有许多劣弱之点，但毕竟是百战的勇将，不可轻视。现须加紧操练人马，鼓舞斗志，约过月旬，方可启行。”

汉王连声称好，即命韩信去布置诸将，校阅士卒。

这次谈话，韩信初露锋芒，分析了楚汉双方的利弊得失，指出了汉军必胜、楚军必败的主客观条件，并提出了东征的具体部署，使刘邦看到了希望。

尤其值得一提的是，韩信在分析形势时，不是单纯从军事力量的对比着眼，而是把战争的胜负同人心的向背紧密联系起来，表现了超人的政治远见和卓越的军事才能，楚汉之战开始逆转。

第三节 战无不胜，屡建奇功

【原文】

八月，汉王举兵东出陈仓，定三秦。汉二年，出关，收魏、河南，韩、殷王皆降。合齐、赵共击楚。四月，至彭城，汉兵败散而还。信复收兵与汉王会荥阳，复击破楚京、索之间，以故楚兵卒不能西。

汉之败却彭城，塞王欣、翟王翳亡汉降楚，齐、赵亦反汉与楚和。六月，魏王豹谒归视亲疾，至国，即绝河关反汉，与楚约和。汉王使郦生说豹，不下。其八月，以信为左丞相，击魏。魏王盛兵蒲坂，塞临晋，信乃益为疑兵，陈船欲度临晋，而伏兵从夏阳以木罂缶渡军，袭安邑。魏王豹惊，引兵迎信，信遂虏豹，定魏为河东郡。汉王遣张耳与信俱，引兵东，北击赵、代。后九月，破代兵，禽夏说阏与。信之下魏破代，汉辄使人收其精兵，诣荥阳以距楚。

韩信使人间视，知其不用，还报，则大喜，乃敢引兵遂下。未至井陉口三十里，止舍。夜半传发，选轻骑二千人，人持一赤帜，从间道萆山而望赵军，诫曰："赵见我走，必空壁逐我，若疾入赵壁，拔赵帜，立汉赤帜。"令其裨将传飧，曰："今日破赵会食！"诸将皆莫信，佯应曰："诺。"谓军吏曰："赵已先据便地为壁，且彼未见吾大将旗鼓，未肯击前行，恐吾至阻险而还。"信乃使万人先行，出，背水阵。赵军望见而大笑。平旦，信建大将之旗鼓，鼓行出井陉口，赵开壁击之，大战良久。于是信、张耳详弃鼓旗，走水上军。水上军开入之，复疾战。赵果空壁争汉鼓旗，逐韩信、张耳。韩信、张耳已入水上军，军皆殊死战，不可败。信所出奇兵二千骑，共候赵空壁逐利，则驰入赵壁，皆拔赵旗，立汉赤帜二千。赵军已不胜，不能得信等，欲还归壁，壁皆汉赤帜，而大惊，以为汉皆已得赵王将矣，兵遂乱，遁走，赵将虽斩之，不能禁也。于是汉兵夹击，大破虏赵军，斩成安君泜水上，禽赵王歇。

汉王之困固陵，用张良计，召齐王信，遂将兵会垓下。项羽已破，高祖袭夺齐王军。汉五年正月，徙齐王信为楚王，都下邳。

【译文】

八月，汉王出兵经过陈仓向东挺进，平定了三秦。汉二年（公元前205年），兵出函谷关，收服了魏王、河南王，韩王、殷王也相继投降。汉王又联合齐王、赵王共同攻击楚军。四月，到彭城，汉军兵败，溃散而回。韩信又收集溃散的人马与汉王在荥阳会合，在京县、索亭之间又摧垮楚军。因此楚军始终不能西进。

汉军在彭城败退之后，塞王司马欣、翟王董翳叛汉降楚，齐国和赵国也背叛汉王跟楚国和解。六月，魏王豹以探望老母疾病为由请假回乡，一到封国，立即切断黄河渡口临晋关的交通要道，反叛汉王，与楚军订约讲和。汉王派郦生游说魏王豹，没有成功。这年八月，汉王任命韩信为左丞相，攻打魏王豹。魏王把主力部队驻扎在蒲坂，堵塞了黄河渡口临晋关。韩信就增设疑兵，故意排列开战船，假装要在临晋渡河，而隐蔽的部队却从夏阳用木制的盆瓮浮水渡河，偷袭安邑。魏王豹惊慌失措，带领军队迎击韩信，韩信就俘虏了魏王豹，平定了魏地，改制为河东郡。汉王派张耳和韩信一起，领兵向东进发，向北攻击赵国和代国。这年闰九月打垮了代国军队。在阏与生擒了夏说。韩信攻克魏国，摧毁代国后，汉王就立刻派人调走韩信的精锐部队，开往荥阳去抵御楚军。

韩信派人暗中打探，了解到没有采纳广武君的计谋，回来报告，韩信大喜，才敢领兵进入井陉狭道。离井陉口还有三十里，停下来宿营。半夜传令出发，挑选了两千名轻装骑兵，每人拿一面红旗，从隐蔽小道上山，在山上隐蔽着观察赵国的军队。韩信告诫说："交战时，赵军见我军败逃，一定会倾巢出动追赶我军，你们火速冲进赵军的营垒，拔掉赵军的旗帜，竖起汉军的红旗。"又让副将传达开饭的命令，说："今天打垮了赵军正式会餐！"将领们都不相信，假意回答道："好。"韩信对手下军官说："赵军已先占据了有利地形筑造了营垒，他们看不到我们大将旗帜、仪仗，就不肯攻击我军的先头部队，怕我们到了险要的地方退回去。"韩信就派出万人为先头部队，出了井陉口，背靠河水摆开战斗队列。赵军远远望见，大笑不止。天刚蒙蒙亮，韩信设置起大将的旗帜和仪仗，大吹大擂地开出井陉口。赵军打开营垒攻击汉军，激战了很长时间。这时，韩信、张耳假装抛旗弃鼓，逃回河边的阵地。河边阵地的部队打开营门放他们进去，然后再和赵军激战。赵军果然倾巢出动，争夺汉军的旗鼓。追逐韩信、张耳。韩信、张耳已进入河边阵地，全军殊死奋战，赵军无法把他们打败。韩信预先派出去的两千轻骑兵，等到赵军倾巢出动去追逐战利品的时候，就火速冲进赵军空虚的营垒，把赵军的旗帜全部拔掉，竖立起汉军的两千面红旗。这时，赵军已不能取胜，又不能俘获韩信等人，想要退回营垒，营垒插满了汉军的红旗，大为震惊，以为汉军已经全部俘获了赵王的将领，于是军队大乱，纷纷落荒潜逃，赵将即使诛杀逃兵，也不能禁止。于是汉兵前后夹击，彻底摧垮了赵军，俘虏了大批人马，在泜水岸边生擒了赵王歇。

汉王被围困在固陵时，采用了张良的计策，征召齐王韩信，于是韩信率领军队在垓下与汉王会师。项羽被打败后，高祖用突然袭击的办法夺取了齐王的军权。汉五年正月，改封齐王韩信为楚王，建都下邳。

【评点】

韩信作为中国历史上最负盛名的一代名将，在天下纷攘、群雄并起的秦朝末年，以其卓越的军事才华开创了汉朝四百多年基业，而且创造了许多载之世界军事史册的经典战例，被后世民间誉为“兵仙”。

一、明修栈道，暗度陈仓

汉王元年（公元前 206 年）八月，经过韩信训练后的汉军军容整肃，纪律严明，英勇善战。刘邦决意挥师东进。张良献计汉王，叫他明修栈道，暗度陈仓（今陕西省宝鸡市）。汉王又问韩信，韩信的计划竟与张良不谋而合，喜得汉王赞叹道：“真是英雄所见略同！”

汉军静悄悄地离开南郑，准备先取汉中，打开东进的大门，建立兴汉灭楚的根据地。此时，项羽正被东方的战乱所牵制，无暇西顾。关中分别由雍王章邯、翟王董翳和塞王司马欣把守，但他们的兵力单薄，又不受秦民拥护，立足未稳。于是，韩信命樊哙、周勃、夏侯婴等将军率领少数人马，先去修复栈道，装作要从栈道出击的姿态，以麻痹敌军。

时值秋高气爽，汉军将士东归之心甚切。自汉军入蜀后，将士们思念家乡，早就想杀回汉中了。大将军韩信一声令下，汉军离开南郑，出褒中沿古时小路，向西北故道挺进，神不知鬼不觉地渡过渭水河，以迅雷不及掩耳之势，直扑陈仓。

雍王章邯本奉项王密嘱，堵住汉中，作为第一道门户，想把刘邦关进偏僻的山里。此时闻知汉王已拜韩信为大将，正在督修栈道，不日出兵。他便大笑道：“既想出兵，何以烧栈道？现在又要重修，三百里栈道尽是悬崖峭壁，何年何月方能修成？真笨贼也。”

说完，章邯又问左右韩信何人，左右忙将韩信的历史对他说明。他复大笑道：“胯下庸夫，有何将才。”于是放心落意，毫无戒备。

一天，忽有陈仓败兵，逃至废邱，报称汉军已夺了陈仓，杀死戍将，现已兵临城下。章邯方知中了明修栈道、暗度陈仓之计，慌忙引军迎战，迎面正撞上樊哙，两军布阵厮杀。汉军积愤已深，勇不可当，直杀得章邯顾头失尾，节节败退。汉军乘胜追去，不料章邯收拾残兵，又二番反戈冲杀过来。

韩信见状，调出汉军左右两翼。分别由灌婴、周勃领兵策应前锋，直杀得章邯大军四散溃逃，章邯也几乎送掉了性命，带着残兵狼狈地退回废邱，紧闭城门，高悬吊桥。然后派人向董翳和司马欣求救，谁知董、司马二人一听此军情，早吓得魂不附体，如何敢动。汉军势如破竹，很快占领了关中大块土地。韩信不失时机，命周勃、灌婴等大将去攻取咸阳，以卡住章邯东逃的去路，然后发兵围攻废邱。

他取出萧何提供的地图仔细察看，见废邱城面临渭水，防守严密，易守难攻。于是，韩信决定智取。他首先命令大将樊哙等部到渭水下游截流。水不下泄，很快猛涨，如万马奔腾，涌进废邱城内，城内顿时乱作一团。

章邯见势不妙，急忙率兵从北门突围。韩信马上又命樊哙放水，挥军直追章邯。章邯丢了城池，前无去路，后有追兵，只好拼死一战，结果惨败，自知无法脱险，便在绝望中拔剑自刎了。

翟王董翳、塞王司马欣本来都是章邯部下的属将，闻知章邯兵败自杀，便先后投降了汉军。这样，号称三秦的关中地区，不到一个月就尽归了汉王。韩信与张良携手，用"明修栈道、暗度陈仓"之计，出奇制胜地夺取了三秦，打开了东进的大门，为刘邦建立了一个兴汉灭楚的根据地。

二、声东击西，木罂渡军

韩信平定三秦之后，汉王刘邦于汉二年（公元前 205 年）调集五十六万人马，浩浩荡荡直取项羽老巢彭城。后因轻敌，沉湎酒色，攻下彭城不久，便被项羽率两万精兵在睢水打得大败。汉军死伤无数，刘邦也险些丢了性命，带领几个残兵败将逃出重围。在这紧要关头，韩信收集兵将，与刘邦在荥阳（今河南荥阳东北）会合，并屡次击败项羽，使楚军不能西进。这样，楚、汉两军在成皋（今河南荥阳西汜水镇）、荥阳一带呈僵持状态。

原先投降汉王的司马欣、董翳见刘邦彭城兵败，又背叛了刘邦，投降了项羽。原先归附汉王的齐王、赵王也同项羽讲和。汉二年（公元前 205 年）六月，魏王豹告假回归故里，探望病中的母亲。结果，一回到平阳，他就绝断了临晋关（今陕西大荔东），并与项羽订立了盟约，背叛了汉王刘邦，局势十分危险。尤其是魏王豹的反叛更使刘邦坐卧不安。魏王豹雄踞河东，西进可以威胁关中，南下可以割断关中与荥阳的联系，对荥阳的威胁甚大。

同年八月，刘邦任命韩信为左丞相，率兵攻打魏王豹。魏王豹见韩信率汉军杀来，调集重兵于蒲阪（今山西永济西蒲州镇），切断临晋交通，企图阻止汉军渡河。

蒲阪位于黄河东岸，同西岸的临晋相对，是攻魏的必经之地。韩信率汉军到达临晋，见蒲阪地势险要，易守难攻，便采取声东击西的战术，集结船只佯由临晋渡河，暗中却调集军队，准备从夏阳（今陕西韩城南）渡河。

魏王豹见韩信在临晋布下重兵，沿岸摆列无数战船，旌旗招展，料定汉军必由此过河。于是集中兵力，严加防守。谁知韩信却在北边的夏阳埋伏重兵，并命兵士砍伐树木，制造了许多木罂（小口大腹的水桶），用绳子连接起来，漂在水上，代替船只，顺利地渡过了黄河。

这一天，汉军以木罂渡军，出其不意地渡过黄河，迅速奔袭魏城安邑（今山西运城东）。魏王豹闻讯后，方知中计，慌忙引兵赶到安邑，迎击韩信，结果兵败被俘。韩信平定魏地后，在那里设立了河东郡，使汉王的地盘扩大到今山西中部和东南部。

三、背水列阵，鏖战井陉

灭魏之后，黄河以北尚有代、赵、燕及山东的田齐四个割据势力。他们依附项羽，对抗刘邦。韩信针对这种情况，向刘邦提出“北举燕、赵，东击齐，南绝楚之粮道，西与大王会与荥阳”的战略计划。刘邦深以为然，于是给韩信增兵三万，派张耳协助韩信去开辟北面战场。

汉二年（公元前205年）九月，韩信大军首先在阏与（今山西和顺西北）大败代军，俘虏了相国夏说。接着越太行山东进，乘胜击赵。赵王歇得到消息后，急命大将陈余集中二十万大军于太行山八隘口之一的井陉口（今河北获鹿西的土门关），占据有利地形，构筑壁垒，准备与汉军决战。连绵千里的太行山脉，共有八陉，井陉是第五陉，是连接代、赵的咽喉要道。赵国的谋臣、广武君李左车向陈余建议说：“井陉谷深路窄，汉军首尾数百里，其辎重粮草必在队尾；我愿领兵三万，从小道袭其辎重，使汉军粮绝兵疲，野无所掠，不出十日，韩信、张耳之头可献于足下。”岂知陈余原是个僵化迂腐的书呆子，他对李左车的建议很不以为然，说：“我本仁义之师，不尚诈谋。韩信所部，号称数万，实则几千，而且远道至此，定很疲蔽。这区区敌众，若不敢抵，诸侯一定笑我怯懦，随时会来攻我。”

韩信探知陈余不用李左车计，心中暗喜，于是放心大胆地纵兵深入，在井陉口以西 30 里的地方屯扎。时至夜半，韩信开始点兵，先派出轻骑两千人，每人携带一面汉军旗帜，抄小路进发，潜伏到赵军营垒附近。行前，韩信吩咐这些士兵说：“如果赵军见我军退却，必会倾巢而出，追杀我军。这时，你们就趁机冲进赵军营寨，拔掉赵军的旗帜，换上汉军的旗帜。”然后命令副将给大家发干粮，让他们先垫垫肚子，并很自信地说：“大破赵军之后，再请大家饱餐一顿。”诸将闻言，将信将疑。韩信再派一队精兵作为前锋，出井陉口，背临绵曼水，面向赵军阵地，摆开了阵势。

拂晓时分，陈余从营垒中看见汉军背水列阵，不禁哈哈大笑：“背水为阵，只可进，不可退，此乃兵家之大忌。破汉军，斩韩信，就在今日！”于是传令三军做好攻击准备。

天刚蒙蒙亮，韩信亲率人马，高举大旗，擂起战鼓，杀出井陉口。陈余大开营门，挥兵出战。两军交锋，赵军仗着人多势众，一拥而上，来围韩信。韩信急命抛弃帅旗，扔掉战鼓，往回便退。陈余见汉军败退，挥兵拼力追杀，就连据守大营的赵兵也想乘势邀功，竟把赵王歇也拥了出来，掠取汉军旗鼓，扬扬得意，哗声如雷。

这时，后退的汉军被水所阻，再也无路可逃，又闻韩信传下军令：“决一死战，后退立斩！”便拼死求生，奋力苦战。两军从早晨直杀到中午，仍不分胜负。陈余恐部众饥饿，不能再战，便传令回营。不料刚退到半路，只见营中全是汉军旗号，不禁惊呼道：“怎么大营被汉军夺去了！”赵军闻言，顿时惊慌失措，一下子乱了阵脚，争相逃命。陈余哪里还能喝止得住，虽然杀了一些逃跑的士兵，仍无法挽回败局。汉军内外夹击，越战越勇，大败赵军，斩了陈余，俘虏了赵王歇。

战后，众将领纷纷向韩信祝贺。他们有人问韩信：“兵书上明明写着‘左倍（背）山陵，前左水泽’，行军列阵时，左后方应靠近山陵，左前方应临近水泽，按着‘背山临水’的原则部署兵力。但大将军不照兵法行事，却让我们背水列阵，并蛮有把握地说‘破赵会食’。结果真就获胜了，道理何在？请将军明示。”

韩信笑道：“这就是《孙子兵法》上说的‘陷之死地而后生，置之亡地而后存’。此战敌众我寡，若将军队部署于平地，岂不都想夺路逃生？因而必须把军队置于无路可退之地，逼迫士兵人人奋勉，死力拼杀。士兵们自知没有了退路，自然会勇气百倍，无人敢当。”诸将听了，无不钦佩。

韩信的背水阵，实在是因地制宜、出奇制胜的妙棋，是知己知彼、灵活运用兵法原则的典型。

四、十面埋伏，平楚灭羽

汉五年（公元前 202 年），由于韩信占领了黄河中下游的广大地区，彭越又在梁地不断骚乱，使楚军供应困难，形势对项羽越来越不利。而汉军方面，萧何不断从关中运送兵员和粮草，支援前线，刘邦兵足粮足，在荥阳以西稳住了阵脚。

汉四年九月，项羽拔营东归，向彭城而去。这年十月，刘邦见围歼项羽的时机已经成熟，便采纳张良、陈平的建议，率兵出阳夏（今河南太康县），同时传令各路诸侯率军西向，在固陵（今河南淮阳西北）会师。

不久，韩信、彭越、英布等诸路兵马先后到达，从成皋到荥阳一路相连数百里，人马跃动，震天动地。刘邦见诸路兵马如期而至，心中大喜，当下命韩信为总统帅，指挥各路大军；又命萧何、夏侯婴运输粮草，供应前方。

汉五年十一月，刘邦率兵进入楚地，围攻寿春（今安徽寿县）。又派人诱使驻舒县（今安徽庐江县西）的楚国大司马周殷叛楚降汉，以舒县兵屠破六（县名）县。到了十二月，终于将项羽围困于回奔彭城的路上——垓下（今安徽灵璧县东南，沱河北岸的濠城）。

再说项羽兵至垓下时，登高西望，只见汹涌扑来的汉兵像蚂蚁一样多，不禁仰天长叹道："我悔不该当初不杀刘邦，竟受他欺骗，与他议和。如今他背约发兵，太无信义了！"项羽怒不可遏，命十万将士就地扎营，布兵列阵，准备与汉军决战。

韩信受命汉军总统领之后，将三十万人马分成十队，布置了十面埋伏阵，四环接应。请刘邦守住大营，他亲率三万人马上前挑战。士兵按韩信命令，冲着楚营高喊："人心皆背楚，天下已归刘。韩信屯垓下，要斩霸王头！"项羽一听，气得七窍生烟，率众冲杀出去。两军相接，交战几个回合，韩信且战且走，把项羽引进了包围圈。楚将虞子期怕中埋伏，打马追上项羽。劝道："韩信多谋，汉军势众，主公不必急于追杀，待我江东援兵赶到，汉兵粮草空虚，再杀他也不迟。"此时项羽已怒不可遏，如何能听进这些话？他狠狠瞪了虞子期一眼，全不把汉军放在眼里，一直杀奔过去。

忽然杀声四起，汉军伏兵两路杀出。两军鏖战一阵，项羽冲开汉军，直追韩信。没追出多远，又有两路伏兵杀出，截住项羽，再度厮杀，不多时，又被项羽冲破。项羽气得血往上涌，一心要抓住韩信，径直追去。接连汉兵伏兵四起，十面埋伏，一起杀出，将楚军团团围住。项羽方知中计，余气未消，身心俱疲，只得奋力杀开一条血路，带领残部退回垓下大营。

十万楚军经过几番厮杀，剩下的已不足两三万人，垓下被围，岂能动弹！一晃几日过去，粮草断绝，外无援兵，陷入一筹莫展的苦境。

夜里，随着凄切的风声，四面隐约地传来楚歌，低沉凄怆，如泣如诉："寒月深冬兮，四野飞霜，天高水涸兮，寒雁悲怆。最苦戍边兮，日夜彷徨，披坚执锐兮，孤立山冈。虽有田园兮，谁与之守……”项羽听了，暗暗吃惊：“莫非汉军已把楚地全占了吗？为什么汉军里有那么多楚人呢？”楚军将士也被这歌声引动了思乡之情，军心大乱，一夜之间，项羽身边只剩下了千余人。

次日凌晨，项羽突围，几经转战，只身来到乌江边，见前有滔滔江水，后有汉将灌婴率兵紧追不舍，心灰意冷，无颜再见江东父老，便拔剑自刎了。一代悲剧英雄，就这样血洒乌江之滨，时年31岁。自此，历时四年的楚汉战争终于以刘邦的胜利而告终。

韩信以歌谣迷惑项羽，使他误认为中了十面埋伏之阵，也使项羽的八千子弟离肠寸断，战斗力荡然无存。可以说，这是韩信采用的心理战略的成功战例，充分显示了韩信卓越的指挥才能。

第四节　兔死狗烹，乃是必然

【原文】

陈豨拜为钜鹿守，辞于淮阴侯。淮阴侯挈其手，辟左右与之步于庭，仰天叹曰：“子可与言乎？欲与子有言也。”豨曰：“唯将军令之。”淮阴侯曰：“公之所居，天下精兵处也；而公，陛下之信幸臣也。人言公之畔，陛下必不信；再至，陛下乃疑矣；三至，必怒而自将。吾为公从中起，天下可图也。”陈豨素知其能也，信之，曰：“谨奉教！”汉十年，陈豨果反。上自将而往，信病不从。阴使人至豨所，曰：“弟举兵，吾从此助公。”信乃谋与家臣夜诈诏赦诸官徒奴，欲发以袭吕后、太子。部署已定，待豨报。其舍人得罪于信，信囚，欲杀之。舍人弟上变，告信欲反状于吕后。吕后欲召，恐其党不就，乃与萧相国谋，诈令人从上所来，言豨已得死，列侯群臣皆贺。相国给信曰：“虽疾，强入贺。”信入，吕后使武士缚信，斩之长乐钟室。信方斩，曰：“吾悔不用蒯通之计，乃为儿女子所诈，岂非天哉！”遂夷信三族。

【译文】

陈豨被任命为钜鹿郡守，向淮阴侯辞行。淮阴侯拉着他的手避开左右侍从在庭院里漫步，仰望苍天叹息说：“您可以听听我的知心话吗？有些心里话想跟您谈谈。”陈豨说：“一切听任将军吩咐！”淮阴侯说：“您管辖的地区，是天下精兵聚集的地方；而您，是陛下信任宠幸的臣子。如果有人告发说您反叛，陛下一定不会相信；再次告发，陛下就怀疑了；三次告发，陛下必然大怒而亲自率兵前来围剿。我为您在京城做内应，天下就可以取得了。”陈豨一向知道韩信的雄才大略，深信不疑，说：“我一定听从您的指教！”汉十年，陈豨果然反叛。皇上亲自率领兵马前往，韩信托病没有随从。暗中派人到陈豨处说：“只管起兵，我在这里协助您。”韩信就和家臣商量，夜里假传诏书赦免各官府服役的罪犯和奴隶，打算发动他们去袭击吕后和太子。部署完毕，等待着陈豨的消息。他的一位家臣得罪了韩信，韩信把他囚禁起来，打算杀掉他。他的弟弟上书告变，向吕后告发了韩信准备反叛的情况。吕后打算把韩信召来，又怕他不肯就范，就和萧相国谋划，令人假说从皇上那儿来，说陈豨已被俘获处死，列侯群臣都来祝贺。萧相国欺骗韩信说：“即使有病，也要强打精神进宫祝贺吧。”韩信进宫，吕后命令武士把韩信捆起来，在长乐宫的钟室杀掉了。韩信临斩时说：“我后悔没有采纳蒯通的计谋，以致被妇女小子所欺骗，难道不是天意吗？”吕后于是诛杀了韩信三族。

【评点】

说起汉代风云人物，不能不说到韩信，因为韩信在西汉初年至少有两个“第一”：韩信是西汉第一功臣，被评价为“功高无二，略无世出”；韩信也是西汉第一个被杀的功臣，被看作开国皇帝诛杀功臣的典型，使我们想起那句耳熟能详的成语——“鸟尽弓藏，兔死狗烹”。

为汉家打下大下的韩信，最终却落得个本人被杀、家人被诛的下场，实在可悲可叹！

韩信为何被杀？他到底反没反呢？

一、重情重义，不负汉王

韩信攻下齐地之后，其军事实力达到顶峰。项羽虽然有勇无谋，但此时也认识到，自己的生死存亡实际上已在韩信的掌握之中。

所以，在刘邦派张良去封韩信为齐王的同时，项羽也派部下武涉去游说韩信。

在当时的许多人看来，韩信靠向刘邦一边则汉胜，倒向项羽一边则楚赢，若自立为帝则天下三分。韩信之举手投足，实已关乎天下大势。

项羽派武涉游说韩信，武涉先向韩信分析刘邦的为人：“其不知厌足如是甚也！且汉王不可必身居项王掌握中数矣，项王怜而活之。然得脱，辄背约，复击项王，其不可亲信如此！”

然后，又向韩信陈以利害：“今足下虽自以与汉王为厚交，为之尽力用兵，终为之所擒矣！足下所以须臾至今者，以项王尚存也。当今二王之事，权在足下。足下右投则汉王胜，左投则项王胜。项王今日亡，则次日取足下。足下与项王有故，何不反汉王与楚连和、三分天下王之？今释此时，而自必于汉以击楚，且为智者固若此乎？”

韩信如是答复武涉：“臣事项王，官不过郎中，位不过执戟，言不听，画不用，故背楚而归汉。汉王授我上将军印，予我数万之众，解衣衣我，推食食我，言听计用，故吾得以至于此。夫人深亲信我，我背之，不祥。虽死不易！幸为信谢项王。”干脆利落表明了心志。

谋士蒯通一共三次劝说韩信自立为王，他当时说了这样的话：“天与弗取，反受其咎；时至不行，反受其殃。”意思是说，上天给你的你不拿，那是要带来灾难的；时机成熟了你不做，那是要带来灾殃的。

韩信面对蒯通晓之以理、动之以情的劝说，表现出了自己的优柔寡断，没有像指挥作战时那般叱咤风云。

韩信当时不愿意背叛刘邦的理由是什么？就是他曾对蒯通说的那段话：“乘人之车者载人之患，衣人之衣者怀人之忧，食人之食者死人之事。”就是说，坐了人家的车子，就要把人家的患难也背在自己的身上，因为他已经用他的车子背过我了；穿了人家的衣服，那就要把人家的忧虑也当成自己的忧虑，放在自己的心怀里面；吃了人家的东西，就要用生命去报答，宁肯死也要完成人家的事情。

你说，共一件衣服是多么重的情分啊？那么刘邦能够把自己的衣服脱下来给韩信穿，韩信自然是永世不忘，不能背叛。这当然是中国文化中的心理通则，但是对于韩信来说还有一层特殊性，那就是韩信早年时挨过饿，挨过冻，是曾经没饭吃没衣服穿的人，遇到一个诸侯王，居然把自己的衣服给他穿，把自己的饭给他吃，韩信的这份感激简直是难以言表。

二、功高遭忌，三下兵权

刘邦公开流露出对韩信的不信任，则是在韩信平定燕地之后。刘邦知韩信取赵定燕，实力一定大增，心中喜忧交集，竟只与夏侯婴两人偷偷潜入韩信的营地，自称是汉王使者，直入韩信的营帐，从韩信的卧室内夺得大将军印符，然后召集诸将议事。

当时韩信尚在梦中，及醒后才知刘邦突然到来，大惊！惊魂既定，才发觉刘邦已夺其军权。

如果刘邦因荥阳战事吃紧，急需兵员补充的话，完全可以光明正大地下令，从韩信所部抽调人马，又何必做贼一般地搞突然袭击呢？

这说明，韩信初见刘邦时的一番晤对，肯定有令刘邦不满的地方。刘邦对韩信，既用之，又时刻防备之，一直未将韩信引为心腹股肱。

历来为世人所认同的说法是，刘邦对韩信心生疑忌是始于韩信平定齐地、请求封王之时。刘邦突入韩信卧室夺其军权，将韩信的精兵据为己有，然后命韩信率赵之降兵前往攻齐。不用史家明言，刘邦这一公开对韩信表示不信任的举动，肯定令韩信怏怏不乐。尽管如此，韩信还是服从刘邦的调遣，率军开始了伐齐之役。

韩信攻破临淄，立即分兵掠地，于潍水之战再败齐兵，俘虏田广而杀之。齐相田横闻田广已死，遂自立为齐王。韩信立即派兵击溃之，田横逃走。至此，齐地全境已告平定。

韩信收编败降的齐兵之后，实力大增，估计兵员已达三十万之众。

沉浸在胜利的喜悦中，人往往难以保持清醒。此时，韩信犯了一个大错误，即向刘邦邀功，请求刘邦封他做齐之“假王”，即“代齐王”。

刘邦正在荥阳与项羽对峙，战事颇为吃紧。一日，他正在召开军事会议，韩信的使者到了，转达韩信的话说：“齐人反复多变，忽叛楚忽归汉，不封韩信做‘假王’以镇之，则齐地局势为稳。”

刘邦闻言大怒，道：“我被困于此地，日夜盼望他来救我，他竟想自立为王！”

张良和陈平正坐在刘邦的左右，见刘邦发怒，两人急忙踩刘邦的脚，刘邦何等聪明，随即住口。

张良、陈平悄悄提醒刘邦：“我们这里战事不利，大王能禁止韩信称王吗？不如顺水推舟立他为王，好好对待他，让他为大王守卫齐地。不然的话，恐怕要发生变故。”

刘邦立即醒悟，接着刚才的语气说道：“大丈夫平定诸侯，就是真王，为什么要做‘假王’？”

由于刘邦随机应变，在韩信的使者听来，刘邦的话听来虽说怒气冲天，却像是在为韩信鸣不平了。

在与项羽争斗的关键时刻，刘邦必须要稳住韩信，必须要得到韩信的支援。因此，刘邦派张良为特使，前往齐地立韩信为齐王。张良负有的更重要的使命，是征调韩信的兵马到荥阳与项羽决战。

垓下会战大败项羽后，大概只过了两三天时间，刘邦即采取上次突然夺取韩信军权的故技，“驰入齐王信壁（军营），夺其军”。

又过了几天，刘邦将齐王韩信改封为楚王。

汉六年（公元前 201 年），有人密告韩信收留了楚将钟离昧，蓄意谋反。刘邦听说后，命令韩信交出钟离昧，韩信没有理睬，这成了刘邦的心腹大患。想要发兵征讨，但苦于不是韩信的对手，这时谋士陈平给刘邦献计，叫刘邦以“伪游云梦”（假装巡视云梦——今湖北江陵一带）为名，以便乘机拿下韩信。同年十月刘邦遣使遍告诸侯到陈地朝会，宣称“朕将南游云梦泽”。随后，汉高祖刘邦便率队出发了。

其实，韩信对于刘邦那种畏己、恶己的心理也早有觉察，因此他也时刻提防刘邦算计自己。但自忖没有什么地方可让汉帝疑忌，只是收留钟离昧似有不妥。权衡利害，只得如实向钟离昧说不能再加庇护。钟离昧恨恨地说：“我不该误投至此！我今日死，明日恐怕就轮到你了！”说罢自刎而死。韩信取了钟离昧的首级，到陈地献于汉帝，借此表明心迹。谁知一见面，便被汉帝喝令拿下，载在后面的车中。韩信既已被绑，方长叹一声道：“果然如人们常说的，‘狡兔死，走狗烹；飞鸟尽，良弓藏；敌国破，谋臣亡’。天下已定，我是该死了。”

刘邦说：“有人告你谋反，故而将你拿下。”韩信听了，也不多辩，任其缚之，带回洛阳。大约是查无实据，不久就马马虎虎地将韩信由楚王降为淮阴侯，控制在京城。韩信深知刘邦忌恨他的才能，便托病不出。

如果说以前刘邦仅仅是对韩信有所顾忌的话，韩信请封假王，则令刘邦心生杀机。韩信未得善终，是情理之中了！

三、兔死狗烹，血溅钟室

韩信被害，是这样一个过程。

在汉十一年，就是刘邦当了汉王的第十一年，这个时候西汉王朝也刚刚建立，发生了一件事情，一个叫陈豨的人起兵造反，他自称“代王”，不是代替的“代”，而是代国之王。陈当时有很多军队和人马，而且他是养士的人，手下有很多英雄豪杰。

听到陈豨反了的消息，刘邦勃然大怒，带领军队御驾亲征，去讨伐陈。当时韩信推说自己有病，没有随同前往。

谁知，韩信手下的人上书告发，说陈豨造反是韩信的主意，韩信与陈豨秘密约定，里应外合，由韩信做内应，准备在一天夜里，假传圣旨，释放囚在牢里的所有奴隶和犯人，干掉吕后和皇太子刘盈，然后共取天下。

吕后就把相国萧何找来商量。萧何出了一个主意，说他要去找韩信，告诉他前方传来捷报，咱们皇上打了胜仗，现在群臣都要到皇宫里去祝贺。

那个时候的通信很不发达，前方有什么战事，韩信并不知道。萧何一说，韩信就相信了。但是韩信不肯去，因为前一段时间韩信闹情绪，一直装病不上朝，连朝都不上的人，怎么能去祝贺呢？萧何说：“虽疾强入贺。”意思是，你虽然有病，但还是勉为其难去一趟吧！这么大的事情，大家都去祝贺，你不去祝贺不好。韩信觉得实在是推托不过，就勉强来到长乐宫。

当时汉王朝的主要宫殿有两座：一座叫未央宫，是皇帝住的；一座是长乐宫，是皇后住的。因为这期间是吕后在主政，所以韩信来到长乐宫。长乐宫两边早就埋伏好了，韩信一进来，很多壮士一拥而上，把韩信捆了起来。吕后没有请示也没有汇报，当机立断，先斩后奏，把韩信斩之于长乐钟室，而且立即下令逮捕韩信的家人“夷信三族”，就是将韩信的父族、母族、妻族三族的人全部杀光。

临死前，韩信仰天长叹，说了这么一句话：“吾悔不用蒯通之计，乃为儿女子所诈，岂非天哉！”这句话是说我后悔啊，后悔当初没有听蒯通的建议，以致落到今天这个下场，被小孩子、女人所欺骗，所谋杀，我真是追悔莫及！

可怜一代名将，就这样被消灭了！

想当年，新月半钩，夜色苍茫，萧何心急如焚，挥鞭催马，演了一出脍炙人口的“萧何月下追韩信”的活剧，最后，汉王重用韩信，筑坛拜将，韩信得以施展抱负，辅佐刘邦取得天下。然而他哪里知道，兔死狗烹的悲剧会在他身上重演，而导演这话剧的依然是萧何！所以有“成也萧何败也萧何”之说。

而韩信墓前的对联，更是凝练地概括了他的一生“生死一知己，存亡两妇人”。“一知己”指萧何，“两妇人”则指的是洗衣老妈妈和吕后。

四、名将韩信，名垂千古

韩信，他的一生充满了艰辛和坎坷，同时也充满了种种传奇色彩。

韩信，一代兵仙战神，在华夏大地上最辉煌夺目的年代里，掣起他那更为辉煌夺目而短暂的一生，为这一宝库中添加了最为浓墨重彩的一笔，成为这浩瀚宇宙中亘古不朽的传奇。

翻遍历史的战争画卷，全战而全胜者，普天之下，唯韩信也。他创造的“暗度陈仓”“背水一战”“四面楚歌”等经典战例更是惊艳了后人。楚汉之争中，韩信为刘邦灭亡了三秦；魏、赵、齐、燕；彻底击溃西楚霸王项羽。功业彪炳史册，即便是四百年两汉的统治，也不能抹杀他的盖世功勋。

韩信可以说是道德楷模，忠诚义士，知恩图报，“一饭千金”厚报漂母；支持刘邦，忠心耿耿报答知遇之恩。

他深受传统文化熏陶，忠信礼义、是非曲直曾经影响了他一生，他有着怎样的赤胆忠心啊，多少次称王的机会，谋士的劝谏，他都敬谢不敏，他追求成就丰功伟绩扬名于史的理想，却绝没有豪夺天下的野心，这使其在最重要的历史关头，做出了维护统一、迅速结束战争的决策，而置个人的荣辱沉浮于不顾！

他有着怎样的坚强隐忍，“胯下之辱”对于他这样一位理想远大傲骨内蕴的人来说，不会是沉沦的开始，而是“卧薪尝胆”的新生，唯有这样坚强隐忍的性格，才可成就那样的丰功伟绩。

他有着怎样的壮志豪情，即使衣不蔽体的日子，他也随时随地在积蓄着力量，寻找着成就大业的时机。他有着最明确的目标，好男儿，一定要辅佐明君，建功立业，万世留名，并为追寻这个远大的目标穷尽一生。

韩信是一代军事奇才，却不能战死于疆场，扬名于异域，而不明不白地死于内部的政治斗争，不明不白地死于妇人之手，死不得其所，令后世慨叹！

尽管在历史上大杀功臣的史不绝书，但韩信在中国两千多年的封建史上，差不多成了第一个被杀的最著名的功臣。

韩信死得冤吗？从历史上来看，既可以说他不冤，因为他图谋造反；也可以说他冤，因为他是被逼的。无论怎么说，韩信尽管后来可能想图谋反叛，但他仍是中国式的英雄。

尽管韩信所处的那个时代离现在已经有两千多年了，但是他的英雄壮举、盖世功勋和传奇般的人生轨迹，却被人们传颂至今。

卷二十九 《史记·魏其武安侯列传》

第一节 窦婴：直言任性真丈夫

【原文】

魏其侯窦婴者，孝文后从兄子也。父世观津人。喜宾客。孝文时，婴为吴相，病免。孝景初即位，为詹事。

梁孝王者，孝景弟也，其母窦太后爱之。梁孝王朝，因昆弟燕饮。是时上未立太子，酒酣，从容言曰："千秋之后传梁王。"太后欢。窦婴引卮酒进上，曰："天下者，高祖天下，父子相传，此汉之约也，上何以得擅传梁王！"太后由此憎窦婴。窦婴亦薄其官，因病免。太后除窦婴门籍，不得入朝请。

孝景三年，吴楚反，上察宗室诸窦毋如窦婴贤，乃召婴。婴入见，固辞谢病不足任。太后亦惭。于是上曰："天下方有急，王孙宁可以让邪？"乃拜婴为大将军，赐金千斤。婴乃言袁盎、栾布诸名将贤士在家者进之。所赐金，陈之廊庑下，军吏过，辄令财取为用，金无入家者。窦婴守荥阳，监齐赵兵。七国兵已尽破，封婴为魏其侯。诸游士宾客争归魏其侯。孝景时每朝议大事，条侯、魏其侯，诸列侯莫敢与亢礼。

【译文】

魏其侯窦婴，是汉文帝窦皇后堂兄的儿子。他的父辈以上世世代代是观津人。他喜欢宾客。汉文帝时，窦婴任吴国国相，因病免职。汉景帝刚刚即位时，他任詹事。

梁孝王是汉景帝的弟弟，他的母亲窦太后很疼爱他。有一次梁孝王入朝，汉景帝以兄弟的身份与他一起宴饮，这时汉景帝还没有立太子，酒兴正浓时，汉景帝随便地说：“我死之后把帝位传给梁王。”窦太后听了非常高兴。这时窦婴端起一杯酒献给皇上，说道：“天下是高祖打下的天下，帝位应当父子相传，这是汉朝立下的制度规定，皇上凭什么要擅自传给梁王！”窦太后因此憎恨窦婴。窦婴也嫌詹事的官职太小，就借口生病辞职。窦太后于是开除了窦婴进出宫门的名籍，每逢节日也不准许他进宫朝见。

汉景帝三年（公元前154年），吴、楚等七国反叛，皇上考察到皇族成员和窦姓诸人没有谁像窦婴那样贤能的了，于是就召见窦婴。窦婴入宫拜见，坚决推辞，借口有病，不能胜任。窦太后至此也感到惭愧。于是皇上就说：“天下正有急难，你怎么可以推辞呢？”于是便任命窦婴为大将军，赏赐给他黄金千斤。这时袁盎、栾布诸名将贤士都退职闲居在家，窦婴就向皇上推荐起用他们。皇上所赏赐给的黄金，都摆列在走廊穿堂里，属下的小军官经过时，就让他们酌量取用，皇帝赏赐的黄金一点儿也没有拿回家。窦婴驻守荥阳时，监督齐国和赵国两路兵马，等到七国的叛乱全部被平定之后，皇上就赐封窦婴为魏其侯。这时那些游士宾客都争相归附魏其侯。汉景帝时每次朝廷讨论军政大事，所有列侯都不敢与条侯周亚夫、魏其侯窦婴平起平坐。

【评点】

西汉前期，是一个英雄辈出的时代，正是这些一代又一代的英雄和人才，辅佐高、惠、文、景数代皇帝，开天辟地，建功立业，才成就了武帝的辉煌盛世。他们是大汉王朝的功臣。但是，这些功臣并非都有一个好的归宿和结局。其中窦婴就是一个令人扼腕的悲剧人物。

窦婴的死是西汉初年的一个大案，案子虽然很大，起因却非常之小——灌夫闹酒，可是后果很严重：灌夫族灭、窦婴弃市、田蚡暴病身亡。为什么会这样呢？读读《魏其武安侯列传》就能找到答案。

先来看窦婴。

一、不识时务，直言任性

魏其侯窦婴，是汉文帝窦皇后堂兄的儿子。在他父亲以前，他家世世代代是观津人。窦婴从小就豪爽有器量，喜欢结交宾客。

汉文帝时，窦婴凭着外戚的身份而得势，担任了吴国丞相，后来因病被免职，闲居在家。汉景帝刚刚即位，就任用他为詹事，管理皇后、太子的家事，但是他并不乐意做这样的差使，很想找个机会辞掉这个职务。

窦婴为人比较耿直，他的耿直注定了他以后仕途的坎坷和悲惨，他是想什么就说什么，属于只琢磨事不琢磨人的那一号大臣，以至于有些不通事变，对上多有冒犯。

窦太后对梁孝王刘武宠爱有加，一次梁孝王来朝，兄弟宴饮。当时景帝还没有立太子，酒酣耳热之际，景帝拉着梁王的手从容说道："千秋之后，皇位就传给梁王了。"窦太后听了十分高兴。

窦婴则不顾当时的皇帝母子兄弟亲热的气氛，持酒进上，规劝道："天下者，是高祖的天下。父子相传，这是大汉的规矩，陛下怎么能擅自传皇位于梁王呢！"

这一句话不要紧，惹恼了窦太后。窦太后登时脸色全变，对自己的族侄一顿臭骂。窦太后一心想让景帝立刘武为皇位继承人，窦婴的话让她愿望落空。臭骂了一顿，窦太后还不解气，更有甚者开除了窦婴的门籍，不许他入朝请安。窦婴惹恼了自己的姑姑，碰了一鼻子灰，只好灰头土脸地蜗居家中，无所事事。

其实，窦婴在太子之立的问题上，完全没有必要支持谁或者反对谁，无论是梁王还是景帝的其他皇子做太子，跟他都没有太紧密的利害冲突，更何况他的鲜明立场当时就引起了两个人的反感和憎恨，这两个人一个是窦太后，一个是梁王，特别是前者，反应更为激烈，一怒之下把窦婴出入宫门的朝见权都取消了。

窦婴为何要这样做呢？他是个耿直的人，说话办事不绕弯子，无论是对谁都不讲方式，不会迎合任何人，包括当时最有权势的窦太后和汉景帝。另外，他还是个很有正义感的人，他所坚持恪守的是汉朝祖制，"父终子及""立嫡立长"，并且敢于坚持原则。他的这种耿直的性格和不讲方式的处事方式，为后来的不幸遭遇埋下了祸根。

汉景帝前元四年（公元前 153 年），汉景帝立刘荣为栗太子（因为刘荣是妃子栗姬所生，所以被称为栗太子）。窦婴在平定吴楚七国叛乱以后受到景帝信任，景帝就任命他做了太子的老师，就是太子太傅。但是，汉景帝前元七年（公元前 150 年），汉景帝把栗太子废掉了，改封为临江王，另立刘彻为太子。

窦婴屡次为栗太子争辩，都没有结果。窦婴便称病又不上朝了，在蓝田南山下闲居了几个月，谁劝他也不上朝。

梁国人高遂对他说："能使您富贵显达的是皇上，能使您成为朝廷亲信的是太后。现在将军您身为太子太傅，太子被废不能力争，既争不得又不能赴死，自己却称病引退闲居在此，把这些事情连起来考虑的话，您这分明是在显扬皇上的过失。万一皇上与太后对您不满而怪罪于您的话，那么连您的妻子儿女都会被诛杀的。"

窦婴认为他说得对，于是又开始上朝觐见皇帝。汉景帝啥也没说，汉景帝是一个只做不说的人，心里做事嘴上不说，所以当窦婴再去上朝做官的时候，汉景帝虽没说什么，其实心里早已对他不满了。

二、平七国乱，封魏其侯

汉景帝三年（公元前154年），吴楚等七国打着“诛晁错，清君侧”的旗号公开造反。当窦婴的家人打听到这个消息并将之告诉窦婴的时候，窦婴一改往日百无聊赖的神情，精神顿时振奋了许多，焦急地盼望着出头之日。

同样焦急的还有汉景帝。七国之乱一爆发，汉景帝就慌了，手中没有可派之将。汉景帝考察窦氏诸子弟，发现没有一个人胜过窦婴，便召窦婴入见，委以戡乱重任。窦婴却借口有疾病在身，一再推辞。

这事传到窦太后耳朵里，窦太后也感到很惭愧，当初那样对待窦婴确实有些过分，没想到今天这个族侄心里还在别扭。窦太后就让景帝把她惭愧的意思转达给窦婴，景帝也责备他：“天下危难，王孙怎么还推托呢？”

窦婴一见皇帝这样说，于是就坡下驴，答应景帝领兵平叛。

汉景帝就任命窦婴为大将军，赏给他千斤金。窦婴于是把闲居在家的袁盎、栾布等名将、贤臣推荐给皇帝。

他把皇帝赏赐给他的金子，摆在走廊和穿堂之内，军士官吏经过就叫他们酌量用度随意取用，赏赐的金子没有拿回自己家里的。

窦婴守荥阳，监督讨伐齐、赵的各路兵马，七国乱军都被击败。

七国之乱平定后，窦婴以战功卓著的大将军身份，被景帝封为魏其侯。当时朝中地位最为显赫的，除了条侯周亚夫，就是魏其侯窦婴了，诸列侯都不敢以平等的礼节与他们相见。

窦太后一看窦婴着实给窦家增光添色，内心里对这个曾经忤逆过自己的族侄也多了些许的喜爱。桃侯刘舍被罢免相国以后，窦太后多次在儿子汉景帝面前提出，让魏其侯窦婴担任相国一职。可见老太太不是一个记仇的人，也可以看出窦婴确有打动老太太的地方。

可是汉景帝却不这么认为，七国之乱时窦婴借故推托，给景帝留下了自以为是、自视甚高的印象，这个印象在景帝的头脑中挥之不去，也给窦婴的命运埋下了不确定的因子。汉景帝对窦太后说：“你以为儿子就不想任用魏其侯担当丞相吗？非也，而是窦婴沾沾自喜，多易，难以为相持重。”意思是说，窦婴自以为是，沾沾自喜，办事轻浮草率，不足以当大任。

汉景帝最终也没有任用窦婴，而起用了建陵侯卫绾为丞相。所以窦婴即使在汉景帝在位时立了很大的功，也一直不得志，到了汉武帝继位以后，才任命他做了丞相。

第二节　田蚡：穷奢极欲真小人

【原文】

武安侯田蚡者，孝景后同母弟也，生长陵。魏其已为大将军后，方盛，蚡为诸郎，未贵，往来侍酒魏其，跪起如子姓。及孝景晚节，蚡益贵幸，为太中大夫。蚡辩有口，学槃盂诸书，王太后贤之。孝景崩，即日太子立，称制，所镇抚多有田蚡宾客计策。蚡弟田胜，皆以太后弟，孝景后三年封蚡为武安侯，胜为周阳侯。

武安者，貌侵，生贵甚。又以为诸侯王多长，上初即位，富于春秋，蚡以肺腑为京师相，非痛折节以礼诎之，天下不肃。当是时，丞相入奏事，坐语移日，所言皆听。荐人或起家至二千石，权移主上。上乃曰："君除吏已尽未？吾亦欲除吏。"尝请考工地益宅，上怒曰："君何不遂取武库！"是后乃退。尝召客饮，坐其兄盖侯南乡，自坐东乡，以为汉相尊，不可以兄故私桡。武安由此滋骄，治宅甲诸第。田园极膏腴，而市买郡县器物相属于道。前堂罗钟鼓，立曲旃；后房妇女以百数。诸侯奉金玉狗马玩好，不可胜数。

【译文】

武安侯田蚡，是汉景帝皇后的同母弟弟，出生在长陵。魏其侯已经当了大将军之后，正当显赫的时候，田蚡还是个郎官，没有显贵，来往于魏其侯家中，陪侍宴饮，跪拜起立像魏其侯的子孙辈一样。等到汉景帝的晚年，田蚡也显贵起来，受到宠信，做了太中大夫。田蚡能言善辩，口才很好，学习过《槃盂》之类的书籍，王太后认为他有才能。汉景帝去世，当天太子登位继立，王太后摄政，她在全国的镇压、安抚行动，大都采用田蚡门下宾客的策略。田蚡和他的弟弟田胜，都因为是王太后的弟弟，在汉景帝去世的同一年（公元前 141 年），被分别封为武安侯和周阳侯。

武安侯身材矮小，其貌不扬，可是刚一出生就很尊贵。他又认为当时的诸侯王都年纪大了，皇上刚刚即位，年纪很轻，自己以皇帝的至亲心腹担任朝廷的丞相，如果不狠狠地整顿一番，用礼法来使他们屈服，天下人就不会服服帖帖的。在那时候，丞相入朝廷奏事，往往一坐就是大半天，他所说的话皇帝都听，他所推荐的人有的从闲居一下子提拔到二千石级，把皇帝的权力转移到自己手上。皇上于是说："你要任命的官吏任命完了没有？我也想任命几个官呢。"他曾经要求把考工官署的地盘划给自己扩建住宅，皇上生气地说："你何不把武器库也取走！"从这以后才收敛一些。有一次，他请客人宴饮，让他的兄长盖侯南向坐，自己却东向坐，认为汉朝的丞相尊贵，不可以因为是兄长就私下委屈自己。武安侯从此更加骄纵，他修建住宅，其规模、豪华超过了所有的贵族的府第。田地庄园都极其肥沃，他派到各郡县去购买器物的人，在大道上络绎不绝。前堂摆投着钟鼓，竖立着曲柄长幡，在后房的美女数以百计。诸侯奉送给他的珍宝金玉、狗马和玩好器物，数也数不清。

【评点】

汉景帝晚年时，田蚡渐渐贵幸，为太中大夫。田蚡口才很好，学过《槃盂》之类的古书，皇后王娡认为他很有才能。他善阿谀，是个势利小人。武帝即位时，封为武安侯，曾任太尉及丞相。每次奏事，多称合帝意，权重一时。

魏其侯窦婴掌权时，田蚡还是个郎官，对窦婴毕恭毕敬，等窦婴失势后，他飞扬跋扈，两人交恶，酿成了大祸。

一、幼主新立，舅父弄权

武安侯田蚡，长陵（今陕西咸阳）人。魏其侯窦婴掌权时，田蚡还是个郎官，往来于窦婴家，陪窦婴饮酒，时跪时起，对窦婴的恭敬就好像是窦婴家的晚辈一样，以获取窦婴的喜爱。

到了汉景帝晚年，田蚡由于外戚的身份也逐渐显贵起来。

窦太后一死，武帝之母王太后便成了对汉廷政治产生重要影响的人物。从《史记》来看，王太后的兄弟均得以封侯便是最大的体现。有王太后这座靠山，武安侯田蚡着实骄横。由于窦太后的死，窦氏集团渐渐失势，而王氏、田氏，就是王太后的这个家族势力开始上升，尤其是田蚡好风凭借力，一路青云直上。

幼主新立，王太后又一切听田蚡的，田蚡也想借机大展拳脚。为了当丞相，他很谦恭地对待宾客游士，推荐在家里闲着的名士，让他们显贵起来，想通过这种方法来压倒窦婴等许多文武大臣，树立自己的威信。

正在紧张准备竞争丞相时，田蚡在家臣籍福的劝说下，退出了与窦婴的竞争。于是朝廷以魏其侯窦婴为丞相，而以武安侯田蚡为太尉。

籍福来向魏其侯道贺，顺便规劝他说："君侯您本性喜善而嫉恶。如今善人称道君侯，所以君侯能做到丞相。但是恶人也相当多，他们也会毁谤君侯。如果您能够宽容一些，无论对善人恶人，那么，您的相位便有希望维持长久了；否则，您就会遭到毁谤而离职。"魏其侯窦婴没有依从他的话。他只为自己的暂时成功而喜不自胜，却不知道这背后有着更深的陷阱。

这里面会有什么陷阱呢？籍福是怎么样劝说田蚡退出与窦婴竞争丞相的呢？原来，籍福劝说田蚡时，曾经给他这样的告诫：窦婴的资历比田蚡要长，而且窦婴做官的时候声望很高，假如皇上要让田蚡做丞相，田蚡一定要把这个位置让给窦婴。窦婴要是做了丞相，田蚡肯定可以做太尉，丞相跟太尉的官阶是完全相等的，而且田蚡让给窦婴以后还能捞一个让贤的美名，所以这样来说对田蚡是最合适的，于是田蚡就接纳了籍福的意见。

田蚡这个时候有一个很大的优势，就是他可以通过他的姐姐王太后，把他的意见告诉王太后，然后王太后再把田蚡的意见作为个人意见转告给汉武帝，所以这样一来窦婴就获得了一生中间唯一的一次做丞相的机会。可以说窦婴这次做丞相应该说，首先是田蚡运作的一个结果，然而田蚡的运作又是不怀好意的。其实他非常想夺到丞相这个职务，但他觉得自己比窦婴年龄要小，辈分要低，窦婴做大将军的时候，田蚡只是一个皇帝身边的一个小侍从，那个时候田蚡侍奉窦婴，就像一个晚辈对长辈一样，所以现在猛地一下要越位，越到窦婴之前，他怕舆论不好。所以，他只是从策略上考虑，暂时把丞相的位置让给了窦婴。所以，窦婴是在田蚡的这个运作之下被任命为丞相。

二、穷奢极欲，得志猖狂

建元二年（公元前 139 年），窦婴和田蚡受到赵绾、王臧的牵连被免职。建元六年（公元前 135 年），太皇太后窦老太太去世后，田蚡再次登上相位。

田蚡虽然权势大，可他却总是有些遗憾，那就是他的相貌太不好了，除了长得难看，还特别矮小，真是其貌不扬，不过天生的相貌也没办法（当时不像现在可以整容），但这方面没办法，田蚡就在其他地方找平衡了。

田蚡想，诸侯王们都已经老了，皇帝年轻，是姐姐王太后听政，皇上这面不用顾虑，有姐姐；但是，对其他人可就要施一施威了。田蚡觉得，不狠狠地压一压其他人，让他们都屈服了，自己就镇不住，天下的人就不怕自己了。田蚡想定了，就下了狠心，用了狠劲，整治起来。这一整治，人们确实怕了，田蚡说什么是什么，甚至有些过头。

田蚡经常一上朝后，就滔滔不绝地对皇上说开了，并且只听他一个人说。一天，田蚡奏请任命一个官。武帝听了，说："这个官是个二千石的官？"田蚡说："是。"武帝说："他原来是多大的官呢？"田蚡说："原来没官，在家待着。"武帝说："一下就让他当二千石的官，是不是也太急了，太快了？"田蚡说："不快，他有这个能力，就应当让他一下当了。"武帝没办法，同意了。田蚡又报上来一个名单，很多人，都是要任命的。田蚡把名单念了后，武帝有些恼了，武帝说："你这官都任命完了没有，我也打算任命几个呢！"武帝说完走了，可过了几天，这些官还是都任命了。

一天，田蚡又来上奏，想把他的宅院扩大一些。武帝说："你家的宅院想要扩大，扩大就行了，还问我干什么？"田蚡说："因为要占一块地。"武帝一听就明白了，田蚡必定是要占一块重要的地了，不然他也不会问自己。武帝说："你要占哪儿的地？"田蚡说："考工署的地。"武帝一听就火了，说："考工署是督造器械的，那地方的地你也要占？"田蚡说："那地方适宜。"武帝说："若是这样，我告诉你一个更适宜的地方，你把考工署和武库都占了算了！"田蚡还没明白，说："那武库里的兵器放哪儿呢？"武帝说："都搬你家去不就行了。"这时有人赶紧拉田蚡了，田蚡也一下明白了，把兵器都搬到自己家里，自己岂不是谋反了。田蚡于是说："考工署是不适宜，容臣再另找一处地方吧。"

退了朝以后，田蚡手下的人都说他，怎么说也要对皇上敬重一些。田蚡也知道了，要是和皇上打起来，可就没有自己好果子吃。虽说有姐姐，或许不会怎么样，但和皇上对着干，总不是好事，田蚡由此收敛了一些，感觉到了这个外甥也不是等闲之辈。

田蚡有了权势，也堂皇起来，盖府宅，买田地，四处去买器物。田蚡前堂陈列的，都是帝王才能陈列的东西，谁来看了都吓一跳。田蚡的后堂都是美女，要按百来计了。其他金器、银器，用的东西，玩的东西，真是数也数不过来。

第三节　灌夫：仗义使气一莽汉

【原文】

灌将军夫者，颍阴人也。夫父张孟，尝为颍阴侯婴舍人，得幸，因进之至二千石，故蒙灌氏姓为灌孟。吴楚反时，颍阴侯灌何为将军，属太尉，请灌孟为校尉。夫以千人与父俱。灌孟年老，颍阴侯强请之，郁郁不得意，故战常陷坚，遂死吴军中。军法，父子俱从军，有死事，得与丧归。灌夫不肯随丧归，奋曰："愿取吴王若将军头，以报父之仇。"于是灌夫被甲持戟，募军中壮士所善原从者数十人。及出壁门，莫敢前。独二人及从奴十数骑驰入吴军，至吴将麾下，所杀伤数十人。不得前，复驰还，走入汉壁，皆亡其奴，独与一骑归。夫身中大创十馀，适有万金良药，故得无死。夫创少瘳，又复请将军曰："吾益知吴壁中曲折，请复往。"将军壮义之，恐亡夫，乃言太尉，太尉乃固止之。吴已破，灌夫以此名闻天下。

灌夫为人刚直使酒，不好面谀。贵戚诸有势在己之右，不欲加礼，必陵之；诸士在己之左，愈贫贱，尤益敬，与钧。稠人广众，荐宠下辈。士亦以此多之。

灌夫家居虽富，然失势，卿相侍中宾客益衰。及魏其侯失势，亦欲倚灌夫引绳批根生平慕之后弃之者。灌夫亦倚魏其而通列侯宗室为名高。两人相为引重，其游如父子然。相得欢甚，无厌，恨相知晚也。

【译文】

灌将军夫是颍阴人。灌夫的父亲是张孟，曾经做过颍阴侯灌婴的家臣，受到灌婴的宠信，便推荐他，官至二千石级，所以冒用灌氏家的姓叫灌孟。吴楚叛乱时，颍阴侯灌何担任将军，是太尉周亚夫的部下，他向太尉推荐灌孟担任校尉。灌夫带领一千人与父亲一起从军。灌孟年纪已经老了，颍阴侯勉强推荐他，所以灌孟郁郁不得志，每逢作战时，常常攻击敌人的坚强阵地，因而战死在吴军中。按照当时军法的规定，父子一起从军参战，有一个为国战死，未死者可以护送灵柩回来。但灌夫不肯随同父亲的灵柩回去。他慷慨激昂地表示："希望斩取吴王或者吴国将军的头，以替父亲报仇。"于是灌夫披上铠甲，手拿戈戟，召集了军中与他素来有交情又愿意跟他同去的勇士几十个人。等到走出军门，没有人敢再前进。只有两人和灌夫属下的奴隶共十多个骑兵飞奔冲入吴军中，一直到达吴军的将旗之下，杀死杀伤敌军几十人。不能再继续前进了，又飞马返回汉军营地，所带去的奴隶全都战死了，只有他一人回来。灌夫身上受重创十多处，恰好有名贵的良药，所以才得不死。灌夫的创伤稍稍好转，又向将军请求说："我现在更加了解吴军营垒中路径曲折，请您让我再回去。"将军认为他勇敢而有义气，恐怕灌夫战死，便向太尉周亚夫报告，太尉便坚决地阻止了他。等到吴军被攻破，灌夫也因此名闻天下。

灌夫为人刚强直爽，好发酒疯，不喜欢当面奉承人。对皇亲国戚及有势力的人，凡是地位在自己以上的，他不但不想对他们表示尊敬，反而要想办法去凌辱他们；对地位在自己之下的许多士人，越是贫贱的，就更加恭敬，跟他们平等相待。在大庭广众之中，推荐夸奖那些比自己地位低的人。士人们也因此而推重他。灌夫闲居在家虽然富有，但失去了权势，达官贵人及一般宾客逐渐减少。等到魏其侯失去权势，也想依靠灌夫去报复那些平日仰慕自己，失势后又抛弃了自己的人。灌夫也想依靠魏其侯去结交列侯和皇族以抬高自己的名声。两人互相援引借重，他们的交往就如同父子之间那样密切。彼此情投意合，没有嫌忌，只恨相知太晚。

【评点】

灌夫因军功封为将军，为人刚强爽直，不愿意当面谀美权贵，行为风格表现出侠风，一诺千金。但好发酒疯，就是这毛病惹了大祸，让他和魏其侯全部毙命。

一、勇猛无比，好酒惹事

灌夫本来姓张。他的父亲叫张孟，是刘邦手下骑兵司令灌婴的门客。后来，他因为得到灌婴的欣赏，就把自己的姓改了，冒了灌婴的灌氏姓，改成灌孟，而且他打仗很勇敢，灌孟这个人在吴楚七国之乱的时候，跟灌夫父子两个人同时参战。因为灌孟年老，所以在使用灌孟的时候，上级那些将军们对灌孟的使用是有限制的，特别危险的地方不让他去。但是灌孟不服老，越危险的地儿，他越往那儿冲，结果他因为这种性格，死在吴楚七国之乱的战争中。

按照汉代法令的规定，父子两个人同时参军，一人战死，另一个可以扶着灵柩回家。那么，灌孟死了，灌夫作为他的儿子，可以把他的遗体运回家，不参战了。但是灌夫坚决不走，一定要留下来，他慷慨激昂地表示："希望斩取吴王或者吴国将军的头，替父亲报仇。"而且灌夫还有个很惊人之举，就是他带了自己十几个家奴，又选了几十个壮士，去闯吴国的大营。因为这是个很危险的行为，结果走到军门的时候，他带的几十个壮士都害怕了，退缩了，只有两个人跟着他，十几个家奴跟着他。就带着这十几个人，灌夫去闯了吴国的大营，到了里边，杀死了不少吴军，最后实在闯不动了，灌夫回来了。十几个家奴全部战死，两位壮士死了一个剩了一个跟他回来。灌夫自己受了十几处伤，军队里有非常好的刀枪药，把灌夫的命救回来了，所以灌夫从此就得了一个英勇作战的好名声。

灌夫的伤一好，他又要求再闯吴营："我现在更加了解吴军营垒中路径曲折，请您让我再回去。"结果被主帅周亚夫给阻止了，这就是灌夫的成名。所以吴楚七国之乱以后，灌夫的这个名气出来了，汉景帝就任命灌夫做了中郎将。

但是灌夫这个人呢，他打仗可以不要命，可真要让他做官，他就不行了，因为违法，景帝时，他的中郎将没有做几天就丢了，于是在家闲居。

汉武帝继位后对灌夫非常重用，我们看他对灌夫的任命，汉武帝继位的当年就让灌夫做了淮阳太守，因为汉武帝认为淮阳是天下的一个交通枢纽，是一个很重要的地方，需要一个很勇敢的人去镇守它，就任命灌夫去做太守。

到了建元元年，汉武帝又把灌夫从淮阳太守的任上调到自己的身边做太仆，太仆是管皇帝的车马的，就等于皇帝车队的队长。这是皇帝最信任的人才能担任的。但是灌夫做这个官只做到第二年，他就跟人家打了一架，打的对象选得不好，打的是谁呢，是窦太后的娘家兄弟，叫窦甫。打架的原因是两个人喝酒，结果两个人都喝高了以后发生矛盾，灌夫因为力量很大，就逮着窦甫捶了一顿，把窦甫给打死了。这一下事儿闹大了，汉武帝一看窦甫不是个一般的人，灌夫这祸惹大了，就赶快把灌夫调走。

调到外地是为了保护他，结果他没干了几年又犯法了，这下汉武帝也不敢用他了，他就在京城闲居了。

二、窦灌之交，惺惺相惜

窦太后死去，窦婴就失去了他政治上的最大的靠山。从汉武帝登基之初的职位任命可以看出：窦太后之死对窦婴政治上的影响是立竿见影的。可能有人会说窦婴年事已高，但这绝对不是关键所在，从司马迁的《史记》可以得知窦婴曾立有大功，而武帝初年选能而任，欲创大业。后来公孙弘老死在丞相位上和武帝对窦婴的态度，就说明了窦婴失势的主因就是窦太后之死。

魏其侯窦婴在权力达到高峰时，天下趋炎附势的官吏士人，在他的门下不少。如今他失势在家闲居，便有人渐生冷淡之心。窦婴越来越被疏远，越来越不被重视。好多宾客渐渐离去，有的人甚至势利地对他非常傲慢。窦婴因为在失势后家里门可罗雀，灌夫却一如既往和他保持来往，所以两人成了生死之交、忘年之交。

在窦婴、灌夫交好这个问题上，许多人都认为灌夫之所以继续同魏其侯交往，是因为看重魏其侯的外戚和诸侯身份。

我以为这种说法没有说服力的，原因有二：第一，窦婴失势，宾客散去，多有投奔武安侯田蚡，而此时田蚡炙手可热，灌夫何不效仿？第二，窦婴失势后，年事已高，俗话说“背靠大树好乘凉”，灌夫为什么会选择这样一棵不久就会枯亡的树？

其实，在窦婴失势后，灌夫之所以继续和窦婴交往，主要是因为两人在性格上具有的一些相似的特点，两个人虽然处世的成熟度不同，但可以看出两人性格中都带有一些义气的影子，从后来窦婴去救灌夫便可以看出这一点。另外，不得不说两人当时的处境颇为相似，一个失势，一个落职，可谓同病相怜。灌夫性情刚直，不愿意当面阿谀权贵，任性使气，一诺千金。他早年平灭七国之乱，以勇力名播天下，然而他虽富有，但却不得势，面临着和窦婴同样的遭遇。正因为如此，同是天涯沦落人的窦婴和灌夫才走到一起，相谈甚欢，相见恨晚。

但是，灌夫家是颍川郡的大豪强。对豪强，有这样的一个解释：倚仗权势欺压人民的人，这可不是一个好词。灌夫的宗族宾客横行乡里，名声不好，他们家“家累数千万，食客日数十百人。陂池田园，宗族宾客为权利，横颍川”。故颍川小儿歌之曰：“颍水清，灌氏宁；颍水浊，灌氏族。”可见当时老百姓对豪强的痛恨！可以说灌氏家族在当地的名声并不好，简直是臭名昭著。出现这样的局面，灌夫有着不可推卸的责任。

于是，窦婴结交灌夫遭到了后人的指责，说他结交不当。不管后人的评论对错与否，窦婴的死与结交灌夫关系重大毋庸置疑。但两个人的相交既不是为了共同的利益，也不存在见不得人的勾当，仅仅是因为性情相投，同为沦落，何错之有？

第四节　窦田交恶，埋下祸根

【原文】

灌夫有服，过丞相。丞相从容曰：“吾欲与仲孺过魏其侯，会仲孺有服。”灌夫曰：“将军乃肯幸临况魏其侯，夫安敢以服为解！请语魏其侯帐具，将军旦日蚤临。”武安许诺。灌夫具语魏其侯如所谓武安侯。魏其与其夫人益市牛酒，夜洒埽，早帐具至旦。平明，令门下候伺。至日中，丞相不来。魏其谓灌夫曰：“丞相岂忘之哉？”灌夫不怿，曰：“夫以服请，宜往。”乃驾，自往迎丞相。丞相特前戏许灌夫，殊无意往。及夫至门，丞相尚卧。于是夫入见，曰：“将军昨日幸许过魏其，魏其夫妻治具，自旦至今，未敢尝食。”武安鄂谢曰：“吾昨日醉，忽忘与仲孺言。”乃驾往，又徐行，灌夫愈益怒。及饮酒酣，夫起舞属丞相，丞相不起，夫从坐上语侵之。魏其乃扶灌夫去，谢丞相。丞相卒饮至夜，极欢而去。

丞相尝使籍福请魏其城南田。魏其大望曰：“老仆虽弃，将军虽贵，宁可以势夺乎！”不许。灌夫闻，怒，骂籍福。籍福恶两人有郄，乃谩自好谢丞相曰：“魏其老且死，易忍，且待之。”已而武安闻魏其、灌夫实怒不予田，亦怒曰：“魏其子尝杀人，蚡活之。蚡事魏其无所不可，何爱数顷田？且灌夫何与也？吾不敢复求田。”武安由此大怨灌夫、魏其。

【译文】

灌夫在服丧期内去拜访丞相，丞相随便地说：“我想和你一起去拜访魏其侯，恰值你现在服丧不便前往。”灌夫说：“您竟肯屈驾光临魏其侯，我灌夫怎敢因为服丧而推辞呢！请允许我告诉魏其侯设置帷帐，备办酒席，您明天早点光临。”武安侯答应了。灌夫详细地告诉了魏其侯，就像他对武安侯所说的那样。魏其侯和他的夫人特地多买了肉和酒，连夜打扫房子，布置帷帐，准备酒宴，一直忙到天亮。天刚亮，就让府中管事的人在宅前伺候。等到中午，不见丞相到来。魏其侯对灌夫说：“丞相难道忘记了这件事？”灌夫很不高兴，说：“我灌夫不嫌丧服在身而应他之约，他应该来。”于是便驾车，亲自前往迎接丞相。丞相前一天只不过开玩笑似的答应了灌夫，实在没有打算来赴宴的意思。等到灌夫来到门前，丞相还在睡觉。于是灌夫进门去见他，说：“将军昨天幸蒙答应拜访魏其侯，魏其侯夫妇备办了酒食，从早晨到现在，没敢吃一点东西。”武安侯装作惊讶地道歉说：“我昨天喝醉了，忘记了跟您说的话。”便驾车前往，但又走得很慢，灌夫更加生气。等到喝酒喝醉了，灌夫舞蹈了一番，舞毕邀请丞相，丞相竟不起身，灌夫在酒宴上用话讽刺他。魏其侯便扶灌夫离去，向丞相表示了歉意。丞相一直喝到天黑，尽欢才离去。

丞相曾经派籍福去索取魏其侯在城南的田地。魏其侯大为怨恨地说：“我虽然被废弃不用，将军虽然显贵，怎么可以仗势硬夺我的田地呢！”不答应。灌夫听说后，也生气，大骂籍福。籍福不愿两人有隔阂，就自己编造了好话向丞相道歉说：“魏其侯年事已高，就快死了，还不能忍耐吗，姑且等待着吧！”不久，武安侯听说魏其侯和灌夫实际是愤怒而不肯让给田地，也很生气地说：“魏其侯的儿子曾经杀人，我救了他的命。我服侍魏其侯没有不听从他的，为什么他竟舍不得这几顷田地？再说灌夫为什么要干预呢？我不敢再要这块田地了！”武安侯从此十分怨恨灌夫、魏其侯。

【评点】

窦婴和田蚡一个是失势的外戚，一个是得势的外戚，两个人的地位发生了很大的变化。但窦婴虽然失势，和田蚡却没有直接的利益冲突，他为什么最终会和田蚡结下怨仇呢？

一、魏齐家宴，田蚡摆谱

窦婴失势后，田蚡当上了丞相。田蚡为人傲慢无度，不把失势的窦婴和灌夫放在眼里。窦婴闲坐家中，极少与田蚡接触，倒落得清闲。而灌夫却出出入入，免不了与田蚡低头不见抬头见。

恰好这一天，灌夫因为姐姐新丧，有服在身，田蚡看见了就想拿灌夫打哈哈。他知道灌夫和窦婴关系过密，就对灌夫说：“我想和你一块儿去魏其侯家喝酒，你看多不巧，刚好你穿着丧服也不能去。”田蚡说想同他一起去拜会窦婴，但又说灌夫有服在身，恐怕不合适。灌夫一听，能借此消弭窦婴和田蚡之间的矛盾倒也是件好事，因此满口应承，说有服在身并不碍事。

这个事下来以后，灌夫就立即把这个话告诉了窦婴，窦婴一听说当朝丞相要来，连夜打扫房间，夜半就开始起来准备饭，天亮的时候酒宴都准备好了，结果是从五更等到中午丞相没有来。窦婴和夫人忙活了一上午，也不见田蚡影子，心里十分着急。

本来这个话是灌夫捎的，搞得这么一个尴尬的结局，所以灌夫很没有面子。灌夫就亲自去请田蚡，到那儿一看，田蚡还在睡懒觉。然后他把田蚡叫起来，田蚡说：“我昨天晚上喝多了，我忘了，既然你来叫，咱们就去吧。”然后就收拾行装去，去的路上他又走得慢慢腾腾的，就是根本不把它当回事。

这样一来，灌夫心里就窝了两把火：第一，说好了该来你没有来；第二，我来叫你，你又不马上去。

在魏其侯家里的酒席宴上，灌夫舞剑助兴，舞罢邀请田蚡，但见田蚡态度傲慢，居然不起。灌夫气不过，就用话讽刺这个田蚡，说了一些难听话，窦婴一看赶快把灌夫给扶出去了。田蚡倒是潇洒，根本不把窦婴和灌夫放在眼里，自己一直喝到半夜，方尽兴而归。

这件事给窦婴的心里留下了阴影，尤其是田蚡傲慢的样子，窦婴更加难以接受，这场宴席非但没能消弭二人之间的矛盾，反而使矛盾更深了。窦婴深切地感受到窦家的势力遭到田蚡的不断打击，窦氏危亡只在旦夕之间。

二、城南索田，明抢豪夺

魏其侯窦婴被皇帝疏远后，田蚡对他态度傲慢，和以前完全是两个样子。

田蚡做了丞相，窦婴却退居二线乃至于三线。但是，因为黄河大水，皇上请窦婴出山，窦婴给皇上出主意，扒了黄河北堤，淹了田蚡六千亩良田，从而保住了南堤的黎民百姓的生命财产免遭灭顶之灾，田蚡自然不会善罢甘休。

有一次，田蚡派籍福向窦婴索求在长安城南面的土地，窦婴自然很不愿意，他对来人说："老仆虽弃，将军（指田蚡）虽贵，宁可以势夺乎！"不答应田蚡的要求。

在此当口，正值灌夫进门，听知此事原委，大骂来人，连带着田蚡一起骂。来人名叫籍福，我们前面曾提到过。这个籍福，早年也做过窦婴的门客，为人还算比较厚道，他不愿见到田、窦交恶。在回复田蚡时，用缓和的言辞对田蚡说："魏其侯年老将死，丞相不要急着问他要，且宽心忍耐几日，等他死后，那土地不是唾手可取吗？您何必要急于一时呢？"

田蚡想了想，觉得籍福的话有道理，没有作声。本以为事情就这样过去了，偏偏不知道是谁又将事情的真相都告诉了田蚡，田蚡当然很生气了，大怒着说："窦婴的儿子曾经杀人，犯过罪，是我田蚡救了他的性命。我田蚡侍奉他窦婴好像也没什么不周到的地方，现在我向他索要几顷田地，就这般吝啬。再说了，这件事和灌夫有什么相干的？轮得到他来说三道四、指指点点？"原来以前窦婴的儿子曾杀人犯法，多亏田蚡设法相救，才得以保全性命。不过彼时窦婴得势，田蚡巴结还来不及呢。

抢田事件过去后不久，田蚡睚眦必报的性格暴露无遗。

他上奏皇帝说灌夫家族在颍川横行乡里，要求查办。正巧此时，汉武帝下诏要打击豪强。田蚡一看，灌夫不就是颍川一霸吗，报复的机会到了。于是，身为丞相的田蚡上书汉武帝，弹劾灌夫，说灌夫家族在家乡横行霸道，请予惩治。汉武帝答道："这是你丞相的分内事，你怎么反来问朕呢？"田蚡要的就是这句话，就想抓捕灌夫，为自己出出气。

这时，灌夫为了保命，也不知道他从什么地方听到了一些有关田蚡和淮南王刘安之间的"阴事"，以此来威胁田蚡，作为抵制。别说，这招还真管用，田蚡还真不敢动灌夫了。这件事暂告一段落。

灌夫家族是颍川一霸，抑制豪强本是汉初重要的政策，本来田蚡想借此机会除掉灌夫。可田蚡没有想到灌夫手头有那颗原子弹，因此在各方调解下暂且达成了缓解的局面。

第五节　灌夫骂座，终致族灭

【原文】

夏，丞相取燕王女为夫人，有太后诏，召列侯宗室皆往贺。魏其侯过灌夫，欲与俱。夫谢曰："夫数以酒失得过丞相，丞相今者又与夫有郄。"魏其曰："事已解。"强与俱。饮酒酣，武安起为寿，坐皆避席伏。已魏其侯为寿，独故人避席耳，馀半膝席。灌夫不悦。起行酒，至武安，武安膝席曰："不能满觞。"夫怒，因嘻笑曰："将军贵人也，属之！"时武安不肯。行酒次至临汝侯，临汝侯方与程不识耳语，又不避席。夫无所发怒，乃骂临汝侯曰："生平毁程不识不直一钱，今日长者为寿，乃效女儿呫嗫耳语！"武安谓灌夫曰："程李俱东西宫卫尉，今众辱程将军，仲孺独不为李将军地乎？"灌夫曰："今日斩头陷匈，何知程李乎！"坐乃起更衣，稍稍去。魏其侯去，麾灌夫出。武安遂怒曰："此吾骄灌夫罪。"乃令骑留灌夫。灌夫欲出不得。籍福起为谢，案灌夫项令谢。夫愈怒，不肯谢。武安乃麾骑缚夫置传舍，召长史曰："今日召宗室，有诏。"劾灌夫骂坐不敬，系居室。遂按其前事，遣吏分曹逐捕诸灌氏支属，皆得弃市罪。魏其侯大愧，为资使宾客请，莫能解。武安吏皆为耳目，诸灌氏皆亡匿，夫系，遂不得告言武安阴事。

魏其锐身为救灌夫。夫人谏魏其曰："灌将军得罪丞相，与太后家忤，宁可救邪？"魏其侯曰："侯自我得之，自我捐之，无所恨。且终不令灌仲孺独死，婴独生。"乃匿其家，窃出上书。立召入，具言灌夫醉饱事，不足诛。上然之，赐魏其食，曰："东朝廷辩之。"

【译文】

那年夏天，丞相娶燕王的女儿做夫人，太后下了诏令，叫列侯和皇族都去祝贺。魏其侯拜访灌夫，打算同他一起去。灌夫推辞说："我多次因为酒醉失礼而得罪了丞相，丞相近来又和我有嫌隙。”魏其侯说：“事情已经和解了。”硬拉他一道去。酒喝到差不多时，武安侯起身敬酒祝寿，在座的宾客都离开席位，伏在地上，表示不敢当。过了一会儿，魏其侯起身为大家敬酒祝寿，只有那些魏其侯的老朋友离开了席位，其余半数的人照常坐在那里，只是稍微欠了欠上身。灌夫不高兴。他起身依次敬酒，敬到武安侯时，武安侯照常坐在那里，只稍欠了一下上身说：“不能喝满杯。”灌夫火了，便苦笑着说：“您是个贵人，这杯就托付给你了！”当时武安侯不肯答应。敬酒敬到临汝侯，临汝侯正在跟程不识附耳说悄悄话，又不离开席位。灌夫没有地方发泄怒气，便骂临汝侯说：“平时诋毁程不识不值一钱，今天长辈给你敬酒祝寿，你却学女孩子一样在那儿同程不识咬耳说话！”武安侯对灌夫说：“程将军和李将军都是东西两宫的卫尉，现在当众侮辱程将军，仲孺难道不给你所尊敬的李将军留有余地吗？”灌夫说：“今天杀我的头，穿我的胸，我都不在乎，还顾什么程将军、李将军！”座客们便起身上厕所，渐渐离去。魏其侯也离去，挥手示意让灌夫出去。武安侯于是发火道：“这是我宠惯灌夫的过错。”便命令骑士扣留灌夫。灌夫想出去又出不去。籍福起身替灌夫道了歉，并按着灌夫的脖子让他道歉。灌夫越发火了，不肯道歉。武安侯便指挥骑士们捆绑灌夫放在客房中，叫来长史说：“今天请宗室宾客来参加宴会，是有太后诏令的。”弹劾灌夫，说他在宴席上辱骂宾客，侮辱诏令，犯了“不敬”罪，把他囚禁在特别监狱里。于是追查他以前的事情，派遣差吏分头追捕所有灌氏的分支亲属，都判决为杀头示众的罪名。魏其侯感到非常惭愧，出钱让宾客向田蚡求情，也不能使灌夫获释。武安侯的属吏都是他的耳目，所有灌氏的人都逃跑、躲藏起来了，灌夫被拘禁，于是无法告发武安侯的秘事。

魏其侯挺身而出营救灌夫。他的夫人劝他说：“灌将军得罪了丞相，和太后家的人作对，怎么能营救得了呢？”魏其侯说：“侯爵是我挣来的，现在由我把它丢掉，没有什么可遗憾的。再说我总不能让灌仲孺自己去死，而我独自活着。”于是就瞒着家人，私自出来上书给皇帝。皇帝马上把他召进宫去，魏其侯就把灌夫因为喝醉了而失言的情况详细地说了一遍，认为不足以判处死刑。皇上认为他说得对，赏赐魏其侯一同进餐，说道：“到东宫去公开辩论这件事。”

【评点】

灌夫被窦婴拉去参加田蚡婚宴，就在婚宴上，灌夫借着酒劲闹出了一个惊天大案，牵出了一连串的悲剧：他一家、窦婴一家全被族灭，田蚡也没好下场，后来也被吓死。

这到底怎么一回事呢？

一、使酒骂座，招来横祸

汉武帝元光四年，春风得意的丞相田蚡迎娶燕王之女。王太后下诏，所有列侯宗室都要参加婚礼。这大概是田氏外戚最风光最得彩的时候。窦婴和灌夫也在被召之列。灌夫脾气倔强不肯去，被窦婴硬拉了去。

在酒席宴上，田蚡风光无限，他向大家敬酒，大家都避席以表敬意。

避席是古代的一种礼数，古人是席地而坐，召开会议，或者是举行酒宴，要先把这个席子放好，席子放在哪里，座位就在哪里，这个叫作席位。主人坐在正中，主要的地方叫主席，其他的人分成两列排在旁边叫列席，如果是主人来或者重要的贵宾来给咱们敬酒，要避席，避席就是离开这个席位，退下来还礼，说不敢当，这就叫作避席。

田蚡敬酒的时候，列侯宗室全都离席伏在地上还礼，轮到窦婴的时候，只有些故交老友避半席，大部分人都只是欠欠身子而已。

窦婴心里不是滋味，人走茶凉，想当初自己炙手可热的时候，田蚡算得了什么，不过是个郎官，连给我牵马坠镫的资格都没有，现在呢，田蚡是当今大红大紫的人物，那些趋炎附势的小人又围拢在他的身旁，真是此一时彼一时啊！窦婴内心里独自喟叹。

灌夫看不过去，借机闹起事来。他给田蚡敬酒，要跟田蚡干一杯，田蚡不给他面子，灌夫说："您是个贵人，这杯就托付给您了！"当时田蚡不肯答应。几次借故不胜酒量，拒绝了灌夫。灌夫心中十分光火，但又不好发泄，只能强压住。

灌夫接着敬酒，敬到临汝侯的时候，临汝侯不搭理他，只顾着和身边的程不识将军聊天，这下灌夫急了，满腔的怒火正愁无处发泄，他当着众列侯宗室的面大骂临汝侯："平时诋毁程不识不值一钱，今天长辈给你敬酒祝寿，你却学女孩子一样在那儿同程不识咬耳说话！"

窦婴一看不好，就想把灌夫劝走，灌夫怒发冲冠不听劝。田蚡又来劝，说："程将军和李将军都是东西两宫的卫尉，现在当众侮辱程将军，仲孺难道不给你所尊敬的李将军留有余地吗？"却遭灌夫一顿抢白："今天杀我的头，穿我的胸，我都不在乎，还顾什么程将军、李将军！"

大家一看事情闹大了，借故上厕所，纷纷离去。田蚡心里极不受用，自己的大喜之日，竟被灌夫折腾得狼藉不堪。田蚡见客人都离去，勃然大怒，指着灌夫骂道："都是我把你惯得太骄横了。"

田蚡怒火难消，就把灌夫拘禁起来。接下来，田蚡就开始对灌氏家族施以报复，凡是抓到的灌氏族人全都以杀头罪论处。灌氏族人纷纷逃窜，灌夫以“大不敬”的罪名被押在有司。“大不敬”是因为这个婚宴是奉太后的旨意办的，结果灌夫辱骂宾客，导致婚宴不欢而散，形成了对王太后和田蚡的不敬。

这就是导致窦婴死亡的“灌夫闹酒”事件，按理说，这个事件说大就大，说小就小。上纲上线了就是大不敬的罪过，其实充其量也就是酒后闹事，打几板子也就算了。但严重的是，灌夫和田蚡以前就有过罅隙，这次闹酒事件是双方矛盾长期积聚的结果。

灌夫根本就不是田蚡的对手。田蚡如日中天，朝野上下呼风唤雨，而灌夫本来就不得势，还整天跟同样不得势的窦婴混在一起，难怪田蚡会揪住灌夫不放，以至于将他送进牢狱。

所有灌氏的人都逃跑、躲藏起来了，灌夫被拘禁，于是无法告发丞相田蚡的秘事。

二、东朝廷辩，皇后绝食

灌夫因闹酒事件被拘押后，窦婴好像挨了田蚡一耳光，被打得脸上火辣辣的。

此事若是遇到能识时务的俊杰肯定会修好于田蚡，做个自我检讨息事宁人。不过，窦婴却是那不识时务的人，灌夫出事后，窦婴挺身而出，一心想营救灌夫出来。

窦夫人劝他：“灌将军得罪的是田蚡，王太后的亲弟弟，怎么能救得出来呢？”

窦婴在此说了一番感人肺腑的话：“侯爵是我挣来的，现在由我把它丢掉，没有什么可遗憾的。再说我总不能让灌仲孺自己去死，而我独自活着。”可见窦婴确实如司马迁和班固所说的那样，是一个具有侠义精神的大丈夫。

《史记》说窦婴这个人的性格是“任侠，自喜”；《汉书》说他的性格是“侠，喜士”。两个人都认为窦婴骨子里有一股“侠”的意味，就是说窦婴做人最重要的就是行侠仗义。而救人于危难之间，为朋友两肋插刀万死不辞，正是侠义精神的特色，窦婴不顾自己的爵禄而挺身救灌夫的事情就是对侠义精神最好的诠释。

为了营救灌夫，窦婴偷偷上书给汉武帝，说灌夫吃酒闹事，还不致被诛杀。汉武帝也觉得田蚡有些过分，就让田蚡和窦婴到东宫当庭辩论。

魏其侯到东宫，极力夸赞灌夫的长处，说他酗酒获罪，而丞相却拿别的罪来诬陷灌夫。武安侯接着又竭力诋毁灌夫骄横放纵，犯了大逆不道的罪。魏其侯思忖没有别的办法对付，便攻击丞相的短处。武安侯说：“天下幸而太平无事，我才得以做皇上的心腹，爱好音乐、狗马和田宅。我所喜欢的不过是歌伎艺人、巧匠这一些人，不像魏其侯和灌夫那样，招集天下的豪杰壮士，不分白天黑夜地商量讨论，腹诽心谤深怀对朝廷的不满，不是抬头观天象，就是低头在地上画，窥测于东、西两宫之间，希望天下发生变故，好让他们立功成事。我倒不明白魏其侯他们到底要做些什么？”于是皇上向在朝的大臣问道：“他们两人的话谁的对呢？”御史大夫韩安国说：“魏其侯说灌夫的父亲为国而死，灌夫手持戈戟冲入到强大的吴军中，身受创伤几十处，名声在全军数第一，这是天下的勇士，如果不是有特别大的罪恶，只是因为喝了酒而引起口舌之争，是不值得援引其他的罪状来判处死刑的。魏其侯的话是对的。丞相又说灌夫同大奸巨猾结交，欺压平民百姓，积累家产数万万，横行颍川，凌辱侵犯皇族，这是所谓‘树枝比树干大，小腿比大腿粗’，其后果不是折断，就是分裂。丞相的话也不错。希望英明的主上自己裁决这件事吧。”主爵都尉汲黯认为魏其侯对。内史郑当时也认为魏其侯对，但后来又不敢坚持自己的意见去回答皇上。其余的人都不敢回答。皇上怒斥内史道：“你平日多次说到魏其侯、武安侯的长处和短处，今天当廷辩论，畏首畏尾地像驾在车辕下的马驹，我将一并杀掉你们这些人。”马上起身罢朝，进入宫内侍奉太后进餐。

太后已经派人在朝廷上探听消息，他们把廷辩的情况详细地报告了太后。太后发火了，不吃饭，说：“现在我还活着，别人竟敢都作践我的弟弟，假若我死了以后，都会像宰割鱼肉那样宰割他了。再说皇帝怎么能像石头人一样自己不做主张呢！现在幸亏皇帝还在，这班大臣就随声附和，假设皇帝死了以后，这些人还有可以信赖吗？”

此时的武帝，虽然心里一千个、一万个的不情愿，可是也像他的爷爷文帝、父亲景帝那样，对着老娘无计可施，只得低头认错。

皇上道歉说：“都是皇室的外家，所以在朝廷上辩论他们的事。不然的话，只要一个狱吏就可以解决了。”

这样一来，灌夫便死定了。

三、魏其侯入狱，“矫诏”毙命

窦家和田家是朝中两大外戚势力的代表，汉武帝让他们两人进行廷辩，彼此揭短，互相揭露，把对方隐藏在心底发霉的东西抖搂出来晾晾，就可以分清形势，看哪家外戚问题严重一些，应该先除掉哪个。

果然，窦婴和田蚡都把自己掌握对方的，而对方不想为人所知的事情揭露无遗。

窦婴揭发田蚡贪污腐化、贪图享乐、买官卖官这些事情，田蚡反驳说：“现在是太平盛世，我以外戚担任要职，所喜爱的不过是女人、狗马、金银、田宅，这有什么过错吗？我之所以这样不就是因为天下太平嘛。天下太平我又是皇亲国戚，我享受一点怎么了？可是你窦婴在干什么呢？你和灌夫两个人整天躲在家里面，鬼鬼祟祟地勾结一些地方豪强江湖好汉，日议朝政夜观星象，密谋策划，一天到晚想着圣上怎么样了你们好怎么样。”

这句话很厉害，一下子触动了汉武帝最敏感的神经。汉武帝最忌讳外戚集团和地方豪强勾结起来，那就非打击不可。这场廷辩为窦婴最终弃市而死下了定论。

廷辩后不久，汉武帝在核查窦婴为灌夫辩护是否属实的时候，发现窦婴所言与事实不符，十分震怒，窦婴因此锒铛入狱。

最后窦婴在情急之下，马上托人跟皇帝说，我有先帝遗诏。原来，汉景帝临终时，曾经给过窦婴一份遗诏，上面写着：“事有不便，以便宜论上。”赋予了窦婴紧急处置非常事件，可以自行决断的权力。

但最荒谬的事情发生了。景帝遗诏只在窦婴家有，皇家档案中没有找到存档文件。类似诏书这种至高无上的东西，皇家怎么会不存档呢？于是，又有人弹劾窦婴，罪名是伪造先帝遗诏。此时，田蚡等人又在外面散布窦婴诽谤朝廷的流言蜚语，汉武帝迫于压力，将窦婴以“矫先帝诏”的罪名，论定罪当“弃市”。

灌夫及其家属十月被处死。

寒冬的十二月三十日，元光四年（公元前 131 年）的最后一天，在渭城，窦婴也被绑赴刑场。汉朝法律，冬季才执行死刑，春天之后，可能有大赦，也可以用金钱赎罪免死。田蚡深恨窦婴，唯恐入春之后发生变化，所以赶在冬季的最后一天，执行完毕对窦婴的处决。窦婴的尸体被曝露在市场上，一代权贵就这样凄惨地死去了。

遗诏事件为窦婴之死披上了一层迷雾。到底汉景帝有没有赐给窦婴遗诏？如果没有，窦婴怎敢冒着死罪矫诏？如果汉景帝确实有给窦婴留下遗诏，为什么皇室没有存档？是汉景帝疏忽了，还是遗诏被田蚡偷走毁掉？难道是因为窦婴在景帝心目中印象不好，景帝故意留给他遗诏又不存档，为将来铲除窦氏外戚留下后手？种种谜团，让后世之人费解。

那么，事实到底如何呢？以现在所留下的史料来看，我们还给不出一个标准答案。因为窦婴一案，本来就是汉武帝一朝的一件冤案，那“遗诏事件”更是一桩千古疑案。

第六节　田蚡之死，罪有应得

【原文】

其春，武安侯病，专呼服谢罪。使巫视鬼者视之，见魏其、灌夫共守，欲杀之。竟死。子恬嗣。元朔三年，武安侯坐衣襜褕入宫，不敬。

淮南王安谋反觉，治。王前朝，武安侯为太尉，时迎王至霸上，谓王曰："上未有太子，大王最贤，高祖孙，即宫车晏驾，非大王立当谁哉！"淮南王大喜，厚遗金财物。上自魏其时不直武安，特为太后故耳。及闻淮南王金事，上曰："使武安侯在者，族矣。"

【译文】

这年的春天，武安侯病了，嘴里老是叫喊，讲的都是服罪谢过的话。让能看见鬼的巫师来诊视他的病，巫师看见魏其侯和灌夫两个人的鬼魂共同监守着武安侯，要杀死他。终于死了。儿子田恬继承了爵位。元朔三年（公元前 126 年），武安侯田恬因穿短衣进入宫中，犯了"不敬"之罪，封爵被废除。

淮南王刘安谋反的事被发觉了，皇上让追查此事。淮南王前次来朝，武安侯担任太尉，当时到霸上来迎接淮南王说："皇上没有太子，大王最贤明，又是高祖的孙子，一旦皇上去世，不是大王继承皇位，还应该是谁呢！"淮南王十分欢喜，送给武安侯许多金银财物。皇上自从魏其侯的事件发生时就不认为武安侯是对的，只是碍着王太后的缘故罢了。等听到淮南王向武安侯送金银财物时，皇上说："假使武安侯还活着的话，该灭族了。"

【评点】

虽说灌夫的确粗鲁，也做过不少横行霸道的事而不得民心，但是田蚡其实比他更蛮横霸道坑害百姓，哪有什么资格来指责灌夫呢？更何况罪在一人也就够了，田蚡却非要把灌家灭得干干净净，更要假造谣言，骗得皇帝连窦婴也一起杀。此人的品性嘴脸也够可怕的了。恶有恶报，果然，报应不久就来了。

窦婴死后，田蚡也没过上什么好日子，他似乎深受良心的谴责。

就在窦婴死后不久，田蚡得了一种怪病：全身疼痛，总感觉有人在打他，而田蚡口中也念念有词似乎是在跟谁谢罪讨饶。不用说，这怪异的场面可把以王娡为首的整个家族都给吓蒙了。

最后还是皇帝好，武帝刘彻给找了个特别的人才——“视鬼者”给田蚡看病。

这位高人看后掉头就走，说：“丞相已经不能救了，有两个厉鬼守在他的床头，而且这两个鬼十分狠恶，不取走他的性命他们是不甘心的。”

向巫师询问两个鬼的面貌，从未见过灌夫和窦婴的巫师所形容的两个厉鬼面貌，却宛然与灌夫、窦婴一模一样。

一听巫师的说法，从王娡开始，所有的人都遍体冰凉、无话可说。

不管是不是两人索命，田蚡确是于元光四年四月（或称三月）暴毙家中。所谓不做亏心事，不怕鬼敲门，田蚡估计是亏心事做太多了，结果自己将自己给吓死了。

他只比被他害死的灌夫、窦婴多活了几个月而已。

四年后，田蚡的儿子田恬犯罪废爵。大势已去的田氏从前所做过的劣行此时便纷纷大白于天下。

元狩元年（公元前 122 年），淮南王刘安、衡山王刘赐谋反。追查同党的时候，田蚡从前归附刘安的事被告发。

那还是武帝初即位、田蚡担任太尉的时候。当时窦太后以武帝无子为由，想要立淮南王刘安为皇太叔，等待机会废刘彻。当时刘安入京朝见，善于见风使舵的田蚡前去霸上迎接，向刘安讨好说：“皇帝没有太子，大王你既贤明又是高祖亲孙，一旦皇帝早逝，您不继位谁还有资格继位？”

田蚡乃是皇帝的亲舅舅，他这话说出来当然与众不同，听得刘安心旷神怡，越发觉得小皇帝众叛亲离，自己荣发有日，立即赠送大笔金银财宝，并且将田蚡引为知己，承诺自己一旦升发，定不忘了他的知遇之恩。

不用说，武帝刘彻听到这则旧闻的时候，恨得牙根疼到了什么程度。他早先杀灌夫、窦婴的时候就已经很不甘愿，认为两人罪不该死，全是被母亲硬逼着干的。如今听到这等消息，更是怒火中烧，咒骂道：“可恨田蚡还控告灌夫谋逆，他才是个真正的乱臣贼子！要不是这家伙死得早，我非灭了他族不可！”

卷三十 《史记·李将军列传》

第一节 将门之子，骁勇善战

【原文】

李将军广者，陇西成纪人也。其先曰李信，秦时为将，逐得燕太子丹者也。故槐里，徙成纪。广家世世受射。孝文帝十四年，匈奴大入萧关，而广以良家子从军击胡，用善骑射，杀首虏多，为汉中郎。广从弟李蔡亦为郎，皆为武骑常侍，秩八百石。尝从行，有所冲陷折关及格猛兽，而文帝曰："惜乎，子不遇时！如令子当高帝时，万户侯岂足道哉！"

及孝景初立，广为陇西都尉，徙为骑郎将。吴楚军时，广为骁骑都尉，从太尉亚夫击吴楚军，取旗，显功名昌邑下。以梁王授广将军印，还，赏不行。徙为上谷太守，匈奴日以合战。典属国公孙昆邪为上泣曰："李广才气，天下无双，自负其能，数与虏敌战，恐亡之。"于是乃徙为上郡太守。后广转为边郡太守，徙上郡。尝为陇西、北地、雁门、代郡、云中太守，皆以力战为名。

【译文】

将军李广，陇西郡成纪县人。他的先祖叫李信，秦朝时任将军，就是追获了燕太子丹的那位将军。他的家原来在槐里县，后来迁到成纪。李广家世代传习射箭之术。文帝十四年（公元前 166 年），匈奴人大举侵入萧关，李广以良家子弟的身份参军抗击匈奴，因为他善于骑射，斩杀敌人首级很多，所以被任为汉朝廷的中郎。李广的堂弟李蔡，也被任为中郎。二人又都任武骑常侍，年俸八百石。李广曾随从皇帝出行，常有冲锋陷阵、抵御敌人，以及格杀猛兽的事，文帝说："可惜啊！

你没遇到时机，如果让你正赶上高祖的时代，封个万户侯那还在话下吗？”

到景帝即位后，李广任陇西都尉，又改任骑郎将。吴、楚七国叛乱时，李广任骁骑都尉，随从太尉周亚夫反击吴、楚叛军，在昌邑城下夺取了敌人的军旗，立功扬名。可是由于梁孝王私自把将军印授给李广，回朝后，朝廷没有对他进行封赏。调他任上谷太守，匈奴每天都来交战。典属国公孙昆邪对皇上哭着说：“李广的才气，天下无双，他自己仗恃有本领，屡次和敌人正面作战，恐怕会失去这员良将。”于是又调他任上郡太守。以后李广转任边境各郡太守，又调任上郡太守。他曾任陇西、北地、雁门、代郡、云中等太守，都以奋力作战而出名。

【评点】

飞将军李广是几千年来抗击匈奴的代表人物之一，在众多文人的诗词里，你都可以找到飞将军李广的影子：“秦时明月汉时关，万里长征人未还。但使龙城飞将在，不教胡马度阴山。”唐代大诗人王昌龄这首著名的《出塞》，在我国可谓广为流传，诗中提到的“龙城飞将”，便是历史上著名的李广。

这位一生戎马、威震敌胆的老将军受到后人广泛赞扬，他是一个怎样的人？一生有怎样的事迹呢？

一、将门之子，苦练武艺

李广将军是世代将门之后，他的先祖李信是战国时期秦国著名的大将。

荆轲受燕太子丹指派去行刺秦王，刺杀未遂。秦王决心报太子丹之仇，遂派将军李信去攻打燕国，追逐燕王父子。李信大军压境，占领首山后，致书燕王喜，燕王喜大惧，佯召太子丹议事，以酒灌醉杀之，燕王将太子丹之首，函送李信军中，为书谢罪。李信驰奏秦王。这事大约发生在李广诞生前四十年。

李广的祖上原住槐里（今陕西兴平县东南十里），后来才迁到陇西成纪。陇西成纪这个地方真可谓是个人杰地灵的风水宝地，大概位置就是如今的甘肃天水市，是“古丝绸之路”上的重镇，陇东南政治、经济、文化的中心。有人考证说这地方将相辈出，从春秋到战国曾出过六十多位有名的将相。

自李信之后，他家就世代传习射箭，一直保有将门家风，发展到李广、李敢、李陵祖孙三人，更是到了巅峰。少时的李广在思想上接受的是其父辈纯正的先秦国士遗风，在这种风气的熏陶下，李广从小就具有了以天下为己任的国士品格和作风。

李广也接受了严格的军事训练，从小就刻苦学习各种武艺，所以练得一身绝技，尤其是对家传的箭法、骑射更是达到了精熟。再加上李广的手比一般人要长，像长臂猿一样，弯弓搭箭有天生的优势。他家屋后的大草坪，就是一个练武场。

李广从小看大人习武就很用心，他父亲还特地为他制作了一副小弓箭，李广从小就对射箭有浓厚的兴趣，技艺高人一筹。一生中都喜欢赌射这种游戏，就是在地上画出许多宽窄不同的直线，从高处向线的行距内射箭。倘若箭能直立在窄的行矩中，就算胜，假如射到宽距之中，或者箭杆不能垂直扎进地下立起来都要算输。输的要被罚酒，李广自然是个大赢家。

李广早在十四五岁时，箭法已经练得百发百中。他的父亲又系统地教他学习兵法，李广又迷上了兵书，孜孜不倦苦读不息。

就这样，少时的李广练就了一身本领，这为他将来驰骋沙场奠定了基础。

二、骁勇善射，初露锋芒

公元前 166 年，匈奴大举进犯汉朝，杀到了泾水上游，在朝那、萧关（今宁夏、甘肃一带）打败汉军，距离西汉都城长安已经不远。汉文帝紧急动员全国的军事力量，调集战车千辆，集结十万军队，开赴前线保卫京城。

匈奴这次侵犯，所到之处大肆烧杀抢掠，战火硝烟已经烧到李广的家乡。当年方二十的李广看到汉文帝的募兵诏令，便热血沸腾，毅然报名参军，保家卫国，从此离开家乡陇西开始了自己的职业军人生涯。

李广入伍以后，在战斗中表现得勇敢顽强。有一次，匈奴大队人马冲击汉军的阵地，年轻的新战士李广埋伏在前沿，当敌人逼近时，李广连发数箭，射死了匈奴的指挥官和冲锋在前的敌兵。匈奴部队的锐气立即挫伤，汉军发起反击，冲得匈奴军阵脚大乱，取得了战斗的胜利。

参加指挥这次战役的一位将军回到长安后，在向汉文帝汇报战况时，对李广赞不绝口。汉文帝听说他是名将的后代，又箭法娴熟，顿生爱意，便把他召到长安，破格提拔他为宫廷中郎。李广的堂弟李蔡，也被任为中郎。二人又都任武骑常侍，年俸八百石。

李广这么年轻，就当上了皇帝的侍卫武官，是很荣耀很幸运的了，但李广的心却在战场上，他对整天守护宫廷感到憋闷，只有在陪皇上打猎时，他才感到刺激和惬意。

李广随汉文帝多次到长安郊外打猎。有一次，汉文帝为了追逐一只野兔，纵马驰骋，突然从密林中蹿出一头金钱豹，朝他凶猛地扑过来。汉文帝吓得魂不附体，马也受惊乱蹦乱跳起来，汉文帝几乎掉下马来。这时，距皇帝几十步远的护从武士，见状也惊慌失措起来，不知如何解救为好。

这时只听李广高呼："皇上莫要惊慌，看我的！"说时迟，那时快，李广拈弓搭箭，箭不虚发，正中那豹子的前胸。受伤的野兽仿佛更加凶猛暴怒，直朝飞身下马跑在最前面的李广扑来。李广纵身一跃，那豹子就扑了个空。李广回身揪住豹子的脑瓜皮，抡起铁拳挥舞不停，不大一会儿的工夫，那豹子口吐鲜血，瘫在地上再也动弹不得了。

汉文帝被众武士救了起来，惊魂初定，李广打豹的场面简直让他目瞪口呆。只听他连连赞叹："李广奇人哉，勇士也！"从此，对李广更加信任和器重，曾无限感慨地对李广说："可惜啊！你没遇到时机，如果让你正赶上高祖的时代，封个万户侯那还在话下吗？"

三、平定内乱，有功无赏

刘邦夺取天下后在消灭异姓王的同时，又大封同姓子弟为王。想通过血缘关系来维护刘氏政权的长治久安。但后来刘姓藩王的发展同他的愿望正好相反，极大地威胁中央政权的巩固。汉景帝初年，藩王诸侯随着"与民休息"政策的贯彻，中央关于减轻农民负担的好处，多被各藩王捞取，他们的财富日增，势力日强，逐渐割据一方，与朝廷分庭抗礼。

汉景帝为了维护统一的中央集权，采纳了御史大夫晁错的"削藩"之策，开始削减藩王的一部分领地，缩小他们的一部分权力。这就引起藩王的极大不满，甚至反抗。

领头抵制"削藩"的就是刘邦的侄子刘濞。刘邦当初封他为吴王时，曾拍着他的肩膀嘱咐他："天下同姓为一家，你千万不可反叛哪！"刘濞叩头谢恩，诚惶诚恐，说不出更多的话，只下个保证说"不敢"。但是刘濞今非昔比了，他有特权，有实力，有军队，有影响。他联合六国的藩王，打起"诛晁错清君侧"的旗号，于汉景帝三年（公元前 154 年）正月，发动了"吴楚七国之乱"。

叛军发兵北上，很快地就占据了半壁河山。汉景帝大为震恐，想不到自己的对手竟如此厉害，他对自己削藩之策懊悔不迭，于是接受了刘濞等人的条件，诛杀了忠心为国的晁错，恢复了藩王的地盘。

但是，七国联军并没有停止他们的军事行动。刘濞在找不出任何借口加以掩饰的情况下，就干脆宣称"我要自己当皇帝"，剥去了所有伪装。

景帝刘启这才真正幡然醒悟，下了武力平叛七国暴乱的决心。他明智地选拔了“安刘诛诸吕”的汉初名将周勃之子周亚夫为统帅，率领三十六位将军东向迎战吴楚。

李广这时被任命为骁骑都尉，随从周亚夫出征，参加了平定吴楚七国之乱的战争。战斗中，李广身先士卒，勇猛拼杀，夺得了叛军的旗帜，为平定叛乱立下大功。

大军班师回朝后，论功行赏，李广在短兵相接的战斗中，出生入死、立下军功，本该受到封赏，但是，他不仅没有受到任何赏赐，还被追究审查起来。

原来，这次平叛战争的主战场之一是梁国的都城睢阳（今河南商丘）。梁国的军队同周亚夫率领的中央军多有配合，协同作战。梁王见李广作战勇敢，武艺高强，是一位难得的将才，顿生爱意。他一向以宫中有母亲窦太后撑腰，景帝又是自己的胞兄而为所欲为。在这次平叛中，他便以梁王的名义封李广为将军，并授予他一颗将军的印章。李广无奈，明知收不得，但也深知拒绝不得。回到长安后，便被追究了“私受梁印”的罪过。因为他立有军功，便不赏不罚了。

平定七国之乱以后，李广被任命为上谷太守。

上谷郡在今河北中部及西北部一带。这一带地当燕山和长城的冲要，正是当年匈奴进犯最频繁的地方。朝廷曾派典属国（主管外事的部门）官员公孙昆邪到上谷郡视察战事，他对李广的工作非常满意，同时也深为他的安全担心。回到朝廷向景帝汇报时，他流着眼泪说：“李广这个人真称得上是举世无双的将领。他几乎每天都要和匈奴交战。这个人倚仗自己武艺高强，作战极其勇敢。但我真担心这样一位难得的将才，会在偶然失利的情况下丧生。如果失掉他，那就太可惜了！”

汉景帝于是把李广调到上郡（今陕西榆林东南）担任太守。

第二节　龙城飞将，威名远扬

【原文】

后汉以马邑城诱单于，使大军伏马邑旁谷，而广为骁骑将军，领属护军将军。是时单于觉之，去，汉军皆无功。其后四岁，广以卫尉为将军，出雁门击匈奴。匈奴兵多，破败广军，生得广。单于素闻广贤，令曰：“得李广必生致之。”胡骑得广，广时伤病，置广两马间，络而盛卧广。行十余里，广详死，睨其旁有一胡儿骑善马，广暂腾而上胡儿马，因推堕儿，取其弓，鞭马南驰数十里，复得其余军，因引而入塞。匈奴捕者骑数百追之，广行取胡儿弓，射杀追骑，以故得脱。于是至汉，汉下广吏。吏当广所失亡多，为虏所生得，当斩，赎为庶人。

【译文】

后来汉朝用马邑城引诱单于，派大军埋伏在马邑城旁边的山谷里，而由李广担任骁骑将军，受护军将军统领。这时单于发觉了这个策略，就撤走，汉军都没有立功。过了四年，李广从王尉调为将军，出兵雁门攻击匈奴。匈奴兵多，打败了李广的部队，活捉了李广。单于一向听说李广贤能，下令说："一定把李广活着送来！"李广当时受伤生病，匈奴骑兵就把李广放在两马之间的网兜里躺着。走了十几里，李广装死，瞥见旁边有一匈奴少年骑着一匹好马，李广突然跃身跳上匈奴少年的马，趁势推下匈奴少年，夺下他的弓，鞭马向南奔驰几十里，又遇到他残余的部队，便领着进入关塞。匈奴派了几百骑兵追捕他，李广一边跑一边取匈奴少年的弓，射杀追来的骑兵，所以得以逃脱。于是回到京师，汉朝廷把李广交给执法官吏。执法官吏判决李广折损伤亡人马多，又被匈奴活捉，依法当斩，经纳粟赎罪，成为平民。

【评点】

李广英勇善战，凭借着自己的沉着和勇敢屡屡化险为夷。因为从小勤学苦练，成就了他一身绝技，特别是他的骑术和箭术可以说是古来第一人，凭借此，让他多次死里逃生，获"飞将军"的赞誉。

一、足智多谋，化险为夷

汉景帝中元六年（公元前 144 年），匈奴大军南下，直捣上郡，汉景帝派他所宠信的一个宦官跟随李广学军事，以便领兵打击匈奴。有一次，这个宦官率领几十名骑兵，追上三名匈奴兵。接战后，三名匈奴兵返身劲射，宦官中箭逃回，从骑都被杀死。宦官逃回后，向李广诉说经过。李广说："这一定是专射雕的能手。"为了消灭后患，李广立即带领百骑疾追。

那三名匈奴射手无马，徒步走出几十里，已接近匈奴大队。李广赶上后，令随从分左右两翼包抄。他亲自向那三个匈奴兵发箭，二人应弦而倒，一人被活捉。讯问得知，他们果然都是匈奴方面专射雕的能手。李广等刚把活捉的人捆绑结实，提放马上，匈奴数千骑就已经进入视野。

匈奴见李广等只有百骑，以为是汉军方面故意诱骗他们上当的疑兵，起了戒心，赶紧爬上山头，摆成拒敌的阵势。李广的随从也都十分恐惧，急着掉转马头往回逃，被李广及时喝住。

李广说："我们脱离大军几十里，现在若是逃跑，匈奴人追上来射我们，我们谁都逃不脱；若是我们驻马不走，匈奴方面必然以为我们是来引诱他们上当的。这样一来，他们也就不敢来打我们了。"随后，李广下令前进，他们一直进到距离匈奴兵只有两里左右的地方，才停下来。

李广又命令随从一齐下马，都把鞍辔卸了。匈奴越发以为这是在引诱他们上当。有一个骑白马的将官还走马出阵，特意监护他们的军队，使其不得妄动。李广令十多个随从，跟他一起突然上马，旋风般地射杀白马将，然后仍回到自己的队伍中，解下鞍辔，命令大家都把马放开，各自随便躺下。

匈奴越发不敢妄动，双方一直僵持到半夜，匈奴兵担心汉军设伏，遂全部撤离。第二天清晨，李广率百骑非常从容地回到了大本营。大军因为不知道李广的去向，所以也没有发兵接应。

李广凭着自己的智慧和胆量，与数十倍于己的敌人周旋了一天，在这场心理战中，李广的惑敌之计，使匈奴难辨虚实，疑神疑鬼，终不敢与汉军开战交手。李广在身临极度危险之境时，大摆"空城计"，牵制敌人，保存自己，真可谓大将风度。

后世将这一战定位为疑兵之战的典型战例，其实仔细分析李广此战固然有其足智多谋之处，但也不排除他蛮干的成分。他在听取宦官的报告后不加仔细分析匈奴的军事力量，而贸然带了百余骑出巡，显然不具备一个将领的基本常识，他只是单纯地以为只有三名匈奴兵，而没有考虑到匈奴会有大军就贸然涉险，也是兵家大忌。不过，他的临危不乱的勇气却不是人人都能效仿得来的，这也是他显威名的先决条件。

二、一人抵千骑，飞马逃生

汉武帝即位后，为雪洗汉初对匈奴屈辱和亲的耻辱，彻底击败匈奴的寇掠，决心放弃一系列羁縻匈奴的政策。主战派官员王恢向武帝进"马邑之谋"这个诱敌大计。

马邑，在今山西省朔县，是汉朝当时的一个边境重镇，属雁门郡。马邑富豪聂壹是王恢的朋友，他又是一位常到匈奴做买卖的大商人。出于国家的利益，他准备冒险去做匈奴的内应，引诱匈奴单于来攻占马邑，借机消灭匈奴的有生力量。武帝从其计，元光二年（公元前 133 年）六月，汉武帝派王恢为将屯将军，率三十万大军埋伏于马邑近郊的山谷之中。李广以骁骑将军被征调参战。

聂壹假装逃到匈奴后，对单于说："我等已杀死了马邑县令、县丞，大王如发兵骤至，里应外合，马邑一举可得。"单于相信了，亲率十万骑兵南下，见城楼上挂两颗人头，以为是县令、县丞被杀。但一路上，只见成群的牛羊，却不见放牧的百姓，他对这种反常的寂静产生了怀疑，于是攻打下一个汉军的塞亭，活捉了一名军官。这个军官在匈奴的威胁面前，为了免于一死，泄露了汉朝全部的军事秘密。单于庆幸自己如有天助，封那个汉官为天王，急令撤退。埋伏在山谷中的汉军接到命令，便迅速追击，然而为时已晚，这次军事行动，劳而无功。武帝诛杀王恢以谢天下。这就是历史上著名的马邑之谋。

马邑之谋发生后，汉朝和匈奴的关系从此彻底决裂，只有兵戎相见了。

四年后，经过充分的准备，汉武帝派四路大军出击匈奴。

卫青作为车骑将军出上谷（今河北怀来）；李广以骁骑将军出雁门（关名，在今山西代县西北）；骑将军公孙敖出代郡（今河北蔚县）；轻车将军公孙贺出云中（今绥远托克托），各路率一万骑兵出击匈奴。

卫青不负武帝的恩宠，直接打到匈奴祭天的龙城，把匈奴驱逐出河套地区，大获全胜。武帝非常高兴，下诏封卫青为关内侯。李广却很倒霉，因为名声大，匈奴都怕他，所以设重兵埋伏。李广军虽英勇善战，终因寡不敌众被匈奴破败。

匈奴军臣单于一向钦佩李广的为人和胆略，便想收降他。遂令部众一定要活捉李广不准伤害。李广因为生病、负伤，未得逃脱，便被匈奴俘获。

匈奴兵抓到李广后，就把他放在了两匹马中间装上的绳编的网络（犹如吊床）里。几个匈奴兵高兴得不得了，因为把李广押送到单于的大帐，就能领到可观的赏格。李广也确实因为厮杀突围，伤势很重，呈现出奄奄一息的样子。

尽管李广身陷敌手，但头脑仍然很清醒，他躺在大网上，密切注意周围的动静，思索着脱身之计，暗暗留心着逃跑的机会。

走出十几里路，他发现一个全副武装的匈奴人骑着一匹高头大马，从他的旁边走过。他以神奇般的爆发力，冷不防一跃而起，一下子跳到他的马上，迅疾地夺过弓箭，随之将那个匈奴人推下马，扬鞭催马一溜烟似的，向南飞奔。

押送他的匈奴兵，一时被这突如其来的场面吓得目瞪口呆，待他们反应过来的时候，又是喊叫，又是放箭。李广虽然浑身是伤，但是骑马射箭的功夫还是不含糊的，转身一箭，就射倒了追在最前头的匈奴兵。他连发几箭，射中数人，就定住了匈奴兵，把他们远远地甩开了。李广就这样逃脱出虎口，进了雁门关。

这里面要指出一点，当时的骑兵是没有马镫的，所以，在高速的运动中要在马上射箭，就必须完全靠双腿的力量夹住马身，腾出双手。这是一种难度非常高的动作，这种情况下还要保证很高的命中率简直就是奇迹，但是李广做到了。这一役虽败，但李广单骑逃脱，极具传奇，匈奴人都称之为“飞将军”。

日后，这事在匈奴人中越说越神，直至成为一种传说，在草原广为流传。人人都在争说那个汉将军李广，不但善射，而且能飞，岂不令人恐怖!

回到朝廷后，武帝下令把他交给执法官审问。按照当时的法律，李广的兵力损失惨重，又被俘虏过，应判杀头死罪，但有规定只要缴纳一定数量的赎金，就可免去斩刑。李广虽侥幸存活下来，但被消除官爵，降为平民。

第三节　虎目傲视，威震匈奴

【原文】

广居右北平，匈奴闻之，号曰“汉之飞将军”，避之数岁，不敢入右北平。

广出猎，见草中石，以为虎而射之，中石没镞，视之石也。因复更射之，终不能复入石矣。广所居郡闻有虎，尝自射之。及居右北平射虎，虎腾伤广，广亦竟射杀之。

【译文】

李广驻守右北平，匈奴听说后，称他为“汉朝的飞将军”，躲避他好几年，不敢入侵右北平。

李广外出打猎，看见草里的一块石头，以为是老虎就向它射去，射中了石头，箭头都射进去了，过去一看，原来是石头。接着重新再射，始终不能再射进石头了。李广驻守过各郡，听说有老虎，常常亲自去射杀。到驻守右北平时，一次射虎，老虎跳起来伤了李广，李广也终于射死了老虎。

【评点】

岁月不居，时光如流。在伟大的时代，降为平民的李广只能在闲居中打发光阴。几年后，匈奴杀辽西太守，击败韩安国将军。武帝起用李广为右北平太守。匈奴闻“飞将军镇守右北平，数年不敢来犯”。

一、飞将军在，奴不敢犯

马邑之战后，匈奴见汉军轰轰烈烈地出师一场，却没占到什么便宜，也就没把汉军放在眼里，照旧侵扰边塞。渔阳一带，匈奴寇边尤其频繁。武帝遂以卫尉韩安国为材官将军，屯戍渔阳，备御匈奴。

韩安国率大军抵达渔阳之后，捕得匈奴活口，说匈奴人已经远去，韩安国便上书武帝，说匈奴既已远去，现在正值农忙时节，没必要屯留这么多人马，请裁撤大部士卒，以免误了农时。武帝依准。

哪知韩安国裁撤大部汉军才一个月，匈奴人便卷土重来，大举犯边，直寇上谷、渔阳。此时，韩安国营寨之中只有七百余名汉兵，七百余人当然不是匈奴大军的对手，匈奴人纵兵四掠，掳走两千余名百姓及牲畜财物无数。韩安国本人也受伤。

武帝闻报，下诏谴责韩安国前番撤军之议的错误，并调韩安国前往更东边的右北平镇守，意在让他戴罪立功。

韩安国本是武帝即位之初格外倚重的大臣，为人多大略，通达时务，老成谋国，持身谨严忠厚，这次出镇渔阳，韩安国因见卫青等少壮派将军崛起，自己带兵又多失误，深感惭愧。深心里只盼皇上能将他罢免回朝了事，却听皇上将他调往更远的东方，心中更觉抑郁，积下心病，排遣不开，数月之后，竟然吐血而死。

东方有警，而朝廷又痛失重臣贤将，武帝伤悼之余，不得不思再择良将，替守东方。他想起了免职在家的李广。李广的大名即足以威服匈奴，现在右北平方面战事不宁，正是用得着他的时候。于是，武帝起用李广为右北平太守，让他去镇守东方，却敌安边。

李广前番免职之后，赋闲在家，倒也过了一段逍遥的日子。他与前颍阴侯灌婴之孙灌强一道隐居蓝田，终日不是饮酒，便是骑马射猎，煞是逍遥。

一次，李广带一名从骑入山巡游，遇到一处山户人家，山民淳朴好客，邀李广至家饮酒，李广感其盛情，遂留饮于山户人家，欢饮至晚方归。路过霸陵亭时，适逢霸陵亭尉喝醉了酒，叫李广站住。李广从骑上前对亭尉说："这是前骁骑将军李将军，不得无礼！"亭尉一副醉态，哼哼唧唧地说："就是现任将军也不得夜行，何况是什么前将军。都给我扣下！"硬把李广扣了一夜。此事对李广不啻为一个刺激。

正好皇上召他入觐，拜为右北平太守，率军镇守东方。李广受命之后，即请武帝让霸陵亭尉随他从军。霸陵亭尉刚到军中报到，李广即令军吏将他绑出杀了，以雪当日亭下之辱，然后上书自陈谢罪。没想到武帝不但没治他的罪，反而赐书慰勉，说“报忿除害，捐残去杀，朕之所以图于将军也！若乃免冠徒跣，稽颡请罪，岂朕之旨哉”云云，令李广大为感奋。

李广驰赴东方，他知道前番出师，自己不慎，致使兵败，这次一定要好好干，不负皇上殷殷厚望，管教匈奴不敢来犯，管教东方烽烟不起，为皇上保一方平安。

二、引弓射虎，千古威名

李广早已蜚声塞北，上次战后，匈奴人都相信，李广不但善射，而且能飞，都称他为“汉飞将军”。谁要是遇上这位飞将军，只有倒霉。匈奴人先是听说李广被撤职，所以放心地来侵扰掳掠，这回听说他又回来了，知道自己的好日子已经过去，都避开右北平。所以李广一到右北平，那里便狼烟顿灭，风尘无警。

在李广镇守期间，右北平不但免于匈奴扰掠之患，连老虎之患，也叫李广给除了。李广曾历任沿边诸郡太守，所到之处，只要听说有虎伤人，便亲自去捕杀。右北平地近东北，常有东北虎出没，伤害人畜。匈奴人已不敢来扰，却有老虎来扰，李广当然不会坐视，一张弓，遍射境内之虎，直叫老虎也继匈奴人之后滚出了右北平。右北平虽然偏处边地，但在李广镇守期间，既免匈奴之患，又免虎患，百姓生活渐复安定。

李广善射，也喜射。弓箭既是他杀敌的武器，又是他娱乐的工具。一张弓，一支箭，便是他全部快乐的所在。杀敌痛快，是一种快乐，就是寻常饮酒，他常常是画地为阵，以射箭决定饮酒次序。平日无事，便骑马出游射猎。

一次，李广出游射猎，马蹄踏踏声中，余光似见草丛中伏着一只老虎正蓄势待发，他本能地做出反应，迅速张弓搭箭，射向那虎。随从们见草中没有动静，便拨开草丛过去探看，发现李广射中的根本不是老虎，而是一块形状很像老虎的巨石。让随从们感到万分惊讶的是，李广射出的那支箭竟深深地扎入巨石之中！

路上，随从们全都叹服李广神力。可李广本人却不相信箭能扎入坚石里面。他后来又去，拔箭再射，却都没有射进，试了几次都是如此，不是弹落下来，便是折断箭镞。实则那一箭，是李广情急之中，贯注了他生命全部的神意，所以才力透坚石，深深扎入巨石之中的；后来再试，已非当时千钧一发的情境，心境弛缓中，主要是以力在射，所以不能射进。

李广射箭，号称神技，世所罕见，正是因为他射箭，不是以膂力，而是以神意。射箭已成为他生命的全部，与他的生命融为一体，这也正是他的箭法为学者所不能及、为后世所不能至的原因。

第四节　终不封侯，愤然不平

【原文】

居顷之，石建卒，于是上召广代建为郎中令。元朔六年，广复为后将军，从大将军军出定襄，击匈奴。诸将多中首虏率，以功为侯者，而广军无功。后二岁，广以郎中令将四千骑出右北平，博望侯张骞将万骑与广俱，异道。行可数百里，匈奴左贤王将四万骑围广，广军士皆恐，广乃使其子敢往驰之。敢独与数十骑驰，直贯胡骑，出其左右而还，告广曰："胡虏易与耳。"军士乃安。广为圜陈外向，胡急击之，矢下如雨。汉兵死者过半，汉矢且尽。广乃令士持满毋发，而广身自以大黄射其裨将，杀数人，胡虏益解。会日暮，吏士皆无人色，而广意气自如，益治军。军中自是服其勇也。明日，复力战，而博望侯军亦至，匈奴军乃解去。汉军罢，弗能追。是时广军几没，罢归。汉法，博望侯留迟后期，当死，赎为庶人。广军功自如，无赏。

初，广之从弟李蔡与广俱事孝文帝。景帝时，蔡积功劳至二千石。孝武帝时，至代相。以元朔五年为轻车将车，从大将军击右贤王，有功中率，封为乐安侯。元狩二年中，代公孙弘为丞相。蔡为人在下中，名声出广下甚远，然广不得爵邑，官不过九卿，而蔡为列侯，位至三公。诸广之军吏及士卒或取封侯。广尝与望气王朔燕语，曰："自汉击匈奴而广未尝不在其中，而诸部校尉以下，才能不及中人，然以击胡军功取侯者数十人，而广不为后人，然无尺寸之功以得封邑者，何也？岂吾相不当侯邪？且固命也？"朔曰："将军自念，岂尝有所恨乎？"广曰："吾尝为陇西守，羌尝反，吾诱而降，降者八百馀人，吾诈而同日杀之。至今大恨独此耳。"朔曰："祸莫大于杀已降，此乃将军所以不得侯者也。"

【译文】

没过多久，石建死了，于是皇上召见李广，让他接替石建任郎中令。元朔六年（公元前 123 年）李广又被任为后将军，跟随大将军卫青的军队从定襄出塞，征伐匈奴。许多将领因斩杀敌人首级符合规定数额，以战功被封侯，而李广的军队却没有战功。过了两年，李广以郎中令官职率领四千骑兵从右北平出塞，博望侯张骞率领一万骑兵与李广一同出征，分行两条路。行军约几百里，匈奴左贤王率领四万骑兵包围了李广，李广的士兵都很害怕，李广就派他的儿子李敢骑马往匈奴军中奔驰。李敢独自和几十名骑兵飞奔，直穿匈奴骑兵阵，又从其左右两翼突出，回来向李广报告说："匈奴敌兵很容易对付啊！"士兵们这才安心。李广布成圆形兵阵，面向外，匈奴猛攻，箭如雨下。汉兵死了一半多，箭也快用光了。李广就命令士兵拉满弓，不要放箭，而李广亲自用大黄弩弓射匈奴的副将，杀死了好几个，匈奴军才渐渐散开。这时天色已晚，军吏士兵都面无人色，可是李广却神态自然，更加注意整顿军队。军中从此都很佩服他的勇敢。第二天，又去奋力作战，博望侯的军队也赶到了，匈奴军才解围退去。汉军非常疲惫，所以也不能去追击。当时李广军几乎全军覆没，只好收兵回朝。按汉朝法律，博望侯行军迟缓，延误限期，应处死刑，用钱赎罪，降为平民。李广功过相抵，没有封赏。

当初，李广的堂弟李蔡和李广一起侍奉文帝。到景帝时，李蔡累积功劳已得到年俸二千石的官位。武帝时，做到代国的国相。元朔五年（公元前 124 年）被任为轻车将军，跟随大将军卫青攻打匈奴右贤王有功，达到斩杀敌人首级的规定，被封为乐安侯。元狩二年（公元前 121 年）间，代公孙弘任丞相。李蔡的才干在下等之中，声名比李广差得很远，然而李广得不到封爵和封地，官位没超过九卿，可是李蔡却被封为列侯，官位达到三公。李广属下的军官和士兵们，也有人得到了侯爵之封。李广曾和星象家王朔私下闲谈说："自从汉朝攻打匈奴以来，我没有一次不参加。可是各部队校尉以下的军官，才能还不如中等人，然而由于攻打匈奴有军功被封侯的有几十人。我李广不算比别人差，但是没有一点功劳用来得到封地，这是什么原因呢？难道是我的骨相就不该封侯吗？还是本来就命该如此呢？"王朔说："将军自己回想一下，难道曾经有过值得悔恨的事吗？"李广说："我曾当过陇西太守，羌人有一次反叛，我诱骗他们投降，投降的有八百多人，我用欺诈手段在同一天把他们都杀了。直到今天我最大的悔恨只有这件事。"王朔说："能使人受祸的事，没有比杀死已投降的人更大的了，这也就是将军不能封侯的原因。"

【评点】

"冯唐易老，李广难封"是一句老话，李广是个很有传奇色彩的将军。他的敌人叫他飞将军。但是这样一个名将，在连年用兵、军功易得的汉武帝时代，居然没有博得封侯。这是为什么呢？

一、镇定自若，满弓怒射

公元前 120 年，武帝派李广率四千骑兵出右北平攻击匈奴。同时，派博望侯张骞率一万骑兵随后接应。按说张骞出使西域刚刚回来，对地形比较熟悉，这次李广出征取胜应该没有多大问题。

不料，张骞出塞后就走了岔道，与李广失去了联系。李广孤军深入，被匈奴左贤王的四万骑兵包围。官兵于是惊慌不安起来。

为了消除士兵的恐惧心理，李广派自己的儿子李敢一马当先率少数精骑去冲击匈奴的围骑，深入敌阵后左右冲杀，然后回到本阵，向李广报告说："匈奴兵没有什么战斗力，容易对付。"李广用此一计，消除了士兵的恐慌，增强了斗志。

面对十倍于己的敌人，李广列成圆阵队形，面向圈外敌人，加强防守。匈奴不敢冲阵，只从四面拼命射箭，箭如雨下，汉军损失惨重。李广在队伍死伤过半，箭也将用完的危急关头，毫无惧色。他命令士兵弓拉满，箭上弦，不虚发一箭。而李广亲自用大黄弩弓射匈奴的副将，杀死了好几个，匈奴军才渐渐散开。这时天色已晚，军吏士兵都疲惫不堪，吓得脸色大变，可是李广却神态自然，更加注意整顿军队，军中将士从此都更加佩服他的勇敢。

第二天，李广准备同敌人决一死战，冲出包围。这时，张骞的援军才赶到这里。汉军里外夹击，匈奴腹背受敌，不敢恋战，遂解围而去。汉军元气大伤，亦无力追击匈奴，罢兵而归。

在这次战争中，张骞未能如期到达指定地点，贻误军机，按军法应处死刑。他以钱赎罪贬为庶人。李广指挥有方，虽有战功，但损失过重，功过相当，故无封赏。

二、屡建奇功，终不封侯

自"马邑之谋"长达十余年的抗击匈奴战争中，诸将领多因斩首和虏获敌人的数量符合封侯的规格得到封侯的赏赐，李广却始终不得封侯。

李广的堂弟李蔡，汉文帝时和李广一同共事，汉景帝时也不过是个俸禄二千石的官。到汉武帝时，以轻车将军（杂牌将军）随从大将军卫青攻击匈奴右贤王，一次战争下来，就因功封为乐安侯。元狩二年（公元前 121 年），公孙弘死，李蔡就出任丞相了。

李广的名声远远超出李蔡，而且参战的次数多，每战都打得很艰苦，但他却得不到爵位和封邑，官职长期在九卿之列，处于三公和封侯的下面。

李广深感不平，他与军中以占卜出名的王朔经常私下交谈，他说：“自武帝出击匈奴，我李广哪一次没有参加？各部队校尉级军官，能力不如中等的，都有数十人封侯。我李广不算落后的人吧，为什么连尺寸之功都没有，是什么原因呢？”王朔反问道：“将军请回顾一下，您一生中是否做过感到遗憾的事情？”李广说：“我过去在陇西当太守时，羌人造反，我诱而降之，答应投降后一概不杀，可是八百多人投降后，在同一天竟把他们全杀光了。就这么一件事心里有愧。”王朔说：“再没有比杀降更大的罪过了。这就是你的报应，所以至今不得封侯。”

王朔的解释是一种因果报应的迷信说法。在古代，很多人都相信这一套，唐朝诗人王维在诗中说：“卫青不败由天幸，李广无功缘数奇。”他也说李广点背，命运不好。

纵观李广一生，他是一位充满浓厚悲剧色彩的人物。他与匈奴征战一生，官至二千石竟然四十多年，至死未得封侯。换句话说，他拿性命给景帝武帝打了一辈子工，最终也没有得到“大将军”这么一个“高级职称”，更不要说汉朝的股份。所以太亏了，以致给后人留下了“李广难封”这么一种慨叹。

李广难封，原因到底何在？

首先就是他的运气太差，李广虽然名气很大，但是实际上打的大规模胜仗不多，只是在一些特殊情况下，靠个人的勇武获得了一些超出常人的战绩。

其次，还有个人性格原因。综观李广战绩，勇不必说，其智谋就表现得不够出色，极少以少胜多或以计克敌的战例。

平心而论，李广是一个优秀的将军，是一个将才，却不是一个帅才。他单兵作战能力勇猛，却缺少通观全局的能力。他可以说是一个好的先锋、好的将军，却做不成一个好的元帅。

李广虽然难封，但他效命疆场、奋勇杀敌的英雄气概，却让后人敬仰。

第五节　怒含悲怆，引刀自刭

【原文】

广既从大将军青击匈奴，既出塞，青捕虏知单于所居，乃自以精兵走之，而令广并于右将军军，出东道。东道少回远，而大军行水草少，其势不屯行。广自请曰：“臣部为前将军，今大将军乃徙令臣出东道，且臣结发而与匈奴战，今乃一得当单于，臣愿居前，先死单于。”大将军青亦阴受上诫，以为李广老，数奇，毋令当单于，恐不得所欲。而是时公孙敖新失侯，为中将军从大将军，大将军亦欲使敖与俱当单于，故徙前将军广。广时知之，固自辞于大将军。大将军不听，令长史封书与广之莫府，曰：“急诣部，如书。”广不谢大将军而起行，意甚愠怒而就部，引兵与右将军食其合军出东道。军亡导，或失道，后大将军。大将军与单于接战，单于遁走，弗能得而还。南绝幕，遇前将军、右将军。广已见大将军，还入军。大将军使长史持精醪遗广，因问广、食其失道状，青欲上书报天子军曲折。广未对，大将军使长史急责广之幕府对簿。广曰：“诸校尉无罪，乃我自失道。吾今自上簿。”

至莫府，广谓其麾下曰：“广结发与匈奴大小七十余战，今幸从大将军出接单于兵，而大将军又徙广部行回远，而又迷失道，岂非天哉！且广年六十余矣，终不能复对刀笔之吏。”遂引刀自刭。广军士大夫一军皆哭。百姓闻之，知与不知，无老壮皆为垂涕。而右将军独下吏，当死，赎为庶人。

【译文】

李广不久随大将军卫青出征匈奴，出边塞以后，卫青捉到敌兵，知道了单于住的地方，就自己带领精兵去追逐单于，而命令李广和右将军的队伍合并，从东路出击。东路有些迂回绕远，而且大军走在水草缺少的地方，势必不能并队行进。李广就亲自请求说：“我的职务是前将军，如今大将军却命令我改从东路出兵，况且我从少年时就与匈奴作战，到今天才得到一次与单于对敌的机会，我愿做前锋，先和单于决一死战。”大将军卫青曾暗中受到皇上的警告，认为李广年老，命运不好，不要让他与单于对敌，恐怕不能实现俘获单于的愿望。那时公孙敖刚刚丢掉了侯爵，任中将军，随从大将军出征，大将军也想让公孙敖跟自己一起与单于对敌，故意把前将军李广调开。李广当时也知道内情，所以坚决要求大将军收回调令。大将军不答应他的请求，命令长史写文书发到李广的幕府，并对他说：“赶快到右将军部队中去，照文书上写的办。”李广不向大将军告辞就起程了，心中非常恼怒地前往军部，领兵与右将军赵食其合兵后从东路出发。军队没有向导，有时迷失道路，结果落在大将军之后。大将军与单于交战，单于逃跑了，卫青没有战果只好回兵。大将军向南行渡过沙漠，遇到了前将军和右将军。李广谒见大将军之后，回到自己军中。大将军派长史带着干粮和酒送给李广，顺便向李广和赵食其询问迷失道路的情况，卫青要给天子上书报告详细的军情。李广没有回答。大将军派长史急切责令李广幕府的人员前去受审对质。李广说：“校尉们没有罪，是我自己迷失道路，我现在亲自到大将军幕府去受审对质。”

到了大将军幕府，李广对他的部下说："我从少年起与匈奴打过大小七十多仗，如今有幸跟随大将军出征同单于军队交战，可是大将军又调我的部队去走迂回绕远的路，偏又迷失道路，难道不是天意吗！况且我已六十多岁了，毕竟不能再受那些刀笔吏的侮辱。"于是就拔刀自刎了。李广军中的所有将士都为之痛哭。百姓听到这个消息，不论认识的不认识的，也不论老的少的都为李广落泪。右将军赵食其单独被交给执法官吏，应判为死罪，用财物赎罪，降为平民。

【评点】

李广的一生，大都投入了抗击匈奴的事业。他身经大小七十几次战斗，由于他英勇善战，成为匈奴贵族心目中可怕的劲敌。但是李广在他一生的战斗中常常遭到意外的挫折。元狩四年的漠北之战，一场沙暴毁灭了李广最后立功的机会，也使他遭受了横刀自刎的悲惨结局。

一、一代名将，悲愤自刎

元狩四年（公元前 119 年），汉武帝又一次发动大规模军事进攻，准备彻底击败匈奴。

他派卫青出定襄，霍去病出代郡，深入漠北作战。李广并未派在出征将领之列。但他壮心不已，自请出征。武帝见他年事已高，初不应允，经李广再三恳求，才勉强同意，派他为前将军，归大将军卫青统辖。

出师前夕，武帝对卫青说："李广老，数奇（命运不好），毋令当单于。"意即不让李广担当主力与匈奴对敌。出塞后，卫青决定兵分两路，自率主力正面进攻，而让李广与右将军赵食其为东路军，采取迂回堵截，与他两面夹击匈奴。李广深知东路路途迂回绕远，且一路上水草少，部队人吃马喂困难，不能聚结行动。李广请求卫青说："我自结发（20 岁）与匈奴作战，盼望的就是能与匈奴单于交战，今为前将军，愿做先锋，与单于决一死战。"

卫青因为在出征前，暗中得到过武帝的警告，皇帝都认为他是一个背时的人，恐怕老天不会让他如愿以偿，如果派他当先锋能否取胜，不可预料。再说，他的救命恩人公孙敖也在军中。公孙敖已经三次随从卫青出击匈奴，配合很好，卫青给他请过功，曾封合骑侯，后来在随霍去病攻打匈奴时，因行动迟缓，没有按命令与主帅会合，按军法处斩，赎为庶人，削去侯爵。卫青为了让自己的好友公孙敖立功封侯，便决定把他留在自己的身边，让他去打单于，以便建功立业。

李广是前将军，属于先头部队，却不让他主攻，心中十分恼怒，但是军令不可违，只好充作东路军配合主攻。部队行进中，由于没有向导，有时不免迷失道路，会师时，落在了大将军的后面，没能与卫青按作战计划合击匈奴、坐失战机。可是，卫青孤军作战打得也很好，大获全胜，凯旋。

在班师回朝的路上，卫青就追究了李广和赵食其的责任。命令他的长史（秘书长）调查他们迷路迟到的原因和情况，查勘他们的行军文书记录。调查清楚后准备向皇帝报告，给他们处罚。

李广对长史说："我手下的校尉都没有什么过失，迷路误期的责任全由我一人承担。回去以后我将亲自到你们军府接受审讯。"李广回到自己的幕府后对部下说："我 20 岁起就与匈奴交战，大小战斗经历七十余次，这次有幸随大将军出战单于，大将军又令我迂回远行，行军又迷失了方向，这难道不是天意吗？我今 60 多岁了，总不能还去和那些刀笔吏打官司呀！"说完抽刀自刭。

李广死后一军皆哭，百姓闻之，无论老幼都为之悲痛落泪。

一代名将李广，就这样陨落了！

二、戎马一生，青史留名

"林暗草惊风，将军夜引弓。平明寻白羽，没在石棱中。"幼时学此诗，对诗中描述的李广将军有如此印象：神力、善射、英武。现在读《李将军列传》，对于李广有了更深入的了解。

李广的一生是极富传奇色彩的，其一生的大部分时光是在与匈奴作战的战场上，始终未曾得志。

李广带兵有他自己的特点。他宿营的时候也不设岗哨，士兵们爱干什么就干什么。但是李广治军外松内紧，一旦发现匈奴部队，士兵们毫不慌乱，瞬间就能结阵相对，所以匈奴对李广也没有什么偷袭的手段。相比其他将军，士兵们都愿意跟随李广而不愿意跟随规矩繁多的将军。李广治军不讲阵列，却很重视侦察候望，掌握敌情。家无余财，也从不讲置家产之事。得到奖赏，都分给部下，饭食和士兵一样，毫不特殊，遇到缺粮缺水的地方，等全军战士吃喝完毕，他才去吃喝。为人廉洁，待人宽厚，毫不苛求，故得到战士的爱戴，愿为他效命疆场。

李广留给我们更多的是他勇猛刚烈的形象，中国历史上很少出现这样富有个性的将军，无论输赢胜败，他都保持了一个职业军人的本色和气度；都充满着敢于勇往直前的气魄和视死如归的拼劲。用海明威在《老人与海》中的一句话来形容他再恰当不过了："你可以消灭他，但是你不可能打败他。"

太史公在传记的结尾，说李广“桃李不言，下自成蹊”，对李广的品格做了高度概括与评价，告诉人们只要为人真诚、忠实，无须表白，就能感动别人。

李广的命运艰难坎坷，但因其符合民间文化以及大众的审美要求，所以代代流传，以至今日，李将军的故事还是具有强大的生命力，影响着一代又一代的人。

“两千年的风沙吹过去 / 一个铿锵的名字留下来 / 他的蹄音敲响大戈壁的寂寂”——这是诗人余光中为飞将军李广写下的开场白，不需铺垫渲染，那跃马扬鞭，剑羽轻摇，人未到箭先到的将军形象，赫然眼前。

“君不见沙场征战苦，至今犹忆李将军！”

闻鼙鼓而思良将，后人无不称道飞将军李广。

卷三十一 《史记·卫将军骠骑列传》

第一节 自古雄才多磨难

【原文】

大将军卫青者，平阳人也。其父郑季，为吏，给事平阳侯家，与侯妾卫媪通，生青。青同母兄卫长子，而姊卫子夫自平阳公主家得幸天子，故冒姓为卫氏。字仲卿。长子更字长君。长君母号为卫媪。媪长女卫孺，次女少儿，次女即子夫。后子夫男弟步广皆冒卫氏。

青为侯家人，少时归其父，其父使牧羊。先母之子皆奴畜之，不以为兄弟数。青尝从入至甘泉居室，有一钳徒相青曰:“贵人也，官至封侯。”青笑曰:“人奴之生，得毋笞骂即足矣，安得封侯事乎！”

【译文】

大将军卫青是平阳县人，他的父亲郑季充当县中小吏，在平阳侯曹寿家供事，曾与平阳侯的侍女卫媪通奸，生了卫青。卫青的同母哥哥卫长子，同母姐姐卫子夫在平阳公主家得到汉武帝的宠爱，所以冒充姓卫。卫青，字叫仲卿。卫长子改表字叫长君。长君的母亲叫卫媪。卫媪的大女儿叫卫孺，二女儿叫卫少儿，三女儿就是卫子夫。后来卫子夫的弟弟步和广都冒充姓卫。

卫青是平阳侯家的仆人，小的时候回到父亲郑季家里，他父亲让他牧羊。郑季前妻生的儿子们都把他当作奴仆来对待，不把他算作兄弟。卫青曾经跟人来到甘泉宫的居室，有个脖子上戴着铁枷的犯人给卫青相面说:“你是个贵人，将来能当大官，封侯！”卫青笑一笑说:“我是被人奴役的人所生的孩子，能不挨他人打骂就心满意足了，怎能想到封侯的事呢！”

【评点】

在中国历史上，大概找不到像卫青和霍去病这样一对名声显赫的名将组合了。两个人既是舅甥，又同为大汉帝国的将军，都在征伐匈奴的战斗中立下丰功伟绩，两个人就像双子星座一般，在名将的银河中格外引人注目，并称为“帝国双璧”。

大将军卫青是一位颇具传奇色彩的历史人物：从一个遭人嫌弃饱受欺凌的侯府女仆私生子到抗击匈奴开疆拓土战功赫赫的大将军；从公主的骑奴到公主的丈夫，权倾朝野，位极人臣。卫青开启了汉对匈战争的新篇章，七战七捷，无一败绩，为历代兵家所敬仰。

卫青身上似乎聚集了太多不可思议的神秘光环，而他年少时的悲惨遭遇，尤为引人关注。

一、出身卑微，童年多难

卫青是平阳侯曹寿（曹参之曾孙）家奴婢卫媪与小吏郑季的私生子。

卫媪与卫姓男子生有一男三女，即儿子卫长君、长女卫君孺、次女卫少儿、三女卫子夫。丈夫死后，她仍在平阳侯家中帮佣，与同在平阳侯家中做事的县吏郑季私通，生了卫青。也就是说，卫青是个奴婢的私生子，出身卑微到了不能再卑微的地步。

卫青的童年，是在母亲的膝下度过的。后来，他的母亲感觉供养他非常艰苦，就把他送到了亲生父亲郑季的家里。按常规，一个县吏的儿子，是应该上学读书的。但郑季的夫人根本看不起卫青这个私生子，连他生父郑季都不太怜惜他，让他去放羊，更不用说其他人了，郑家的几个儿子也不把卫青看成手足兄弟，常对他随意苛责。卫青在这样的环境下生活，受尽了苦难，这在他的性格中打下了深深的烙印。

为了放好羊群，小卫青必须每天起早贪晚，跋山涉水，寻找草地，常遭风吹雨打，忍饥受饿。劳累了一天，回到家中也得不到一点儿温暖，家里所有人对待他都像对待小奴隶一样，随意鞭笞辱骂，他饱尝了人间的苦难。唯一使他感到欢乐的是大自然的美丽风光和牧童小伙伴的纯朴友谊。

卫青在艰难困苦中熬煎，他顽强地挣扎着，终于送走了辛酸的童年和少年，等到卫青稍大的时候，不愿再过那种被虐待、被凌辱的生活，便回到了母亲身边，回到了曹家，从此，他跟随着皇帝的姐姐平阳公主。平阳公主十分喜爱这个英俊懂事、勤奋好学的青年，让他做了自己的侍从骑奴。这样，卫青又开始了一种新的奴仆生活。

作为皇亲国戚的公主府的家奴，卫青逐渐学到了一些文化知识，懂得了一些封建社会上层待人接物的道理。这时他最小的姐姐卫子夫，也已长大成人，长得更加美丽，成了公主府里一名才貌双全的歌女。他们一家几口，都在公主府里过着寄人篱下的日子。

有一次，卫青跟随别人来到甘泉宫，一位囚徒看到他的相貌后说："你现在穷困，将来定为贵人，官至封侯。"卫青笑道："我身为人奴，人家不斥责打骂就不错了，哪里谈得上立功封侯呢？"

不能因为卫青说这种"没人打骂就不错了"显得很窝囊的话，就认为他是一个没有抱负的人，我们只能说卫青从小就生活在被人歧视奴役的环境里，他所能做的只能是谨慎做事、小心做人。

二、因祸得福，时来运转

卫青这个穷小子，在武帝建元二年（公元前 139 年）突然就时来运转了。

建元二年春，卫青的同母异父的姐姐卫子夫入选宫中，受到汉武帝的宠爱，身怀有孕。所谓一人得道，鸡犬升天。卫青和他的兄弟姐妹也发达起来，卫青也被召到建章宫当差。

当时的陈皇后，即汉景帝之姐、武帝姑母的女儿，当年曾让武帝许下"金屋藏娇"誓言的陈阿娇，一直未能给武帝生一个孩子，听说卫子夫得到武帝宠爱并有了身孕，非常嫉妒，担心卫子夫一旦生下的是个男孩，那就会被立为太子，子贵母荣，卫子夫也就会扶摇直上，成为皇后。她深感自己的地位受到了威胁，因而悲愤交加。可是卫子夫正得皇帝宠爱，陈皇后不敢直接加害于她，于是就经常在自己的母亲大长公主面前诉委屈，发怨言。

大长公主是汉武帝的姑母，也深知此中的利害，唯恐女儿失宠，自己的尊荣受影响。为了给女儿出气，就嫁祸于卫青。她找了一个借口，把卫青抓了起来，并准备处死。

当时的卫青还没有什么名气。卫青当骑奴时结识的朋友，名叫公孙敖的，是皇帝身边的一个侍从，他听到了消息，一面率领平时和卫青要好的几名壮士，闯进囚室，把卫青从死亡的边缘夺了回来；一面派人给汉武帝送信。

武帝听说了这事，大怒，索性召见卫青，封他为建章宫监加侍中的官衔。卫青同母兄弟姐妹都显贵了，几天里赏赐达千金之多，连公孙敖都由此显贵。

不久，汉武帝封卫子夫为夫人，提升卫青为太中大夫。

真是大难不死，因祸得福啊。从这时起，汉武帝开始着力培养他，并在元光六年（公元前 129 年）派他和李广等三位将领一起兵分四路出击匈奴，卫青一生的功业从此开始。

第二节　居功不傲真君子

【原文】

其明年，元朔之五年春，汉令车骑将军青将三万骑，出高阙；卫尉苏建为游击将军，左内史李沮为强弩将军，太仆公孙贺为骑将军，代相李蔡为轻车将军，皆领属车骑将军，俱出朔方；大行李息、岸头侯张次公为将军，出右北平：咸击匈奴。匈奴右贤王当卫青等兵，以为汉兵不能至此，饮醉。汉兵夜至，围右贤王，右贤王惊，夜逃，独与其爱妾一人壮骑数百驰，溃围北去。汉轻骑校尉郭成等逐数百里，不及，得右贤裨王十余人，众男女万五千余人，畜数千百万，于是引兵而还。至塞，天子使使者持大将军印，即军中拜车骑将军青为大将军，诸将皆以兵属大将军，大将军立号而归。天子曰："大将军青躬率戎士，师大捷，获匈奴王十有馀人，益封青六千户。"而封青子伉为宜春侯，青子不疑为阴安侯，青子登为发干侯。青固谢曰："臣幸得待罪行间，赖陛下神灵，军大捷，皆诸校尉力战之功也。陛下幸已益封臣青。臣青子在襁褓中，未有勤劳，上幸列地封为三侯，非臣待罪行间所以劝士力战之意也。伉等三人何敢受封！"天子曰："我非忘诸校尉功也，今固且图之。"乃诏御史曰："护军都尉公孙敖三从大将军击匈奴，常护军，傅校获王，以千五百户封敖为合骑侯。都尉韩说从大将军出窳浑，至匈奴右贤王庭，为麾下搏战获王，以千三百户封说为龙额侯。骑将军公孙贺从大将军获王，以千三百户封贺为南窌侯。轻车将军李蔡再从大将军获王，以千六百户封蔡为乐安侯。校尉李朔，校尉赵不虞，校尉公孙戎奴，各三从大将军获王，以千三百户封朔为涉轵侯，以千三百户封不虞为随成侯，以千三百户封戎奴为从平侯。将军李沮、李息及校尉豆如意有功，赐爵关内侯，食邑各三百户。"其秋，匈奴入代，杀都尉朱英。

【译文】

第二年，即元朔五年（公元前124年）春天，朝廷命令车骑将军卫青率领三万骑兵，从高阙出兵；命令卫尉苏建做游击将军，左内史李沮当强弩将军，太仆公孙贺当骑将军，代国之相李蔡当轻车将军，他们都隶属车骑将军卫青，一同从朔方出兵；朝廷又命令大行李息、岸头侯张次公为将军，从右北平出兵。他们全都去攻打匈奴。匈奴右贤王正对着卫青等人的大兵，以为汉朝军队不能到达这里，便喝起酒来。晚上，汉军来到，包围了右贤王；右贤王大惊，连夜逃跑，独自同他的一个爱妾和几百个精壮的骑兵，急驰突围，向北而去。汉朝的轻骑校尉郭成等追赶了几百里，没有追上。汉军捕获了右贤王的小王十多人，男女民众一万五千余人，牲畜数千百万头，于是卫青便领兵凯旋。卫青的军队走到边塞，武帝派遣使者拿着大将军的官印，就在军中任命车骑将军卫青为大将军，其他将军都率兵隶属于大将军卫青，大将军确立名号，班师回京。武帝说："大将军卫青亲自率领战士攻杀，军队获得大捷，俘虏匈奴之王十多人，加封卫青六千户。"又封卫青的三个儿子卫伉为宜春侯、卫不疑为阴安侯、卫登为发干侯。卫青坚决推辞说："我侥幸地能在军队中当官，依赖陛下的神圣威灵，才使军队获得大捷，同时这也是各位校尉拼力奋战的功劳。陛下已经降恩加封我的食邑。臣子卫青的儿子们年龄还小，没有征战的劳苦和功绩，皇上降恩，割地封他们三人为侯，这不是我在军队中当官，用来鼓励战士奋力打仗的本意啊！卫伉等三人怎敢接受封赏。"天子说："我并非忘却各位校尉的功劳，现在本来就要考虑他们的奖赏。"武帝就下令御史说："护军都尉三次随大将军出击匈奴，经常接应各军，率领一校人马，捕获匈奴小王，划定一千五百户封公孙敖为合骑侯。都尉韩说随从大将军从窳浑塞出兵，直打到匈奴右贤王的王庭，在大将军的指挥之下搏杀奋战，俘获匈奴小王，划定一千三百户封韩说为龙额侯。骑将军公孙贺跟随大将军俘获匈奴小王，划定一千三百户封公孙贺为南窌侯。轻车将军李蔡两次随大将军俘获匈奴小王，划定一千六百户封李蔡为乐安侯。校尉李朔、校尉赵不虞、校尉公孙戎奴，每人都三次跟随大将军俘获匈奴小王，划定一千三百户封李朔为涉轵侯，划定一千三百户封赵不虞为随成侯，划定一千三百户封公孙戎奴为从平侯。将军李沮、李息及校尉豆如意有军功，赐给关内侯的爵位，每人食邑三百户。"这年秋天，匈奴侵入代郡，杀死都尉朱英。

【评点】

汉武帝即位后，形势已经发生了根本的变化，国内已无内顾之忧，中央集权和国家的统一得到了空前的加强。反击匈奴的客观条件已经成熟了。卫青从公元前 129 年被封车骑将军开始，共有七次领兵打击匈奴，立下了赫赫战功。

卫青并不是歼灭匈奴军队最多的将领，但他确实是汉匈战争里贡献最大的将领。汉朝反击匈奴的第一个胜仗就是卫青打的，龙城战役虽然只消灭敌人七百人，但却粉碎了许多汉朝主和派大臣宣扬的“匈奴不可战胜”的神话，使汉朝将士树立了必胜匈奴的坚定信念。

一、智勇双全，首战告捷

元光六年（公元前 129 年），匈奴又一次兴兵南下，前锋直指上谷（今河北省怀来县）。

汉武帝觉得，原有的一些将领老成持重有余，主动进攻不足，魄力不够，很难适应战争的需要。他认为“有非常之功，必待非常之人”，要想取得胜利，必须提拔后起之秀。

汉武帝果断地任命卫青为车骑将军，迎击匈奴。从此，卫青开始了他的戎马生涯。

这次用兵，汉武帝分派四路出击。车骑将军卫青直出上谷，骑将军公孙敖从代郡（治代县，今山西大同、河北蔚县一带）出兵，轻车将军公孙贺从云中（今内蒙古托克托东北）出兵，骁骑将军李广从雁门出兵。四路将领各率一万骑兵。

这次进击匈奴，卫青是首次出征。但他在战斗中，勇猛非凡，领兵打出长城，深入匈奴境内，直至龙城（匈奴单于祭天和聚会首领的地方），斩敌七百人，取得初战胜利。

其余三路，公孙敖损失了七千人马，李广战败被匈奴俘获后于半路逃归，公孙贺则是无功而还。汉武帝看到只有卫青凯旋，非常赏识，加封关内侯。

卫青的胜利，在汉匈交战史上具有划时代的意义。汉朝自高祖刘邦建国以来，屡屡受到北方匈奴的掠夺羞辱，如高祖“白登七日”之困，吕后受冒顿单于书信之辱，孝文帝十四年匈奴十四万骑大入关，一度略至长安附近的甘泉，以及匈奴频频对汉朝边郡和百姓的烧杀劫掠等，可谓汉朝的心腹大患。龙城的胜利打破了自汉初以来“匈奴不可战胜”的神话，大大鼓舞了汉军士气，成为汉匈战争的转折点，为以后汉朝的进一步反击打下了良好的人心基础。

卫青漂亮地完成了他的首次出征，得到汉武帝及其他大臣将领的认可。虽说卫青是凭借裙带关系而突然飞黄腾达的，但他绝非碌碌无为之辈，他用事实证明了自己的能力，用实力赢得了他人的认可。

二、连败匈奴，收复河朔

汉朝对匈奴的反击，使得匈奴的进犯更加猖狂了。公元前 128 年的秋天，匈奴骑兵大举南下，先攻破辽西，杀死了辽西太守，又打败渔阳守将韩安国，劫掠百姓两千多人。匈奴骑兵乘胜西进，势如破竹，锐不可当，很快便突入雁门。西汉整个北部边郡形势紧张，京师长安一片惊慌，各地告急的文书雪片般地飞奏朝廷。

在这危难之际，汉武帝起用李广，派他到右北平（治所在今辽宁凌源西南）担任太守，这时匈奴骑兵有意避开飞将军李广，不向右北平进攻，而向西北各郡进犯。为此，卫青再次受命出征，迎战匈奴。与此同时，汉武帝还指令李息从代郡出兵，袭扰匈奴后路，同卫青一路遥相策应。

卫青在分析了敌我双方的情况后认为：匈奴虽奔袭千里，斩将夺城，但是士卒疲惫，汉军则是养精蓄锐，士气高昂。因此，利在速战。

他得到出战的命令以后，马上率领三万多精骑，挥师北上，风驰电掣般赶到前线。卫青一马当先，冲杀在前。校尉士卒见主将亲冒矢石，也勇气倍增，无不人人争先，拼死杀敌，两军展开了一场惊心动魄的激战。匈奴被汉军打得七零八落，丢下数千具尸体，狼狈逃窜。

元朔二年（公元前 127 年），匈奴骑兵又侵入上谷、渔阳，杀掠吏民数千人。西汉和匈奴的斗争已经到了白热化的程度。汉武帝决定用全力收复河南地，以消除匈奴的威胁。西汉的河南地，即今黄河河套地区，这里水草丰美，宜于农牧，其地又邻近西汉首都长安，无论在经济和军事上，都占有十分重要的地位。因此历来是兵家必争之地。

由于这次战争是西汉对匈奴发起的第一次战略进攻，在战争指导上，汉武帝经过深思熟虑，采取了胡骑东进，汉骑西击的避实击虚的战法，而这次重大军事决策的执行，又落到了卫青身上。

战前卫青仔细分析了当时情况，认为要是直接从长安正面攻打盘踞河南的匈奴楼烦王、白羊王，他们势必会退至石门水（今内蒙古包头市西昆都沦沟）、高阙（今内蒙古巴彦淖尔盟杭锦后旗）两个山口，凭险据守，北面还有单于王廷和右贤王为后盾。

因此，卫青率领四万大军引兵北上，出云中，沿黄河西进，采用“迂回侧击”的战术，西绕到匈奴军的后方，迅速攻占石水门和高阙，切断了驻守河南地的匈奴白羊王、楼烦王同单于王廷的联系。

然后，卫青又率精骑，飞兵南下，进到陇西，形成了对白羊王、楼烦王的包围。匈奴白羊王、楼烦王见势不好，仓皇率兵逃走。汉军歼敌数千人，夺取牲畜一百多万头，完全控制了河套地区。战后，卫青因立有大功，被封为长平侯，食邑三千八百户。

除了在河套设立了朔方郡，汉武帝又把秦朝时候蒙恬沿河修筑的旧长城加以修缮，作为屏障，进行固守。还下诏招募百姓十万人到河套地区去屯垦备边。这些措施，不仅抽掉了匈奴进犯中原的跳板，解除了匈奴骑兵对长安的直接威胁，同时也建立起进一步反击匈奴的前方基地。

三、奇袭高阙，推辞封赏

丢失了土地肥沃、水草丰美的河套地区，使匈奴在经济上遭受了重大损失。掠夺成性的匈奴贵族，并不甘心于河南作战的失败。从元朔三年（公元前 126 年）到元狩元年（公元前 122 年）的五年间，匈奴右贤王不断地从代郡、定襄（今内蒙古和林格尔）入侵，但这些图谋都在汉廷的坚决反击下破产了。

元朔四年（公元前 125 年），匈奴分兵大举侵入代郡、定襄、上郡，杀掠了几千人。

元朔五年（公元前 124 年）春天，汉朝派卫青统领六将军，带领十余万人，从新根据地朔方进行反攻。

“青将三万骑出高阙，卫尉苏建为游击将军，左内史李沮为强弩将军，太仆公孙贺为骑将军，代相李蔡为轻车将军，皆领属车骑将军，俱出朔方。”卫青这次采用夜袭的手段，命令部队马不停蹄，兵不卸甲，长途出塞六百余里，出其不意，闪击匈奴右贤王部。

匈奴右贤王认为汉军离得很远，一时不可能来到，正在帐中拥着美妾，畅饮美酒。忽听帐外杀声震天，火光遍野，右贤王惊慌失措，仓皇中忙把美妾抱上马，带了几百壮骑，突出重围，向北逃去。汉朝轻骑校尉郭成等向北追赶了几百里，俘获匈奴裨王（小王）十余人，男女一万五千人，牲畜数十万头。汉军大获全胜，凯旋。

当汉军回到边关的时候，汉武帝派使者捧着印信，在军中拜卫青为大将军，加封食邑八千七百户，所有将领都归他指挥。卫青的三个儿子都还在襁褓之中，也被汉武帝封为列侯。

卫青非常谦虚，坚决推辞说："微臣有幸待罪军中，仰仗陛下的神灵，使得我军获得胜利，这全是将士们拼死奋战的功劳。陛下已加封了我的食邑，我的儿子年纪尚幼，毫无功劳，陛下却分割土地，封他们为侯，这样是不能鼓励将士奋力作战的，他们三人怎敢接受封赏。"

卫青将荣誉归功于皇帝和诸将士，此举让他在皇帝面前和将士中树立了同甘共苦的形象，也是卫青之所以为一代名将的重要依据。汉武帝随后又封赏了随从卫青作战的将领。

这一次战役，进一步巩固了朔方要地，并将匈奴左右两部切断，形成分而制之的战略局面。同时，解决了以往汉军无法深入塞外作战的问题，史书没有明确卫青采用了什么战术，但从战役过程和结果来看，可以说汉军在战术上已经达到了一个相当高的层次，开始有了骑兵纵深作战的形象，卫青为大汉铁骑的形成，立下了汗马功劳。

第三节　横空出世冠军侯

【原文】

是岁也，大将军姊子霍去病年十八，幸，为天子侍中。善骑射，再从大将军，受诏与壮士，为剽姚校尉，与轻勇骑八百直弃大军数百里赴利，斩捕首虏过当。于是天子曰："剽姚校尉去病斩首虏二千二十八级，及相国、当户，斩单于大父行籍若侯产，生捕季父罗姑比，再冠军，以千六百户封去病为冠军侯。上谷太守郝贤四从大将军，捕斩首虏二千馀人，以千一百户封贤为众利侯。"是岁，失两将军军，亡翕侯，军功不多，故大将军不益封。右将军建至，天子不诛，赦其罪，赎为庶人。

【译文】

这一年（公元前 123 年），大将军卫青姐姐的儿子霍去病十八岁，受到武帝宠爱，当了皇帝的侍中。霍去病善于骑马射箭，两次随从大将军出征，大将军奉皇上之命，拨给他一些壮勇的战士，任命他为剽姚校尉。他同八百名轻捷勇敢的骑兵，径直抛开大军几百里，寻找有利的机会攻杀敌人，结果他们所斩杀的敌兵数量超过了他们的损失。于是皇上说："剽姚校尉霍去病杀敌二千零二十八人，其中包括匈奴相国和当户，杀死单于祖父一辈的籍若侯产，活捉单于叔父罗姑比，他的功劳，在全军两次数第一，划定一千六百户封霍去病为冠军侯。上谷太守郝贤四次随大将军出征，斩获敌军二千余名，划定一千一百户封郝贤为众利侯。"这一年，损失了两位将军的军队，翕侯赵信逃亡，军功不多，所以大将军卫青没有增封。右将军苏建回来后，天子没有杀他，赦免了他的罪过。他交了赎金，成为平民百姓。

【评点】

"出身仕汉羽林郎，初随骠骑战渔阳。孰知不向边庭苦，纵死犹闻侠骨香。"这首王维的《少年行》，实际说出了当时长安少年的梦想，霍去病无疑是这个梦想的实现者。

古往今来，没有一个人在同样年龄就能有他的成就——十七岁两出定襄、十九岁三征河西、二十一岁纵横漠北，杀到匈奴胆寒，甚至影响西亚历史进程，年仅二十一岁就身居大司马高位。

霍去病是卫青的外甥，少年时就受卫青影响和培养，深谙运动战的灵活机动的战法，几乎每战必获全胜，成为汉武帝时期最年轻的军事统帅，战功远远超过了卫青，成为最重要的抗匈英雄，汉武帝武功的最后完成者。

一、出身低贱，备受宠爱

霍去病出生在一个传奇性的家庭。他是平阳公主府的女奴卫少儿与平阳县小吏霍仲孺的结晶，这位小吏不敢承认自己跟公主的女奴私通，于是霍去病只能以私生子的身份降世。后来霍仲孺还家娶妻，生子霍光，遂与少儿断绝往来。霍去病的这位同父异母的弟弟也是汉朝历史上的一位名人。

父亲不敢承认的私生子、母亲又是个女奴，看起来霍去病是永无出头之日的，然而奇迹终于降临在他身上。

大约在霍去病刚满周岁的时候，他的姨母卫子夫进入了汉武帝的后宫，并且很快被封为夫人，仅次于皇后。霍去病的舅舅卫长君、卫青也随即晋为侍中。

从此之后，卫家的命运彻底改变了，少儿改嫁为詹事陈掌妻，少儿姊君孺也改嫁太仆公孙贺，卫青做了太中大夫。也就是说卫少儿成了司局长的夫人，她的姐姐成了国务院副总理的妻子，弟弟成了司局长。这时的霍去病应该只有三四岁，一下子从奴仆的后代成了高干子弟，应该说生活发生了巨大的改变。

据说，霍去病的名字，还是汉武帝起的呢。

霍去病的名字听起来很特别，“去病”两个字有讲究。霍去病的母亲卫少儿是卫青和卫子夫的姐姐，卫子夫得汉武帝的宠爱，当了皇后，卫青后来也成为大将军。因而，卫少儿就能够经常出入武帝的皇宫。

相传霍去病生下不久，还没有来得及起名字，母亲抱着他去深宫探望妹妹卫子夫。这时，汉武帝正卧病在床。走进皇宫，异常肃穆，人们说话都小声小气，走路也蹑手蹑脚的，唯恐惊扰了皇帝。卫少儿抱着孩子，轻轻地拍着，只怕他哭闹起来，惊动圣上，但走着走着不知怎的，孩子突然“哇”的一声大哭起来，武帝在昏昏迷迷之间猛然听见婴儿的哭声，惊得出了一身冷汗，顿时觉得身体轻松舒畅起来。他一高兴，忙问：“那是何人抱着孩子？”卫少儿一听，吓得浑身打战，一步也不敢挪动了，站在那儿等候皇上降罪。汉武帝见是卫少儿，便赐她坐下，还叫她把怀里的孩子抱过去，武帝接过孩子，龙颜大悦，他百般戏逗。说来也怪，这孩子到了武帝怀里，眉开眼笑，逗得武帝直乐，便问卫少儿：“孩子可曾取名？”卫少儿说：“还没有起下名字。”武帝笑了笑说：“寡人近几天来身体欠安，这孩子几声大哭，惊得我一身冷汗，病便霍然去除，朕赐名与这孩子叫‘去病’怎样？”卫少儿一听连忙叩头谢恩。

从此，卫少儿的这个孩子就取名霍去病。

二、横空出世，夺冠军侯

在卫青建功立业的同时，霍去病也渐渐地长大了，在舅舅的影响下，他自幼精于骑射，虽然年少，却不屑于像其他王孙公子那样待在长安城里放纵声色享受长辈的荫庇，他渴望杀敌立功的那一天。

元朔六年（公元前 123 年），漠南之战。这年，霍去病刚刚十八岁。他听说舅舅又要出征，便跃跃欲试急不可耐地向汉武帝请战。汉武帝见他少年英武，就答应了他的请求，任命他为剽姚校尉，由卫青挑选了八百名骁勇矫捷的骑兵归他指挥。

霍去病率领八百骁骑一往无前地向北奔去，当到达漠南的时候，出了长安的霍去病就如同脱了缰的野马。莽莽草原，人迹全无。他们不知不觉地走了好几百里，将近黄昏，面对着行踪飘忽不定的匈奴骑兵，霍去病硬是凭着血气之勇和他的八百骑兵，闪电般将敌人的四五千大军追了遥遥数百里。忽然发现前方远处有一片黑点。霍去病判断应是匈奴的营帐，当即命部下衔枚而行，以迅雷不及掩耳之势杀了过去。匈奴兵根本没想到汉军会这么远地杀来，顿时一片混乱。霍去病身先士卒，首先闯入匈奴营帐，八百骁骑个个勇猛无比，把匈奴兵杀得四散逃窜，最终斩杀了两千多人。

这次战役，霍去病功居第一，其他各路有胜有负。卫青将战争的经过报告了汉武帝。汉武帝对霍去病大加赞赏，当汉武大帝听到霍去病的梅花枪挑落单于叔叔的头颅的时候，激动得围着霍去病走了三圈，看着霍去病身上沾染着敌人的血迹，赞他道："剽姚校尉霍去病，以八百骁骑斩杀匈奴兵两千零二十八人，并杀死匈奴单于的祖父籍若侯产及相国、当户等将官多人，生擒单于的叔父罗姑比，出奇制胜，勇冠全军。以一千六百户封霍去病为冠军侯。"

此一战未满十八岁的霍去病，第一次在名将如云的汉武帝手下崭露头角，他的横空出世，预示着一个属于他的，短暂而辉煌的时代，就要到来！

一位年方十八的少年从此成为称雄大漠的匈奴的克星！

第四节　克敌制胜乃战神

【原文】

其秋，单于怒浑邪王居西方数为汉所破，亡数万人，以骠骑之兵也。单于怒，欲召诛浑邪王。浑邪王与休屠王等谋欲降汉，使人先要边。是时大行李息将城河上，得浑邪王使，即驰传以闻。天子闻之，于是恐其以诈降而袭边，乃令骠骑将军将兵往迎之。骠骑既渡河，与浑邪王众相望。浑邪王裨将见汉军而多欲不降者，颇遁去。骠骑乃驰入与浑邪王相见，斩其欲亡者八千人，遂独遣浑邪王乘传先诣行在所，尽将其众渡河，降者数万，号称十万。既至长安，天子所以赏赐者数十巨万。封浑邪王万户，为漯阴侯。封其裨王呼毒尼为下摩侯，鹰庇为辉渠侯，禽梨为河綦侯，大当户铜离为常乐侯。于是天子嘉骠骑之功曰："骠骑将军去病率师攻匈奴西域王浑邪，王及厥众萌咸相奔，率以军粮接食，并将控弦万有馀人，诛獟䣭，获首虏八千馀级，降异国之王三十二人，战士不离伤，十万之众咸怀集服，仍与之劳，爰及河塞，庶几无患，幸既永绥矣。以千七百户益封骠骑将军。"减陇西、北地、上郡戍卒之半，以宽天下之繇。

【译文】

这年秋天，匈奴单于因为身处西方的浑邪王屡次被骠骑将军率领的汉军打败，损失几万人而大怒，想召来浑邪王，把他杀死。因此浑邪王和休屠王等想投降汉朝，就先派人到边境迎住汉人。这时，大行李息率兵在黄河岸边筑城，见到浑邪王的使者，立即就命令传车急驰而归，向皇帝报告。皇上听过汇报后，怕浑邪王用诈降的办法偷袭边境，于是就命令骠骑将军领兵前去迎接浑邪王和休屠王。骠骑将军已经渡过黄河，与浑邪王的部队相互远望着。浑邪王的副将们看到汉朝军队，多数不想投降，有好多人逃遁而去。骠骑将军霍去病就打马跑到敌营，同浑邪王相见，杀了想逃走的八千人，于是命浑邪王一个人乘着传车，先到皇帝的行在所，然后由他领着浑邪王的全部军队渡过黄河，投降者有几万人，号称十万。他们到达长安后，天子用来赏赐的钱就有几十万。划定一万户封浑邪王为漯阴侯。封他的小王呼毒尼为下摩侯，鹰庇为煇渠侯，禽梨为河綦侯，大当户铜离为常乐侯。于是天子称赞骠骑侯霍去病的功劳说："骠骑将军霍去病率领军队攻打匈奴西域浑邪王，浑邪王及其部队与民众都相互投奔汉朝，用军粮接济汉军。骠骑将军一并率领他们的善射兵卒一万余人，诛杀了妄图逃亡的凶悍之人，斩杀八千多人，使敌国之王三十二人投降汉朝。汉军士卒没有伤亡，十万大军全部归来，由于他们承担了战争的劳苦，因而使河塞地区几乎消除了边患，有幸将永保安宁。划定一千七百户增封骠骑将军。"于是就减少了陇西、北地、上郡戍守之兵的一半，以此使全国百姓的徭役负担得到宽缓。

【评点】

霍去病从十八岁开始，一生征战，处处行险，屡建奇功。霍去病控制大局的能力和临危不惧的胆色千载之后仍令人叹服。

在那个局势迷离危机四伏的时候，那位刚满二十岁的少年是怎样站在敌人的营帐里，仅仅用一个表情一个手势就将帐外四万兵卒、八千乱兵制服的呢?

一、骠骑将军，战神无敌

到了元狩二年（公元前 121 年）春天，就是霍去病上次初露锋芒的两年后，汉武帝又一次开始对匈奴的进攻。

这次出塞前，汉武帝封霍去病为骠骑将军，品秩与大将军相等。

骠骑将军霍去病第一次带着属于他的一万精兵出征匈奴。相比大汉上百万的军队，他的一万人显得似乎有些少了。但兵不在多，在于精。这一万人，几乎是大汉骑兵的精锐所在。他的姨夫汉武帝刘彻将这大汉精锐交给他的时候，对他这个未成年的少年将军是信任备至的。

这次出塞，汉武帝的目的应该是检验一下霍去病的大兵团作战能力，所以给了霍去病一万骑兵，出陇西，从处于守势的西北出发，面对次一级的右贤王部队，除了出其不意以外，也希望霍去病在这里锻炼自己的军事才能。

不满二十岁的统帅霍去病深孚众望，在千里大漠中闪电奔袭，打了一场漂亮的大迂回战。六天中他转战匈奴五部落，一路猛进，并在皋兰山与匈奴卢侯王、折兰王打了一场硬碰硬的生死战。在此战中，霍去病惨胜，一万精兵仅余三千人。而匈奴更是损失惨重——卢侯王和折兰王都战死，浑邪王子及相国、都尉被俘虏，斩敌八千九百六十，匈奴休屠王“祭天金人”也成了汉军的战利品。在这一场血与火的对战之后，汉王朝中再也没有人质疑少年霍去病的统军能力，他成为汉军中的一代军人楷模、尚武精神的化身。

同年夏天，汉武帝决定乘胜追击，展开收复河西之战。

此战，霍去病成为汉军的统帅，而多年的老将李广等人只作为他的策应部队。令人哭笑不得的是，配合作战的公孙敖等常跑大漠的“老马”，居然在大漠中迷了路，没有起到应有的助攻作用，而老将李广所部则被匈奴左贤王包围。

霍去病遂再次孤军深入，并再次大胜。就在祁连山，霍去病所部斩敌三万余人，俘虏匈奴王爷五人以及匈奴大小阏氏、匈奴王子五十九人、相国将军当户都尉共计六十三人。

经此一役，匈奴不得不退到焉支山北，汉王朝收复了河西平原。曾经在汉王朝头上为所欲为、使汉朝人家破人亡无数的匈奴终于也唱出了哀歌：“亡我祁连山，使我六畜不蕃息；失我燕支山，使我妇女无颜色。”

从此，汉军军威大振，而不到二十岁的霍去病更成了令匈奴人闻风丧胆的战神。

汉武帝加封霍去病食邑五千四百户。从此，霍去病的声望日益显赫，地位日益尊贵，几乎与舅舅卫青相当了。

二、河西招降，独破乱军

真正使霍去病犹如神降的事情是“河西受降”，此事发生的时间在元狩二年（公元前 121 年）秋天，历史记下了这令人拍案叫绝的事情。

河西大战后，匈奴的单于由于西方的浑邪王屡次被骠骑将军率领的汉军打败，损失几万人而大怒，想召来浑邪王，把他杀死。估计是消息不机密，所以被浑邪王知道了，于是浑邪王和休屠王等想投降汉朝。

汉武帝不知匈奴二王投降的真假，遂派霍去病前往黄河边受降。对于派霍去病前去招降一事，许多人始终都没有搞明白，汉武帝为什么派的是霍去病，而非相对怀柔的卫青？对于浑邪、休屠二王来说，要面对这样一个对他们来说如同噩梦般人物的接降汉使实在有些尴尬和恐怖。

霍去病还没有到达河西，情况就发生了变化。休屠王听信部下的谗言，不想投降了。浑邪王骑虎难下，痛恨休屠王的背信弃义，于是一不做二不休，他率兵冲入休屠王的营帐，杀死了休屠王，收编了休屠王的部队，然后列队迎接汉军的到来。

霍去病渡过黄河，与浑邪王遥遥相望。浑邪王的部下很多。本来意志就不坚定，现在看到汉军阵容严整，心存疑惧，纷纷逃走。

霍去病望见浑邪王阵营人群骚动，当机立断，亲率几名精骑飞马驰入浑邪王营帐，与浑邪王谈判，下令将私自逃跑的匈奴将士八千人全部杀死。这样才把匈奴军队稳住了。一般的情况下，当时匈奴人一片混乱、情况不明，霍去病完全可以任由匈奴人自行内乱，不必到一堆炸了窝的匈奴人中去犯险，因为被匈奴乱兵杀死或俘虏的概率很大，而霍去病竟然大胆地冲入匈奴军中，不伤己方一人却杀死哗变的八千匈奴人，又降伏了余下四万人，一场一触即发的兵乱终于消于无形。少年英雄的胆识可见一斑，他当时应该是像战神一样威武，这个形象刻在了匈奴人的心中，也刻在了中国历史的画卷上。

然后，霍去病派轻车快马先把浑邪王送往长安拜见汉武帝。接着，他把四万多匈奴降兵编队列阵，带回长安。

我们永远也猜想不出当时的浑邪王心里都在想些什么，那一刻他完全有机会把霍去病扣为人质或杀之报仇，只要他这样做了，单于不但不会杀他反而要奖赏他，汉朝失了此人，匈奴也许永无祸患，但为什么浑邪王始终都没有冒险一击？这已经无从知道了。

他们到达长安后，天子用来赏赐的钱就有几十万，划定一万户封浑邪王为漯阴侯。

从此，汉王朝的版图上，多了武威、张掖、酒泉、敦煌四郡，河西走廊正式并入汉王朝。汉朝在西北方向的压力大减，摆脱了两线作战的形势，可以专一对付东北的匈奴左贤王部和单于本部。

河西受降顺利结束，而今天的我们却只能用景仰的心去努力想象，那个局势迷离危机四伏的时候，那位十九岁多的少年是怎样站在敌人的营帐里，仅仅用一个表情一个手势就将帐外四万兵卒、八千乱兵制服的？

这是中国历史上第一次面对外虏的受降，不但使饱受匈奴侵扰之苦百年的汉朝人扬眉吐气，更让汉朝人有了身为强者的信心。

三、美酒飘香，酒泉铭记

在这次战役后，还有一个关于霍去病的美丽传说流传了下来。

霍去病河西立下大功，汉武帝特派使臣载了美酒到前线去慰问他。

霍去病对使臣说："谢谢皇上的奖赏，但重创匈奴不是我一人的功劳，功劳归于全体将士。"

于是，命令将御赐美酒抬出犒劳部下，但酒少人多，怎么办？霍去病吩咐手下，将两坛美酒倒入营帐所在的山泉中，整个山谷顿时酒香弥漫，全体将士纷纷畅饮掺酒的山泉，欢声雷动。据说，这就是"酒泉"的来历，后来当地也就以此命名，成为西域重镇酒泉。

不管这是传说还是史实，千年之后我们读到这个故事，还是会有一种回肠荡气的感觉，一位英勇却浪漫的少年将军的形象在我们面前栩栩如生。

关于酒泉的来历，史书是这样记载的：元狩二年（公元前121年），汉武帝派霍去病进军河西，这年秋天打垮了浑邪王，把匈奴残部追逐到玉门关外，西汉王朝叫中原几十万人迁来河西酒泉等地居耕，于是这里的文明昌盛开始了新的一页。距今两千一百零九年前的西汉中期，酒泉以"城下有泉""其水若酒"而得名。此时，汉朝设立酒泉郡，就是以泉名为郡名的。

即便往泉水里倒御酒是个美丽的传说，但酒泉总与霍去病有关，它将永远记住那个少年将军的英姿与功劳。

第五节　舅甥合璧败匈奴

【原文】

元狩四年春，上令大将军青、骠骑将军去病将各五万骑，步兵转者踵军数十万，而敢力战深入之士皆属骠骑。骠骑始为出定襄，当单于。捕虏言单于东，乃更令骠骑出代郡，令大将军出定襄。郎中令为前将军，太仆为左将军，主爵赵食其为右将军，平阳侯襄为后将军，皆属大将军。兵即度幕，人马凡五万骑，与骠骑等咸击匈奴单于。赵信为单于谋曰："汉兵既度幕，人马罢，匈奴可坐收虏耳。"乃悉远北其辎重，皆以精兵待幕北。而适值大将军军出塞千馀里，见单于兵陈而待，于是大将军令武刚车自环为营，而纵五千骑往当匈奴。匈奴亦纵可万骑。会日且入，大风起，沙砾击面，两军不相见，汉益纵左右翼绕单于。单于视汉兵多，而士马尚强，战而匈奴不利，薄莫，单于遂乘六骡，壮骑可数百，直冒汉围西北驰去。时已昏，汉匈奴相纷挐，杀伤大当。汉军左校捕虏言单于未昏而去，汉军因发轻骑夜追之，大将军军因随其后。匈奴兵亦散走。迟明，行二百余里，不得单于，颇捕斩首虏万余级，遂至窴颜山赵信城，得匈奴积粟食军。军留一日而还，悉烧其城余粟以归。

【译文】

元狩四年（公元前 119 年）春天，武帝命令大将军卫青、骠骑将军霍去病各率五万骑兵，几十万步兵和转运物资的人跟随其后，而那些敢于奋力战斗和勇于深入的士兵都隶属于骠骑将军。骠骑将军开始要从定襄出兵，迎击单于。后来捕到的匈奴俘虏说单于向东而去，于是就改令骠骑将军从代郡出兵，命令大将军卫青从定襄出兵。郎中令李广做前将军，太仆公孙贺任左将军，主爵都尉赵食其任右将军，平阳侯曹襄任后将军，他们都隶属大将军。大军随即越过沙漠，连人带马共五万骑兵，同骠骑将军等都攻打匈奴的单于。赵信替单于出谋划策说："汉军已越过沙漠，人困马疲，匈奴可以坐收汉军俘虏了。"于是把他们的辎重全部运到遥远的北方，全把精兵安排在大漠以北等待汉军。正碰上大将军卫青的军队开出塞外一千多里，看见单于的军队排成阵势等在那里，于是大将军下令让武刚车排成环形营垒，又命五千骑兵纵马奔驰，抵挡匈奴。匈奴也有大约一万骑兵奔驰而来。恰巧太阳将落，刮起大风，沙石打在人们的脸上，两军都无法看见对方，汉军又命左右两翼急驰向前，包抄单于。单于看到汉朝军队很多，而且战士和战马还很强大，若是交战，对匈奴不利。因此，在傍晚时单于就乘着六头骡子拉的车子，同大约几百名壮健的骑兵，径直冲开汉军包围圈，向西北奔驰而去。这时，天已黄昏，汉朝军队和匈奴人相互扭打，杀伤人数大致相同。汉军左校尉捕到匈奴俘虏，说单于在天未黑时已离去，于是汉军就派出轻骑兵连夜追击，大将军的军队也跟随其后。匈奴的兵士四散奔逃。直到天快亮时，汉军已行走二百余里，没有追到单于，却俘获和斩杀敌兵一万多人，于是到达了窴颜山赵信城，获得匈奴积存的粮食以供军队食用。汉军留住一日而回，把城中剩余的粮食全部烧掉才归来。

【评点】

卫青、霍去病出生入死，浴血奋战，为国家做出了重大贡献，被誉为大汉的

“帝国双璧”。漠北一战，两个人的才智都发挥得淋漓尽致，创造了中国战争史上不朽的战例，被后世景仰。

一、穿越沙漠，逐走单于

匈奴主力虽远逃漠北，但仍未放弃对汉朝边境的掠夺。公元前120年秋，匈奴骑兵万余人又突入定襄、右北平地区，杀掠汉朝边民一千多人。

汉武帝决定远征漠北，彻底消灭匈奴军队。

元狩四年（公元前119年）春，汉武帝召集诸将会议，宣布进军漠北的决策说：“赵信为单于献计，常以为汉兵不能度幕（沙漠）轻留，今大发士卒，其势必得所欲。”他利用赵信的错误判断，因势利导，确定了集中兵力，深入漠北，歼灭匈奴主力的作战指导方案。

汉武帝随即集中兵力，组成两个大的骑兵集团，令卫青、霍去病各领骑兵五万，分为东西两路，远征漠北。卫青指挥的西路军，以公孙贺为左将军，赵食其为右将军，李广为前将军，曹襄为后将军，皆归卫青指挥。

本来是以霍军决战单于的，却出了情报错误，致使精心安排的对局变成了阴错阳差，卫青对上了单于。

赵信向伊稚斜单于建议：“汉军不知道厉害，竟打算穿过沙漠。到时候，人困马乏，我们以逸待劳，就可以俘虏他们。”于是下令所有的粮草辎重，再次向北转移，而把精锐部队埋伏在了沙漠北边。

卫青从定襄出塞不久，从俘虏口中得知匈奴单于驻牧的地点，立刻令前将军李广与右将军赵食其合兵一处由东路前进，以掩护自己的侧翼并攻击单于军的左侧背，自己则率主力直奔单于军的主力，准备从正面迎敌。

卫青大军北行一千多里，穿越浩瀚的大沙漠。抵达漠北后，“见单于兵陈而待”，卫青临危不惧，敏锐地识破了对手的用心，他当机立断，创造性地运用车骑协同的新战术，命令部队以武刚车“自环为营”，以防止匈奴骑兵的突然袭击，而令五千骑兵出击匈奴。

匈奴也不敢大意，以一万骑兵来迎击，开始的时候双方都很谨慎。

但匈奴的冲击力习惯性地将战斗引入乱战的局面，战场呈现胶着状态，此时战局正悄然向有利于汉军的方向发展。由于卫青事先构筑了坚实的防线，匈奴的中线突击没能冲破汉军的防线，随着时间的延长，匈奴军逐渐进入了汉军的口袋，汉军的中线部队开始收缩，有意将匈奴引入口袋中。

战斗持续到了黄昏，突然狂风大作，飞沙走石，两军在沙漠中对面不相见，局面一度陷入混乱。卫青处变不惊，敏锐地感知到反攻的时机到了，他下令早已待命的两翼骑兵部队突进，对敌完成合围。匈奴的军队在汉军侧翼的打击下终于崩溃，单于看到汉军人数众多，士气旺盛，知道无法取胜，慌忙骑上快马，率领精壮骑兵数百人，向西北方向突围逃去。

卫青发现单于逃走，立刻派出轻骑连夜追赶，匈奴人马纷纷溃散。汉军追赶了两百多里，虽然没有找到单于的踪迹，却俘虏匈奴官兵一万九千人。卫青率领大军一直挺进到寘（田）颜山赵信城（今蒙古人民共和国境内）。匈奴兵已经逃空，城里贮存了不少粮草。大军在那里停留了一天，卫青让兵士们饱餐了一顿，把多余的积粮烧了，然后奏凯而还。

漠北大决战，可以说这是一场把卫青的智慧与勇气发挥到极致的战斗，在战斗中不仅体现了他谨慎小心的作风，更体现了他在关键时刻超乎寻常的果敢。

《正说两汉四百年》一书比较全面客观地评价了卫青在这次战争中的表现：在战争中，卫青突出的个人能力和沉着坚毅的指挥，给了将士们以极大的鼓舞，恰恰激发了士兵的作战能力，从而弥补了兵力上的不足。卫青正面的拼杀为两翼的迂回包抄赢得了时间。匈奴溃败时，卫青又乘胜追击，向纵深发展，扩大战果，并焚毁其粮库，给匈奴以毁灭性的打击。这是一次堪称完美的决战。

二、纵横沙漠，封狼居胥

另一路骠骑将军霍去病，率兵出代郡后，北进两千余里，渡过大沙漠，与左贤王的军队遭遇。

在这场战争的事前策划中，原本安排了霍去病打单于，霍去病率领经过待选的“敢力战深入之士”五万骑出定襄，寻找匈奴单于的主力军决战。

但队伍刚刚出发便捉获匈奴的骑哨，得知单于主力已经东移，汉武帝于是临时更改部署，将霍去病所部东调改由代郡出塞，便于寻歼单于主力，卫青所部改由定襄出发，北上进击左贤王。

汉武帝的意图是用霍去病和匈奴单于的主力交战，因为霍去病出兵的代郡是正面面对匈奴王亭的，本来是以霍军决战单于的，却出了情报错误，致使精心安排的对局变成了阴错阳差，卫青对上了单于，霍去病却只好拿相对较弱的左贤王部出气。

然而这场大战完全可以说是霍去病的巅峰之作。霍去病率军出代郡和右北平，充分发挥骑兵的机动作战能力，穿越大漠，北进转战两千余里，越过离侯山，渡过弓闾河，攻击匈奴左贤王战略集团，与匈奴左贤王的强大骑兵集团在此展开了惊心动魄的殊死决战。一般匈奴的太子自兼左贤王，所以左贤王集团也是匈奴的一级主力，“独孤求败”的霍去病一路追杀，捕获单于近臣章渠，诛杀匈奴小王比车耆，又转而攻击匈奴左大将，斩杀敌将，夺取其军旗和战鼓。经过激战，汉军大获全胜，斩敌七万余人，俘获匈奴屯头王、韩王、将军、相国、当户、都尉等八十三人，左贤王战败逃走。就在这里，霍去病暂作停顿，率大军进行了祭天地的典礼——祭天封礼于狼居胥山举行，祭地禅礼于姑衍山举行。这是一个仪式，也是一种决心。

封狼居胥之后，霍去病继续率军深入追击匈奴，一直打到翰海（今俄罗斯贝加尔湖），方才回兵。从长安出发，一直奔袭至贝加尔湖，在一个几乎完全陌生的环境里沿路大胜，这是怎样的成就?

此战，霍去病可谓战功彪炳，登峰造极，唯一的遗憾是由于情报有误，错失单于而抱憾终生。曾经看过不少关于两强相遇的假设，也有人提出若真的遇上单于大军，霍军是否一定取胜。这种怀疑是多余的，以当时霍军装备之精良、战斗力之强大，霍去病对战争那种与生俱来的敏锐和得心应手，以及其在军中无与伦比的权威和掌控能力，霍军取胜当不成问题。

当然了，霍去病没碰上单于，用现在的词语来形容心里也郁闷得很，一路追杀左贤王到天边也是一种发泄和驱策吧。

这次漠北战役虽然是霍去病生命中的顶峰，但也是少年将军的最后绝唱，一代战神的传奇在这里画上一个句号。霍去病和他的“封狼居胥”，从此成为中国历代兵家人生的最高追求、终生奋斗的梦想，而这一年的霍去病年仅 22 岁。

三、舅甥联手，解除边患

漠北战役是汉匈间规模最大，战场距中原最远，也是最艰苦的一次战役，汉军打垮了匈奴的两大战略集团，共歼灭匈奴九万多主力精锐。其中，卫青军歼敌一万九千余人。

经过此战，匈奴元气大伤。此后，逐渐向西北迁徙，出现了“漠南无王廷”的局面，匈奴对汉朝的军事威胁基本上解除了。此一战在汉朝对匈奴的战争中起到了决定性的作用。

卫青与单于会战之时，前将军李广、右将军赵食其军从东路前进，因迷路，错失攻打单于的战机。归来后李广愤而自杀，赵食其判罪，赎罪削为平民。

这次战役卫青、霍去病取得战功赫赫！尤其霍去病，功劳最大。汉武帝又划定五千八百户增封骠骑将军，和霍去病一起出兵的将领都得到了封赏。

汉武帝加封卫青、霍去病为大司马，卫青的尊荣在当时达到了登峰造极的程度；决战漠北也成了霍去病一生军旅生涯的巅峰之作，他几乎成了不可超越的军神，二十二岁的他，就达到了别人一辈子无法取得的成就，霍去病也登上了他人生的顶峰。

漠北之战，匈奴的三大战略集团都被打垮，没有能力再和汉朝进行大规模的作战，漠南从此无匈奴王庭。解除了西汉初年以来匈奴对汉王朝的威胁。自此至宋代数百年间，中华边界几乎无大战。

卫青在抗击匈奴进犯的战争中，前后七次率兵出塞，七战全胜，为汉朝立下了不可磨灭的战功。

霍去病一生四次领兵出击匈奴，均大获全胜而回，歼灭匈奴十一万多人，降伏匈奴四万余众，开河西、酒泉之地，消除了匈奴对汉王朝的威胁。他作战勇猛，是一位军事天才。

在中国历史上，大概找不到像卫青和霍去病这样一对名声显赫的名将组合了。两个人既是舅甥，又同为大汉帝国的将军，都在征伐匈奴的战斗中立下丰功伟绩，两个人就像双子星座一般，在名将的银河中格外引人注目。

第六节　纵死犹闻侠骨香

【原文】

骠骑将军为人少言不泄，有气敢任。天子尝欲教之孙吴兵法，对曰：“顾方略何如耳，不至学古兵法。”天子为治第，令骠骑视之，对曰：“匈奴未灭，无以家为也。”由此上益重爱之。然少而侍中，贵，不省士。其从军，天子为遣太官赍数十乘，既还，重车余弃粱肉，而士有饥者。其在塞外，卒乏粮，或不能自振，而骠骑尚穿域蹋鞠。事多此类。大将军为人仁善退让，以和柔自媚于上，然天下未有称也。

【译文】

骠骑将军为人寡言少语，不泄露别人说的话，有气魄，敢作敢为。武帝曾想教他孙子和吴起的兵法，他回答说：“战争只看方针策略如何就够了，不必学习古代兵法。”武帝为他修盖府第，让骠骑将军去看看，他回答说：“匈奴还没有消灭，无心考虑私家的事情。”从此以后，武帝更加重用和喜爱骠骑将军霍去病。但是，霍去病从少年时代起，就在宫中侍候皇帝，得到显贵，却不知体恤士卒。他出兵打仗时，天子派遣太官赠送他几十车食物，待他回来时，辎重车上丢弃了许多剩余的米和肉，而他的士卒还有忍饥挨饿的。他在塞外打仗时，士卒缺粮，有的人饿得站不起来，而骠骑将军还在画定球场，踢球游戏。他做的事多半如此。大将军卫青的为人却是仁爱善良，有退让的精神，以宽和柔顺取悦皇上，但是天下之人却没有称赞他的。

【评点】

卫青、霍去病，他们曾是大汉帝国的擎天白玉柱，架海紫金梁，死后雄风犹存，在冥国之中守护着汉王朝的百年基业……王侯将相，归于尘土，却掩盖不了他们的千秋功业、千秋名声。

一、匈奴未灭，无以家为

骠骑将军霍去病，为人寡言少语，不泄露别人说的话，有气魄，敢作敢为。武帝曾想教他孙子和吴起的兵法，他回答说：“战争只看方针策略如何就够了，不必学习古代兵法。”

当武帝派人为他造豪华府第让他审视接收时，他都断然予以谢绝。“匈奴未灭，无以家为也！”他说出了这流传千古的九个字。

他真是将国家的安危、社稷的轻重、军人的荣辱看得比什么都重，他为抗击匈奴而生，他天生注定就是匈奴的克星，击灭匈奴成了他生存的意义，生命的价值。也可能有一种七尺男儿宁愿马革裹尸，也不愿连累如花美眷的潜意识吧？检点史籍，再没有见这伟岸男儿有何豪言壮语，仅此九字足矣，它已成为历代爱国志士的箴言。两千一百年来，它始终轰响在历朝历代戍边将士的耳际心头。他冷峻寡言，善于行动，他的一生行状都写在铁马驰骋、战旗翻飞的征战中。

在完成了“漠北大战”的功勋之后，霍去病也登上了他人生的顶峰——大将军大司马。然而仅仅过了两年，元狩六年（公元前 117 年），24 岁的大将军霍去病英年早逝。

这位少年将军是和匈奴联系在一起的，霍去病去世以后，汉武帝再没有发动对匈奴的大规模战略作战，少年将军好像把汉武帝一代对匈奴的仗都打完了，像一位演员，完成了他在历史舞台的表演，从此不再出现。

汉武帝对霍去病的死非常悲伤。他调来铁甲军，列成阵，沿长安一直排到茂陵霍去病墓地。他还下令将霍去病的坟墓修成祁连山的模样，彰显他力克匈奴的奇功并封霍去病景桓侯。

“匈奴未灭，无以家为也！”短短九个字，斩钉截铁、掷地有声，充满了为国舍家的耿耿忠心和豪迈慷慨的英雄气概。不仅武帝当时听了大受感动，这震撼人心的九个字，也刻在历朝历代保家卫国将士们的心里。就是在两千多年后的今天，也仍能让人热血沸腾。而霍去病也成了爱国将领的代表，受到历代人们的推崇。

霍去病的一生，是昂扬激进、高速行驶的一生，也是最让中国人血脉偾张的一生。他的一生虽只有短短的二十四载，但就像他那句千载之后仍熠熠生辉的名句“匈奴未灭，无以家为”一样，这个早逝的英雄，将永远伫立在中华民族前行的历史中。

二、位极人臣，谦让仁和

卫青虽然出身低微，但从小就尝到战争带来的苦难，经受了艰苦生活的磨炼，使他养成一种勇敢无畏的尚武精神。他不但武艺高强，膂力过人，而且在长期实际斗争中，学到了不少用兵作战的军事知识。在西汉的将领中，他可称得上是一个出类拔萃的军事家。他每次临战都身先士卒，为官兵树立了不畏强敌、不怕牺牲的榜样。他治军有方、赏罚严明、人品出众。

从那次卫青率六将军出朔方高阙击匈奴获得大胜后，坚辞不受汉武帝格外施恩，封赏三个儿子为侯那件事，就可以看出其人品的忠贞、正直。

另一件事是发生在元朔六年（公元前 123 年），右将军苏建随卫青出击匈奴。苏建所部与匈奴单于的军队相遇，激战一日，全军尽没，苏建只身逃回。卫青问部下军吏应如何处置苏建，议郎周霸提出：“今建弃军，可斩，以明将军之威。”卫青没有采纳，认为：不应为树立自己的威信而斩杀大将。即使苏建当斩，也必须奏请天子裁决，做人臣的又怎可擅自专杀于境外？军吏们听了，都称赞卫青的话有道理。

卫青在军事战术运用上更是精益求精。他经常能根据敌我双方的具体情况，以己之长，击敌之短。在几次出击匈奴的作战中，由于汉军长途跋涉，人马困乏，而匈奴则是以逸待劳，在地理上占有优势。卫青看出了这一点，往往采取出其不意、攻其不备的速决战术，一鼓作气，打败敌人。这在河南之战中表现得最为突出。而在临敌应变方面，卫青也表现出了他的智勇兼备、临危不惧的大将风范。漠北之战，就是一个典型的例子。

据史书记载：“青仁，喜士退让。”当时有一个大臣名叫汲黯，性情倨傲，好当面指责旁人的过失，不留情面。即使是皇帝有了错误，他也敢于直言进谏，无所顾忌，因此总是不得长久在位。这时卫青正权倾朝野，炙手可热，他的姐姐又是皇后，一般大臣谁不慕而敬之？只有汲黯敢与卫青分庭抗礼。有人劝汲黯说："大将军现在尊宠无比，群臣无不甘拜下风，您见大将军不可不拜。"汲黯说："以大将军的身份地位，居然有只作揖不行跪拜礼的客人，不是更加重了他的声望吗？"卫青听到汲黯的话，对他更加敬重，曾多次向他请教朝中军国大事，对待汲黯远远胜过一般大臣。

可以说，卫青是一位人品与才华俱佳的将领，他性格谦和、礼贤下士、体恤士卒，从不居功自傲，因此很得部下的拥戴。这样的将领在中国历史上可谓稀少。

正因为卫青既文韬武略、智勇兼备，又能礼贤下士、严于律己，为维护汉朝的安定和统一而征战一生，建立了不朽的功勋，所以才受到汉武帝的特殊礼遇，死后随葬在汉武帝的茂陵（今陕西省兴平县境内）之侧，其墓形很像匈奴境内的庐山，象征着他生前的赫赫战功。

三、帝国双璧，彪炳千秋

卫青与霍去病同为不世出的一代名将，都是这么的战功卓越，在他们身上有着怎样的品质呢？

霍去病与舅舅卫青的关系亲厚，两人虽然战功显赫，权倾朝野，但从不结党，更不养士（门客）。苏建曾经劝告卫青养士以得到好名声，卫青认为养士会让天子忌讳，而且作为臣子只需要奉法遵职就可以了，何必养士呢？霍去病也跟舅舅卫青抱有同一种看法。

霍去病的声望后来超过了他的舅舅卫青，过去奔走于大将军门下的许多故旧，都转到了霍去病门下。卫青门前冷落，车马稀少，可他却不以为意，认为这也是人之常情，心甘情愿地过着恬淡平静的生活。

也正因为此，霍去病对舅舅特别亲近，李敢因为错怨是卫青导致了父亲李广的自杀，于是击伤了大将军。霍去病知道后，射杀了李敢为舅舅报仇。

霍去病从童年时代就是生活在富贵之家，当时他的家族在当时的长安也是属于大家族的，所以霍去病天生是个大少性格（很酷很冷很倔），于是在当时他出兵打仗时，天子派遣太官赠送他几十车食物，待他回来时，辎重车上丢弃了许多剩余的米和肉，而他的士卒还有忍饥挨饿的。他在塞外打仗时，士卒缺粮，有的人饿得站不起来，而骠骑将军还在画定球场，踢球游戏。他做的事多半如此，不知道体恤下属。

卫青与霍去病截然不同，他虽然战功显赫，权倾朝野，但对士卒体恤较多，能与将士同甘苦，威信很高。

他们俩的战术方法都是深入匈奴敌境，出奇制胜，远程奔袭，迂回包围的闪电战。卫青为此种战法的开创者，霍去病将之发扬光大。但我认为两人作战方法细节上略有区别，从战争的结果对全局的影响来看，卫青比霍去病高出一头。

卫青以战养战的方法，及汉武帝的养马政策，终于达到了逐渐改进汉朝的军马品质，培养出汉朝最优秀的骑兵的目的。最后俘虏来的匈奴兵教会了汉朝兵骑兵战术，成了汉军打匈奴的向导。使汉军骑兵成为比匈奴单于卫队更为强大的骑兵。为最终打败匈奴奠定了基础。汉武帝和卫青对培养强大的汉军骑兵功不可没。

霍去病在战争中，不要敌人物资和缴获，重在杀伤敌人头目和有生力量。自己军队的军需取之于敌，不等后方供应。这样就能最大限度地保证部队的机动性、速度、灵活性。保证抓到敌人更多头目，杀伤更多的敌人。将骑兵的优势发挥得淋漓尽致。

卫青霍去病同为抗匈名将，但为什么人们多歌颂霍去病而少谈卫青呢？

首先，可能因为霍去病英年早逝，让人万分遗憾和同情，而卫青则贵为人臣顶峰，平安而终。

再者，因为霍去病“匈奴未灭，无以家为也”的爱国豪情壮志。两千多年来，这一直是历史上爱国将领表达舍家为国的赤胆忠心时，经常引用的一句名言。因此，他的一生虽只有短短的二十四年，但就像他那句千载之后仍熠熠生辉的名句一样，让后人永志不忘。

两千年的沧桑已过，但卫青、霍去病戎马一生、传奇一生的不朽业绩，告诉我们，谦和仁让，热爱国家，才能千秋不朽，万代敬仰！

卷三十二 《史记·滑稽列传》

第一节　巧言善谏的淳于髡

【原文】

淳于髡者，齐之赘婿也。长不满七尺，滑稽多辩，数使诸侯，未尝屈辱。齐威王之时喜隐，好为淫乐长夜之饮，沈湎不治，委政卿大夫。百官荒乱，诸侯并侵，国且危亡，在于旦暮，左右莫敢谏。淳于髡说之以隐曰：“国中有大鸟，止王之庭，三年不蜚又不鸣，不知此鸟何也？”王曰：“此鸟不飞则已，一飞冲天；不鸣则已，一鸣惊人。”于是乃朝诸县令长七十二人，赏一人，诛一人，奋兵而出。诸侯振惊，皆还齐侵地。威行三十六年。语在田完世家中。

威王八年，楚大发兵加齐。齐王使淳于髡之赵请救兵，赍金百斤，车马十驷。淳于髡仰天大笑，冠缨索绝。王曰：“先生少之乎？”髡曰：“何敢！”王曰：“笑岂有说乎？”髡曰：“今者臣从东方来，见道傍有禳田者，操一豚蹄，酒一盂，祝曰：‘瓯窭满篝，汙邪满车，五谷蕃熟，穰穰满家。’臣见其所持者狭而所欲者奢，故笑之。”于是齐威王乃益赍黄金千溢，白璧十双，车马百驷。髡辞而行，至赵。赵王与之精兵十万，革车千乘。楚闻之，夜引兵而去。

【译文】

淳于髡是齐国的一个入赘女婿。身高不足七尺，为人滑稽，能言善辩，屡次出使诸侯之国，从未受过屈辱。齐威王在位时，喜好说隐语，又好彻夜宴饮，逸乐无度，陶醉于饮酒之中，不管政事，把政事委托给卿大夫。文武百官荒淫放纵，各国都来侵犯，国家危亡，就在旦夕之间。齐王身边近臣都不敢进谏。淳于髡用隐语来规劝讽谏齐威王，说："都城中有只大鸟，落在了大王的庭院里，三年不飞又不叫，大王知道这只鸟是怎么一回事吗？"齐威王说："这只鸟不飞则已，一飞就直冲云霄；不叫则已，一叫就使人惊异。"于是就诏令全国七十二个县的长官全来入朝奏事，奖赏一人，诛杀一人；又发兵御敌，诸侯十分惊恐，都把侵占的土地归还齐国。齐国的声威竟维持达三十六年。这些话全记载在《田完世家》里。

齐威王八年（公元前 371 年），楚国派遣大军侵犯齐境。齐王派淳于髡出使赵国请求救兵，让他携带礼物黄金百斤，驷马车十辆。淳于髡仰天大笑，将系帽子的带子都笑断了。威王说："先生是嫌礼物太少吗？"淳于髡说："怎么敢嫌少！"威王说："那你笑，难道有什么说辞吗？"淳于髡说："今天我从东边来时，看到路旁有个祈祷田神的人，拿着一个猪蹄、一杯酒，祈祷说：'高地上收获的谷物盛满篝笼，低田里收获的庄稼装满车辆；五谷繁茂丰熟，米粮堆积满仓。'我看见他拿的祭品很少，而所祈求的东西太多，所以笑他。"于是齐威王就把礼物增加到黄金千镒、白璧十对、驷马车百辆。淳于髡告辞起行，来到赵国。赵王拨给他十万精兵、一千辆裹有皮革的战车。楚国听到这个消息，连夜退兵而去。

【评点】

淳于髡的姓氏和名字对现在人来讲都比较陌生，但是熟悉中国历史的人，都知道这个具有传奇色彩的人物。

他长得出奇矮小难看不说，出身还不好——关于这些，你看看下面的故事就知道了——可就是他这么一个非常不引人注意的人物，却得到了齐威王、齐宣王两代君王的赏识。您说，他要是没有智慧，那能行吗？

智慧滋润心田，就会从言语中自然流露出来。有形不如有声，用计胜过用力。淳于髡发达的例子是最好的证明。

一、一飞冲天激秦王

淳于髡，战国时期齐国（今黄县）人，出身卑贱，其貌不扬。

"髡"是先秦时的一种刑法，指剃掉头顶周围的头发，是对人的侮辱性的惩罚。淳于髡以此为名，可见他的社会地位是非常低的。"赘婿"则源自春秋时齐国的风俗。当时齐国风俗认为，家中的长女不能出嫁，要在家里主持祭祀，否则不利于家运。这些在家主持祭祀的长女，被称作"巫儿"，巫儿要结婚，只好招婿入门，于是就有了"赘婿"。这种风俗在齐地由来已久，一直到汉代还很流行。如果不是经济贫困，无力娶妻，一般人是不会入赘的。淳于髡身为赘婿，更可以确定他是出身于社会最底层的了。

淳于髡出身卑微，又身材矮小、其貌不扬，却得到了齐国几代君主的尊宠和器重，这不能不让人感佩。

淳于髡在历史上最为人熟知的，就是他的“滑稽多辩”。淳于髡学识渊博，能言善辩，尤其喜欢在与人辩论时运用隐语。淳于髡的所谓“隐语”，就是富于哲理的讽喻。他在与人辩论和向国君进谏时，经常用讽喻表明自己的立场，言辞诙谐、含义深刻，往往令人心悦诚服、点头称是。

他虽其貌不扬，但口才很好，也很会说话。他常常用一些有趣的隐语，来规劝君王，使君王不但不生气，而且乐于接受。

当时齐国的威王，本来是一个很有才智的君主，但是，在他即位以后，却沉迷于酒色，不管国家大事，每日只知饮酒作乐，而把一切正事都交给大臣去办理，自己则不闻不问。因此，政治不上轨道，官吏们贪污失职，再加上各国的诸侯也都趁机来侵犯，使得齐国濒临灭亡的边缘。

虽然，齐国的一些爱国之人都很担心，但是，却都因为畏惧齐王，所以没有人敢出来劝谏。

其实齐威王是一个很聪明的人，他很喜欢说些隐语，来表现自己的智慧，虽然他不喜欢听别人的劝告，但如果劝告得法的话，他还是会接受的。淳于髡知道这点后，便想了一个计策，准备找个机会来劝告齐威王。

有一天，淳于髡见到了齐威王，就对他说：“大王，为臣有一个谜语想请您猜一猜：齐国有一只大鸟，住在大王的宫廷中，已经整整三年了，可是他既不振翅飞翔，也不发声鸣叫，只是毫无目的地蜷伏着，大王您猜，这是一只什么鸟呢？”

齐威王本是一个聪明人，一听就知道淳于髡是在讽刺自己，像那只大鸟一样，身为一国之尊，却毫无作为，只知道享乐。于是沉吟了一会儿之后便毅然对淳于髡说：

“嗯，这一只大鸟，你不知道，它不飞则已，一飞就会冲到天上去，它不鸣则已，一鸣就会惊动众人，你慢慢等着瞧吧！”

从此齐威王不再沉迷于饮酒作乐，而开始整顿国政。

首先他召见全国的官吏，尽忠负责的，就给予奖励；而那些腐败无能的，则加以惩罚。结果全国上下，很快就振作起来，到处充满蓬勃的朝气。

另一方面他也着手整顿军事，强大武力，奠定国家的威望。各国诸侯听到这个消息以后都很震惊，不但不敢再来侵犯，甚至还把原先侵占的土地，都归还给了齐国。

齐威王的这一番作为，真可谓是“一鸣惊人”哪！

所以后来的人便把“一鸣惊人”这句成语用来比喻一个人如有不平凡的才能，只要他能好好运用，一旦发挥出来，往往有惊人的作为。

二、机智应对不辱君命

淳于髡还是齐国历史上的杰出外交家，他曾多次奉王命出使外国，都顺利地完成了任务，展现了自己卓越的外交才能。

齐威王八年（公元前 394 年），楚国发兵大举进攻齐国。威王派淳于髡到赵国去请救兵，带上赠送的礼品黄金百斤、车马十驷，淳于髡仰天大笑，笑得系帽子的带子都断了。

威王说：“先生是嫌所带的礼品少吗？”

淳于髡说：“怎么敢呢？”

威王说：“那是为什么呢？”

淳于髡说：“刚才臣子从东方来，看见大路旁有人在祭祀神灵祈福消灾，拿着一只猪蹄，一盂酒，祷告说：‘易旱的高地粮食装满笼，易涝的低洼田粮食装满车，五谷茂盛丰收，多得装满了家。’我见他所拿的祭品微薄，而想要得到的却很多，所以在笑他呢。”

于是齐威王把赠送赵国的礼品改为黄金千镒、白璧十双，车马百驷。

淳于髡到了赵国，交涉十分顺利。赵王给他精兵十万，战车一千乘。楚国听到消息，连夜撤兵离去。

司马迁称赞说：“淳于髡仰天大笑，齐威王横行……岂不亦伟哉！”高度评价了淳于髡在齐威王称霸中所做的贡献。

又有一次，齐王派淳于髡出使楚国，并特意带去一只鹄作为赠送楚王的礼物。

谁知刚出城门，鹄就飞了。

淳于髡托着空鸟笼，前去拜见楚王，说：“齐王派我来向大王献鹄，我从水上经过，不忍心鸟儿饥渴，就放它出来喝水，谁知它竟离开我飞走了。我想要刺腹或勒颈而死，又担心别人非议大王由于鸟兽的缘故致使士人自杀。鹄是羽毛类的东西，相似的很多，我想买一个相似的鸟儿来代替，可这是欺骗大王，我不愿做。想要逃到别的国家去，又痛心齐、楚两国君主之间的通使由此断绝。所以前来服罪，向大王叩头，请求责罚。”

这一番话，说得十分巧妙。“不忍鹄的饥渴，让它出来喝水”，说明淳于髡的仁；“想要刺腹绞颈而死”，说明淳于髡的勇；“担心别人非议楚王”，说明淳于髡的忠;“不愿另外买类似的鸟来代替”，说明淳于髡的信;“痛心齐、楚两国之间的通使断绝”，说明淳于髡的义;“服罪”“领罚”，说明淳于髡的诚。仁、勇、忠、信、义、诚具备，谁还会治他的罪呢?

结果楚王不但没有怪罪淳于髡，反而赞赏道:“很好啊，齐王竟有这样忠信的人。”并且用厚礼赏赐淳于髡，财物比献鹄还要多一倍。

三、以酒制酒劝威王

在中国的酒文化史上，淳于髡被称为“酒伯”，与李白、刘伶等齐名。这倒不是因为他酒量大，而是因为他能以酒制酒，成功地说服齐王节制酒宴，居安思危，挽救了国家。

“生为齐赘婿，死作楚先贤。应以客卿葬，故临官道边。寓言本多兴，放意能合权。我有一石酒，置君坟树前。”这是唐代大诗人刘禹锡在淳于髡墓前题的诗，这“一石酒”敬得有来历。

淳于髡出使赵国，圆满完成使命后，齐威王设宴款待。席间，威王问:“听说先生酒量极大，能饮几何而醉?”

淳于髡答曰:“臣饮一斗亦醉，一石亦醉。”

齐王一听，兴致来了:“别逗了，你饮一斗已经醉了，怎么还能再饮一石呢?”

淳于髡说:“大王没听说过吗，喝酒也有天时地利人和。像现在喝酒，有大王在前，执法官于侧，御史立后，臣心揣恐惧，惶惶不安，不过一斗就醉了!”

齐王觉得更有趣了:“那你什么时候能喝一石呢?”

“有朋自远方来，酒逢知己，推心置腹，臣可以饮六七斗，而酒不及乱，不失常态。”

“可是，你还是没有告诉我，你什么时候喝到一石，而烂醉如泥呢?”

淳于髡呷了一口酒，步入正题:“当我参加州府之会，男女杂坐，勾肩搭背，小姐劝酒，卡拉 OK，堂上灭烛，杯盘狼藉，君非君样，臣非臣为，似人非人，似鬼非鬼，在这种场合，臣会兴致勃勃，一饮一石呢。”

齐威王一听，心想:好啊你淳于髡，在这儿等着我呢，这不是暗讽我在朝廷大摆酒宴吗?我这是自己挖了坑往里跳呀。

还没等他来得及发话，淳于髡又说了:

“大王啊，酒极生乱，乐极生悲，万事尽然。臣不想喝一石而烂醉如泥，大王也一定不愿因狂饮而误国政吧?如果一日饮酒，三日寝之，国治怨乎外，左右乱乎内;上离德行，民轻赏罚，国将不国，君将不君，节制酒宴，势在必行也。”

齐威王听罢，沉思良久，幡然悔悟，罢彻夜之欢，除淫靡之风，令淳于髡做纪委的头头儿，监督酒宴之事。每宗室置酒，髡必在一边监督。

此后，齐国文有淳于髡辅政，武有孙膑统军，跻身战国列强，而淳于髡也美名传扬于世，永载于史了。

第二节　优孟表演谏楚王

【原文】

优孟，故楚之乐人也。长八尺，多辩，常以谈笑讽谏。楚庄王之时，有所爱马，衣以文绣，置之华屋之下，席以露床，啗以枣脯。马病肥死，使群臣丧之，欲以棺椁大夫礼葬之。左右争之，以为不可。王下令曰："有敢以马谏者，罪至死。"优孟闻之，入殿门，仰天大哭。王惊而问其故。优孟曰："马者王之所爱也，以楚国堂堂之大，何求不得，而以大夫礼葬之，薄，请以人君礼葬之。"王曰："何如？"对曰："臣请以雕玉为棺，文梓为椁，楩枫豫章为题凑，发甲卒为穿圹，老弱负土，齐赵陪位于前，韩魏翼卫其后，庙食太牢，奉以万户之邑。诸侯闻之，皆知大王贱人而贵马也。"王曰："寡人之过一至此乎！为之奈何？"优孟曰："请为大王六畜葬之。以垅灶为椁，铜历为棺，赍以姜枣，荐以木兰，祭以粮稻，衣以火光，葬之于人腹肠。"于是王乃使以马属太官，无令天下久闻也。

【译文】

优孟原是楚国的老歌舞艺人。他身高八尺，富有辩才，时常用说笑方式劝诫楚王。楚庄王时，他有一匹喜爱的马，给它穿上华美的绣花衣服，养在富丽堂皇的屋子里，睡在没有帐幔的床上，用蜜饯的枣干来喂它。马因为得肥胖病而死了，庄王派群臣给马办丧事，要用棺椁盛殓，依照大夫那样的礼仪来葬埋死马。左右近臣争论此事，认为不可以这样做。庄王下令说："有谁再敢以葬马的事来进谏，就处以死刑。"优孟听到此事，走进殿门，仰天大哭。庄王吃惊地问他哭的原因。优孟说："马是大王所喜爱的，就凭楚国这样强大的国家，有什么事情办不到，却用大夫的礼仪来埋葬它，太薄待了，请用人君的礼仪来埋葬它。"庄王问："那怎么办？"优孟回答说："我请求用雕刻花纹的美玉做棺材，用细致的梓木做套材，用楩、枫、豫、樟等名贵木材做护棺的木块，派士兵给它挖掘墓穴，让老人儿童背土筑坟，齐国、赵国的使臣在前面陪祭，韩国、魏国的使臣在后面护卫，建立祠庙，用牛羊猪祭祀，封给万户大邑来供奉。诸侯听到这件事，就都知道大王轻视人而看重马了。”庄王说：“我的过错竟到这种地步吗？该怎么办呢？”优孟说：“请大王准许按埋葬畜生的办法来葬埋它：在地上堆个土灶当作套材，用大铜锅当作棺材，用姜枣来调味，用香料来解腥，用稻米做祭品，用火做衣服，把它安葬在人的肚肠中。”于是庄王派人把马交给了主管宫中膳食的太官，不让天下人长久传扬此事。

【评点】

优孟本是个戏子，也就是供人耍乐的乐工方伎者流。

所谓优，就是倡优，地位相当低。现在的戏子那可得叫偶像！不可同日而语啊。可惜春秋战国的时候没有快乐男声或者香港先生，不然优孟先生的才艺表演一定相当出色。

不过戏子乐工，一旦被王上国君看上，那就发达了。虽然低贱，但实际地位相当高。如果以国家为重，知止知耻，对国君所起的效果，比大臣们磨破嘴皮子劝谏的效果都要好不知多少倍。很庆幸，优孟就是这样的一个人。且让我们来看优孟的故事。

一、优孟哭马

优孟，优是身份，指倡优；孟是他的字。原是楚国的老歌舞艺人，此人身高八尺，侍奉在楚庄王身边。

优孟的主子楚庄王特别爱马，花大价钱搞来匹千里马，非常喜欢。这位大王心思很怪，他用丝绸织成华服，上上下下给马穿起来，并且专门造起华屋，让他的爱马儿居住。比现在的宠物狗还有过之而无不及。更可笑的是，他还为马打了一张床，甚至喂给马吃的也不是草，都是枣脯，真可谓千古第一爱马之人了。伯乐见到他，恐怕也要自叹不如吧。结果让他十分扫兴的是，这马营养过剩，竟然肥死，无疾而终。咄咄怪人养出咄咄怪马，咄咄怪马死得咄咄稀奇，真是咄咄怪事。

然而更令人颇感咄咄的是，楚庄王下令，群臣要为此马守丧，并且欲以棺椁大夫礼葬之，也就是部长级待遇。大约他的臣子们终于耐不住了，左右争之，以为不可。这位大王又塞起耳朵下令：“有敢以马谏者，死！”

如此昏君，惹得群臣敢怒不敢言了。

这时候，我们的优孟上场了，他一上场，就不是个体面相。

优孟跑到殿门外仰天大哭，像死了亲人一样。楚庄王惊问其故，优孟止住哭声，装模作样地说："这可是大王您的爱马啊，楚国地大物博，人口众多，又是大王您治下的盛世，有什么做不到的事情呢？用大夫的礼节把它埋了，实在是对它太薄了，我建议用人君的礼节厚葬。"

楚庄王问："那葬礼应该怎么举办呢？"

优孟回答说："那就用雕刻着花纹的美玉做棺材，用质地精细的梓木做外面的大棺，用楩、枫、豫、樟这些名贵木料做护棺的木块，征发披甲的士兵给它挖掘墓穴，让老人小孩背土筑坟，让齐国和赵国的使节在前面陪祭，韩国和魏国的使节在后面卫护，给它建祠立庙，用牛、羊、猪三牲祭祀，再赐以万户的封邑来供奉它。这样的厚葬仪式，诸侯听说了之后，人人都知道大王您贱人而贵马了。"

楚庄王再笨，也听明白了优孟在讥讽他，而且认识到自己的荒唐无聊。

楚庄王仰天长叹，说："难道我的过失竟然这么大吗？那现在应该怎么办？"

优孟于是出主意说："像对待畜生那样把它埋了就行了。在地上堆个土灶当外面的大棺，拿个铜锅当棺材，把调味的姜枣和木兰这样的香料撒到它身上，用稻米做祭品，用火焰给它当衣服，把它厚葬到人们的肚腹之中。"

一席话说得楚庄王也哈哈大笑起来，再也不提这件事了，悄悄地让宫中的膳食官儿把马抬走了。

从此，楚庄王也改变了原来爱马的方式，把那些养在厅堂里的马全都交给将士用，那些马也得以经风雨见世面，锻炼得强壮矫健。

优孟因势利导劝说楚庄王，收到良好的效果，优孟的名声由此渐渐传开了。

二、优孟衣冠

楚国的丞相孙叔敖知道优孟很贤能，于是很善待他。孙叔敖病得快死的时候，嘱咐他儿子说："我死了，你一定很贫困。你去见优孟，就说你是我孙叔敖的儿子。"

几年之后，他的儿子真的很贫困，背柴去卖的时候遇到优孟，就跟优孟说："我是孙叔敖的儿子，父亲临终前，告诉我贫困了就去见您。"

优孟说："你不要到别处去。"

优孟感慨孙叔敖一生奉献国家，死后家中却一贫如洗，于是做了件孙叔敖的衣服穿起来，花了一年的时间，模仿孙叔敖的动作、神韵，学习他的言行举止、音容笑貌，惟妙惟肖到旁人都无法分辨的境界。（可见优孟的演技之高，如果上央视的《星光大道》，绝对星光灿烂。）

一年多后，赶上楚庄王摆酒宴，优孟就穿着孙叔敖的服装上前敬酒祝福，把楚庄王吓了一跳，以为是孙叔敖复生了，想叫他来做丞相。

优孟说："这事有点儿难办，我得回去和老婆商量一下。"庄王大约也怕老婆，所以就痛快地答应了。

三天后，优孟又来了。庄王问："你老婆有何意见？"

优孟说："我老婆说千万别干这事，楚国的辅相根本不值一钱。像从前孙叔敖为楚相的时候，尽忠为廉，把楚国治理得多好啊，楚国才得以称霸。现在死了，他的儿子连立锥之地都没有，贫困到打柴养活自己的程度，都沦落到这样地步了，如果一定要当孙叔敖，还不如自杀！"

楚王作声不得。优孟火上浇油，趁热打铁，又一展歌喉，发挥才艺表演，唱道：

"耕田独自山里呀，苦呀苦。

犯事的反多财呀，辱呀辱。

孙叔敖的儿子呀，哭呀哭，

廉洁的只得到呀，土呀土。

……"

楚庄王听了很受感动，觉得自己对故臣照顾不周，于是召见孙叔敖的儿子，赐以土地与奴仆，使孙家生活得以改善，一生保有富贵。

优孟运用自己臻于完美境地的表演技巧，对庄王做了一次生动、成功的讽谏。为孙叔敖妻儿解脱困境，是悲智双运的展现。能以一技之长为人解困，这样的表演不是更有意义，更完美吗？

于是，"优孟衣冠"作为成语流传了下来，足见优孟的这一讽谏形式对后人影响之深刻。

第三节　优旃机智劝秦王

【原文】

优旃者，秦倡侏儒也。善为笑言，然合于大道，秦始皇时，置酒而天雨，陛楯者皆沾寒。优旃见而哀之，谓之曰："汝欲休乎？"陛楯者皆曰："幸甚。"优旃曰："我即呼汝，汝疾应曰诺。"居有顷，殿上上寿呼万岁。优旃临槛大呼曰："陛楯郎！"郎曰："诺。"优旃曰："汝虽长，何益，幸雨立。我虽短也，幸休居。"于是始皇使陛楯者得半相代。

始皇尝议欲大苑囿，东至函谷关，西至雍、陈仓。优旃曰："善。多纵禽兽于其中，寇从东方来，令麋鹿触之足矣。"始皇以故辍止。

二世立，又欲漆其城。优旃曰："善。主上虽无言，臣固将请之。漆城虽于百姓愁费，然佳哉！漆城荡荡，寇来不能上。即欲就之，易为漆耳，顾难为荫室。"于是二世笑之，以其故止。居无何，二世杀死，优旃归汉，数年而卒。

【译文】

优旃是秦国的歌舞艺人，个子非常矮小。他擅长说笑话，然而都能合乎大道理。秦始皇时，宫中设置酒宴，正遇上天下雨，殿阶下执楯站岗的卫士都淋着雨，受着风寒。优旃看见了十分怜悯他们，对他们说："你们想要休息吗？"卫士们都说："那太好了。"优旃说："如果我叫你们，你们要很快地答应我。"过了一会儿，宫殿上向秦始皇祝酒，高呼万岁。优旃靠近栏杆旁大声喊道："卫士！"卫士答道："诺。"优旃说："你们虽然长得高大，有什么好处？只有幸站在露天淋雨。我虽然长得矮小，却有幸在这里休息。"于是，秦始皇准许卫士减半值班，轮流接替。

秦始皇曾经计议要扩大射猎的区域，东到函谷关，西到雍县和陈仓。优旃说："好。多养些禽兽在里面，敌人从东面来侵犯，让麋鹿用角去抵触他们就足以应付了。"秦始皇听了这话，就停止了扩大猎场的计划。

秦二世皇帝即位，又想用漆涂饰城墙。优旃说："好。皇上即使不讲，我本来也要请您这样做的。漆城墙虽然给百姓带来愁苦和耗费，可是很美呀！城墙漆得漂漂亮亮的，敌人来了也爬不上来。要想成就这件事，涂漆倒是容易的，但是难办的是要找一所大房子，把漆过的城墙搁进去，使它阴干。"于是二世皇帝笑了起来，因而取消了这个计划。不久，二世皇帝被杀死，优旃归顺了汉朝，几年后就死了。

【评点】

优旃，生得身材矮，而且瘦小。说他矮小是矮小得出奇，犹如一只猴儿般小。小是虽然小，却是白白净净的，唇红齿白，眉清目秀。他身段还十分柔滑灵巧。正是因为这样子他才被选入宫中，供秦始皇演艺取乐。始皇对他很是喜爱，允许他在朝堂上行走。

优旃善演猴技，时而做猕猴望月状，时而做猢狲搔头捉跳蚤的故事；或做猴儿爬竿挥舞旌旗，或做猿声长啼，可称当时之超级明星，所以经常受到始皇嘉奖。

优旃就只是擅长这种演艺吗？不，他更善于言辞幽默，常以古今故事解释君臣难题。这个戏子配得上“悲天悯人”四个字。他矮小残疾的身躯里有颗宽厚、仁慈、善良的心。

一、智解“陛楯郎”之苦

“陛楯郎”就是在门外站岗的武士，这活可不好干，像个桩子，动弹不得，跟对面的哥们儿眼对眼还得连表情也忍着，偏偏摊到秦始皇这样严格的领导，还不让换班，一站就站个大半天。平常天气也就算了，腰酸腿疼不必说了，可再遇上个烈日炎炎或者淫雨霏霏，那可真不是人能受得了的啊。

那天就是下着大雨，秦始皇带了一帮子人在宫殿里摆酒席，里面热热闹闹吃着喝着，没有一个人注意到外面还站着两排卫兵呢。卫兵的地位实在卑微，在大家眼里确实有似于无。

优旃来了，估计要歌舞以助王侯将相们的酒兴，让大人们乐乐，优旃逗乐还不仅仅是靠他唱歌跳舞，大家主要还是乐他的残疾，优旃是个侏儒，大家喜欢看他在酒席上唱啊跳啊，挺滑稽的。

就是这么个优旃啊，一个带着先天残疾、受尽了别人嬉笑的倡优啊，当他看到门外淋雨的卫兵时，他心里觉得为之痛苦，“见而哀之”，一个被侮辱、被损害者对另一个卑微人物仍然存在着一股油然而生的悲悯情怀，这是怎样的胸襟呀？

他走到士兵旁问道：“你们想休息休息吗？”

士兵们连说：“那可太好啦。”

优旃说道：“待会儿我叫你们，你们一起答应。”

士兵们说：“好。”

一会儿，殿上人举杯为皇帝祝酒添寿。高呼万岁。

优旃马上爬到大殿周围的栏杆上，大声喊道：“陛楯郎。”

士兵们齐声答应：“诺。”

优旃说：“你们长得高高的，有什么用处呢？只能在雨里站着；而我呢，虽然长得矮，我倒在室内，下雨与我不搭界。”

一言既出，满殿哄笑。秦始皇也笑了。

这话当然是想喊给秦皇听的，秦皇想想也对，于是秦始皇下诏，站在雨里的士兵分成两队，一队站岗，一队烤火休息，待会儿再换一下。

优旃靠自己的机智，为雨中的士兵送去了温暖。他虽不能改变这些士兵的处境，但他能够设法改善士兵的待遇。

他能为陛楯郎做的恐怕也就这么多了，谈不上什么建功立业，在历史上他永远是个不知名的小人物，一个戏子。但这个戏子却以发自内心的“哀之”，从刀光剑影、尔虞我诈的历史中给我们带来些许温暖。

优旃是值得人们尊重的。

二、反语戏谑谏秦王

秦始皇平定天下以后，派了蒙恬带领三十万大军修筑万里长城，并令长子扶苏监军。

不久，始皇想扩大娱乐范围，想修建大苑囿，东至函谷关，西至陈仓。按照这个计划又是一个浩大的工程，虽然不像修万里长城那么浩大，也比修建阿房宫还艰难。那修建万里长城已经让老百姓不堪重负而苦不可言状，修建阿房宫已经是把蜀川树木砍伐精光了，国家哪里还有能力建什么大苑囿?

在朝堂上，那些大臣都是对始皇唱颂歌的，大大称赞修建大苑囿的好处。但是一说到具体措施时开口的人就少了，都只说些不痛不痒的，金殿上就冷场了。

这个时候，优旃听说了，他就赶紧上殿来了。

优旃对秦始皇说:“好哇！真是好主意！大王，还可以再在里边多放养一些麋鹿，这样一则方便大王打猎，二则，若是有敌寇来侵犯，我们就可以让麋鹿用长角去抵触他们，看他们怕不怕！”优旃一边说着，一边还低头弯腰，两手做出长角的模样，模拟起麋鹿顶触的动作来。

秦始皇看了，不禁笑了起来，这件事也就没再做。

秦始皇死后，二世胡亥继位。一天，胡亥忽发奇想，提出要把京城咸阳的城墙全部油漆一新。

二世胡亥说:“这都城的城墙都年深日久，乌漆漆黑涌涌的，一点儿也不好看，把天下那些漆匠都征集起来，把城墙都漆了，显出皇城的光亮，也才能显示我大秦的风光。”

胡亥这一说，大臣中有的交头接耳，有的闭口不言，不知道应该说些什么歌颂的词语。

这时的优旃已经有了好些岁数了，花白的头发，一脸的皱纹。他心里着急，表面却慢条斯理地上殿跪下，说:“妙极了！皇上即使没有说，我也要请您这么做。油漆城墙，虽然会耗费百姓的劳力，国家的钱财，可这实在是大好事呀！城墙上了油漆，油亮光滑，如果盗贼来了，就休想爬上来了！”

稍停，他又做沉思的样子，说，“不过，城墙油漆了可不能曝晒，还得建一间那么大的房屋来遮盖城墙，让它阴干，这个，要办到恐怕就不那么容易了。”

优旃一席话说得二世哈哈大笑，因而作罢了。

第四节　西门豹治巫

【原文】

魏文侯时，西门豹为邺令。豹往到邺，会长老，问之民所疾苦。长老曰：“苦为河伯娶妇，以故贫。”豹问其故，对曰：“邺三老、廷掾常岁赋敛百姓，收取其钱得数百万，用其二三十万为河伯娶妇，与祝巫共分其余钱持归。当其时，巫行视小家女好者，云是当为河伯妇，即聘取。洗沐之，为治新缯绮縠衣，闲居斋戒；为治斋宫河上，张缇绛帷，女居其中。为具牛酒饭食，十余日。共粉饰之，如嫁女床席，令女居其上，浮之河中。始浮，行数十里乃没。其人家有好女者，恐大巫祝为河伯取之，以故多持女远逃亡。以故城中益空无人，又困贫，所从来久远矣。民人俗语曰‘即不为河伯娶妇，水来漂没，溺其人民’云。”西门豹曰：“至为河伯娶妇时，愿三老、巫祝、父老送女河上，幸来告语之，吾亦往送女。”皆曰：“诺。”

【译文】

魏文侯的时候，西门豹做邺县令。西门豹到了邺县，召集年高而有名望的人，询问民间感痛苦的事情。那些人回答说：“苦于给河神娶媳妇，由于这个缘故弄得贫困。”西门豹问其原因，回答说：“邺地的三老、廷掾常年向百姓征收赋税，收取他们的钱达数百万之多，用其中的二三十万为河神娶媳妇，再同庙祝、巫婆一同瓜分其余的钱，拿回家去。那期间，巫婆四处巡视，见到贫苦人家的女儿中长得漂亮的，就说这应该做河神的媳妇，当即下聘礼娶走。为她洗澡沐浴，给她缝制新的绸绢衣服，独住下来，静心养性，替她在河边盖起斋居的房子，挂上大红厚绢的帐子，让女孩住在里面。又给她宰牛造酒准备饭食，折腾十几天。到时，大家一同来装点乘浮之具，像出嫁女儿的床帐枕席一样，让这女孩坐在上面，放到河中漂行。起初漂在水面，漂流几十里就沉没了。那些有漂亮女子的人家，害怕大巫婆替河神娶他们的女儿，因此大多带着女儿远远地逃离了。所以城里越来越空虚，人越来越少，更加贫困了，这种情况已经很久了。民间俗话说：‘假如不给河神娶媳妇，河水冲来淹没田产，淹死那些老百姓。'" 西门豹说："等到为河神娶媳妇时，请三老、巫婆、父老们到河边去送新娘，也希望来告诉我，我也要去送新娘。" 大家说："是。"

【评点】

战国魏文侯时，西门豹为邺县（今河北临漳县）县令。西门豹到任后，发现那里田地荒芜，人烟稀少，他便访问民间疾苦，得知这一带漳河经常泛滥，当地的三老（当地掌管教化的人物）、廷掾（地方的小官吏）和巫祝（巫婆）们骗人说，从前有位叫冯夷的人在河里洗澡溺死后成了河神，每年要娶个妻子，如果不依从他，河水就会立刻泛滥成灾。借为河伯娶妇之名，当地的三老、廷掾和巫祝们相互勾结，欺压百姓，搜刮了大量民财，除少量用于河伯娶妇外，大都装进了他们的口袋中。因此，当地百姓受"河伯娶妻"之害，尤甚于河患。

平时，巫祝们到处串门访户，只要遇见较美的女孩，就通知其家人说"恭喜你啦，你的女儿要嫁给河伯了"。于是，逼着女孩子离开家庭，沐浴洁身后，住进河边临时搭起的"斋宫"里。到"河伯娶妇"的日子，把女孩打扮成新娘，然后坐在放到水面上的床席上浮到河心，随着水流向下游冲走。床席漂过数十里就下沉了，随即女孩子也就淹死了。因此这一带有女孩的人家都逃亡到别处去了。

西门豹得知这一情形后，对巫祝们说："到河伯娶妇那天，你们通知我一声，我愿为新娘子送行。"

河伯娶妇的日子到了，四周人山人海，最受人注目的是一位七十多岁的老巫女，背后还带了十个女徒弟，个个打扮得跟神女一般。

西门豹上前对老巫女说："河伯娶妻是件大事，让我先看看新娘子是否标致。"

女巫们把新娘从"斋宫"引出来，西门豹一看便皱着眉头说："太丑了，这女孩做河伯的妻子，一定会惹他生气，这还了得。我看还是请大巫婆到河伯面前说一声，等我们另选到美丽的女子过几天再送去。"

还没等老巫女回答，西门豹把手一挥，卫士们便把老巫婆抱起来，投到河里去了。

过了一会儿，西门豹说："怎么去了这么久不回来，真让人心焦，叫她的徒弟去催一声。"

卫士们立刻把一个巫女投到河里。又过了一会儿，还不见回来，就又投了一个徒弟，连续三次，无人归还。

西门豹说："我看女人不中用，得麻烦三老一下，到河伯那里替我们说句话！"

于是把一个三老投进了河里。

随后，西门豹很恭敬地站在河边，等了很久。大家都很恐慌，不知西门豹要干什么。

西门豹向大家看了看说：“这些人真是庸才，连句话都说不清。”

打算再让廷掾前往。两个廷掾听了西门豹的话，伏在地上，捣蒜一样地叩着头，额上撞出了血，面色吓成了死灰一样，颤抖着不敢抬头。西门豹看着他们的样子，叹了口气说：“你们起来吧，看来河伯留住了客人，娶妻的事改日再说吧！”

河伯娶妇的丑剧在数以千计的民众面前被揭穿了，从而革除了这一害民的迷信。西门豹为解除人们由于畏惧水旱灾害而产生的河神迷信，“发民凿十二渠，引河水灌民田”，使“民人以给足富”。西门豹由此名闻天下。